华章

文学艺术作品中的党史

慈爱民 主编

中国工人出版社

图书在版编目（CIP）数据

华章：文学艺术作品中的党史 / 慈爱民主编. —北京：中国工人出版社，2023.7
ISBN 978-7-5008-8221-3

Ⅰ. ①华… Ⅱ. ①慈… Ⅲ. ①中国共产党—党史—通俗读物 Ⅳ. ①D23-49

中国国家版本馆CIP数据核字（2023）第120583号

华章：文学艺术作品中的党史

出 版 人	董 宽
责任编辑	刘广涛 李 骁
责任校对	张 彦
责任印制	黄 丽
出版发行	中国工人出版社
地　　址	北京市东城区鼓楼外大街45号 邮编：100120
网　　址	http://www.wp-china.com
电　　话	（010）62005043（总编室） （010）62005039（印制管理中心） （010）62379038（社科文艺分社）
发行热线	（010）82029051 62383056
经　　销	各地书店
印　　刷	天津中印联印务有限公司
开　　本	710毫米×1000毫米 1/16
印　　张	26.75
字　　数	430千字
版　　次	2023年9月第1版 2024年11月第3次印刷
定　　价	88.00元

红色经典永远闪耀在历史星空

慈爱民

纪实文学作品《华章：文学艺术作品中的党史》与读者见面了。这是多年来国内第一部全面、系统解读红色文学艺术经典与真实党史渊源关系的力作。本书通过对红色经典文学艺术作品诞生过程的追溯，对真实的党史故事进行深度挖掘和回忆，再现了这些红色经典的故事原型和真实历史，以此反映党的波澜壮阔的光辉历史，感受红色经典的永恒魅力，使我们对那段“激情燃烧的岁月”具有特别的心灵震撼和庄严的审美体验。

中国共产党领导中国人民浴血奋斗推倒“三座大山”的历史、披荆斩棘建设新中国的历史、乘风破浪推进改革开放的历史，构成了新中国红色文化最为壮丽的乐章。一部中国共产党的历史，就是一部英雄的史诗、红色的画卷。由中华民族精英所组成的中国共产党，是创造了气势恢宏的英雄故事和惊天奇迹的伟大群体。在艰苦卓绝的峥嵘岁月里，莽莽井冈、滔滔湘江、茫茫雪山、漫漫草地、高高六盘、巍巍太行……哪一处没留下英雄的足迹，哪一处没洒下英雄的鲜血？不说浴血罗霄、鏖战闽赣、五次反“围剿”有多少可歌可泣的英雄故事，仅在红军长征途中，就有突破乌江、四渡赤水、血战娄山关、巧渡金沙江、强渡大渡河、飞夺泸定桥、翻越夹金山、强占腊子口……哪一场战斗不是惊心动魄的英雄传奇！哪一个故事不是气壮山河的英雄赞歌！正是因为有了无数英烈创造的神话般的传奇故事，文艺创作才会有如此动人心魄的素材；正是因为有了这些惊天地、泣鬼神的英雄业绩，红色文化才会有如此取之不尽、用之不竭的创作源泉。今天，回望这些载入新中国文艺画廊的经典作品，我们会由衷地感到，这一部部红色经典就是我们党波澜壮阔的光辉历史的生动写照，就是曾经风云激荡、跌宕起伏的峥嵘岁月里写下的壮美篇章，就是一个百年大党在筚路蓝缕的奋进历程中义无反顾的梦想与追求、奉献与牺牲、情怀与担当。这一部部红色经典，是那样地动人心魄，那样地催人奋进，那样地令人魂牵梦绕。它们如同璀璨的星辰，高悬在历史的星空，熠熠生辉，闪耀苍穹，永远激励着中国人民在实现中华民族伟大复兴中国梦的历史征程中奋勇前进。

红色代表着希望、胜利、创造、勤劳、勇敢、自力更生、艰苦奋斗、不怕流血牺牲，是中国共产党崇高的价值追求和中华民族精神内涵最生动的象征。红色文化以其鲜明的政治立场、崇高的价值取向、深厚的群众基础、坚决的奋斗精神，为夺取中国革命、建设和改革的胜利提供了强大的精神动力。习近平总书记高度重视红色文化对于振奋民族精神、重塑英雄品格的重要作用，指出“祖国是人民最坚实的依靠，英雄是民族最闪亮的坐标。歌唱祖国、礼赞英雄从来都是文艺创作的永恒主题，也是最动人的篇章”。习近平总书记还强调“共和国是红色的，不能淡化这个颜色。无数先烈的鲜血染红了我们的旗帜，我们不建设好他们所盼望向往、为之奋斗、为之牺牲的共和国，是绝对不行的。不能被轻歌曼舞所误，不能‘隔江犹唱后庭花’”。共和国是红色的，我们的红色经典就是诠释这个“红色”。诞生于 20 世纪五六十年代和改革开放初期的大量优秀的红色经典文艺作品，正是反映党光荣的斗争历史、弘扬革命精神、传承红色基因的最典型、最生动的历史教科书。回眸百年征程，从兴业路到复兴路，从井冈星火到天安门华灯，从大渡河激浪到万里长江汹涌波涛，从延安土窑洞到现代都市摩天大厦，从太行烽火到大漠上空的蘑菇云……一路走来，无数的英雄故事被红色经典演绎，无数的英雄传奇被红色经典传颂，无数的人间奇迹被红色经典铭记。这些经典作品与党的红色历史同在，不仅在当时激发出强大的精神力量，而且已成为我们中华民族的集体记忆，代表着伟大的民族精神和崇高的价值取向。这些红色经典所表现的家国情怀、社会责任和理想信念，是值得我们世代传承的宝贵的精神遗产。

今天，我们呼唤英雄文化，呼唤重振英雄精神，就应当而且必须重温红色经典。重温红色经典，有助于我们从中汲取丰厚的“精神营养”，能够感悟革命先辈坚定的信仰、奋斗的精神、丰富的情感、高尚的情操，助力我们养成浩然正气；重温红色经典，有助于我们准确把握党的发展历史和奋斗历程，深刻理解和牢记初心使命，把党的光荣传统和优良作风转化为砥砺政治品格的自觉行动，始终坚定不移地听党话跟党走；重温红色经典，有助于我们从红色经典中汲取前进的勇气、智慧和力量，把革命前辈一往无前、不怕牺牲，“要战胜一切敌人而绝不被敌人所屈服”的顽强精神和制胜本领继承下来；重温红色经典，能够使我们更加自觉地践行全心全意为人民服务的宗旨，更加深刻地领会“人民就是江山，江山就是人民”的深刻内涵，把党的群众观点、群众路线植根于思想中、落实到行动上，从而凝聚起亿万人民的磅礴力量，把中国特色社会主义伟大事业不断推向前进。

在本书策划和即将撰稿之际，正是党中央部署在全党开展党史学习教育之时。习近平总书记对党史学习教育作出了全面动员和部署，要求全党同志做到学史明理、学史增信、学史崇德、学史力行，学党史、悟思想、办实事、开新局，以昂扬姿态奋力开启全面建设社会主义现代化国家新征程，以优异成绩迎接建党一百周年。学习了习近平总书记的重要讲话，全体作者受到巨大鼓舞，人人信心倍增，一致表示要把本书作为党史学习教育的生动教材来编写。参加本书写作的，大多是从业多年、成就斐然的老新闻工作者，他们对党史和红色经典非常熟悉，具有扎实的专业知识和文字功底。尤其重要的是，他们对党怀有无比深厚的感情，对党的光荣历史无比崇敬，对红色文化无比喜爱。许多同志不顾年高体弱，加班加点，查阅史料，字斟句酌，反复修改，在很短的时间内高质量地完成了初稿。在大家的共同努力下，《华章：文学艺术作品中的党史》一书，终于得以出版，成为献给党的珍贵礼物。

本书以独特的视野、翔实的故事、生动的笔触记录了新中国成立后众多红色经典文艺作品的创作、诞生过程，特别是深入挖掘红色经典与真实党史的关系，深入挖掘红色经典作品创作的来龙去脉，注重思想性、揭秘性与可读性的最佳结合，使这部纪实文学作品既具有揭示红色经典诞生幕后故事的纪实性和观赏性，又具有革命传统教育教材的政治属性。本书不是一般意义上的纪实文艺作品，而是绚丽多彩的党史教材，是追寻英雄史诗的生动记录，是中华民族伟大复兴历史进程中值得珍藏的美好记忆。

入选本书的红色经典作品，都是当年最为流行、最为广大观众喜爱的文学艺术作品。但由于红色经典作品种类较多，体量庞大，本书无法将其囊括，只能从中精选出最具有代表性和影响力的 41 部作品。在作品排序上，我们按照作品创作、出版和演出的时间排序，在同一年度中，则按照作品所反映的党史故事和事件发生年代的先后顺序来排列。

理想之光永恒，信念之火熊熊。建立在红色经典基础上的文化自信，是一种居高望远的境界，是创造了红色经典的中国共产党人特有的精神境界。进入这一境界，我们就能一扫惶惑、浮躁、狭隘和悲观，毫不动摇地向着既定的目标奋勇前进。让我们进一步深入学习贯彻习近平总书记关于弘扬英雄精神、传承红色基因的系列重要论述，从红色经典中感受更为鲜活的红色历史，领悟更为丰厚的精神内涵，汲取无穷无尽的力量和智慧。让红色经典蕴含的革命薪火代代相传，红色血脉赓续绵延，为迈进新征程、奋进新时代汇聚磅礴的精神力量。

是为序。

目　录

文学篇

文学篇

红星照耀中国，也照耀世界
——埃德加·斯诺《西行漫记》的出版传播及其影响

丁晓平

一本书的影响力到底有多大？美国记者埃德加·斯诺和他的《红星照耀中国》（中译本又名《西行漫记》）因其在中国人民与美国人民之间发挥了无人替代的特殊作用和影响而闻名于世，并被历史铭记。直到今天，这部不朽的著作仍然是人们了解红色中国的必读书。

“拿一个外国人的脑袋去冒险”

斯诺不仅是中国人民，也是世界人民和平友好的使者。他从 1928 年来到上海，目睹了遭受帝国主义侵略的半殖民地半封建社会的黑暗、腐败和落后，亲身体验了中国人民水深火热、民不聊生的贫穷、悲惨和苦难，对中国人民抱以极大的同情心。在中国，他结识了宋庆龄、鲁迅，前者的教育“消除了他的无知”，后者成为他“懂得中国的一把钥匙”。他以客观、公正、诚实的品格，成为第一个报道一·二八事变的美国记者，参与并帮助中国青年学生组织了一二·九运动。然而，自 1927 年蒋介石发动四一二反革命政变后，国民党把红军描绘成“堕落、愚昧、无知的土匪，只知道烧杀抢掠”，四处散布谣言、谎言迷惑人民大众，大肆歪曲、诋毁、诬蔑共产党。社会上还有许多关于毛泽东的传说——有的说他是一个无知的农民，有的说他是一个半死的肺病患者，有的说他是一个发疯的狂热分子。用海伦·斯诺的话说：“在当时国民党统治下的中国，任何其他的人无论走到天涯海角，也休想在书刊上讲出真话”，而“在世界各国中，恐怕没有比红色中国的情况是更大的谜，更混乱的传说了”。

“中国共产党究竟是什么样的人？”“为什么有成千上万的中国人冒着被处死的危险加入共产党、加入红军？”凭着记者的职业敏感，斯诺清醒地意识到，前往“中国红区”的采访行动将是“全世界等待了九年的头号新闻”，打破新闻封锁，把真相告诉世界，不仅中国人民需要，美国也需要。

1936 年 6 月，斯诺和乔治·海德姆（即马海德）一起，冲破重重封锁，以“拿一个外国人的脑袋去冒险”的勇气，经西安抵达陕北，冒着炮火硝烟进入陕甘宁边区，成为国民党和西方资本主义世界对中国革命实行新闻封锁近 10 年来第一个到“红色中国”的西方新闻记者。7 月 9 日，斯诺在白家坪见到了周恩来，感受到了中国革命家身上所特有的品质。周恩来亲自为他拟定了一张为期 92 天的考察苏区日程表。7 月 15 日，斯诺在保安（今志丹县）第一次见到了毛泽东，他觉得毛泽东“是个面容瘦削、看上去很像林肯的人物”。随后，斯诺前往陕甘宁边区红军前线部队，采访了彭德怀、徐海东等诸多红军将领和普通士兵、农民。10 月初，斯诺回到保安，随后与毛泽东进行了十多天的谈话。毛泽东第一次完整叙说了中国红军从无到有的发展过程；全面阐述了根据地的建设及其各项政策；第一次预言了中日战争的发展前途和中国必胜的结局；全面阐述了共产党关于抗日民族统一战线的主张，表达了国共合作的诚意；第一次谈到了中国共产党和世界事务的关系，论述了中华苏维埃政府的外交政策；等等。经过斯诺锲而不舍的努力，毛泽东还第一次向他讲述了“自传”和长征，成为斯诺此次“冒险之旅”的最大收获。

1936 年 10 月 25 日，斯诺回到北平盔甲厂胡同 13 号的家中，结束了这次历时近 4 个月的“教育兼阅历，入学兼旅游”的采访行程，开始了《红星照耀中国》的写作。此时，竟然从美国传来了斯诺死亡的谣言。为了澄清真相，斯诺不得不提前公开自己访问“中国红区”的秘密，先后在美国大使馆、燕京大学、北京饭店等处公开演讲，讲述采访毛泽东、周恩来和共产党、红军的故事。随后，自 11 月中旬开始，斯诺陆续在中国出版的英文报刊《民主》《密勒氏评论报》和在美国出版的《星期六晚邮报》《纽约先驱论坛报》《生活》《亚细亚》杂志上，发表了与毛泽东的谈话、《毛泽东自传》、《长征》和“中国红区”的报道，如同一枚“新闻炸弹”，震惊了中国，也震惊了世界。

1937 年 10 月，英国伦敦格兰茨公司出版了斯诺的著作《红星照耀中国》。

鲜为人知的是，斯诺著作最早的中文译本并非译自该英文本，而且中文译本比英文本的出版时间更早。1971年8月，斯诺在重新修订《红星照耀中国》时说："1936年底，我从西北回到北平后，很快就写完了日记。我将自己写的新闻报道和杂志报道（大约22篇）送给一些中国教授，他们将这些报道译成中文并汇编成册，以《中国西北印象记》之名出版。1937年7月，我又将《红星照耀中国》的全部抄稿给了一些教授，他们偷偷地运到上海（日本人已经占领了北平），在那里他们组织了一个翻译小组加速进行出版工作。他们都是救亡协会的爱国成员，我将翻译版权给他们，所得报酬也给了中国红十字会。他们译成后定名为《西行漫记》，这是有关毛泽东谈话的唯一有权威的中文译本。"其实，在1936年底，斯诺就把已经完成的部分作品交给了清华大学学生王福时、郭达、李放、李华春翻译。1937年3月，王福时等以上海丁丑编译社的名义，出版了斯诺作品的第一个中译本《外国记者西北印象记》。同年4月，王福时陪同斯诺夫人海伦·斯诺访问延安时，亲自把这本书交给了毛泽东。后来，毛泽东在写《论持久战》时曾引用该书内容并作注释。同年7月，斯诺把《红星照耀中国》交给格兰茨公司之后，同时把它的抄稿交给了胡愈之。在中共地下党的领导下，胡愈之组织了有11个人参加的翻译团队，以"复社"的名义出版了《红星照耀中国》的第一个中文全译本《西行漫记》，斯诺还亲自为其写了序言。也就是说，《西行漫记》也并非译自格兰茨公司出版的《红星照耀中国》。因当时上海租界当局对中日战争宣告中立，在无法公开出版发行的情况下，胡愈之等就以《西行漫记》这个书名作为掩护。1938年2月，《西行漫记》在上海出版，立即轰动全国和海外华人所在地，无数的重印本和翻印本也随之畅销。

值得一提的是，早在1937年11月1日，上海复旦大学文摘社《文摘》杂志邀请汪衡把美国《亚细亚》杂志上刊载的《毛泽东自传》译成中文，由黎明书局正式出版了《毛泽东自传》单行本图书。1938年1月，文摘社、黎明书局又出版了汪衡翻译的《二万五千里长征》。像《西行漫记》一样，它们的中文译本也并非译自《红星照耀中国》格兰茨公司的英文版。到了1938年，美国兰登出版社也出版了《红星照耀中国》，斯诺增写了第十三章。随后，斯诺分别在1944年、1968年作了修订，对书中的人名、地名等方面的讹误作了订正。1971年，斯诺访问中国后，又对1968年增订本进行了修改，增加了新的资料，形成了最完善的1972年“鹈鹕版”，并于1973年和1977年两次增印。1992年，河北人民出版社邀请李方准、梁民翻译出版了“鹈鹕版”中译本。但在中译本中，影响比较广泛的是董乐山根据1937年格兰茨公司版本翻译的《西行漫记》，1979年由生活·读书·新知三联书店出版。

“用春水一般清澈的言辞，解释中国革命的原因和目的”

在《红星照耀中国》中，斯诺实事求是地记录了他在“中国红区”的所见所闻，不偏不倚又恰如其分地描述了中国共产党的领导人、红军将士和农民、牧民、工人、共青团员、少先队员的战斗、学习和生活。在斯诺的笔下，周恩来“显然是中国人中间罕见的一种人，一个行动同知识和信仰完全一致的纯粹的知识分子”。彭德怀的谈话举止里有一种开门见山、直截了当、不拐弯抹角的作风，这是中国人中不可多得的品质。“红色窑工”徐海东是他所遇到的共产党领袖中“阶级意识”最强的一个，他“仍给你一个农村青年的印象，好像刚从水稻田里上来，放下卷起的裤腿，参加了一队路过的‘志愿参加’的队伍”。

《红星照耀中国》的核心内容是第四章《一个共产党员的来历》（即《毛泽东自传》）和第五章《长征》。对于毛泽东，斯诺说：“不可否认，你觉得他的身上有一种天命的力量。这并不是什么昙花一现的东西，而是一种实实在在的根本活力。你觉得这个人身上不论有什么异乎寻常的地方，都是产生于他对中国人民大众，特别是农民的迫切要求作出了综合和表达，达到了不可思议的程度。”这份毛泽东亲自修改的唯一的自传，以第一人称口述，读着真实生动，自然亲切，又撼人心魄，有的故事平常得犹如发生在我们自己的童年，有的故事意外得超乎我们肤浅的想象，从容而又漫不经心，简单而又意味深长，宽容中蕴藏着坚忍不拔，自信中充满着中国人的尊严。斯诺说：“毛泽东生平的历史是整整一代人的一个丰富的横断面，是要了解中国国内动向的原委的一个重要指南。”对于长征，斯诺认为：“这次大规模的转移是历史上最盛大的武装巡回宣传”“总有一天有人会把这部激动人心的远征史诗全部写下来”。他说：“红军或许是中国唯一的真正全国性的军队了，它也是‘征途最辽阔’的军队！”

红军严明的纪律给斯诺留下了深刻而难忘的记忆，他花了相当的篇幅记录了护卫他的“红军旅伴”的精彩故事：“我们走过山上的一丛野杏树，他们忽然四散开来去摘野杏，个个装满了口袋，总是有人给我带回来一把。临走时，他们好像一阵大风卷过一般又排列成行，赶紧上路，把耽误了的时间补回来。但是，在我们走过私人果园时，却没有人去碰一碰里面的果子，我们在村子里吃的粮食和蔬菜也是照价付钱的。”彭德怀告诉斯诺，自己“有一次被几个少先队员喝令站住，要看他的路条，否则就要逮捕他”。

四个月的采访，斯诺懂得了红军的优越性就在于统帅们完全有能力训练麾下的人才，赋予军事纪律、政治信念和制胜意志，“是战斗中相信自己是为一定目的而作战的唯一一方”，而且红军“有一样东西是白军没法效仿的，就是他们的‘革命觉悟’，那是他们维系斗志的主要支柱”。在预旺县红军前线，斯诺聆听了一堂红军的“政治课”，并对在场的62名红军战士的成长作了分析，其中有9个来自城市，其余都来自农村，有21个在白军当过兵，8个已婚，34个不满20岁，28个在20岁以上。当斯诺问他们“怎么看红军”时，一位赤脚的农家少年说：“红军是穷人的军队，为老百姓的权利打仗。”当斯诺问“你们怎么知道农民真的爱红军”时，战士们回答：“他们亲手替我们做了一千双、一万双鞋子。每户人家都有子弟参加我们红军。”“我们红军就是人民。”“红小鬼”们的精神面貌和战斗精神令斯诺极其佩服，他充满感慨地写道：“他们耐心、勤劳、聪明、努力学习，因此看到他们，就会使你感到中国不是没有希望的，就会感到任何国家有了青少年就不会没有希望。在少年先锋队员身上寄托着中国的将来。”

在“中国红区”的日日夜夜，斯诺大开眼界，彻底颠覆了他在国统区对中国的认知，消除了心中的疑惑，找到了答案。他感受到一种独特的“东方魔力”，并断定这是古老中国的“兴国之光”。他诚恳地写道：“我错了。中国农民不是消极的；中国农民不是胆小鬼，只要有方法、有组织、有领导、有可行的纲领，有希望——而且有武器，他们是会斗争的。中国共产主义运动的发展证明了这一点。”他称共产党人是“在中国十年以来所遇见过的最优秀的男女”，有着优越的“军事纪律、政治信念和制胜意志”，“坚韧卓绝，任劳任怨，是无法打败的”。他在《红星照耀中国》中深情写道：“我和红军相处的四个月，是一段极为令人振奋的经历。我在那里遇到的人们似乎是我所知道的最自由最幸福的中国人。在那些献身于他们认为完全正义的事业的人们身上，我强烈地感受到了充满活力的希望、热情和人类不可战胜的力量，自那以后，我再也没有如此强烈的感受。”

在专门为中译本《西行漫记》所作的序言中，斯诺真诚地说：“从字面上讲起来，这本书是我写的，这是真的。可是从最实际主义的意义来讲，这些故事却是中国革命青年们所创造的，所写下的。这些革命青年们使本书所描写的故事活着。所以这一本书如果是一种正确的记录和解释，那就因为这是他们的书……他们的斗争生活就是本书描写的对象……此外还有毛泽东、彭德怀等人所作的长篇谈话，用春水一般清澈的言辞，解释中国革命的原因和目的。还有几十篇著名的红色战士、农民、工人、知识分子所作的对话。从这些对话里面，读者可以约略窥知使他们成为不可征服的那种精神，那种力量，那种欲望，那种热情——凡是这些，断不是一个作家所能创造出来的。这些是人类历史本身的丰富而灿烂的精华。”

1939 年，斯诺第二次访问陕北时，毛泽东在延安的一次干部会上，公开称赞斯诺的《西行漫记》是一本“忠实地报道了我们的情况，介绍我们党的政策的书”。

“标志着西方了解中国的新纪元”

1937 年 10 月，《红星照耀中国》被英国伦敦格兰茨公司出版后，几周内就销售 10 万余册，当月 3 次加印仍供不应求。20 世纪 30 年代，《红星照耀中国》各种中文译本出版后，吸引了成千上万的热血青年，从四面八方和海外千里迢迢地奔赴心中的圣地——延安。1941 年，斯诺在《为亚洲而战》中讲述了这样的故事：“战争开始以后，我每走到一处地方，哪怕是最料不到的地方，总有那肋下夹着一本《西行漫记》的青年，问我怎样进延安的学校。有一个城市的教育局局长像一个谋叛者似的，到我这里来，要我‘介绍’他的儿子进延安的军政大学。在香港，让我吃惊的是一个银行家也做了同样的请求。”1944 年，他在《红星照耀中国》再版序言中自豪地说：“就我所知，写有关中国情况的外文书而对当前中国年青一代的政治思想有相当大的影响的，这部书可以说是唯一的一部。”

毛泽东接见再次访问延安的斯诺

红星照耀了中国，也照耀了世界。美国历史学家拉铁摩尔说："只有那些当时身在中国的人们，才能回味斯诺的《红星照耀中国》所产生的影响。在人们政治上陷入思想苦闷的情况下，它就像火焰一样，腾空而起，划破了苍茫的暮色，原来还另外有一个中国啊！"

的确，斯诺的《红星照耀中国》第一次证实了日后成为现代世界最有力量的政治运动领导者中国共产党的存在，不仅令美国等西方世界大开眼界，而且为中国老百姓打开了了解共产党和他们的领袖的神秘之门，不仅帮助中国共产党人打开了同西方世界联系的渠道，而且为西方国家打开了认识中国的新窗口。它向全世界报告了中国共产党领导的敌后抗日根据地的真相，展示了中国的光明和希望，"在全世界面临空前灾难的前夕，报道了一支远离西方各国的独立的战斗力量"，给全世界人民带来了反法西斯斗争胜利的信心和力量，同时也使"中国在这最紧急的时候，找到了民族最伟大的统一，找到了民族的灵魂"。1943 年，斯诺在苏联前线采访时，一个名叫莎莉的女游击队员告诉斯诺："我们从一本名叫《红星照耀中国》的书中学到了许多知识，那是我们从斯摩棱斯克城买来的，我们游击队里差不多每个共青团员都读过它。"

事实上，《红星照耀中国》也因此成为抗日战争时期美国人民和中国人民友谊的最典型的象征。随着这本书在西方的畅销，在世界上掀起了一股声援中国抗日、与中国共产党人接触的新浪潮。众多的仁人志士和国际主义者，在《红星照耀中国》的影响下纷纷效仿斯诺来到中国，形成了势不可当、令人注目的"红区热"。他们当中既有献身中国革命的加拿大医生白求恩、印度医生柯棣华，又有记者、编辑、作家、教授和外交官，而且以美国人居多，如海伦·斯诺、史沫特莱、卡尔逊、斯特朗、爱泼斯坦、贝尔登、拉铁摩尔、白修德、斯坦因、福尔曼、柯鲁克和索尔兹伯里等，许多人一辈子留在了中国。

斯诺不是一个纯被动的旁观者，他是一位社会活动家，乐于推动有意义的事业。美国历史学家费正清说："尤其是他证明了自己是一个热情求实的记者，并能正确评价这一时代的主流，用生动的色彩向美国读者大众描绘它们""成为一个面对通向中国和美国的两条道路、介于两个世界之间的人"。他"以行动证明自己是一个具有博大的人类同情心，理解中国知识分子中的革命活动并能使用基本的中国话与他们交往的青年人"。回到美国后，斯诺仍然向美国和世界宣传中国抗战。他说："从根本上说，真理、公正和正义属于中国人民的事业。"

历史已经证明，《红星照耀中国》以深入扎实的采访、客观公正的叙述，文本上已不仅仅是一部记者写下的报告文学，效果也不仅仅是政治意义上的深刻和权威，它粉碎了那个年代人们不敢以非小说形式写中国的禁忌，改变了美国乃至世界报告文学的写作标准，树立了非虚构写作的光辉典范。因此，他的采访写作被誉为"新闻记者所施展的一个最了不起的绝技"，被誉为在20世纪"做出最伟大个人贡献的新闻记者"。美国著名作家索尔兹伯里说，20世纪30年代是美国新闻史上光辉灿烂的年代，但是在《红星照耀中国》出版以后，谁的名字也没有这部杰作的作者埃德加·斯诺的名字那样光辉灿烂。无疑，斯诺坚持真理，以坦率真诚和国际主义精神跨越了意识形态的藩篱，其超出一般人或一般记者的独立品格和坚持说真话的精神，使得他的作品不是自己没有温度却去测量别人的温度，而是火种，给人以温暖和光明，照亮了世界，经受了时间和历史的检验。80多年来，《红星照耀中国》先后被译成中、法、德、俄、西、意、葡、日、蒙、荷、瑞典、印地、哈萨克和希伯来以及印第安语言等数十种文字出版，成为政治学家、历史学家和作家爱不释手的经典读物。

《红星照耀中国》也改变了斯诺的人生，使他从一个本想在中国只待6个星期"撞大运"的美国青年，到后来竟然成为在中国生活了13年的优秀记者。斯诺深深地爱上了中国，与毛泽东、周恩来、宋庆龄、鲁迅等人建立了深厚的友谊。而毛泽东和斯诺的友谊可以说是一段历史奇缘，斯诺先后5次访问中国、会见毛泽东，两人的友谊长达35年之久，直至斯诺去世。早在1937年3月，毛泽东就曾致信斯诺："我们都感谢你的。"1938年，毛泽东说："当其他人谁也不来的时候，斯诺先生来到这里调查我们红军的情况，并帮助我们把事实真相公之于世。我们将永远记得他曾为中国做过一件巨大的工作。斯诺先生是为建立友好关系铺平道路的第一人。”诚如宋庆龄所言：“中国人民将永远以感激的心情记得埃德加·斯诺这位致力于中美人民友好的不知疲倦的活动家。太平洋两岸的子孙后代将受斯诺之惠，因为他留下的遗产将有助于研究中国历史。”

1972 年 2 月 15 日，就在尼克松开启访问中国“破冰之旅”的前夕，斯诺在瑞士日内瓦郊区埃辛斯村逝世。临终前的一个星期，时任中国常驻联合国代表黄华按照毛泽东和周恩来的指示，在去纽约的途中，特意绕道日内瓦，为斯诺带去中国领导人和中国人民的问候。毛泽东、周恩来还专门派马海德组成医疗团队为斯诺治疗。尼克松曾向病中的斯诺致意，称赞他“1936 年寻找毛泽东的谈话的著名旅行和他的《红星照耀中国》，为跨越太平洋的中美关系架设了最初的桥头堡”。临终前，斯诺留下遗言：“我热爱中国。”他同时希望把自己的一半骨灰安葬在他曾经执教的燕京大学校园内（今北京大学未名湖畔），墓碑上刻着“中国人民的美国朋友埃德加·斯诺之墓”。斯诺去世后，毛泽东立即发去唁电：“斯诺先生是中国人民的朋友，他一生为增进中美两国人民之间的相互了解和友谊进行了不懈的努力，作出了重要的贡献。他将永远活在中国人民心中。”中国人不忘老朋友，对斯诺的怀念，已经成为中美人民之间伟大友谊的一条永久纽带。

白洋淀水上英雄的诗意呈现

——穆青和他的散文名篇《雁翎队》

王锦慧

“一望湖天接渺茫，蒹葭杨柳郁苍苍。”在辽阔的华北平原上，有一个面积达360多平方公里的淡水湖泊——白洋淀。

白洋淀是水的世界。它汇集了瀑河、唐河、漕河、拒马河、孝义河、潴龙河等九条河流，形成的140多个大小不等的淀泊及3700余条纵横的沟壑，将整个淀区串联成一座巨大的水上迷宫。远看，天连着水，水连着天，分不清何处是天上，何处是人间。它以水闻名，以水养人，是一淀充满情思的水，更是一淀有性格的水。

——鱼儿，游开吧，我们的船要去作战了。

——雁呵，飞去吧，我们的枪要去射杀敌人了……

70多年前，《雁翎队》开头引语所描述的历史风云，就像电影的长镜头一般缓缓拉开了序幕，吸引笔者来到这片汪洋浩渺的水域，在雁鸣声声的满湖翠色中探访当年雁翎队的行踪。

“白洋淀上好武装，日日夜夜保家乡”

蒙蒙烟雨浓，帆开远树丛。掠过纵横的小桥，棋布的岛屿，静谧的水乡，便进入密密丛丛的芦苇荡。

“雁翎队，是神兵，来无影，去无踪。千顷苇塘摆战场，抬杆专打鬼子兵。”

静静聆听，身旁的芦苇仿佛在迎风絮语，讲述着抗日战争时期发生在这里的水上游击战。

1938年，日本侵略者的铁蹄踏入了白洋淀。他们实行惨无人道的“三光”政策，制造了数起骇人听闻的惨案。“白洋淀湛蓝的湖水，被枪声翻搅起来了，一望无际的荷莲和紫菱遭受了空前的蹂躏。傍晚再听不到饲鸭人嘎哑的吆唤，清晨再听不到那优美的采菱歌。”（《雁翎队》节选）

白洋淀的渔人和猎户，饱含着辛酸的眼泪，放下了渔网和猎袋，划着渔船，掮着猎枪，在芦苇丛中开始聚集起来。

一个月，两个月……

无数的渔船和猎枪，在“为着咱们的白洋淀，也为着咱们的大雁和鱼虾”的誓言里，组织起来了。

当时，他们作战的主要武器是渔民用来打水禽用的一种叫作大抬杆的土枪，枪身2.5米到3米长，只能固定在一种叫作鹰排子的船上。大抬杆射击的时候，得用香点燃药捻儿，但是淀子里水汽大，为了防止浪花打湿枪膛内的火药，枪口要堵上一根雁翎。他们在淀上行船时，习惯采用围雁打猎的方法，呈人字形排开向前，酷似雁群飞翔时的队形。

“大雁天空上，向北方向北方，北方是故乡。”大雁热恋故土，不慕他乡的天性，和游击队员誓死保家卫国的品性相近相通。为此，1940年夏天，中共安新县委书记侯卓夫为这支游击队取了一个特色鲜明的名字——“雁翎队”。

没有人能够想到，大雁掉落的羽毛从此竟成了英雄的象征。

雁翎队在水网密布的淀泊上，充分利用千回百转的苇塘和小木船出没自如的便利，在河湖港汊等复杂水域，给敌人撒下了严密的埋伏网，出其不意地一次又一次给敌人以致命打击。

“白洋淀上好武装，日日夜夜保家乡；东边打开西边转，岸上不行蹲水塘；驾着渔船快如梭，鬼子汽船赶不上；急得鬼子团团转，小船又回老地方；瞅准机会打伏击，揍他一个冷不防；鬼子碰上吓破胆，人仰船翻缴了枪。”

这首流传在白洋淀上的民谣，形象地总结描述了雁翎队水上游击战的具体战术。

赵北口村敌据点有一只木制汽船，常往返于安新城和赵北口之间，气焰十分嚣张。

1939 年 7 月 15 日下午，雁翎队埋伏在赵庄子和张庄子之间的芦苇丛中。当敌船进入伏击圈时，40 多支大抬杆同时开火，船上的鬼子纷纷落水。

“抓活的！抓活的！”喊声震天。这次战斗，雁翎队初显神威，打死打伤鬼子 20 多名，所有死者胸口、脑袋上都塞满了铁砂子，其中一个日军小头目屁股上被打得像个筛子底。他指着大抬杆问翻译这是什么武器？翻译信口说：“这是扫帚炮。”他惊呼：“扫帚炮的厉害，大大的厉害！”

此后，在白洋淀又传诵着这样一段民谣：“大抬杆，打野鸭，打在鬼子身上一片砂。鬼子掉在河里喷白沫，民兵上去拿叉叉，叉得鬼子脑袋开了花。”

1940 年春，为阻止敌人的汽船通过，雁翎队把 20 多支大抬杆架在苇塘边上，战士们头戴荷叶伪装起来，只等敌船开来。傍晚，从东边传来马达声，郑少臣队长按约定信号，一枪打倒了舵手，大抬杆便集中火力向敌船扫射。火光映红了淀水，铁砂子和子弹像冰雹一样打在敌船上，很快发动机就被打哑了，船体摇摇晃晃地开始倾斜下沉，当敌人的援兵赶到时，雁翎队早已不知撤离到何方。

雁翎队的水上游击战，和华北军民创造的“地道战”“地雷战”“麻雀战”一样，是冀中平原抗日游击战争的重要组成部分，在粉碎日军铁壁合围的反“扫荡”中发挥了不可替代的作用。

在这泓于岁月里静默不语的淀水中，曾经活跃着如此大智大勇的水上英雄！

笔者不由得想起《雁翎队》那言有尽而意无穷的结尾：“让我们遥向雁翎队的弟兄们致敬吧，如今又是芦苇丛密的时候了。”

首写白洋淀水上游击战争

关于雁翎队抗击日本侵略者的故事，许多作家、记者都写过，而首先挖掘出这一题材的，则是当代著名新闻记者、新华社原社长穆青。

在穆青的简历上这样写着：1921 年 3 月 15 日，出生于河南周口；1937 年 12 月，在山西临汾参加八路军；1938 年 8 月，开始发表前线通讯《岛国的呐喊》；1939 年 5 月，加入中国共产党；1940 年 7 月，考入延安鲁迅艺术文学院；1943年8月，发表《雁翎队》……

穆青是喝“延安奶水”成长起来的党的第一代新闻工作者。这在《穆青传》中有一章生动的记述：

穆青

初升的太阳像一轮火球在东方的地平线上燃烧。巍峨苍茫的群山连绵起伏，横亘在天地之间。黄河水仿佛从天而降，浩浩荡荡，向着太阳升起的地方奔涌……

独自行走在黄河岸边的穆青，向着蓝天、向着太阳、向着黄河、向着青山，扯开嗓子大声地歌唱。他唱《游击队员之歌》，唱《大刀进行曲》，唱《毕业歌》……一首接着一首，几乎把这些年在部队上学会的所有歌都唱尽了。显然，他的嗓音并不怎么好，沙哑，还有一点不着调。性格内向的他，长这么大，从没在人前单独唱过歌。有一次，在剧团合唱时他跑了调，竟害羞了好几天。可是今天，在这位19岁的年轻人眼里，天地万物都散发出最迷人的光彩。他想，纵是有一千人、一万人，他也要唱。因为今天在他的心里，装着一件他想让全世界都知道的大喜事：我要去延安了！

是的，穆青要去延安了。

1940年前后，在抗战最艰苦的阶段，党中央为了保存一批知识分子，决定在八路军前线部队选调一些有文化知识的年轻军人送到延安培训。

……

从山西兴县到延安这时还没有交通工具，全要靠脚板跑下来。6月骄阳似火，穆青顶着酷暑，爬坡越沟，挥汗如雨，热得实在受不了，就跳到黄河里去洗个澡，结果每一次洗完澡钻出来都是一身泥，正所谓“跳到黄河洗不清”。可一想到延安，心里便像冲了泉水似的，那感觉就是一个字：爽。

13天的路程，穆青只用了9天的时间。

当他第一眼望见被万重黄土高坡紧紧簇拥着的洒满阳光的延安时，他想放声喊点什么，张了张嘴，没有喊出来，只是默默地笑了。

这一天是6月30日。

1942年夏，穆青从延安鲁迅艺术文学院毕业后，服从组织分配，打起背包走进了清凉山《解放日报》的大门。

那一刻，他回头望去，远远的“鲁艺”沉浸在一片朝晖之间。

哦，再见，摇篮！再见，年轻的梦！

《雁翎队》就是他在摇篮里做着年轻的梦时写出的，发表于1943年8月22日的《解放日报》上。当时，他只有22岁。

1995年，在纪念抗战胜利50周年的日子里，《中国记者》发表了穆青的回忆文章，详细谈了这篇作品的采写过程。他说：

1943年的七七前夕，《解放日报》编辑部为纪念抗日战争六周年，组织编辑记者采写一批反映敌后军民英勇抗战事迹的报道，以鼓舞全国抗战军民的斗志。当时编辑部派我去中央党校采访，那里正有一些从敌后根据地来的部队干部在集中学习。他们几乎人人都有一些不平凡的战斗经历，都能讲出一些可歌可泣的故事。

但是，找谁好呢？我考虑了很久，决定采访来自冀中的同志。因为1939年我曾随八路军120师主力挺进冀中，在那里打过近一年的游击战。那里艰苦卓绝的抗日斗争，勤劳勇敢的父老乡亲，都给我留下了难忘的印象。我熟悉也热爱那块土地，更关注那里的抗日军民。

在来自冀中的同志中，我着重采访了一位战斗在白洋淀地区的军队干部。他告诉我，在白洋淀有一支由当地渔民和猎户组成的水上抗日游击队。他们给自己的武装取了一个响亮的名字——雁翎队。

在白洋淀方圆几百里的湖面上，他们凭借密密丛丛的芦苇，神出鬼没地打击敌人……

他饱含激情，讲得有声有色。我也为白洋淀那如诗如画的景色，被雁翎队那传奇般的斗争故事深深吸引了，心想，这些头裹白毛巾、撑船如履平地的游击队员简直就像《水浒传》中的阮氏兄弟。当时心情的激动，实在难以言表。

他一口气讲了一两个小时，我也拼命地记了一两个小时。分手时，这位同志把有关雁翎队的几页油印材料送给我作为参考，还连声嘱咐我：“记者同志，把它写出来吧，看看我们的人民是怎样同敌人作战的！”

我兴冲冲地赶回报社，当晚就构思这篇报道。我觉得雁翎队的事迹实在太生动，太感人了，无论如何一定要把它写好。可是写着写着，就感到材料不够用了。采访本上记录的大都是雁翎队的群体形象和他们的斗争方法、斗争智慧，还缺乏一些突出的人物和具体的事例。为此，两天以后，我又匆匆赶往中央党校，想作些补充采访，没想到那位同志已经结束学习返回前线去了。

幸亏我在冀中打游击的时候，曾多次在大清河、子牙河、滹沱河两岸穿插，也曾在黎明或日暮时分从白洋淀附近穿行过。那一带纵横的河流、明净的湖水、如飞的小船，以及雪白的芦花和团团的荷叶，仍鲜活地映现在我的脑海里。

为了弥补材料的不足，我决定以抒情的笔法，通过对白洋淀景物的描写，烘托气氛，着重反映水上游击战争的特色。为此，我把油印材料中雁翎队员唱的两句歌谣“鱼儿，游开吧，我们的船要去作战了。雁呵，飞去吧，我们的枪要去射杀敌人了”，作为开头引语重新写下去，奠定了整篇文章的抒情基调。这样反反复复，改了又改，终于写出了3000多字的文稿，题目就叫《雁翎队》。

可是对着文稿，我又有些疑惑：“这是通讯还是特写？倒像是抒情散文，这样的文章适合报纸采用吗？”我没敢把稿子交出去，生怕它不符合新闻通讯的要求而受到批评。

到了8月中旬，别人采写的报道一篇篇都发完了，我仍然一点把握都没有，但又舍不得浪费这么重要的题材，就把稿子交给了报社副刊部主任舒群同志。他看后说：“这是篇好东西，写得多美啊，给我们副刊用吧。”

《雁翎队》在《解放日报》副刊上刊登后，引起热烈反响。大家一致称赞：文章写得优美，富有诗意，反映了冀中群众的创造，充满了浪漫主义的英雄气概。有的人还把这篇文章从报纸上剪下来，贴到自己的本子或窑洞的墙壁上。从此，富有传奇色彩的雁翎队的名字便传向了各敌后根据地。

抗战胜利以后，《雁翎队》被选入许多版本的通讯、散文、报告文学作品集及中学课本。粉碎“四人帮”后不久，当时主编《人民文学》的作家李季，还向穆青索要这篇稿子，他说：“你当年写的雁翎队给大家的印象太深了，是不是再找出来重新发表一下？”

穆青答应了他的要求，李季加了按语，便在《人民文学》上重新发表，这在我国新闻史上实属罕见。

唤醒英雄土地的红色记忆

由于写过《雁翎队》，穆青对白洋淀有一种特殊的情感。多年来，每当他听到白洋淀的信息，或乘车穿越冀中大地时，总不免引起无限眷恋之情。

大概在20世纪60年代初，新华社河北分社给总社传来一篇稿子，反映白洋淀周边水质被严重污染的情况。穆青当即让有关同志把它编成内参稿，送给中央领导参阅。周恩来看到后，很快就召集中央有关部委和河北省委负责人，指示他们一定要采取措施，治理好白洋淀的水质。

随后几十年，穆青一直想去白洋淀，看看那美丽的湖面，听听那芦苇的呼啸和雁群的长鸣，寻找当年雁翎队的老战士谈谈心曲……可是，由于各种各样的原因，这一愿望长期没能实现。有两次，穆青曾派记者到白洋淀采访，因他们不熟悉那段水上斗争的历史，竟没有写出有关雁翎队的报道。

之后，随着我国政治生活中的风云迭起和白洋淀自然生态环境的变化，来自那里的信息就越来越少。偶尔传到耳边的，却是白洋淀的水源断流了，白洋淀变小了，最后竟是白洋淀全部干涸的消息。为此，穆青常常陷入一种失落的感叹之中。直到20世纪80年代末，传来了白洋淀重新蓄水的喜讯，他终于松了一口气。

1990年夏天，穆青特意抽出时间，冒着酷暑来到白洋淀。小船在淀上纵情游弋，湖面仍是那么宽广，湖水仍是那么平静，散布于淀中的村庄仍是绿树环绕。

几位在家乡安度晚年的雁翎队老战士赶来与穆青相会，他们中有当年的儿童团团员、青年抗日先锋队队员，还有一位妇救会会员。这些老战士尽管年事已高，有的身上还带着敌人留下的弹痕，但眉宇间仍然勃发着英气。穆青紧紧地握着这些拿过鱼叉和刀枪的大手，心中禁不住涌起一股热流。

谈起当年的战斗，许多事他们都记忆犹新，特别是雁翎队几次伏击日寇保运船的战斗，消灭了多少敌人，缴获了多少枪支，甚至每次战斗的一些细节他们都还能说得出来。当年白洋淀的群众为了歌颂雁翎队的胜利，曾编了不少民谣演唱，其中有一首就是反映雁翎队如何打敌人保运船的。几位老战士至今唱起来，仍充满感情；"1943 年，环境大改变，白洋淀的岗楼端了多半边。子弟兵们多勇敢，要叫敌人的保运船有来无返…… 眼见保运船，来到芦苇前，弟兄们一见心呀心欢喜。队长的盒子（枪）往上翻，打得望天猴（瞭望哨）栽到水里边，唉嗨哟，栽到水里边……"

特别使穆青动情的是，这些老战士至今还清晰地记得当年老百姓支援、掩护雁翎队的一些往事。他们告诉穆青，在水上斗争最困难的时期，敌人在白洋淀周围修起了大量岗楼，巡逻艇整天在湖面上横冲直撞。整整两年，雁翎队没有在陆地上宿过营。

在寒风刺骨的冬夜，有乡亲们绕过敌人的岗哨，踩着薄冰，为他们送来了棉衣和被褥；在赤日炎炎的夏季，是敌人在湖上"扫荡"最频繁的季节，也有乡亲们避开敌人的汽艇，冒死摇着小船，为他们送来干粮和药品。有时候，刚刚转移到新宿营地的雁翎队员会在草丛中发现还在冒着热气的老玉米、窝

雁翎队

窝头。而那时，由于敌人封湖，白洋淀的广大群众经年累月地不得不以芦根、野菜和水藻充饥。

他们还告诉穆青，白洋淀也出现过一个刘胡兰式的英雄。一次敌人忽然袭击包围了村庄，把全村人都集中到一起，要人们指出谁是共产党员，谁是雁翎队战士。大家谁也不说，敌人便把一位年轻的妇女捆在大树上，一面打一面拷问，全村人目睹这一惨状都在默默流泪，可是这位坚强的妇女直到被活活打死，也没有出卖一个乡亲。

有一年冬天，从天津和保定开来1700多个鬼子和2000多个伪军到这里“扫荡”。敌人一把火烧掉了十几个村庄，1000多间民房。雁翎队组织群众一道疏散到了芦苇荡中。老百姓白天黑夜地裹着破烂棉被待在冰上，又冷又饿，大人还能咬紧牙关勉强支撑，孩子们实在忍不住就大声哭闹。为了不让敌人发现，母亲们不得不硬着心肠用毛巾死死地捂住孩子的嘴，宁可捂死自己的孩子，也不能暴露目标……

可惜，这些可歌可泣的故事，在采写《雁翎队》的时候，不是没有发现，就是还未曾发生。这让穆青深感愧疚：尽管《雁翎队》在较长的一段时间产生过一定的影响，但是今天回过头来看，这篇作品仍有一些缺憾。由于采访不深入，骨干材料不多，尽管用了散文式的抒情笔法加以渲染，但作品仍显得不够丰满厚重。可这些遗憾都已经成为历史，无法弥补了。

穆青想，如果现在有人收集一些现有的资料，再深入访问一些老雁翎队员和当地群众，一定会写出一部震撼人心的英雄史诗，作为伟大的爱国主义教材，教育我们的子孙后代。

他是多么期待啊！

值得欣慰的是，1990年8月25日，雁翎队纪念馆在位于河北安新县境内的白洋淀文化苑落成，馆名由曾在冀中战场率部驰骋的开国上将吕正操亲笔题字。馆内珍藏的260多幅珍贵历史图片、100多件实物，以及全息影画和情景再现，留住了雁翎队渐行渐远的身影。

前来瞻仰革命故地的著名作家魏巍触景生情，一连写下四个难忘：“难忘的人民，难忘的土地，难忘的战友，难忘的时代！”

向封建婚姻制度宣战的好作品

——《小二黑结婚》背后的故事

陈 辉

一部一万多字的短篇小说《小二黑结婚》问世后，在当时的解放区轰动一时，后来被改编成戏剧、电影、连环画等系列文学艺术作品，还引起毛泽东、彭德怀等领袖人物的关注。

《小二黑结婚》为什么有这样大的影响力？因为这是小说作者落实《在延安文艺座谈会上的讲话》的成果；因为小说正中当时农村封建社会包办婚姻、买卖婚姻的时弊；因为小说是抗战时期文学创作的精品。

《小二黑结婚》故事梗概

1942 年，山西某抗日根据地的小山村里，刘家峧村的民兵队长、杀敌英雄小二黑，与本村俊美聪慧的姑娘小芹相爱，但因违背了封建迷信思想严重的父母亲的意志，遭到了各自家长二诸葛和三仙姑的强烈反对。小二黑的父亲二诸葛还私下里给小二黑收了个童养媳；小芹的母亲三仙姑由于贪财，逼小芹嫁给吃喝嫖赌的吴广荣。

一天夜里，小二黑和小芹正在商量终身大事时，依靠欺骗手段担任村干部的流氓恶棍金旺兄弟因调戏小芹不成，怀恨在心，凭借手中职权，以捉奸为名，借机陷害，将小二黑和小芹抓起来。幸得区长及时赶来，逮捕了一向欺压百姓的金旺，当众教育了双方家长二诸葛和三仙姑，使他俩认错悔改，并批准了小二黑和小芹结婚。至此，这对追求婚姻自主、向往美好生活的情侣，终于如愿以偿，还双双参加了革命。

赵树理与小说《小二黑结婚》

赵树理

短篇小说《小二黑结婚》的作者赵树理是现代著名作家、人民艺术家，“山药蛋派”创始人。曾任《曲艺》和《人民文学》编委、中国共产党第八次全国代表大会代表，全国人民代表大会第一、二、三届代表。

1906年9月24日，赵树理出生在山西省晋城市沁水县的一个贫苦农民家庭，早年曾在河南笔铺当过学徒，还走村串户卖过中草药。1920年，赵树理考入磕山完小；1923年，赵树理从磕山完小毕业，去小学教书，因为没有靠山，不久便被解雇了。赵树理的父亲对此耿耿于怀，又向地主借了债，让儿子去长治读书。

1925年夏，赵树理考入山西省立长治第四师范，开始写新诗和小说。1929年春，沁水县招考小学教师，他名列魁首，被分配在薪水比较高的西关模范小学教书，引起同行的忌妒。有人告密，说他是共产党。于是他被国民党县党部逮捕，送到省陆军监狱。赵树理出狱后没有职业，只得以卖文为生。史纪言、王中青主编的《山西党讯》文艺副刊经常登载他的稿件。

从1930年底开始，赵树理一边流浪一边开始写作，在抗战前的几年间发表了《金字》《盘龙峪》等小说。1936年夏，史纪言、王中青回长治办乡村师范学校，邀请赵树理到学校当国文教员。

1937年，赵树理投身抗日工作，加入中国共产党。他在山西从事各种文化事务，编报纸副刊，写出了许多反映农村社会生活、深受群众欢迎的小说。1937年七七事变以后，乡村师范学校停办。赵树理回阳城参加了牺盟会，当了区长、公道团团长，积极参加抗日斗争，在一次日本人的“扫荡”中，差点掉下悬崖成为烈士。

因为赵树理出生于农村，对民间戏剧、秧歌小调及农民的口头语言颇熟悉，因此上级调他到《黄河日报》太南版，主编《山地》副刊，专门揭发国民党阎锡山派到各地爪牙的劣迹。

1939年12月，阎锡山发动十二月事变，公开逮捕牺盟会成员。上级把赵树理调到八路军第一二九师《人民报》编通俗副刊，不久又把他调到《新华日报》太行版主编专发小报《中国人报》。在这三次办小报的过程中，赵树理写了几十万字的鼓词、小小说、小杂文。

1941年，赵树理被调到太行区党委宣传部工作，针对黎城县的离卦道暴动，他写过一个批判会道门的戏《万象楼》，还写过一个清算地主剥削的戏，叫《清债》。1943年冬，赵树理的父亲赵和清老人被日本兵抓住，惨遭杀害。赵树理与日寇的仇恨不共戴天。

解放战争期间，赵树理在新大众报社工作，先后写了短篇小说《催粮差》《福贵》《刘二和与王继圣》，中篇小说《邪不压正》等，以及话剧《两个世界》，揭露了国民党庞炳勋部队在陵川的血腥统治。

中华人民共和国成立后，赵树理先后在《工人日报》《说说唱唱》《曲艺》《人民文学》等报纸刊物工作，1964年回山西晋城工作。1970年9月23日，赵树理去世，时年64岁。

再说赵树理创作小说《小二黑结婚》的经过。

赵树理的小说多以华北农村为背景，反映农村社会的变迁和存在其间的矛盾斗争，塑造农村各式人物的形象，开创的文学流派“山药蛋派”，成为新中国文学史上最重要、最有影响的文学流派之一。赵树理代表作品有《小二黑结婚》《灵泉洞》《三里湾》《李有才板话》等，长篇小说《三里湾》入选“新中国70年70部长篇小说典藏”。

赵树理的文学作品具有新鲜朴素的民族形式，生动活泼的群众语

《赵树理手稿》，中国工人出版社2019年出版

言，清新浓郁的乡土气息。他植根于晋东南这片家乡的土壤，熟悉农村，热爱人民，大量描写了晋东南独特的区域民俗事象，或作为作品深厚的民俗文化背景，或作为塑造人物形象，揭示人物心理，推进人物性格发展的手段，表现出了鲜明的民族特色。

赵树理的小说涉及了晋东南民俗的各个方面，举凡生产劳动、饮食居住、婚丧嫁娶、宗教信仰、民间文艺都有描写，最突出的有三个方面：家庭、家族和乡里社会的民俗。赵树理的小说中有大量恋爱婚姻习俗描写，借以反映农民生活思想面貌和时代精神。当时农村封建婚姻习俗盛行，包办婚姻、买卖婚姻十分普遍，《小二黑结婚》正是向黑暗的封建婚姻制度的呐喊和鞭笞。

除了扎实的农村生活经历和对农民的特殊感情外，作为共产党员的赵树理又有着无产阶级先进文艺理论的武装和指引，顺应了大众化的文艺方向，文艺为工农兵服务。

1943 年，毛泽东《在延安文艺座谈会上的讲话》发表以后，广大文艺工作者纷纷走向基层，为工农兵服务。时任中共北方局调研室调研员的赵树理积极响应号召，深入农村，决心用自己手中的笔写出人民群众喜闻乐见的好作品。同年 4 月，他来到左权县调研，住在县政府所在村。

赵树理是个有心人，平时很注重观察身边的人和事。一天，房东家来了个亲戚。赵树理见他满脸愁容，少言寡语，料定他心里一定有什么磨不开的事，便上前主动和他攀谈起来。原来，房东这个亲戚是来县上告状的，说他的侄儿、民兵队长岳冬至因为自由恋爱被迫害致死。

赵树理的心情十分沉重。尽管边区政府不久前刚刚颁布了《婚姻暂行条例》《妨害婚姻治罪法》，对婚姻自由作了明确规定，但要在婚姻问题上破除已沿袭千年的“父母之命”“媒妁之言”这些封建陈规非一朝一夕就能解决。为了更好地宣传婚姻自由，破除农村中的陈规陋习，赵树理决定以这一案件为素材，创作一部反对封建礼教的小说，于是《小二黑结婚》问世了。

赵树理用鲜活纯净、幽默风趣的群众口头上的语言、环环设扣的故事，将包办儿女婚姻的旧派人物和冲破牢笼的新生人物写活了。由此，赵树理在文坛上崭露头角，得到知识分子圈子中作家的充分认可，赵树理被誉为一种新型文学方向的代表，是能体现毛泽东《在延安文艺座谈会上的讲话》所提出的文艺路线的典范。

小二黑原型岳冬至

小说《小二黑结婚》是以真实的故事为原型创作的。小二黑的原型叫岳冬至，小芹的原型叫智英贤，他们的爱情是一个悲剧，岳冬至为了争取婚姻自由被活活打死。当时赵树理为了宣传婚姻自由的幸福美好，原本发生在生活中的这一真实惨案在小说中被赵树理理想化了，由悲剧变成了喜剧，有了圆满的结局。一个乡村婚恋的悲剧，在赵树理笔下成为宣传新婚姻法和自由恋爱的美好故事。

让我们看看这场悲剧是如何发生的，最后的结局是什么。

2006 年 3 月，《大众收藏报》举办收藏品拍卖。在征集的拍品中，发现了一张山西省左权县政府刑庭，于 1943 年 6 月 5 日签发的刑事判决书。经鉴定，这张泛黄的文书，竟是著名作家赵树理创作的小说《小二黑结婚》中的小二黑原型岳冬至的真实案例判决书。

太原市收藏协会会长王艾甫收藏着当年这宗命案的判决书。判决书称："史虎山踢死岳冬至，因其尚未成年，判处有期徒刑五年，剥夺公权五年。王天保殴伤岳冬至身体，判处有期徒刑一年六个月，剥夺公权一年六个月。石献瑛、石羊锁滥用职权，命令史虎山、王天保殴打岳冬至，各判处有期徒刑一年，剥夺公权一年。岳冬至死后所用棺材洋一百六十元，葬埋时食用小米六十三斤、炒面四十五斤由史虎山、王天保、石献瑛、石羊锁共同负担。"

作家一丁编写的《太行根据地文化》中，记载了一段关于赵树理和《小二黑结婚》的故事，与判决书上的情节大致相似。

1943 年冬，赵树理来到左权县调研，住在县政府所在村。一天房东家来了个亲戚，是来县里告状的。他对赵树理说，他的侄儿、民兵队长岳冬至被两个村干部以乱搞男女关系为名带去批斗，第二天早上发现死在了牛棚里。

村长石献瑛说是上吊自杀，可他死时虽然被吊在牛棚上，腿还半跪在一堆牛粪上。很显然，侄儿是被他人害死的。

至于村长石献瑛和村秘书为何要置侄儿于死地，这位亲戚说，侄儿与村里的姑娘智英贤要好，而村长和村秘书垂涎于智英贤的美色，常到她这儿来纠缠，但每次都被姑娘给顶了回去。这两个人一定是迁怒于岳冬至与智英贤谈恋爱，才将岳冬至害死的。

听完这位亲戚的讲述后，赵树理也感到岳冬至死得很可疑，尤其是当他听说19岁的岳冬至曾获抗日政府授予“特等射手”，还在一次反“扫荡”作战中击毙了两名日军，是当地有名的“抗日英雄”时，更是下决心非要将此案搞个水落石出不可。他立即带着这位老乡到县司法、公安部门立案。

在办理这个案子的过程中，赵树理对此案亲自听取审讯，还在横岭上村和河北武安县作了调查，前后与办案人员一起吃住了20多天。

据中国赵树理研究会会长、山西学者董大中编写的《赵树理年谱》记载，1943年3月到4月间，赵树理在离横岭上村不远的后柴城村搞调研时，在该村接到了死者叔叔的告状。在横岭上村调查此案时，赵树理就是住在了石羊锁家里，他住过的那间房屋现在已经废弃。那间房屋里原来有张大桌子，赵树理当时就是在那张桌子上办公。

被村里人认为是疑凶的智家兄弟中的智魁元，差一点受到公安人员和赵树理的调查，但他当年参加国民党中央军走了，差不多3年后才回来，此事与他无关。公安部门到村里进行调查后，案情终于真相大白，原来杀害岳冬至的凶手正是两位村干部。

案子查清了，杀人凶手受到了法律的严惩。赵树理决定将这个案件写成调查报告以供教育之用。但他到村里了解群众对这件事的看法时，却听到了让他感到吃惊的意见：村里人几乎都认为村长和村秘书打死岳冬至犯了法固然不对，但岳冬至有了童养媳，还与智英贤谈恋爱，败坏了村里的风气，教训教训他也是应该的。

听到村民们这样的议论，赵树理的心情非常沉重。于是，赵树理决定以这一案件为素材创作一部反对封建礼教的小说。岳冬至自然就是小说中的小二黑了，小芹不用说也是现实生活中的智英贤。为了宣传婚姻自由之正大光明，赵树理把悲剧变成了喜剧。小说描写了根据地一对青年男女小二黑和小芹，冲破封建传统和落后家长的重重束缚，终于结为美满夫妻的故事。

60多年后，《中国新闻周刊》记者张鹭对这一事件进行了详细采访，报道了岳冬至被杀害的经过：

1943年4月20日，农历三月十六。横岭上村，晋冀鲁豫边区晋东南的辽县（今山西省左权县），一个仅13户人家的村庄，当晚村里5名年轻的村干部正在开会。

会议的末尾，村救联会主席石羊锁话锋一转，借《三大纪律八项注意》中的“不调戏妇女”一项，对在场的民兵队长岳冬至提出了批评，督促他把精力放在工作上，少做些违法乱纪的事。开会的人都知道，他指的是岳冬至与村妇女主任智英贤之间不寻常的恋爱关系。

“人才长得好，长脸，身高不赖，眼睛不小，大粗辫子一直垂到腰”，65年后，对于故事女主角智英贤的美貌，79岁的村民康双全仍记得很清楚。更加让村里的老人们印象深刻的，是她的新思想，“活泼开放，胆子大”。而在这个村里，即便是现在，有客人来家吃饭，女主人仍是不能上桌的。

像那个时代的很多人一样，青春妙龄的岳冬至和智英贤，在十二三岁时就被父母定了亲。岳冬至的未婚妻是他爹给订的一个童养媳，智英贤则以200块大洋被许给了老家河北武安县一个四五十岁的富商。

后来，村里人慢慢地发现，岳冬至与智英贤好了起来，这引起了村长石献瑛、青年部部长史虎山、救联会主席石羊锁等人的忌妒。

在这个会议之后，岳冬至一夜未归。第二天早晨，他的三哥起早喂牛，发现弟弟双膝跪地，脖子上吊着一根绳子，绳子的另一头系在牛棚门的顶上。当年的命案现场历经多年早已坍塌，变成了堆放玉米秆的地方。“我爹当时就是在这里发现我四叔的，”岳冬至的侄子岳栓福向记者比画，“牛棚的门不到一人高，根本不可能吊死人。”

根据山西省公安厅档案馆馆长董维民的转述，当时赶到现场的辽县公安局侦查员赵晋鏖也在尸检后发现，尸体的“嘴唇微开，牙关紧咬，颈部索沟无充血现象”——这显然不是自缢该有的迹象；而脊背、屁股和两腰肾囊上的黑青伤痕，则让自杀的说法更加站不住脚。

作为最后见过死者的人，当晚参会的其余4名村干部被带到了当时县政府所在地黄漳村的公安局看守所。之后又随着县政府的转移，他们被安排关押在邻近的武乡县一处煤窑的竖井中。

村里的文化人曹旺生从2003年开始，曾遍访村里的老人和案件当事人，写下了数千字的调查报告。根据老人们对曹旺生的讲述，4名村干部被认为是嫌疑人。当时还有一条线索，其中的3位未婚村干部与智英贤有着微妙的情感关系，其中无论是年纪还是相貌都与岳冬至相仿的村青年部部长史虎山，

歌剧《小二黑结婚》

也在追求智英贤，而同样未婚的村长石献瑛和王天保，也在工作接触中对智英贤有好感。

史虎山，这个在老人们眼里“说话和气、处事稳重、不计较”的人，虽然与智英贤的关系仅仅是发乎情止乎礼，“不搞这种拉拉扯扯的事”，但作为死者的情敌，他自然而然地成为嫌疑最大的人。

在左权县公安局侦查员的努力下，终于查出真凶原来是史虎山、石献瑛、王天保等人。因情生恨，再加上当天双方发生口角，四人就一起“教训”了岳冬至，竟然活活地把他打死了，后来又制造了自杀的假象。

岳冬至被迫害致死后，智英贤后来远嫁并终老于黑龙江。而岳冬至家的那位童养媳，则嫁到了上百里外的旗枝村。

岳冬至与智英贤的爱情悲剧，以及岳冬至被迫害致死的悲剧促成了小说《小二黑结婚》的诞生，小说以喜剧大团圆的方式向封建的婚姻礼教进行了宣战。

豫剧、评剧、电影与小说《小二黑结婚》

小说《小二黑结婚》问世后，先后被改编为豫剧、评剧，并两次被改编为电影。

1953年，河南省歌剧团将小说《小二黑结婚》改编成豫剧，并于河南开封首演。豫剧是杨兰春、田川根据自己的同名歌剧改写，而该歌剧是根据小说《小二黑结婚》改编而成。

杨兰春，1921年出生，22岁参加八路军，1945年随大军南下到河南，1947年转业到地方，1952年到中央戏剧学院歌剧系学习。学习期间，他与人合作改编的歌剧《小二黑结婚》成为中国歌剧舞剧院的保留节目。

完成学业后，杨兰春任河南省歌剧团编剧兼导演。1956年起，他先后任河南豫剧院艺术室副主任、豫剧三团团长、河南省文化局核心小组成员、河南省文联副主席、中国剧协副主席等职。

杨兰春、田川改编的豫剧《小二黑结婚》舞台动作在生活的基础上借鉴戏曲程式，予以夸张、舞蹈化，成为河南省豫剧三团的保留剧目。柳兰芳饰演的小芹深受欢迎，《清粼粼的水来蓝莹莹的天》等豫剧唱段，至今广为流传。剧本分别于1963年1月、1979年8月由河南人民出版社出版。

1964年，小说《小二黑结婚》被改编成评剧，新凤霞和赵丽蓉等评剧名角担任演员，成为毛泽东和周恩来非常喜爱的作品。

小说《小二黑结婚》改编的电影有两版。1950年9月26日上映的中国喜剧电影《小二黑结婚》，由香港大光明影业公司出品，黄若海编剧，顾而已执导，顾也鲁、陈娟娟、孙景璐、郑敏等主演，拍摄地点为香港，发行公司是长城电影制片有限公司。这是小说《小二黑结婚》第一次被搬上银幕。据说当年金山航运公司经理、名扬天下的“宁波帮”巨头之一、世界船王董浩云——香港回归后首任行政长官董建华之父，也曾投资该片。遗憾的是，因多方面原因，第一次改编没有在中国电影史上产生多大的影响。

第二个电影版《小二黑结婚》，是1964年由干学伟、石一夫根据赵树理的同名小说改编的，由北京电影制片厂摄制，俞平、杨建业、周婷、赵子岳、葛存壮等主演。

这一版《小二黑结婚》的编剧在忠实于原著的基础上，在主题、人物设置、总体风格把握等几个方面都对原小说有很大的突破，剔除了原小说中某些偶然因素，强化了阶级斗争的主题，将妇女作为首要“救赎”对象。郭学勤在2006年第5期《电影艺术》上，对此有比较系统的分析。

无论是小说还是电影，《小二黑结婚》都是一部歌颂“人的解放”的作

评剧姐妹新凤霞与赵丽蓉

北京电影制片厂拍摄的《小二黑结婚》

品。小芹与小二黑的故事发生在抗日战争时期，民族矛盾、阶级矛盾都异常尖锐，要争取个人婚姻自由，显然光靠自身的觉醒还远远不够，还要依靠外在力量——新生政权的作用，这就为影片的改编确立了政治品格的客观走向。

赵树理曾明确地称自己的小说是“问题小说”，“我在做群众工作的过程中，遇到了非解决不可而又不是轻易能解决的问题，往往就变成所要写的主题”。小说通过小芹与小二黑争取婚姻自由的爱情故事，不仅提出了在解放区也要提倡移风易俗的重要性问题，也提出了边区农村民主政权不纯的问题。因此，反封建，既包括反对封建落后的迷信思想和婚姻观念，更包括反对封建反动的恶势力，这在小说中构成了阻挠和破坏小芹与小二黑自由婚姻的两大阻力。但是在原小说中，对这两大阻力的描写是等量齐观的。影片对此进行了较大的调整，不仅变偶然因素为必然逻辑，而且把金旺与小二黑的矛盾冲突上升为二元对立的阶级矛盾，并制约着影片中的所有矛盾冲突，为影片所讲述的故事营造了一个鲜明的政治语境，从而使影片主题的反封建性更加集中、明确，更具普遍意义。

为了使二元对立的阶级矛盾冲突更为集中，影片将金旺在小说中的村政委员置换为武委会主任，政治身份的改变，增强了金旺与小二黑之间敌我矛盾对抗的尖锐性和复杂性，也增加了矛盾冲突的紧张激烈性。当枪杆子掌握在这个封建恶势力代表的手里时，这场反封建恶势力的斗争就变得更为艰巨。这可以从刚刚建立新政权，还未真正觉醒的刘家皎村群众对金旺的淫威敢怒不敢言上体现出来。不难看出，金旺与小二黑的矛盾冲突已经成为小芹与小二黑争取婚姻自由的决定性因素。

另外，影片为矛盾的双方各自的背后都设计了一个强大的政治背景。在金旺的背后新增设了一个小说中没有的人物“二叔”，他虽未在影片中正式出过场，但是从金旺与兴旺的两次对话中，观众明显地感到这个“二叔”无处不在。“二叔说了，先搞小二黑，后搞村长。”“没关系，二叔说了，蒋介石已经和日本人挂上了钩，太原要是一有动静，这儿早晚得变天，万一在这儿站不住，咱们就溜进城。”看得出，“二叔”是金旺、兴旺的幕后指挥者，也是边区民主政权最主要的敌人。“二叔”的出现，使金旺与小二黑的矛盾成为一场你死我活、不可调和的阶级斗争。而小二黑的身后却是以村长、区长为代表的共产党、八路军领导的边区民主政权，他们在影片中充当了真正的“救世主”角色。小二黑与金旺的斗争，自始至终都是在村长和区长的领导下进行的，特别是区长是最终决定这场民主政权与封建反动势力之间激烈斗争胜负的因素。

赵树理在《小二黑结婚》中塑造的是群像，人物没有明显的主次之分。编导干学伟在改编时首先考虑的是：小芹与小二黑谁是影片的中心人物？影片最终选择了小芹，以她为中心，表现她和小二黑、三仙姑、二诸葛、金旺等众多人物的复杂关系和矛盾，共同构成了新建立的抗日民主边区社会生活的人文景观。

将小芹设置为影片的中心人物，其定位是十分准确的。纵观中国封建社会的历史，深受封建婚姻制度迫害的群体中，妇女受的苦最重也最深。因此，要拯救广大妇女于封建制度的水深火热之中，就成为“政治救赎”的重心，这不仅要靠“小芹们”的内在觉醒，更要依靠外在的力量。因此，小芹作为影片的中心人物，从反对封建婚姻制度和封建婚姻观念的角度看，是具有普遍的社会意义的。小芹的觉醒和为争取婚姻自由而进行不屈反抗的历程，揭示了广大农村妇女觉醒和反抗的心路历程。以小芹为代表的妇女群体，在边区民主新政权的“拯救”下逐渐觉醒，最终成为新一代的农村新女性，包括三仙姑都获得了新生。

干学伟出生于宁波市，是新中国第一代电影导演，他和石一夫成功地把一部仅万余字的短篇小说扩展成了一部简洁流畅的影片。影片公映后不仅受到观众欢迎，就连赵树理看后都十分赞赏，对干学伟说：“我就那么一篇小说，你怎么就把它拍成了一部电影？我看着舒服。”

领袖与《小二黑结婚》

小说《小二黑结婚》和影片《小二黑结婚》曾惊动了领袖：毛泽东和时任北方局书记、八路军副总指挥的彭德怀。

新凤霞曾回忆，20 世纪 60 年代，她和赵丽蓉等出演的评剧《小二黑结婚》被拍成电影搬上银幕。有一次，毛泽东调看了评剧《小二黑结婚》的影片后，认为它“讲明理，通神韵”，决定接见她和主要演员。于是，她拉赵丽蓉一同去，这是千载难逢的机会，可以近距离目睹毛泽东的风采，聆听领袖的教诲，但没想到赵丽蓉拒绝了。

当时人民大会堂里已有多家中央媒体记者等在那里准备报道毛泽东接见艺术家的新闻，新凤霞到了，却没有见到赵丽蓉的身影。原来赵丽蓉对接受毛泽东的接见有顾虑。她对新凤霞说："你去就代表我们大家伙啦！代我向毛主席他老人家问个好！我艺术功底不够，还要多磨炼，再说，我文化浅，去了也说不出什么道理来……"

毛泽东接见新凤霞时，果然笑着问："一直跟在你身边的三仙姑怎么没来？"新凤霞说："赵丽蓉觉得自己功底浅、文化水平不高，见了您也说不出个道理来，还须多多磨炼，让我代她向您问个好。"毛泽东听了风趣地说："没想到，这个三仙姑还是一个谦虚的人哪，好，好！谦虚使人进步嘛！"

事后有记者曾找到赵丽蓉，想就毛泽东对她"谦虚"的评价做进一步报道，赵丽蓉婉言谢绝，便把记者带到新凤霞那里，让他们继续采访新凤霞。为此，新凤霞对赵丽蓉的评价是："不争名、不图利，德艺双馨，品高德重！"

《小二黑结婚》的出版有个曲折的历程，出版后的风波也一度让人紧张，但彭德怀力挺作者和小说《小二黑结婚》，使小说得以出版，风波得以平静，而且使《小二黑结婚》一举成名。

《人民政协报》曾刊登作者老袁的文章，对这段历史进行记载和描述：《小二黑结婚》完稿后，赵树理将稿子交给了北方局党校校长杨献珍，他看了《小二黑结婚》之后激动不已，没想到赵树理完成了这么好的一部作品。赵树理供职的北方局调研室的领导正是杨献珍，当初赵树理调到调研室工作是他请示北方局书记彭德怀批准的。

于是，杨献珍立即将这部小说稿交到了彭德怀夫人、时任北方局妇委会书记浦安修的手里。浦安修看了之后也欣喜不已。她对杨献珍说："自五四文学革命以来，许多作家从个性解放的要求出发，对青年男女的爱情做过很多生动的描写。但在他们笔下，主人公的命运是悲惨的，作品的情调也总是阴郁的。而《小二黑结婚》这部作品却是全新的，看了作品，谁都会为小二黑、小芹的幸福而高兴，并对解放区人民的新生活产生强烈的向往之情。我认为《小二黑结婚》在反映青年男女爱情生活的许多作品中，是别开生面的一个杰作，是不可多得的一部好作品。"浦安修随后将小说稿拿给彭德怀，平时并不大看小说的彭德怀对《小二黑结婚》也爱不释手，他将书稿交到延安新华书店，希望能尽快出版。

三个月过去了，《小二黑结婚》迟迟不能出版。原来，当时的太行新华书店负责人认为，《小二黑结婚》将基层抗日民主政权的干部写成了横行霸道的新恶霸，担心出版后会导致不好的社会影响，因此建议赵树理将小说中那两个村干部金旺、兴旺的形象删掉。但赵树理坚持认为，这是很真实的，不能抹。金旺、兴旺是混进基层政权的坏分子，小二黑、小芹是在党领导下成长起来的一代新人，他们之所以敢跟村子里的这两个恶霸进行斗争，是确信边区政府一定会保护他们的。而新华书店负责人则认为，即便是真实的也不能这样写，这么写就暴露了解放区的阴暗面，是在给人民当家做主的新政权抹黑，会产生不良的社会影响。一些文化领导人认为，这部小说是一本庸俗化的小故事，不值得出版。当前的大事是抗日，应当高歌边区军民伟大的抗日战争，而不是儿女婚事。且当时纸张很紧张，出这样的书，没有多大价值。

一气之下，赵树理将书稿取回，再次交到杨献珍手中。于是，杨献珍就亲自去找彭德怀反映这一情况。彭德怀听后很生气，他略一沉吟便挥毫在一张纸上写道："像这种从群众调查研究中写出来的通俗故事，还不多见。"写完后，他又对杨献珍和浦安修说："我这个着眼于'调查研究'的题词或许能起点作用。我不懂文艺，头一次这样'班门弄斧'，但愿这也是最后一次。"随后他又让北方局宣传部部长李大章将他的意见送到新华书店。

见了彭德怀的条子，新华书店负责人这才赶忙将书印了出来。或许书店负责人心里没底，出版的《小二黑结婚》的扉页上特地印上了彭德怀为作品写的那句题词。

果然《小二黑结婚》出版刚上市，批评的文章就来了。当时在《新华日报》（华北版）上有一篇颇具影响的文章，称《小二黑结婚》只是简单地描写青年男女之间的恋情，小说内容过于庸俗化，不登大雅之堂，并指责小说作者不去宣传抗日大事情，却尽写些儿女情长、没有什么意义的爱情婚姻琐事。

杨献珍看了这篇文章后很生气，要写文章予以反驳，浦安修也表示支持。但彭德怀却对他俩说："你们不必为此事急于去打笔仗，老百姓心里自然有杆秤，总会有人站出来讲公道话的。"不久，又有人说《小二黑结婚》是"海派货色"，抗日英雄小二黑和妇救会积极分子小芹竟被污蔑成十里洋场的蝴蝶鸳鸯。杨献珍再也沉不住气了。他当即"上书"北方局太行分局书记邓小平，请求主持公道。邓小平为此好几次在会议上针对《小二黑结婚》的遭遇批评了党内一些同志错误的文艺观点，但这并没有消除一些人对《小二黑结婚》的批评和攻击。彭德怀不以为然，要杨献珍沉住气，等待公论。

事实证明，彭德怀的预见是正确的。《小二黑结婚》出版不久，太行山区掀起了争读争念《小二黑结婚》的热潮。第 1 版连印 2 万册，仍供不应求，后又陆续印到 4 万册，山东、淮北、晋绥、冀中根据地也纷纷翻印。蒲剧、中路梆子、秧歌剧等多种地方剧种也争相将《小二黑结婚》搬上了舞台，并受到广大观众的热烈欢迎。

随后，彭德怀又将赵树理的《小二黑结婚》和他的另一部小说《李有才板话》送给了在延安的毛泽东。看后，毛泽东很赞赏，在延安文艺界推荐了赵树理，并说："太行山出了一个了不起的青年作家！"

与此同时，延安文艺界的一些知名人士，如郭沫若、周扬、茅盾等也纷纷著文盛赞这两部小说的成功。著名作家孙犁撰文评价赵树理："他的小说，突破了此前一直很难解决的、文学大众化的难关。"时任中共晋察冀中央局宣传部部长的周扬在《新的人民的文艺》一文中称《小二黑结婚》是"反映农村斗争的最杰出的作品，也是解放区文艺的代表之作"。在《论赵树理的创作》中，周扬在谈到《小二黑结婚》时这样写道："作者在这里讴歌自由恋爱的胜利吗？不是的！他是在讴歌新社会的胜利，讴歌农民中开明的、进步的因素对愚昧、落后、迷信等因素的胜利，最后也至关重要，讴歌农民对封建势力的胜利。"他称赞赵树理是"一位具有新颖独创的大众风格的人民艺术家"。

延安文艺界知名人士对小说《小二黑结婚》的评价，使杨献珍兴奋异常，他拿着载有周扬评价《小二黑结婚》文章的《长城》杂志，逢人便说："这就是彭老总要我耐心等待的公论。"

1950 年前后，这本小说更被英国、美国、苏联、日本、法国和东欧国家翻译出版，还被译为朝鲜文、越南文、阿拉伯文和西班牙文。

此外，它还被改编成豫剧、评剧、歌剧、舞蹈、电影、曲艺、广播剧、连环画，仅仅山西武乡县的一个剧团，前后就曾演出 4000 场。《小二黑结婚》由小说引发的系列文艺作品，成为当年解放区和中国文学艺术作品的奇葩，绽放在中国红色文学艺术的宝库中。

中华民族抗日英豪的赞歌

——小说、电视剧《吕梁英雄传》和电影《吕梁英雄》背后的故事

陈　辉

小说《吕梁英雄传》、电影《吕梁英雄》、电视剧《吕梁英雄传》，三部文学艺术影视作品，以不同的艺术形式讴歌了抗日英雄。三部作品都堪称经典，小说《吕梁英雄传》先后被人民文学出版社、通俗读物出版社、作家出版社数次重印，并且被翻译成日文、俄文、朝鲜文等文字，在国外出版发行，成为抗战文学的经典之作，被评为中国当代长篇小说的经典之作，脍炙人口；电视剧荣获了中国电视金鹰奖。

在三部文学艺术作品背后有着哪些鲜为人知的故事，三部作品有着哪些艺术创新，三部作品为何能够脍炙人口，笔者给您细细道来。

抗战时期发表的小说《吕梁英雄传》

《吕梁英雄传》是当代著名作家马烽、西戎合著的我国第一部反映中国共产党领导的全民族抵御日本侵略者，并在抗日战争时期就发表的长篇小说，是吕梁革命史的真实写照。

小说《吕梁英雄传》讲述了在吕梁山中一个普通村庄的农民在日寇烧杀抢掠中逐渐觉醒，在共产党的领导下，组织起民兵力量同敌人进行顽强斗争的故事。从《吕梁英雄传》中，我们可以看到晋绥解放区人民在全面抗日战争中艰苦斗争的轮廓。战争年代，三万多名吕梁英雄儿女血染沙场。

一部《吕梁英雄传》，就是吕梁人民血与火战斗的史诗，是一曲中华民族

不屈不挠抗击日寇的凯歌。

1937 年 7 月 7 日，卢沟桥事变爆发，日寇冲进长城，顺着平绥铁路、同蒲铁路打进了绥远、山西。是年秋，贺龙领导的第一二〇师开到晋西北，接连收复失地，建立了晋绥解放区。

晋绥解放区人民在共产党和抗日民主政府领导下，许多热血男儿都参加了八路军、游击队，在家的就参加了民兵。民兵们平时在家生产，抽空练兵习武，一到战时便拿起步枪、火枪、地雷、手榴弹，和敌人战斗，保护群众，并且配合主力部队作战。

在 8 年的全面抗战中，中国人民用血泪写下了不少可歌可泣的故事，涌现出了无数民兵英雄。1944 年的晋绥边区群英大会上，涌现出的民兵英雄就有 124 位。这些人物当中，有爆炸大王，有神枪能手，有破击英雄，有锄奸模范，有智勇双全的指挥员。《吕梁英雄传》就是他们真实的写照和生动再现。

《吕梁英雄传》以吕梁山区的一个普通山村康家寨为叙事切入点，讲述了康家寨村民在中国共产党领导下打击日本侵略者的精彩故事，颂扬了吕梁人民在困难面前不弯腰、在强敌面前不低头的民族精神。《吕梁英雄传》以康家寨的抗日故事折射了吕梁，折射了整个华北敌后抗日根据地，可以说是共产党领导下的全民族抗战的真实写照和微缩景观。

小说《吕梁英雄传》

真实性是《吕梁英雄传》所表现出来的一个显著特点，主要是历史背景和叙事空间的真实。1942 年春天，日本侵略者对吕梁抗日根据地进行疯狂大“扫荡”。八路军为了集中兵力更好地打击日寇，粉碎敌人的围攻，主动撤出根据地。一时间，根据地群众面临了非常困难的形势和复杂的局面，吕梁人民的抗日斗争进入了最艰难的时期。康家寨老财主康锡雪为了夺回在减租减息斗争中失去的钱粮，重树自己在村里的威势，不惜勾结日本鬼子，充当汉奸。康家寨村民在日寇的烧杀掠抢下逐渐觉醒，在共产党的领导下，成立了以雷石柱、康明理、孟二愣等人为骨干的民兵队伍。

“虽然仅是一个村子里的事情，也可以看出晋绥解放区人民在抗日战争中艰苦斗争的轮廓。”作者在书中这样写道。

《吕梁英雄传》另一个特点是通俗化、大众化，除了写的是发生在群众身边的动人故事外，群众语言也成为一大亮点。在小说中，处处都能看到一些“土得掉渣”的语言：“维持也是为全村安生，这是蛇钻到竹筒筒里，只好走这条道儿啦。”“老鼠拉木锨，大头在后头”“钱到公事办、火到猪头烂”等。这样的写作风格，也奠定了马烽、西戎“山药蛋派”作家的基础。

马烽，原名马书铭，1922 年出生于山西省孝义县（今孝义市）居义村。历任山西省作家协会主席，中共山西省委宣传部副部长，中国作家协会常组书记、副主席。主要作品有长篇小说《吕梁英雄传》（合著）；短篇小说《结婚》《一架弹花机》《三年早知识》《我的第一个上级》《结婚现场会》《葫芦沟今昔》等；传记《刘胡兰传》等。

马烽 5 岁时父亲就去世了，为生活所迫，7 岁时随母亲寄住在汾阳县（今汾阳市）东大王村舅父家。初小毕业后，考入孝义县立高小。他有良好的阅读习惯，先后阅读了《水浒传》《红楼梦》《三侠剑》《七侠五义》《彭公案》《施公案》等中国古典小说，从小就对文学产生了浓厚的兴趣。

1937 年冬，日寇侵入山西，学校被迫停办，即将毕业的马烽，只得辍学。1938 年春，16 岁的马烽参加了抗日游击队。因墙报做得出色，被当作美术人才选调到宣传队——“吕梁剧社”担任宣传员。1938 年冬，他光荣地加入中国共产党，随军转战太行山、吕梁山一带，并养成了写战地日记的习惯。

1940 年冬，马烽被送入延安鲁迅艺术学院附设的部队艺术干部训练班学习，半年后转入部队艺术学校美术队。不久，他因患慢性肾炎而住院治疗。在住院的半年期间，他开始阅读中国新文学作品和外国文学名著，开阔了视野，增长了知识。病愈后，他经常去旁听鲁艺文学系的课，同时开始尝试练笔写作。他根据自己熟悉的战斗故事给墙报写了一篇题为《第一次侦察》的稿件，同学们看过的都说不错。于是，他鼓足勇气送到延安《解放日报》副刊编辑部。他在自传中回忆说:“当时我什么也没说,放下稿件转身就走,匆匆地跑回了住地,好像办了一件不光彩的事似的。”1942 年 9 月 16 日,《第一次侦察》被《解放日报》副刊发表。马烽说:“这是我在文学道路上踏下的第一个脚印,虽然很浅,但鼓起了我向前迈动的决心和勇气。可以这么说,我真正迈上文学创作的道路,是从这里开始的。”

1942 年夏,马烽所在的“吕梁剧社”奉命并入八路军第一二〇师“战斗剧社”,他被分配到美术队,继续从事文艺宣传工作。同年冬,他随剧社从延安返回晋绥边区。当时,边区为了贯彻毛泽东《在延安文艺座谈会上的讲话》精神,要培养一批青年文艺工作者,组织一个文艺工作团。马烽被吸收参加该团,分配到边区工会工作,深入一些公营工厂,组织工人开展文教宣传活动,并被边区机关报《抗战日报》(1946 年 7 月更名为《晋绥日报》《晋绥大众报》)聘为通讯员。他撰写了《几种代用品的创造》《张秋凤运动的热潮》和《懒汉回头赛如牛》等多篇通讯特写,先后发表在延安《解放日报》《抗战日报》上。

1944 年初,马烽奉命到晋绥边区文联,在参加整风运动的同时,整理下基层时收集的素材,准备创作。正在这时赶上了全面抗战 7 周年纪念活动,晋绥边区文艺界开展了“七七”文艺奖征文活动。马烽以边区劳动模范张初元劳武结合的事迹而创作的通俗故事《张初元的故事》,荣获散文类乙等奖。

马烽的名气越来越大。1944 年秋,他调任《晋绥大众报》编辑,后升为主编,并先后兼任过《抗战日报》副刊编辑、吕梁文化教育出版社编辑、《人民时代》(半月刊)编委等职。为了把报刊办得通俗易懂,让群众喜闻乐见,他结合采访工作,经常下乡收集民间传说、故事,研究民间文艺,陆续整理发表了不少民间故事。

西戎,原名席诚正,1922 年 12 月出生在山西省蒲县西坡村。1938 年参加革命,1944 年毕业于延安鲁迅艺术学院和部队艺术学校。1949 年后历任《川西文艺》主编,山西省文联副主席,中国作家协会山西分会主席、名誉主席。1943 年开始发表作品,著有长篇小说《吕梁英雄传》(合著)等。

西戎 6 岁时到化乐镇上学,后被堂兄带到蒲县上高小。在堂兄的影响下,他阅读了鲁迅的小说《呐喊》,接触了《三国演义》《水浒传》和《西游记》等古典小说,由此走上了文学之路。

1936年春，红军来到西坡村，讲抗日道理、唱革命歌曲、写抗日标语，西戎发现红军与奸淫掳掠坏事做绝的阎锡山部队完全不同。西戎目睹了乡亲们遭受的种种苦难，经过比较，他更加向往红军。西戎虽然想参军，但是苦于年龄小、个头矮，未能如愿。

1937年，全民族抗战爆发后，西戎参加了丁玲领导的西北战地服务团。1938年4月，他参加了蒲县牺盟会工作团，从事抗日宣传活动，从此走上了革命道路。随后，他转入新军决死二纵队所属的“吕梁剧社”，1940年5月加入中国共产党。12月，他随剧社赴延安，进入延安鲁艺的部队艺术干部训练班和部队艺术学校学习，系统地学习了戏剧理论，阅读了不少古今文学名著，为今后的文学创作打下了基础。

1942年，西戎被上级派到八路军第一二〇师剧社编辑股任干事，开始文艺创作，并写出第一篇小说《我掉了队后》，在延安《解放日报》上发表。1942年秋，他在晋绥根据地文化工作队从事文艺宣传工作。同年冬，他返回晋西北抗日根据地，被任命为晋西北军分区所辖保德县第四区抗日救国联合会文化部部长。

马烽与《吕梁英雄传》

1944年，西戎参加晋绥边区纪念抗日7周年“七七”文艺奖征文活动，与人合作编写的秧歌剧《王德锁减租》成为当时吕梁地区最受群众欢迎的剧目之一，并荣获戏剧类甲等奖。同年8月，西戎调到《晋绥大众报》工作，历任编辑、编辑科长、编委等职。

从此，同在《晋绥大众报》工作的马烽、西戎走上了合作创作《吕梁英雄传》的道路。

抗日战争中，与吕梁山人民群众和民兵一块战斗、共同生活过几年的马烽、西戎，耳闻目睹了许多英雄人物的先进事迹，深为感动，内心里总有一种难以遏制的创作冲动。他们后来在《〈吕梁英雄传〉的写作经过》一文中如此写道:“应该把敌后抗日军民在伟大领袖毛主席领导下，与日本帝国主义、汉奸走狗斗争的英雄事迹记载下来，谱以青史，亢声讴歌，弘扬后世，变为巨大的精神力量，使人民群众从中受到应有的鼓舞、教益和启迪。”

1945年春，晋绥边区召开第四届群英大会，表彰抗日战争期间涌现出的124位民兵英雄。《晋绥大众报》原准备逐一介绍这些英雄人物，但因版面有限，时间又拖得太长。当时负责民兵英雄报道工作的马烽和西戎商量后，建议把这些民兵英雄们的事迹糅合在一起，以《吕梁英雄传》为题，写成通俗小说在报上连载，得到了编委会的肯定，社长周文还建议他们使用传统的章回体来写。为此，马烽、西戎从1945年春开始讨论写作大纲，然后分头写作。

1945年6月5日，长篇小说《吕梁英雄传》开始在《晋绥大众报》连载。每周一回，共95回。两人边写报纸边登，到1946年8月20日全部刊登完，历时14个月。

同年4月，马烽、西戎修改整理了前37回，由吕梁文化教育出版社出版了《吕梁英雄传》单行本（上册），延安的《解放日报》摘录转载。直到1949年初，他俩才得以集中一段时间对《吕梁英雄传》全书进行整理，将95回压缩到80回，共28万字，于当年10月由北京新华书店收入“中国人民文艺丛书”出版发行。

《吕梁英雄传》在报上连载后，引起极大的轰动。故事中的雷石柱、孟二愣和武得民等，成为晋绥边区家喻户晓的民兵英雄。

马烽、西戎也因此声名大振，成为晋绥边区众所周知的人物。马烽后来曾回忆，在《晋绥大众报》连载《吕梁英雄传》期间，有一次他到兴县界河口采访，村公所文书看了介绍信，知道他就是《吕梁英雄传》的作者之一时，对他特别热情，并立即将此消息转告了村民。当晚，许多男女老少拥到村公所，再三要求马烽讲讲报纸上还没有登出来的故事。他被群众的热切愿望所感动，只好现编现讲，讲了一段不行，再讲一段还不行，一直讲到鸡叫天亮，故事里的敌人被消灭，大家才满意地散去了。

《吕梁英雄传》在国民党统治区也声名远播。1945年12月，周恩来、董必武率中共代表团赴重庆与国民党政府谈判时，将该小说带到重庆，在党创办的《新华日报》上连载，立即在国民党统治区的广大读者中引起强烈反响。这是解放区流传到国统区的第一部长篇小说。郭沫若等文艺界名人还热情地写了评介文章。

《吕梁英雄传》的出版发行陆续进入高潮。1946 年 10 月，小说单行本上册被东北书店重印；1947 年 2 月被新华书店重印；同年 10 月被苏中韬奋书店重印，后又被大连大众书店重印。中华人民共和国成立后，《吕梁英雄传》全书先后被北京新华书店、人民文学出版社、通俗读物出版社、作家出版社等出版发行或重印。同时，它还被翻译成日、俄、朝鲜、波兰、匈牙利、罗马尼亚等外文，在国外出版发行。

“文化大革命”结束后，人民文学出版社邀请马烽、西戎又对全书作了校阅、修改，于 1977 年底重新出版。为了表彰马烽、西戎对创作《吕梁英雄传》等优秀作品的突出贡献，1992 年 5 月，山西省委、省人民政府授予马烽、西戎“人民作家”荣誉称号。

《吕梁英雄传》作为我国现代文学史上解放区第一部反映全民族抗战的长篇小说，堪称一部不朽史诗，其思想意义在于：形象地反映了人民大众在抗日战争中的历史功绩，真实地描述了人民大众觉醒的过程，强调了中国共产党及其八路军在抗战中的作用。

然而，对于这部作品，马烽却认为还有诸多遗憾。马烽的女儿段惠芳告诉记者，父亲认为小说有着“胎里带来的不足”。在小说创作时，马烽和西戎都是 20 多岁，没有丰富的作品做铺垫，创作经验不足，构思也不够完整，人物性格不够突出等。

尽管如此，《吕梁英雄传》作为第一部正面描写共产党领导全民族抗战的长篇小说，又因其鲜明的语言特点，注定成为抗战文学的经典之作。该小说的艺术成就被小说界、评论界所公认。中华人民共和国成立后，从王瑶编著的 1954 年版《中国新文学史稿》开始，在数十种关于中国现代文学史、中国当代文学史的著作中，马烽的小说创作都是其中不可或缺的一个章节。

在中国人民大学语言文学系文学史教研室编著的《中国现代文学史讲义》中，对《吕梁英雄传》给予高度评价：“这部作品和我国民族的优秀文化传统有着密切的血肉关系，小说的重大主题和动人的英雄事迹是通过为劳动人民所喜闻乐见的形式，如生动曲折的情节，富有传奇性的场面，章回体的形式以及通俗的语言等表现出来的，这也是它深受群众欢迎的重要原因。这些特点一般都做到较好地为内容服务，特别是故事情节的描写，作品没有为表现惊险场面而故弄玄虚，每一个战斗场面的安排，都是围绕着主题思想而展开的。”

在钱理群主编的《中国现代文学三十年》中这样评价：“影响更大的是马烽、西戎合作的长篇《吕梁英雄传》与孔厥、袁静的《新儿女英雄传》，分别描写了吕梁山区与白洋淀的农民游击战争，人们很容易联想起中国历史上的农民起义，以及《水浒传》《儿女英雄传》这类的‘英雄传奇’小说。”

杨义著的《中国现代小说史》，在“解放区小说”一章中，专门设立了一节：“马烽：从新英雄传奇到乡土写实”，对马烽从20世纪40年代到80年代的小说进行了宏观评述：“马烽、西戎是四十年代中期晋绥文艺界同时脱颖而出的文学双子星，在其后的发展中，马烽具有更坚实的文学实力和成就。”

1951年，日本学者三好崇一在《吕梁英雄传》日文译本后记中写道：“我在读这部作品时，便想到一定要尽快让日本国民读到这本书。理由之一，是想让日本的同志们再一次认真地反省一下我们日本军过去在中国大陆上究竟干了些什么事？再则，是想让日本同志们知道中国人民过去对帝国主义的侵略和压迫作了如何英勇的斗争。过去日本帝国主义的军队以及现在我们日本人民在亚洲所处的境地——翻译着这部作品时，我也深深地思考着这些问题。”作为一个日本人，能够选择表现中国人民抗日斗争的《吕梁英雄传》，翻译给日本人民进行反省，更加充分地说明了这本书的价值和影响。

对马烽、西戎而言，土地、农民、吕梁抗日英雄传奇是他们最宝贵的写作资源。他们对农民的生活习惯、思维方式乃至口头禅都烂熟于心，故事细节也饱含着民间智慧。创作内容扎根于作家成长的环境，创作成果得到了人民群众的普遍认可，抗日英雄的壮举丰富了他们的经典作品。

可以说，小说《吕梁英雄传》打响了“吕梁英雄”的第一炮。

新中国初期拍摄的电影《吕梁英雄》

黑白故事片《吕梁英雄》是由北京电影制片厂1950年摄制，编剧林杉根据马烽、西戎的小说《吕梁英雄传》改编，导演吕班、伊琳，主演李百万、郭允泰、浦克、李景波、赵子岳，摄影高洪涛，美术俞翼如，作曲李季达。

林杉改编后的基本情节是：抗日战争时期，晋绥边区吕梁山一带的百姓饱受日寇的祸害。康家寨村的老百姓因为心存侥幸，觉得村里太穷，鬼子不会到村里来“扫荡”，对区里和村里“开展坚壁清野，不让日本鬼子抢走一粒粮食”的号召不以为然，对村里成立民兵队也很消极。对此，康家寨村党支部书记、民兵队长柱子和村长及民兵积极分子们都非常着急。

一天，水峪镇据点的日本鬼子突然闯进康家寨，枪杀村民，抢走了粮食，牛、驴等，还放火烧了房子。村民们损失惨重，生活陷入窘境。

区委书记老马向上级请求帮助。上级从根据地调来了粮食、衣物、棉被，救济了康家寨村民。同时，区委发动群众组织起来，积极开展对敌斗争，保卫人民生命财产安全。春耕就要来临，但耕牛等牲畜都被鬼子抢走了。柱子带领民兵，夜间出击，从敌人手中夺回了被日本鬼子抢走的本村的以及附近几个村子的耕牛。

康家寨的民兵们夺回耕牛，令村民们对民兵刮目相看。年轻人纷纷要求参加民兵队，一贯思想保守落后的保儿爹也送儿子参加了民兵。从此，民兵们埋地雷、打伏击，打得日本鬼子不敢再进康家寨。麦子成熟后，民兵们武装保卫夏收也取得胜利，日本鬼子的抢粮计划破产。

电影《吕梁英雄》海报

日本鬼子和汉奸对康家寨的民兵恨之入骨。就在康家寨百姓准备庆祝麦收胜利之时，村里的地主、汉奸康锡雪派家里的长工、汉奸康有富给据点的日本鬼子送信，请日本鬼子趁民兵们思想麻痹前来偷袭。当夜，狂欢的人们熟睡后，康锡雪带着日本鬼子悄悄地包围了康家寨，将柱子等干部和几个民兵骨干抓了起来。日本鬼子为了将民兵斩尽杀绝，威逼群众交出村里其他的民兵。张老汉为掩护群众免遭敌人屠杀，自称愿意带“皇军”去找民兵。他将日本鬼子引上山顶后，毅然抱着鬼子小队长坠下悬崖同归于尽。

柱子等人被捕后，遭到严刑拷打，但无人屈服。康锡雪又到牢房，劝说村干部和民兵为日本人效劳，遭到痛斥。

区委书记老马按照上级的部署，带领区小队，并组织全区民兵，准备配合八路军主力部队作战。在主力部队围攻县城之际，区小队和民兵在几个有良知的伪军的配合下，救出了柱子等人，歼灭了据点的日军，生擒了躲进鬼子据点的汉奸康锡雪，杀死日军指挥官松本，彻底端掉了据点，并解放了水峪镇。

此片摄于 1950 年，具有浓厚的农村生活气息。演员阵容即使在今天看来也堪称强大：李百万、郭允泰、浦克、赵子岳、师伟、李景波都在其中担任重要角色，无论正反角色，其表演均可称“神似”，影片与剧本的来源——小说《吕梁英雄传》有异曲同工之妙。

李百万饰柱子，1926 年出生，中国著名电影演员。11 岁参加八路军。1944 年赴延安鲁迅艺术学院学习，后来随部队到东北前线宣传演出。1949 年调东北电影制片厂。

李百万第一次登上银幕的影片是《中华儿女》，之后在《吕梁英雄》中塑造雷石柱的形象。1950 年，他因主演《白毛女》一片中的大春，获得巨大成功。他以真挚的感情，朴实的表演，成功地塑造了这个淳朴、憨厚的青年农民形象。影片上映后，赢得国内外观众的一致好评。此后，他又出演了《葡萄熟了的时候》和《无穷的潜力》等影片。

李百万在 1955 年至 1957 年进入北京电影学院表演训练班学习，在表演理论和表演技巧上有了很大提高。毕业后分配到北京电影制片厂，他先后主演了《无名岛》《红色邮路》两部影片，还在《暴风骤雨》《碧海丹心》《泪痕》《元帅之死》等影片中担任演员。

李百万以饰演朴实的青年农民形象而著称，他将这些人物的内心感情表演得淋漓尽致，成为中国影坛上一位有着丰富底蕴的演员。

浦克饰张老汉，1916 年出生，1938 年开始演艺生涯，1949 年参演了北京电影制片厂第一部故事片《吕梁英雄》。1955年调至长春电影制片厂后，先后接演了《新局长到来之前》《国庆十点钟》《地下尖兵》《甲午风云》《英雄儿女》《艳阳天》《向阳院的故事》《熊迹》《人到中年》等影片。他在《英雄儿女》中扮演的那个“朝鲜老大爷”，《甲午风云》中扮演的北洋水师提督丁汝昌等角色都给影迷留下了深刻的印象。

浦克是一位深受观众崇敬和喜爱的表演艺术家。在长春电影制片厂是出名的老顽童，幽默、风趣、开朗、活跃，自喻为“八旬少年”。他在《吕梁英雄》中塑造的张老汉性格鲜明，形象栩栩如生，给观众留下了难忘的印象。

郭允泰饰武二娃，原籍山东沂南，1928年12月1日出生于黑龙江宁安，5岁丧母，7岁做过放牛娃。

1939年，郭允泰11岁时在山东参加八路军。1941年后在山东第一一五师团宣传队、滨海军区政治部文工团、鲁南第八师文工团任演员，被人称为“小武工团员”。1947年加入中国共产党。同年任山东野战军三纵文工团、第三野战军第二十二军文工团戏剧队分队长、队长，是个多面手，既能唱歌跳舞，又能演话剧、歌剧，还会说数来宝、扭秧歌。他随部队参加过多次战役，负过伤，立过战功。

1949年，郭允泰到北京电影制片厂做演员。当时新中国电影事业百废待兴，要拍摄反映火热的革命战争生活的影片，就着手从部队中抽调了一批文艺骨干分子，他们既有扎实的生活基础，又有一定的文艺才能，经短期电影培训后，即可投入拍摄。郭允泰就是在这种背景下被选调到北京电影制片厂当演员的。他随后主演了人生第一部影片《吕梁英雄》，扮演武二娃，开始电影艺术生涯。

1953年后，郭允泰主演了《智取华山》《怒海轻骑》等影片。1962年任新疆歌舞话剧院演员，在《八一风暴》《万水千山》等话剧中扮演过角色。1980年，他回到北京电影制片厂，主演了《与魔鬼打交道的人》《大地之子》《新儿女英雄传》《祖国的花朵》等影片。1985年至1987年任北影演员剧团团长。郭允泰一生参演了30多部影片，还拍摄过《神弓刘》《木鱼石的传说》《感情》《大江东去》《平凡的世界》等电视剧。他的表演特色是既深沉内在，又充满激情。2003年，他获得表演艺术学会“金凤凰奖”特别荣誉奖。郭允泰后来取得的这些成就，与他出演第一部影片《吕梁英雄》获取的经验是分不开的。

除了李百万、浦克、郭允泰等主要演员外，整个《吕梁英雄》演员团队都可圈可点，他们扮演的角色各有所长。

影片《吕梁英雄》把他们的形象永远定格在银幕上，历史也永远记住他们的角色：李景波（饰康锡雪），薛滔（饰秀英），刘世亮（饰民兵丁），黄素影（饰康儿媳），江山（饰有义），秋萍（饰民兵已），刘惠（饰勤孝），赵义虎（饰民兵丙），冀素珍（饰二妞），萧树琴（饰大秀），王金珠（饰保娃），曹靖亚（饰中年农民），卢芳（饰中年农妇），萧邦才（饰丑孩），刘中禹（饰民兵乙），李涌（饰保儿），李永杰（饰三小子），于清（饰民兵戊），孙鸿魁（饰通讯员），邸力（饰张妻），李健（饰保儿娘），李唐（饰有红），周凋（饰老马），封顺（饰日小队长），师伟（饰翠兰），黄非（饰民兵甲），王为光（饰辛老二），郑保民（饰松本），阎增和（饰保儿爹），姚颖（饰天成妻），刘宗（饰有富），韩焱（饰二先生）；梁新（饰毛旦）；张凤翔（饰明理）；赵子岳（饰康天成）等。

值得一提的是编辑林杉在改编《吕梁英雄传》时，小说作者马烽、西戎也都参加了小说改编为电影的过程。小说作者与影片编剧一起改编，可谓珠联璧合，为《吕梁英雄》锦上添花。

如果说小说《吕梁英雄传》是用文学艺术感染千万读者，那么在新中国成立初期文盲在全国还十分普遍的情况下，影片《吕梁英雄》就是以电影艺术教育激励亿万观众，把抗日英雄的形象深深扎根在中华民族灵魂深处。

电视剧全方位塑造吕梁抗日英豪

在电视普及的21世纪，在电视剧艺术形式如雨后春笋冒出的年代，小说《吕梁英雄传》在2004年又以电视连续剧的艺术形式，全方位塑造了“吕梁英雄”。

22集电视连续剧《吕梁英雄传》是由中央电视台中国电视剧制作中心、吕梁市委联合出品的抗战剧，由何群执导，于震、杨树泉、邢佳栋、李梦男、林永健、杨念生等主演 。

2004年，导演何群、制片人张纪中等人将该小说改编为同名电视剧《吕梁英雄传》，小说作者马烽也参加了改编工作。《吕梁英雄传》的故事发生在山西吕梁，当时马烽希望由山西的作家来改编，这样可以更好地把握小说的精神内涵和地域特色。马烽生前为将小说改编成剧本搬上荧屏，积劳成疾，以致病倒。他随后一直在病床上监督山西作家张石山和女儿梦妮进行改编。

2002 年，该剧就开始筹备。2003 年，张纪中来到吕梁，与当地相关部门商讨小说《吕梁英雄传》改编为电视剧一事，计划赶在 2006 年推出。张纪中认为，改编电视剧是为了“振奋民族气节，希望大家不要忘记那段历史”。

导演何群认为，电视剧《吕梁英雄传》与小说《吕梁英雄传》有很大的不同，不仅表现形式不同，情节发展的脉络、人物形象的塑造也会有所不同。人物的语言也有很大不同。因为小说中用的多是吕梁地区的方言土语，有些语言只有吕梁人才听得懂，如果要让这个电视剧走向全国，就必须舍弃一些“太土”的语言元素，让人物的语言更利于被全国观众所接受。

《吕梁英雄传》在拍摄过程中，剧组得到了方方面面的帮助支持。最让演职人员感动的是当地群众的真诚淳朴，演员休息、做饭、烧热水都是在群众家里，虽然添了不少麻烦，但群众却没有任何怨言，反而非常热情地予以招待。除了实地实景的拍摄之外，演员造型、拍摄道具方面也都力求再现当年的情景。作为一部红色经典，这部电视剧没有“明星阵容”。对此，张纪中表示，这次演员的选择坚持了“讲究实效，不讲名分”。

改编后的电视剧《吕梁英雄传》的基本情节是：1942 年春天，日军发动了对晋绥抗日根据地的疯狂“扫荡”。八路军为了集中兵力反“扫荡”，主动撤离吕梁山区，此后吕梁人民的抗日斗争进入了最艰难的时期。

康家寨，一个坐落于吕梁山中的村庄。八路军撤离之后，村里的形势变得动荡不安。老财主康锡雪庆幸反攻倒算的时机已到，密谋夺回在减租减息斗争中失去的钱粮，妄图重树自己在村里的权势。农会干部康顺风见风使舵，甘为康锡雪出力跑腿。年轻的共产党员、农会干部雷石柱带领党员康明理和孟二愣挺身而出，决意揭穿康锡雪的阴谋。日军大队长犬养率部突袭康家寨，烧杀抢掠。村民刘二则为报杀妻之恨，斧劈日军。犬养大怒，命士兵架起机枪，对准村民。翻译官王怀当向犬养献计，将部分村民作为人质带往据点汉家山镇。犬养、王怀当以人质相要挟，又收买了康顺风和康锡雪，强行在康家寨成立了维持会。

抗日区政府派出武工队队长武得民乔装改扮潜入康家寨，召集雷石柱等人，传达党的指示。雷石柱心里有了主意，从此带领村里的抗日民众明里暗里地与日寇、汉奸巧妙周旋，展开生死较量。

维持会会长康顺风秉承日寇的旨意，在村里替日军催缴军粮，驱使村民为日军修筑工事。雷石柱等人想出办法，按时给日本人交去了难以下咽的粮食。在工地上，他们软磨硬泡，使得工事迟迟不能完工；还设下圈套，让王怀当和康锡雪、康顺风等汉奸将犬养调来监工的爱犬吃下了肚子，却又不敢声张。

康家寨发生的事激怒了犬养，他派出皇协军大队长邸得世率部队进驻康家寨，决心清除村里的抗日力量。邸得世趾高气扬、蛮横跋扈，一到村里便将康顺风、康锡雪骂了个狗血喷头，也不把王怀当放在眼里。王怀当颇为不服，心生怨恨。正在村里活动的武得民被王怀当盯梢，雷石柱掩护他脱了险。王怀当为此与邸得世相互指责，上演了一场狗咬狗的闹剧。

邸得世带手下在村里横冲直撞，抢掠财物。他闯入村民二先生家，看上了二先生的女儿梅英，想强娶为妻。他托康顺风和康锡雪做媒提亲，却遭到二先生和梅英的严词拒绝。邸得世恼羞成怒，绑架了二先生，欲逼梅英就范。危急时刻，雷石柱带领康明理、孟二愣等人设法相救。他们在邸得世的娶亲路上击碎了他的美梦。

再一次的失败让犬养和王怀当决定在康家寨建立情报组织，他们委任康锡雪的儿子、大烟鬼康佳碧为情报组长，王臭子等痞子成了组员。他们借此在村里仗势欺人、敲诈勒索，群众对他们恨之入骨。王臭子无意中发现了武得民的真实身份，欣喜若狂，想要去向日本人报告、领赏。

雷石柱将计就计，利用犬养之手除掉了这个汉奸。几个日军闯入康家寨，命康顺风配合强抢民女。孟二愣奋起阻拦，怒杀日寇，却被维持会的汉奸抓住关押起来。武得民率武工队赶到，救出孟二愣，趁势打掉了维持会，将康顺风等汉奸逮捕、惩办。在村民的欢呼声中，康家寨的抗日民兵队伍正式成立，雷石柱被选为民兵队长。

康家寨的民兵成为犬养的心腹大患，必欲除之而后快。他命王怀当加紧破坏康家寨的民兵。王怀当绞尽脑汁，派汉奸特务吴有才以探望女儿为名潜入康家寨，勾结康锡雪，刺探民兵情报，并伺机毒杀雷石柱。雷石柱险些中计。康锡雪假意支持自家年轻的长工康有富参加民兵，然后唆使大儿媳勾引康有富，将他控制在自己手中，逼他提供民兵的情报，破坏本村民兵与邻村民兵之间的联络信号。

犬养和王怀当密谋利用春节来临，民兵们可能松懈之际，突袭康家寨。王怀当得意地告诉犬养，自己早已安排好了。除夕夜，雷石柱叮嘱民兵不可大意。可是，在瞭望哨上站岗的民兵为了御寒，喝了康锡雪让康有富带来的酒之后，都睡了过去。犬养、王怀当和邱得世率领日、伪军倾巢而出，他们在康顺风的接应下，绕过民兵的瞭望哨，直扑康家寨。疯狂的犬养杀害了二先生和梅英父女，抓走了民兵武二娃。武二娃抱住敌人跳崖，壮烈牺牲。雷石柱、康明理等民兵为自己的失误深感愧疚，流下了悲愤的泪水。

为了打垮敌人，雷石柱决定主动出击，深入日军据点，侦察敌情。他们抓住了王怀当。根据王怀当提供的情报，民兵果断出手，夺走了敌人的粮食和军马。犬养气急败坏，孤注一掷，利用康锡雪和康顺风制造假情报，伏击民兵，使民兵遭受重大伤亡。孟二愣、康有富等民兵被俘，受尽折磨，张有义英勇牺牲。

雷石柱通过策反伪军，发展内线，掌握情报，拦截囚车，救出了孟二愣等人。康有富幡然悔悟，揭露康锡雪、康顺风的罪恶。康锡雪自知罪行败露，带着康佳碧仓皇逃进日军据点。康顺风被民兵抓获。康有富只身闯进汉家山镇，击毙康锡雪，与日军同归于尽。

雷石柱、武得民趁日军兵力空虚之际，直闯邱得世的营地，动之以情，晓之以理，促使邱得世起义，击毙了赶来阻止的王怀当。犬养闻讯赶回，却陷入重重包围之中，只得缴械投降。吕梁的民兵在与日寇、汉奸的较量中取得了最后的胜利。

该剧以正确的艺术观，成功地塑造了一系列质朴鲜活的人物形象。于震饰演雷石柱，他是智勇双全的抗日领袖，康家寨民兵分队长，汉家山大汉奸吴为才的女婿。雷石柱带领村民展开轰轰烈烈的护村运动，最终将汉家山据点的敌人打走。汉家山解放后，雷石柱第一个报名参加了县游击队。

杨树泉饰演武得民，他是康家寨民兵指导员，有勇有谋，为康家寨抗日斗争局面的发展起了重要作用。但武得民在执行对敌政策时犯过严重错误，对穷凶极恶的铁杆汉奸康顺风等盲目执行了宽大政策，致使康家寨民兵损失惨重。

邢佳栋饰演孟二愣，他是康家寨民兵。孟二愣是康家寨的骨干民兵，胆大敢为，作战勇敢，但行事过于鲁莽。由于孟二愣的轻敌以及蛮干，执意不听从康明理的正确建议，致使民兵被困老虎山，伤亡惨重。汉家山解放后，孟二愣报名参加了县游击队。

李梦男饰演康明理，也是康家寨民兵。康明理上过师范学校，有一定的文化，曾打入维持会作为民兵的“卧底”，并成功除掉了维持会骨干会员王臭子。汉家山解放后，康明理报名参加了县游击队。

林林饰演康有富，他是康家寨土财主康锡雪家的长工，也是康家唯一的长工。康有富的父亲烧窑时被砸死，母亲被康锡雪卖给了人贩子。康有富从小性格懦弱，没有顶住康锡雪大儿媳的诱惑，成为潜伏于民兵中的卧底。但康有富最终觉醒，认识到了自己被康锡雪利用的事实，决定发奋立功，亲手开枪吓跑了几个日本伤兵，并且缴获了一匹大驮骡、许多牛皮鞋和一百多个日本兵的骨灰盒，逐渐成长为一名合格的民兵。

林永健饰演王怀当，他倚仗日本人的势力，为非作歹，甘心为日本人卖力，支持其表弟康顺风建立了康家寨维持会，是死心塌地的汉奸，人送外号“二日本”。最终王怀当被民兵擒获，枪决。

杨念生饰演康锡雪，他是康家寨的土财主。康锡雪极其仇视民兵，投靠日本人，不惜以自己的大儿媳作为美人计的诱饵，多次设计陷害民兵。最终事发，康锡雪被民兵枪决，家产被没收充公。

电视剧《吕梁英雄传》在人物形象塑造方面，除了正面人物塑造得成功外，还真实地刻画了日军翻译官王怀当、财主康锡雪、维持会会长康顺风、伪军连长邱得世等反动人物形象，从而构成了正面人物的动作线和反面人物的反动作线的尖锐矛盾冲突。康家寨的民兵面对的是一些十分狡猾的敌人。无论是两面三刀的康锡雪、康顺风，还是阴险毒辣的王怀当，都给雷石柱、武得民制造了很多危险和麻烦。但是，吕梁英雄们怀着强烈的乡土情怀，凭着中国北方人民朴实憨厚、剽悍骁勇的特质，最终将日本侵略者赶出了自己的家园。

电视剧《吕梁英雄传》的创作者们在深化原著的思想内涵等方面下功夫，同时在情节上下力气，每一集都有精彩故事，使戏剧结构更具张力。电视剧用三条线贯彻始终，第一条是以雷石柱、武得民为代表的抗日民众与日本鬼子和汉奸王怀当、康锡雪的殊死斗争；第二条是犬养与王怀当的穷凶极恶；第三条是康锡雪、康顺风的狼狈为奸。这三条线交织在一起，跌宕起伏、悬念不断、扣人心弦。

综上所述，电视剧《吕梁英雄传》在艺术手法上圆熟而独到的表现，既对主题内容有深刻的揭示作用，又体现了创作者们以崇敬的心情、真挚的情感，讴歌了吕梁人民乃至中国农民在那个战争年代里用鲜血和生命建立的不朽功勋，使作品的思想性通过艺术形象得到审美化的传达，也使该剧的品格具有了特殊意义和审美价值，给观众留下了更多的回味和思考。

该剧于 2006 年 8 月 30 日在中央电视台一套首播，荣获 2006 年金鹰奖“优秀长篇电视剧奖”。

小说《吕梁英雄传》还先后被改编为舞剧《吕梁英雄传》、连环画《吕梁英雄传》等不同的文学艺术形式，各有千秋。但最为成功、影响力最大的还是小说《吕梁英雄传》、电影《吕梁英雄》和电视连续剧《吕梁英雄传》。三部文学艺术精品将使抗日战争的吕梁英雄流芳百世。

千古流芳的铁道英豪
——长篇小说《铁道游击队》与英雄刘金山

许　晨

烽火硝烟跨战马，铁道英豪绽芳华；
风雨征程志如铁，痴心不渝一文侠。

20 世纪 50 年代中期，反映抗日战争时期在鲁南铁道线上，游击队员们浴血奋战，扒火车、打敌人的长篇小说《铁道游击队》，由上海新文艺出版社出版，一经问世立即红遍大江南北，也让大队长刘洪和众多铁道游击队战士成为家喻户晓的英雄人物。随后，由小说改编的同名电影上映，更是风靡一时，继而影响了一代代观众。那支电影插曲："爬上飞快的火车，像骑上奔驰的骏马，车站和铁道线上是我们杀敌的好战场……"迅速在大街小巷传唱，至今仍然强烈地跳动在时代的脉搏里。

刘知侠写就《铁道游击队》

说来有缘，小说《铁道游击队》的作者刘知侠曾担任山东省作家协会主席，并兼任《山东文学》主编，离休后与夫人定居青岛。而笔者早年在部队搞业余创作时有幸听过他授课，后来转业到山东作协工作，也曾任职作协副主席兼《山东文学》主编，与刘老成了相隔几十年的同事。所以，我对刘知侠夫妇一直尊敬有加，也比较了解他文学创作过程中的其人其事。刘老能够写出《铁道游击队》这样的杰作绝对不是偶然，要知道，他在孩提时代便与铁路结缘了。

1918 年 2 月 7 日，刘知侠出生于河南省汲县（现卫辉市）柳卫村，原名刘兆麟，曾易名刘痴侠，意思是痴心不改的侠客。纵观其一生，无论是做党的文艺战士，还是冲破种种阻拦的生死爱情，都完全配得上“痴侠”二字，可惜后来发表作品时，“痴”字被出版社编辑去掉了病字旁。编辑说：“不要病字边了，改为知侠更好听。”从此，刘知侠这个名字便伴随了他一生。

刘知侠的父亲是道清铁路线上的护路工，小时候的他，一天到晚在铁路边玩耍，看着南来北往的火车一辆辆呼啸而过，“哐当哐当”的车轮声响彻他的童年。

1943 年夏天，山东军区在莒南县抗日根据地召开英模大会。已参加革命多年、在《山东文化》编辑部工作的刘知侠前去整理事迹材料。会上，刘知侠结识了铁道游击队的英模代表们，并倾听了他们振奋人心的战斗报告。那些飞虎一般的战友们创造的惊人奇迹，深深地吸引着这位年轻的文化工作者。

这支英勇的游击队成立于 1940 年 1 月，由八路军 115 师苏鲁支队在山东枣庄组建，始称“鲁南军区铁道大队”，隶属鲁南军区，有队员 300 余人。他们以微山湖为根据地，在铁道线上与日伪军展开殊死搏斗，战果辉煌，有力地配合了主力部队作战。山东军区司令员兼政委罗荣桓曾赞其为“一把插入敌人心脏的尖刀”。年轻的刘知侠被这支英雄队伍的事迹深深激励着、感染着，渴望写成一部大书来告诉世人这些故事。

影片《铁道游击队》剧照。大队长刘洪（右）和政委李正（中，举手者）正在进行战前动员

可惜在炮火连天的战争年代，刘知侠难以静下心来搞创作，直到中华人民共和国成立之后，时任山东省文联编创部部长、党组成员的他才得以完成夙愿。1952年，他请了一年长假，重走鲁南，体验生活，寻找素材，奋笔疾书，终于写成长篇小说《铁道游击队》，并于1954年由上海新文艺出版社出版。小说里，那传奇的故事、跌宕起伏的情节，把人们一次次带回激情燃烧的岁月。其中，大队长刘洪，政委李正，副大队长王强，战士彭亮、林忠、鲁汉、小坡，还有根据地群众芳林嫂等英雄形象栩栩如生、深入人心。

文学作品源于生活，又高于生活，这些人物以及他们的事迹在现实生活中皆有迹可循。小说中大队长刘洪这一角色，就是前后两任“鲁南军区铁道大队”大队长人物原型的糅合。铁道队首任大队长是洪振海，他英勇善战，可惜于1941年光荣牺牲，年仅32岁。第二任大队长刘金山，在鲁南地区抗日斗争最艰苦的阶段，率领队员们坚持战斗，圆满地完成了护送刘少奇等中央首长跨越津浦铁路的重大任务，带领队伍迎来了抗日战争的胜利，后又加入主力部队，参与了解放战争。刘知侠各取两位大队长姓名中的一个字，塑造了“刘洪”这样一位有勇有谋、敢打必胜的英雄人物形象。因洪振海牺牲较早，我们通过一窥刘金山的革命生涯，或可感受当年铁道游击队战士们的英姿风采。

大队长刘金山谱传奇

刘金山出生于山东枣庄蔡庄村的一户矿工家庭，自幼父母双亡，饱尝了资本家、封建把头和反动狱警的皮鞭棍棒之苦，但磨难也塑造了他勇敢、坚毅、吃苦耐劳的品格。1938年4月，他毅然参加了共产党领导的抗日队伍，从此走上革命道路。两年后，刘金山辗转加入铁道大队，因作战勇猛又战法灵活，不久被提拔为分队长，并光荣地加入中国共产党，成长为铁道大队的骨干力量。

1941年12月的一个风雪之夜，数百名日伪军对“鲁南军区铁道大队”进行“扫荡”，时任大队长洪振海率部与敌人激战，不幸中弹牺牲，而此时，副大队长王志胜（王强原型）也正因病住院治疗。为重新开创抗日局面，铁道大队急需选出新任大队长。为此，大队政委按照鲁南农村的老习俗，给大队长候选人每人背后放一只碗，队员们想选谁，就把手中的豆子放在那个人身后的碗里。通过“豆选”方式，身为候选人之一的刘金山以最高票当选。1942 年 5 月，鲁南军区正式任命他为新任铁道大队大队长。

随着抗日战争持续深入，铁道大队的队员们经受了更为严峻的考验。那年，驻临城的日军为了对付铁道大队，专程从济南搬来特务头子高岗当救兵。这家伙是个“中国通”，不但能说一口流利的中国话，而且对中国的风土人情也了如指掌。他通过“拜把兄弟”“同盟结义”等手段，将临城附近的几十个伪乡保长笼络在一起，使铁道队的活动陷入前所未有的困境。

为重振“飞虎队”雄威，铁道大队把矛头直指日军头目高岗，准备火力全开，一举歼灭之。但是，临城站戒备森严，怎么才能铲除他呢？为此，刘金山经过一番缜密策划，先后两次派人潜入敌区化装侦察，终于摸清了站内警卫及高岗的活动规律。随后，他把队伍分成 4 个战斗小组，有的装作工人，有的扮成伪军，大伙儿趁夜兵分多路潜入车站，一举端掉了日军两个外围警卫。紧接着，队员们乘胜追击，直扑高岗办公室。正在办公室里办公的高岗听见门外有异动，发觉情势不对，正要掏出手枪，便被刘金山“啪啪”两枪“送”回了东洋老家，整个战斗持续不到 10 分钟就宣告结束！铁道大队除击毙高岗外，还缴获步枪 30 余支、机枪 2 挺、手枪 3 支、子弹数千发，且无一人伤亡，我方大获全胜！

由此，刘金山在游击队员中的威信进一步提高，还被队员们称为“神枪手”。随后，他带领游击队员们开展了数次灵活多样的破袭战，并截获大量日军军火、被服，以支援在山区作战的八路军主力部队。

挥戈于百里铁道线上的铁道游击队不仅英勇善战，把鬼子打得魂飞魄散，还智逼顽敌，以不足百人的队伍追降日军正规部队 1000 余人，书写了中国抗日战争乃至世界反法西斯战争军事史上罕见的传奇一幕。

1945 年 8 月 15 日，日本无条件投降。驻日盟军总司令麦克阿瑟命令所有在华日军只向蒋介石部队投降，不得向共产党领导的抗日武装缴械。朱德总司令连发七道命令，要求各根据地抗日军队向被我包围的日军发出最后通牒，限期投降，对拒不投降之敌坚决予以歼灭。

据铁道大队侦察兵张书太回忆，在距离枣庄沙沟车站东北方向 1 里处的沙沟街上驻扎着一个团的伪军，他们接受了蒋介石“维持地方治安”的命令，不肯向八路军、新四军投降。为迫使集结在沙沟车站的日军向铁道大队缴械，鲁南军区首先将这股伪军一举歼灭。而后，刘金山遵照军区指示，向日军铁甲车大队队长太田申明我军立场，并派代表与日军代表谈判交涉，终于使日军低头认罪，交出武器投降。

那次受降仪式上，日军共交出2门重炮、8挺重机枪、180多挺轻机枪、近2000支步枪、两麻袋手枪、40吨炮弹、两车皮子弹。铁道游击队用20多辆牛车，拉了两天，才把这些武器全部送到军区司令部。

不费一枪一弹，铁道游击队就战胜了一支整建制日军，不可谓不传奇，而刘金山的英雄故事更是说不尽也道不完。

英雄事迹流芳百世

“这样的英雄事迹，一定要让它流芳百世。”这个信念，一直藏在刘知侠的心中。他在介绍小说《铁道游击队》的创作经过时曾说：“日寇投降后，铁道大队第一次新年会餐，队员们把一桌最丰盛的酒菜摆在了牺牲战友的牌位前，大家眼里噙满了泪水。也就是在这次会餐中，为了悼念亡者，队友们提出了两个想法：一个是将来革命胜利后，希望在微山湖畔立一块铁道游击队的纪念碑；另一个是希望我把他们的斗争故事写成书。”

十年磨一剑，小说《铁道游击队》于1954年1月正式出版后，很快在读者中引起强烈反响，随后一版再版，仅上海新文艺出版社一家就印刷60余次，陆续发行400多万册。后来，小说又被改编为连环画、山东评书、交响音乐等，并先后被译成英、俄、日、法、德、越等数种文字，成为反映中国人民抗日战争历史的传奇经典。同时，由刘知侠亲自参与编剧创作的电影《铁道游击队》也摄制完成，并特邀当年的大队长刘金山担任军事顾问，影片插曲《弹起我心爱的土琵琶》更是感染了无数观众，成为久唱不衰、流传至今的动听歌曲。中华人民共和国成立70周年前夕，小说《铁道游击队》入选“新中国70年70部长篇小说典藏”。

1991年9月3日，正值中国人民抗日战争胜利46周年，青岛市政协组织召开老干部座谈会，刘知侠应邀出席。会上，正当他慷慨激昂地回忆战争岁月时，不幸突发脑出血，猝然离世，享年73岁。闻此噩耗，许多喜爱其作品的人们悲痛不已，他的夫人刘真骅女士更是痛不欲生。终于走出伤痛振作起来后，刘真骅决定继承丈夫的遗志，完成他未竟的事业。她用8年时间，将刘知侠留下的400多万字的作品，编辑成250万字的《知侠文集》五卷本，并根据刘知侠生前对她讲的创作构思，续写了其未完成的《战地日记》，又从夫妻俩共同写成的160万字的“两地书”中，选编出45万字的《黄昏雨》……

而曾为新中国的成立立下汗马功劳的刘金山，晚年仍然心系桑梓，不忘他曾经生活战斗过的鲁南大地。1996年8月，刘金山病危，弥留之际，他仍不忘叮嘱家人，死后一定要将他的骨灰安葬在枣庄临山南麓铁道游击队纪念碑旁，让他永远陪伴那些曾经一起并肩战斗过的兄弟们……

巍巍青山埋忠骨，铮铮铜像慰英魂。如今，在茫茫黄海之滨，在浩浩微山湖畔，矗立着铁道游击队战士的青铜群雕和为其著书立传的刘知侠雕像，旁边，还有长眠在这里的大队长刘金山之墓。他们虽然默默无语，但那巍然屹立的英姿，似乎还在铁道线上冲杀，如同传说中的“飞虎队”一样，飞越时空，搅动风云，永远护卫着广袤而美丽的华夏大地……

一部未创作完的杰作
——长篇小说《烈火金钢》及其作者刘流

周　钇

著名作家刘流于1958年出版的长篇评书体小说《烈火金钢》曾轰动一时。这部由中国青年出版社出版发行的小说刚一面世，就发行了上百万册，在读者中产生了强烈的反响。至今，原著已累计发行近300万册。1991年在建党70周年之际，原著《烈火金钢》被拍成电影，后又被拍成电视连续剧，出版连环画，进一步扩大了其影响。然而，鲜为人知的是，小说在创作之后，却留下了遗憾。

引起巨大轰动

《烈火金钢》以1942年日本帝国主义在冀中进行大“扫荡”和我军民英勇反“扫荡”为背景，真实地反映了冀中军民所进行的艰苦卓绝、惊心动魄的抗日斗争，表现了中国共产党对抗日战争的坚强领导和中国人民的英雄气概。作品充满了革命激情，故事情节惊险曲折，所写人物带有传奇色彩，活灵活现，颇为引人入胜。小说中的故事和人物，大都来自生活而又高于生活。

小说讲述的是日军发起“五一大扫荡”，日本侵略者向蒋介石加紧了政治诱降，回师后方，集中兵力向冀中军民进行了灭绝人性的大“扫荡”，在河北省滹沱河的下游桥头镇，发生了一次残酷的阻击战斗的故事。其主人公肖飞、史更新、丁尚武等人，在冀中平原上坚持斗争，后来与敌后武工队配合，组成了一支强有力的抗日武装，向敌人展开神出鬼没的袭击战、对抗战，最后配合主力部队歼灭了日本侵略军、伪军，取得了胜利。

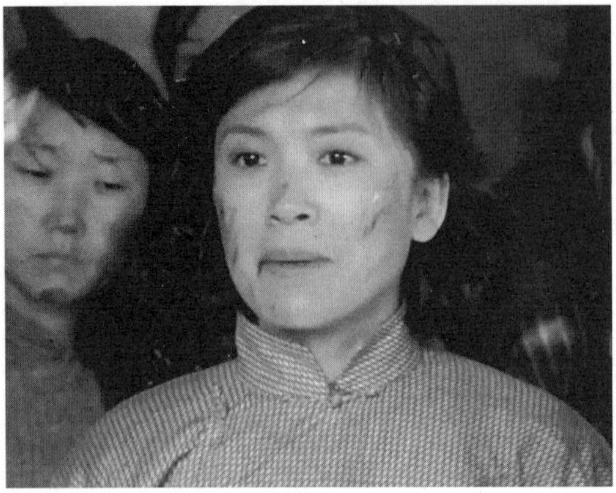
《烈火金刚》剧照

小说《烈火金钢》出版后，“不论大街小巷，或是穷乡僻壤，凡是有收音机或大喇叭的地方，平头百姓都尖着耳朵听‘肖飞买药’。就这样，在五六十年代《烈火金钢》就印了上百万册。”中国青年出版社的黄伊是《烈火金钢》1958年出版时的责任编辑，他在《我所知道的〈烈火金钢〉》中这样评说该书在群众中产生的热烈反响。

在60多年的洗礼中，《烈火金钢》一路高歌。小说出版后不久，由评书表演艺术家袁阔成将其原著改编成同名长篇现代评书，从1963年起开始在中央人民广播电台连续播讲；1963年，该小说由天津人民美术出版社改编绘制成同名7册连环画出版；1991年纪念中国共产党成立70周年时，由珠江电影制片厂改编摄制成同名电影在全国公映；1995年5月，被中宣部、国家教委、文化部、新闻出版署、共青团中央列为向全国中小学推荐的100种爱国主义教育图书之一；2004年，由海润影视制作有限公司、天津电视台电视剧制作中心联合改编摄制成同名23集电视连续剧，在全国热播，再一次掀起了一股经久不衰的《烈火金钢》热。

小说创作的时代背景

日本侵华时期，日本侵略者为了扑灭中国共产党领导下的抗日武装力量，对抗日根据地进行了疯狂的“烧光、杀光、抢光”的“三光”政策。1940年以后，这种“扫荡”更为频繁，更为猛烈。

华北敌后解放区包括晋绥、晋冀鲁豫、晋察冀三个边区和山东区，是敌后战场中最大的战略支点，也是日军“扫荡”最为猛烈的地区。日军对华北解放区的“扫荡”最早是从晋察冀边区开始的。1938年9月20日，日军纠集5万兵力，分八路围攻北岳区的五台地区，还先后发动春季、秋季、冬季大

“扫荡”。仅北岳区的崞县，从1938年9月到1939年6月，就有4万群众被残杀。

从1938年底到1940年底，日军在华北解放区发动的千人以上大规模“扫荡”达109次，使用兵力在50万以上。太平洋战争爆发后，日军急于迅速解决中国问题，对华北解放区的“扫荡”愈演愈烈。他们从华中调两个师团到华北，加强进攻解放区的兵力。1942年，日军进一步推行“治安强化”运动，将冀南、冀东、冀中、晋冀豫地区作为重点“扫荡”地区，同时对其他抗日根据地进行“蚕食”和“扫荡”。据统计，从1941年到1942年的两年内，日军对华北解放区出动千人以上的“扫荡”就达174次，较前两年增加了近一倍。

1943年，日军对华北解放区的进攻有增无减，对根据地人民的屠杀更加凶残，先后制造了“阜平平阳惨案”“易县寨头惨案”“平山岗南惨案”“灵寿大寨惨案”“井陉黑水坪惨案”“平山焦庄惨案”等血腥暴行。

抗战进入相持阶段后，日军经常有13个师团的兵力，对华中抗日根据地反复进行“清乡”“清剿”“扫荡”。平均每半个月，各根据地就要遭受一次“扫荡”，最频繁的时候则一周一次。

日本侵略军犯下的滔天罪行，激起了全中国人民的坚决反抗和有力还击。

小说创作过程

在反击日本侵略军暴行的过程中，各根据地涌现出大量的战斗英雄、劳动模范及模范工作者。1944年12月20日至1945年1月30日，晋察冀边区第二届群英大会在阜平县史家寨村召开，共有398名战斗英雄、劳动模范及模范工作者参加会议。

当时，刘流恰好在会务组工作，有幸接触了许多英雄人物。晋察冀英雄儿女们可歌可泣的战斗事迹让他极为感动，在内心产生了难以遏制的创作冲动。

在群英会期间，他就以英雄们的感人事迹为素材写了一部多幕剧，让英雄们登台，自己演自己，大获成功。这次舞台艺术实践，使他萌生了要用长篇小说的形式来展现这一历史画卷的强烈愿望。但因当时烽火连天、戎马倥偬，刘流难以静下心来写作。抗战胜利后，刘流专程回到老家——同样是重要抗日战场的河北河间再一次收集了大量的创作素材，进一步丰富了后来的艺术创作资源。

中华人民共和国成立后，战火纷飞中的英雄形象时刻在刘流的脑海中纷至沓来，再一次激起了他不可遏制的创作冲动。他说："我要通过这部书让后人知道，曾经有过那样一场残酷的战争，有那样英雄的人民，那样伟大的党！""我没有办法抑制自己的感情，非写不可。"他白天工作，晚上挑灯夜战。他买不起稿纸，就在黄草纸上写作。后来，他的创作得到了组织上的支持，特地批了他一年的创作假。

刘流专心致志、废寝忘食，很快创作出了长篇小说《烈火金钢》初稿。可当他看到许多评书演员因没有新评书本子可说，只得反复说封建社会流传下来的旧评书时，他觉得自己有责任，更有义务为他们进行创作。另外，他非常熟悉和喜爱中国古典小说，于是，他将《烈火金钢》初稿修改为章回评书体小说。

为了运用好这一形式，他经常把评书演员请到家里，把自己已改过的稿子一段一段地读给他们听，认真征求其意见，然后反复修改。

小说定稿后，刘流将它投给中国青年出版社。编辑黄伊审看过小说后，不仅为其中所描写的冀中军民所表现的民族气概所震撼，也为其中所塑造的性格各异的人物形象深深打动。特别是该作品采用了古典章回评书的形式，让他更加坚信出版后一定会吸引众多的读者。但因原稿尚有欠缺，黄伊特地坐火车从北京来到保定，找到刘流面谈修改事宜。当他得知刘流坚持工作之余创作时，黄伊还出

影片《烈火金刚》剧照：乡亲们冒死掩护英勇杀敌的八路军排长史更新（左）

面替刘流请了两个月的假，约他赴京改稿。

在修改过程中，黄伊从已经改好的稿子中，挑选了部分精彩篇章，交由中青社创办的《红旗飘飘》大型丛刊先期发表，结果颇受读者好评。

1958 年 1 月，小说正式出版，立刻在读者中引起了巨大轰动。

刘流把自己对多年战斗生活的亲身体验融进了小说。他曾在八路军正规部队工作，历经过残酷的战争，尤其是 1942 年夏的“五一大扫荡”，日寇疯狂地对家乡人民实行残酷镇压，在念祖村西面的高地上，至今还矗立着纪念那次激战中牺牲的八路军战士的墓碑，碑上刻着“英灵照万古——1942 年农历 6 月 28 日八路军任河大支队 72 烈士”的字样。

按照刘流的创作计划，已经出版的《烈火金钢》只是他记叙本篇的第一部，在他拟定的第二部书稿中，还要把主人翁史更新塑造成一个经过千锤百炼的金钢式的英雄。在残酷的对敌斗争中，史更新要经受监狱斗争和骨肉亲情及爱情的考验，直到最后指挥部队参加全面大反攻。其他的人物也都将随着故事情节的展开，循着各自的性格本质特点被塑造得更加完整丰满。

按照这一创作思路和计划，早在“文化大革命”前，他已经着手开始了第二部的创作，并写有 20 万字的初稿《红芽》。他广泛听取读者的建议和意见，正准备着手修改时“文化大革命”开始了，他挨打、挨斗、被关牛棚、隔离审查，后被下放到河北卢台五七干校劳动。在那里，繁重的体力劳动使他本来就病弱的身体雪上加霜，以致后来发展到尿血、肺气肿。1973 年底，他所在的干校不得不放他回家治疗养病。1977 年春节前夕，刘流不幸病故，他未能如愿完成创作，成为我国当代文学史上的一大憾事。

多才多艺的刘流

小说作者刘流，原名刘其庚，1914 年 3 月出生在直隶河间县（今河北省河间市）尊祖庄后念祖村。他小时跟着教私塾的曾祖父读了三年书，后来由亲友资助在烟台上了一年中学。

刘流所出生的古城河间作为西河大鼓的发源地，戏曲艺术非常繁荣。他自幼热爱《三国演义》《水浒传》等古典小说以及唐诗宋词，也非常喜欢当地流行的戏本、唱本、鼓词、评书等民间文艺作品，经常追着戏班子看“野台戏”，钻进大棚里听鼓书，饱受古典文学和民间文艺的熏陶，为他后来从事文学创作打下了较为扎实的功底，并对他的艺术实践产生了直接的影响。

1931 年初，刘流跟着亲戚闯荡社会，在颠沛流离的日子里，他写下了这样一首诗：“平生个性喜游侠，到处天涯是我家。日月星辰为我伴，披霜挂露破风沙。持枪跨马敌前跃，慷慨高歌自我夸。热血澎湃如潮涌，永远浇灌自由花。”

1938 年，刘流光荣地加入中国共产党，他激动地赋诗一首：“我是法西斯血爪下的亡命徒，在暴风雨的夜里，投入了布尔什维克的怀抱；我的梦醒了！眼也亮了！穿透云雾的阳光，已在招呼着我前进。我已知道：为什么要生存，什么是真理。我为它——真理——作了决定：永远地学习！永远地斗争！”

1939 年，刘流被调到晋察冀军区抗敌剧社任演员，后被调到白求恩学校做军事教官和政治教官。他在有数千名师生的学校中，广泛开展文艺创作活动，不仅编演小型节目，还排大型京剧剧目。

1942 年秋，毛泽东《在延安文艺座谈会上的讲话》发表后不久，刘流再次调到抗敌剧社，主要是做音乐教员工作，后来的主要工作内容是进行旧剧改革。其间，他和邓拓、梁斌、丁里等研究和编演实验性质的新京剧，如京剧《史可法》《苏州城》《李自成》《将相和》《空城计》等；话剧《前线》《俄罗斯商人》《子弟兵和老百姓》等。当年的抗敌剧社，就像如今的一所艺术学院，门类很多，刘流在这里认真学习毛泽东文艺思想，阅读了大量的中外文学名著，并在报刊上发表作品，如在《子弟兵报》上发表小说、鼓词《民兵李长发》《大练兵》等，很受官兵欢迎。

1943 年，刘流在写作名著《烈火金钢》之前，他将该写作素材先编创了一部多幕话剧，让英雄们自己演出，获得巨大成功。

在刘流创作、演出的大量戏剧剧目中，影响最大的是新编历史剧《李自成》。

那是 1944 年 6 月，驻太行山区河北省阜平县史家寨的晋察冀中央局党校开始整风。刘流随抗敌剧社到阜平参加了整风，作家梁斌也从冀中平原赶赴参加。6 月 20 日，《晋察冀日报》增刊第四期刊登了中共中央宣传部《关于“甲申三百年祭”与“前线”的通知》，并全文转载了郭沫若的《甲申三百年祭》，作为整风的学习文件。《甲申三百年祭》主要写的是李自成起义及大顺政权的成功与失败，告诫人们在革命成功之后，要保持纪律性和艰苦作风，决不能忘乎所以。这年7月初，为纪念建党23周年和卢沟桥事变7周年，有人提出将《甲申三百年祭》改编为京剧，由抗敌剧社和党校联合演出。剧本改编是集体创作，邓拓主笔。在剧中，刘流扮演了李自成，梁斌扮演牛金星……再加上配角、龙套，上场的有几十人，行当齐全，有文有武，阵容壮观。

首演是在抗敌剧社的帐篷里。晋察冀中央局负责同志、各机关干部、党校以及附近的驻军和农民观看了演出，产生了轰动效应。

刘流扮演的李自成，在剧中属一号人物，文武老生兼备，戏份很重。演出中，因剧情需要，他既唱京剧，又唱昆曲，腔满调实，雄浑大气。

抗战结束后，抗敌剧社随军区机关移驻张家口，刘流被派协助新剧院筹建张家口市旧剧联合会第三分会。其间，他配合政治形势编演了《日寇离张记》《欢庆中秋节》《戒毒强国》等现代戏。

中华人民共和国成立后，刘流到保定工作，先后担任市文联秘书、创作部部长，保定市文化馆主任、中共河北省委宣传部文艺处干事等职务。1959年，刘流开始在河北艺术学院任教，讲授文艺理论和小说创作，同时担任河北省文联《戏剧战线》杂志编辑部主任。其间，他创作了鼓词《打过鸭绿江》，话剧《命根子》《爱国公约》等。

第一位革命母亲的文学形象
——红色经典作品《苦菜花》诞生记

李丹阳　尹　姬

1958年，一部小说由解放军文艺社推出后，迅速在全国引起轰动，文学界称其可与苏联作家高尔基的《母亲》齐肩，其后被译成俄、日、英、朝、越等多国文字出版，小说的作者还受到周恩来的亲切接见与勉励。这部小说就是著名的红色经典著作《苦菜花》。

出版当年，作者冯德英还不满23岁，而他开始构思这部小说并写下第一个字时，才18岁。

源自苦难与抗争的《苦菜花》

《苦菜花》之所以具有震撼人心的感染力，引发读者的强烈共鸣，源于小说中的人物与故事直接诞生于战火纷飞的岁月，源于作者冯德英的种种亲历、参与和见证，源于他对那段峥嵘历史的关注深思，对所有苦难者的深切同情，对无数牺牲者、奉献者绵绵不断的缅怀与追忆，以及对那片土地、那里的人民无穷无尽、深沉真切的挚爱……

1935年12月，冯德英出生于山东乳山昆嵛山区小于家村。他的大伯父因得罪了村里的恶势力，被吊上屋梁，浇上柴油，活活烧死。充满血性的父亲冯日荷带着侄子，倾其所有为哥哥申冤告状，因此与恶势力结仇，不得不逃亡关东。冯家只得迁往祖籍观上冯家村，冯德英的母亲一人带着四个孩子苦苦维持生计。这段悲惨往事，被冯德英写入了《苦菜花》，成为凝满血泪的开篇情节——贫农冯仁善一家因反抗欺凌，被大地主王唯一派人吊在梁头上活活烧死，儿子儿媳也被抛尸荒野，为躲避仇家的进一步报复，他的弟弟冯仁义不得不离开妻子和四个幼小的儿女逃往了异乡……

彼时，中华大地还饱受着日军侵略战火的摧残。侵略者密集的“扫荡”与轰炸经常迫使村民逃进深山密林，在刺骨寒风中躲避烧杀与屠戮。冯德英五六岁时就常跟着母亲四处奔逃，冻饿难耐。有一次，冯德英的姑姑和几个村民因为没有来得及躲藏，被日伪军抓住后当作共产党活埋，所幸最后被救出逃过一劫。然而惨剧时有发生，冯德英目睹十几位妇女被日军强暴并杀害，躲在草丛中的他，吓得差点叫出来，嘴被母亲死死捂住，泪水顺着母亲的手指滚滚滑落。他也曾亲见一位寄宿老乡家养伤的女八路军因为西北口音的暴露被敌人认出而杀害，但女战士就义前的一曲高歌令他终生难忘。《苦菜花》中，村民们在党的组织下躲进深山、含冰咽雪、躲避敌人的搜索与围堵，族长“四大爷”一家因为他的固执己见不愿离开而惨遭日军毒手，以及七子夫妇在被敌人搜捕前与敌人同归于尽的情节等，无不烙刻着冯德英的童年记忆。

为抗日救亡，中国共产党在中华大地遍撒革命火种。20 世纪 30 年代初，胶东地区便成立了中国共产党特委，昆嵛山建立了第一支红军队伍——昆嵛山游击队。随着队伍的壮大，1937 年发动了天福山起义，1938 年又发动威海起义，并与从烟台赶来的日军正面交战……在中国共产党的领导下，昆嵛山成了抗日根据地，观上冯家村的很多村民参加了共产党。冯德英的大姐冯德清、大哥冯慕先后加入共产党。父亲冯日荷也在几年后得知消息，赶回家乡参加战争，不仅入了党，还被选为村指导员，为前线筹公粮、送兵源，组织村民搞生产、反“扫荡”，同时还兼顾照料军烈属。冯德英至今仍记得，父亲在每次战役后，总会久久地对着烈士通知书，为想着如何通知他们的亲人而反复斟酌，眼睛布满血丝，步履沉重迟缓，彻夜在院中徘徊。母亲曹文琳虽未加入党组织，但善良朴实的她也逐渐明白了革命的道理，从最初的担惊受怕开始变得理解和支持革命。冯德英的家，成了八路军和过往干部的“招待所”。小小年纪的他，常常依偎在这些叔叔伯伯、哥哥姐姐的怀里，听他们讲战斗的故事和胜利的消息，还跟着一位八路军姐姐学唱革命歌曲。但这些可爱可敬的人，却有很多在离开他家后不久就牺牲了，噩耗传来，常常让冯德英痛哭失声。他还看到乡邻们把自己的丈夫、儿子一批批送上战场，并为前线战士捐出家中仅存的口粮。这一切，都激荡着他幼小的心灵。9 岁那年，冯德英当上了抗日儿童团团长，他经常在村头查路条、抓特务，为部队站岗放哨、传送情报，山间田野时常跑动着他的身影。多年后，已是满头白发的冯德英仍清楚地记得那蒙着硝烟阴霾的青灰色山脉和在料峭春寒中倔强生长的苦菜，那时的他，心中就一直渴盼着，终有一天，红日将冲破阴霾，光芒洒满漫山遍野那金灿灿的苦菜花。

这些经历，都成为冯德英创作《苦菜花》的重要素材。冯德英说："我家里的亲人和参加过当时当地斗争的同志看过这本书后，都说感到亲切，并能说出不少书中的人物是现实生活中的某人某人，哪件事情当时的情况是如何如何的。"也正因如此，读者在阅读《苦菜花》的过程中，才会时常感叹情节之真实、人物之可信、细节之丰富。同时，苦难的童年、英雄的战士、不屈的人民，铸就了冯德英文学创作的独特品格与气质，我们可以强烈地感受到，《苦菜花》中的人物虽然命运坎坷，但他们却能够在苦难中看到崇高，在毁灭中追寻希望，前仆后继，百折不挠。

伟大的母亲"孕育"伟大的作品

《苦菜花》最为人称道的，主要在于塑造了一位充满人情味、有血有肉、真实感人的革命母亲形象。评论家李希凡说："《苦菜花》在我国革命文学里，还是第一次创造了这样一位完整的革命母亲的形象。这位母亲从她的高贵品质来看，完全有资格和高尔基的《母亲》里的彼拉盖雅·尼洛夫娜并列在一起。"

在谈到自己的创作动机时，冯德英说："一是被读过的书中英雄人物的事迹深深感动，对现实经验中英雄人物的事迹与牺牲难以忘怀；二是歌颂共产党和革命先烈；三是记述母亲的一生，表达对母亲的深情。"

时光追溯至1946年，即抗日战争胜利的次年，冯德英的母亲因积劳成疾不幸病逝，年仅51岁。直到那个时候，冯德英才知道母亲的大名叫"曹文琳"。他说："母亲是累死的，去世前身体已经完全崩溃了。"虽然她并不是一个共产党员，但她却为革命事业奉献了一切，也深得人们的敬重。下葬当天，县区干部、党员和群众都自发赶来，为她抬柩送葬。母亲的高尚品格、言传身教，深深地影响着冯德英。1953年，参军后第一次回乡的冯德英，跪拜在母亲坟前时，所有关于母亲的一切全部涌上心头。那一刻，他坚定了以自己母亲形象为原型创作小说的决心。返回部队后的第一个春节，冯德英没有外出，伏在案头写出了4万字的《我的母亲》。冯德英说这部小说“是全以真实材料记述母亲的，这篇文章也可以说是《苦菜花》的素坯”。后来，他又不断扩充、修改，最终写成了我们现在所见的《苦菜花》。

在冯德英的记忆里，母亲吃苦耐劳、坚强乐观。在丈夫逃亡的几年间，她白天在田间辛劳耕作，晚上在灯下织布缝衣，吱呀吱呀的纺线声陪伴她度过一个个漫长的夜晚。母亲独自扛下了所有的重担，但她从不在孩子面前流露柔弱悲苦的一面。家里再穷，她也会想方设法把孩子收拾得利利索索。读者从《苦菜花》中“母亲”的身上也会看到这些闪亮的品质。

母亲不仅持家有道，与邻里相处也非常融洽，还常为乡亲们主持正义、排忧解难。由此得到灵感，冯德英在《苦菜花》中设计了“母亲”为花子解除“童养媳”婚姻、为杏莉母亲和长工王长锁争取婚姻自由，不畏流言蜚语、四处奔走呼吁等情节，很好地塑造了“母亲”正直开明、热心助人的个性。

随着冯德英的父亲、姐姐、哥哥投身抗日斗争，他的母亲也从最初生怕失去亲人的不安逐渐变为理解和支持他们，帮助接待来往的革命同志，悉心照料来到家中养伤的小战士，并把他们当作自己的孩子一样交心谈心。母亲还参加了村里的妇女救国会，帮战士们缝军衣、做军鞋。她对革命同志的爱是博大的、深厚的、无私的。冯德英至今仍忘不了，母亲曾在一个寒冷的深秋，腾出家里最好的正房给一位侯姓女战士养伤，还用平时舍不得吃的鸡蛋和家里最后的一点米面，换着花样做成饺子、面条和米粥，给她补充营养。冯德英和弟弟妹妹尽管馋得直咽口水，母亲也不许他们近前一步。冯德英年仅3岁的小妹妹，只能和大人一样吃野菜，因长期缺乏营养，加上患病无钱医治，不幸夭折了。这个沉重的打击让母亲大病了一场。但病好后，她把痛苦深埋心中，仍继续为革命工作。母亲的大爱无垠、坚毅刚强、默默奉献，深深震撼了冯德英，也直接影响着《苦菜花》相关情节的设置——从小说中，读者可以看到“母亲”不惜与族长对抗来支持孩子参加革命；可以看到“母亲”对革命战士小到身体伤痛大到婚姻大事的关心；可以看到“母亲”竭尽所能地帮助姜永泉、星梅等人组织抗战活动；可以看到惨淡月光下，备受牢狱之苦的“母亲”抱着小女儿嫚子的小小尸体，忍着泪轻轻抚摩她的眼睛，看着女儿头上那朵枯萎的苦菜花仿佛伸展开了花瓣……

冯德英说："没有我母亲的影响，就不会有《苦菜花》中的母亲。书中的母亲不是我个人的母亲，是许多革命母亲的缩影。"他说，抗日战争时，母亲曾经动员邻居的两个儿子参加敌后工作，后来全部牺牲，他深感痛心，也深深地感动于那些烈士亲属的付出。因此，他将自己所得的第一笔稿费 8000 元全部捐献给了军烈属，并声明自己不再收取再版的稿费。

在银幕荧屏中再度绽放

小说《苦菜花》一经出版，立刻风靡全国。电影的改编、拍摄也很快被提上日程。

1958 年 10 月 5 日的《人民日报》报道："作者已经把这部小说改编为电影剧本，不久可以开始拍摄。"而真正拍摄完成，已是 6 年后了。冯德英回忆起当年的经历，百感交集："《苦菜花》这部小说，本身因为我年轻，其中写的大量都是生活的原始的东西，加上作者的感情，改编成电影很困难，改了好长时间，放下了改，改了放下，光前期准备就有两年时间，挑选演员，到农村体验生活，读原著……经过了相当细致的一个过程，而实拍又用了一年多时间。"

这次剧本改编，由冯德英亲自捉笔。小说人物众多，事件繁复，情节曲折，要在一个多小时的时间里全部表现出来是不可能的。如何取舍，如何表现，都是极大的挑战。冯德英主张一定要简化人物关系，集中戏剧冲突，把小说的核心和主题体现出来。于是，整部电影所有的人物关系、情节发展都紧紧围绕"母亲"这一核心人物形象的塑造和"跟着共产党，拿起枪来，同敌人进行武装斗争"这一主题进行了改编。

比如在小说中，区妇救会会长赵星梅与未婚夫纪铁功，和"母亲"是没有血缘关系的，电影里纪铁功变成了"母亲"离家参加革命的大儿子，赵星梅成了"母亲"未过门的儿媳。于是，纪铁功的牺牲让"婆媳相认"。这一幕充满了巨大的情感冲击，具备了更强烈的悲剧色彩。对此，冯德英谈了改编的初衷："旧社会的残暴使他们（'母亲'、赵星梅、纪铁功）的命运联系起来，革命的洪流又将他们涌到一条战线上。纪铁功的牺牲，是母亲失去了亲生的儿子，又是失去了英雄的战士，做母亲的骨肉之情、对革命战士的阶级之爱，这双重的崇高情感产生的力量会更加强劲。”很多观众在看到这一段时，都忍不住落泪。从这一角度看，这段改编是成功的。

“枪”也成为电影中反复出现、重点表现的元素。“母亲”从最初见到娟子擦枪时的受惊慌乱，到冯仁义握着枪对儿子留下遗言“报仇”，再到“母亲”受革命思想影响，主动学习打枪，直至最后拿起土枪，击毙恶贯满盈的汉奸王柬之，角色的转变映射了中国劳苦人民在共产党的领导下，奋起武装反抗的历程。

电影还作了很多诗意化的处理。《苦菜花》本是一首流传于胶东大地的山歌：“苦菜根苦开花香 / 你虽家穷长得强 / 荣华富贵我不爱 / 一心给你做新娘 / 鲜花开满青山岗 / 一朵赛过一朵强 / 问我爱的哪一朵 / 那花开在你心上 / 苦菜开花黄又黄 / 你我情深意又长 / 吃苦受罪心里甜 / 苦菜花儿万年香……”这首山歌主要表达了穷苦人家的女孩子对美好爱情的向往。小说中的苦菜花已经升华为穷苦大众对幸福生活的期盼。在电影里，冯德英给这首歌重新作了词：“苦菜花儿开满地黄 / 乌云当头遮太阳 / 鬼子汉奸似虎狼 / 受苦人何时得解放 / 苦菜花儿开香又香 / 朵朵鲜花迎太阳 / 受苦人拿枪闹革命 / 永远跟着共产党……”他的改编将这首歌赋予了更多的革命浪漫主义色彩。同时，“母亲”的小女儿嫚子的结局也作了相应改动。小说中她被敌人折磨致死，在电影中，嫚子被八路军救了出来，与苦菜花一起出现在“母亲”的怀抱。对于这一诗意化的结尾处理，冯德英认为其意义在于“象征着革命的后代，承受着甘露和阳光，和苦菜花一起成长、开放”，升华了整部电影的主题。

电影《苦菜花》自上映始，就受到了极大好评，不仅在随后的部队文艺工作座谈会上受到表扬，还被定为参考样片，多次在内部观摩交流。“母亲”、赵星梅、嫚子等人物形象打动了万千观众，插曲《苦菜花开闪金光》也唱遍了大江南北。《苦菜花》成为红色电影的经典之作。

在电影《苦菜花》正式上映40年后，2005年，20集电视剧《苦菜花》随着国内“红色经典”剧目的改编风潮应运而生。比起不到2小时的电影，电视剧的容量大大扩展了，构建了一组女性群像，将人物关系、情节发展设计得更加复杂、曲折，还增加了不少反转剧情。比如把小说中王柬之的情妇淑花的身份由一个愚笨无知的女人改为文雅知性的女学生，一路追随他，最后才揭示出她的真实身份是日本女特务，增加了很多悬念。导演王冀邢认为类似的剧情设置可以“反映革命历史时期阶级斗争的残酷性、复杂性和艰巨性”。冯德英对此评价说：“整个剧情的发展扣人心弦，矛盾斗争激烈紧张；人物关系错综复杂，福祸难料……浓墨重彩地再现了伟大的抗日战争的血与火的残酷的现实……中国人民反抗外敌的牺牲精神，各种人物的真实丰富情感……”与此同时，电视剧还增加了人物之间的感情戏，也因此带来了一些争议，并进一步引发了红色经典改编尺度如何把握的探讨。争鸣不息，创作不止。2019 年，《苦菜花》再度被改编为 44 集电视剧《新苦菜花》，重返荧屏。

对于艺术上的二次创作，笔者不作过多评判，相信随着时间的推移、文化的发展，以及创作理念、运作方式、拍摄手法的不断多元化，以《苦菜花》为代表的红色经典还会有更多的衍生创作，发挥独特的艺术魅力，带着人们去触摸、感受、致敬那个战火纷飞、信仰不灭的革命年代。

一把插入日寇心脏的钢刀

——小说、电影、电视剧《敌后武工队》背后的故事

陈　辉

著名长篇小说《敌后武工队》是描写冀中军民抗日斗争的故事，通过描述武工队同日伪军惊心动魄的斗争，热情讴歌了中国共产党在抗日战争中的中流砥柱作用，称赞了中国人民伟大的爱国主义精神，表现出中国人民是永远不能战胜的真理。小说跌宕起伏，故事性极强，具有传奇色彩，这也是这部小说的魅力所在。

这部小说于 1958 年 11 月由解放军文艺出版社出版，先后被改编拍摄成电影和电视剧，受到广大读者和观众的热捧。

冯志创作的心路历程

想要了解小说《敌后武工队》的创作有什么动人的故事，先听一下作者冯志 1958 年在《敌后武工队》第一版出版发行时的创作感言：

我之所以要写《敌后武工队》这部小说，是因为这部小说里的人物和故事，日日夜夜地冲击着我的心；我的心被冲击得时时翻滚，刻刻沸腾。我总觉得如果不写出来，在战友们面前似乎欠点什么，在祖国面前仿佛还有什么责任没尽到，因此，心里时常内疚，不得平静！

的确，心里的不平静，已有十三年了！

十三年前的那年冬天，也正是日本鬼子刚刚投降三个多月，在集宁驻防时，我就想抓起笔来，将武装工作队在敌占区和敌人酷斗、鏖战的一大段生

活写一写。党组织给了我力量，鼓励我写下去，同志们也以最大的关怀要我去写。但是，由于我当时的文化、政治水平很低，而主要的是蒋介石又点起了内战大火，所以想写的念头不得不暂时放下，去参加解放战争。

虽说写它的念头放下了，写它的意愿并没有被打消。战斗空隙间，武工队里的战友们的面影时常出现；武工队的一些惊险、感人的故事，也经常让我回忆起来。每当忆起，都好像昨天发生的一样。人民解放战争刚刚取得胜利，我便开始动手写这部小说了。

冀中抗日民主根据地，在一九四二年遭到鬼子的“五一大扫荡”，整个局面起了变化以后，冀中九军分区正确执行了党中央的方针，立即组织了一支短小精悍的武装工作队，深入敌后的敌后，去开辟工作，去打击敌人。

敌后的敌后，就是敌占区。敌人自己称之为“确保治安”区，或“明朗化”的地区。在这种地区里，敌人有一套统治人民的严密、完整的组织机构，像连坐法、保甲制；敌人不仅兵力雄厚，而且还控制着交通线，真是一处有警，四处增援。

这地区的环境，既不同于一时变质的老根据地，也不同于敌我争夺的游击区。这地区的敌人力量强大，群众条件差。武工队就在这种极为不利的地区里坚持斗争，向群众宣传党的各种政策，开辟抗日工作，可想而知，工作是异常困难的。

冯志

在这种地区里执行党的政策，必须做到一步一个脚印，丝毫不能含糊。不然，不仅会给党造成难以挽回的损失，自己还完不成任务，站不住脚，并有很大的可能会被敌人吃掉。

不过，这支武工队在党的领导下，始终和群众同命运，共呼吸，以群众的苦难为自己的苦难，以群众的欢乐为自己的欢乐，随时宣传党的政策，严格地执行“三大纪律、八项注意”，因之才撒下了抗日的种子，鼓起了群众的斗志，开辟了地区，打击了敌人，直到逼得敌人退缩到老巢，我们取得了胜利。

书中的人物，都是我最熟悉的人物，有的是我的上级，有的是我的战友，有的是我的“堡垒”户；书中的事件，又多是我亲自参加的。在党的关怀，同志们的帮助下，现在总算完成了我多年的夙愿，把它写出来了。

《敌后武工队》如果说是我写的，倒不如说是我记录下来的更恰当。不管怎样，眼下它终于和读者见了面。如果它能在读者心灵上留下了一点点八路军艰苦抗战的印象，或对读者有一丁点帮助，也就算我没有辜负党对我的关怀和同志们对我的帮助。

谨以此献给伟大的光荣的正确的党！献给勤劳的勇敢的坚贞的人民！献给我的亲爱的战友和同志们！

作者冯志

一九五八年十一月一日

冯志能够写出经典的《敌后武工队》，一个重要因素是他本身就是老八路、武工队队长，他是在写自己熟悉的敌后抗战，写自己经历的游击队传奇，写自己的战友和领导，也是写自己。

冯志，原名冯禄祥，1923 年 7 月 15 日出生于河北省静海县的一个贫农家庭，自幼父母双亡，只在本村小学上过 4 年学，11 岁时辍学务农。

七七事变后，15 岁的冯志参加八路军。1939 年 7 月入党，时年 16 岁。

记者熊坤静在采访冯志创作小说《敌后武工队》的经过时，透露了许多鲜为人知的往事。

冯志参加了八路军后给冀中第九军分区政治部领导伍辉文当警卫员，伍辉文经常给这个机灵的小鬼讲红军长征故事，讲革命道理，提高了冯志的政治思想觉悟。冯志了解到，老领导伍辉文 8 岁时就给地主放牛，十几岁就当红军，从没上过学，但现在他拿起笔来就能写，而且文章写得很漂亮。于是，有一天他忍不住问伍辉文：“首长，怎么才能写出一手好文章呢？”伍辉文说：“咱们八路军就是个大学校，要一边打仗，一边学习，只要肯钻研、肯用心，就能做到文武双全。”

从此，冯志更加积极努力地学习文化知识。伍辉文耐心地辅导他写心得、记日记。起初冯志写的日记就像流水账，起床、上操、开饭、工作，最后熄灯睡觉。伍辉文启发他说："日记要写工作、生活、学习中有感受的事。比如，我们打了胜仗，缴获了许多武器，你怎么想？日寇飞机轰炸村庄，群众受了损失，你又怎么想？把这些感想写下来，有趣的事还可以写成快板、唱词。这样坚持下去，日后翻出来，能看到自己成长的脚印、思想的变化，很有意思。"

后来，冯志在办机关墙报时，他组的稿件，伍辉文都会帮助修改，还耐心地给他讲解：这个地方为什么要改，不改会有什么毛病。冯志在老领导的帮助下进步很快。

冯志在冀中第九军分区政治部历任班长、排长、剧社社员、文工队长等职务。1942 年 5 月 1 日，侵华日军纠集日伪军 5 万余人，在飞机、坦克的配合下，由日本华北驻屯军司令冈村宁次亲自指挥，对冀中抗日根据地发动了疯狂的拉网式大"扫荡"，实行野蛮的"烧光、杀光、抢光"的"三光"政策。冀中一时间成为村村有岗楼、处处有碉堡、封锁沟密布的敌占区。为了针锋相对地与日寇展开斗争，冀中第九军分区决定组建一支精干的深入敌后武装特别工作队（以下简称敌后武工队），这是全国各抗日根据地最早出现的敌后武工队。

冯志闻讯，积极报名参加，于 1942 年 8 月被选拔任命为敌后武工队第一小队队长。他带领队员们拔炮楼、杀鬼子、除汉奸、惩恶霸，机动灵活地运用各种方式打击瓦解敌军，被老百姓誉为"敌后神八路"。在浴血战斗中，他三次负伤，左锁骨曾在与敌人拼刺刀时被挑断，左手食指被扎残，头部、胸部也都中过弹。更为传奇的是，在他任小队长期间，属下数十名武工队队员无一人牺牲。由于机智勇敢，屡立战功，他被评为模范党员，还荣获冀中军区颁发的五一一等奖章。

1944 年，冀中第九军分区敌后武工队圆满完成了它的历史使命，冯志被调到冀中第三纵队前线剧社工作。在前线剧社，他经常深入部队了解新人新事，搜集生动的素材写成稿件投给《前线报》。由于文化程度低，又是初学写作，起初，他的投稿常常被退回来。但他毫不气馁，坚持练笔，采写的人物特写《英雄连长王志杰》终于引起了《前线报》的关注，报社编辑找到他一起研究素材，讨论修改意见。经过 4 遍修改后，这篇文章被《前线报》发表。编辑的精心指导，再加上自身勤写多练，使他逐渐摸到了写作的窍门。他以火热的战斗生活为素材，又相继撰写了报告文学《神枪手谢大水》、通讯《团结模范高永来》以及小剧本、诗歌、歌词、快板等。另外，他还创作发表了一些短篇小说，如反映敌后武工队员护送干部过铁路故事的《护送》，反映惩办汉奸侯扒皮故事的《打集》和反映攻克保定南关火车站故事的《化袭》。

1947 年冬，冯志进入华北联合大学中文系学习深造，毕业后于 1949 年调任新华社河北分社记者。中华人民共和国成立后，冯志于 1951 年被调到河北人民广播电台工作，历任编辑、记者、科长、文艺部副主任等职。工作之余，他开始创作长篇小说《敌后武工队》。

有关《敌后武工队》的创作经过，2005 年夏，冯志的遗孀苑莎曾深情地回忆说："当时，我们在保定只有一间房，中间用砖隔起来，分成里外两小间。老冯把里间当成书房，一心一意写他的小说。他工作很忙，晚上不是采访就是开会，但不管多晚回来，他都给自己定了一条铁的纪律：天天动笔。有时写到激动处，笔舍不得搁下，常常通宵达旦，第二天还得照常上班。

"夜深了，我和孩子们都睡了，他是什么时候躺下的，谁也不知道。睡着睡着，他有时会猛地坐起来，抓过纸笔记下点什么。或者披上衣服出屋，良久不归。有一次我出去找他，原来他正坐在房上观察月亮，说是想看看新月是什么样的。有一天深夜，老冯写到小说中刘太生壮烈牺牲的情景，竟失声痛哭起来，将我们惊醒了。他解释说：'这样的好同志死了，什么时候想起来都难过。'

"老冯不是专职作家，他写东西没有资料，因为这些事都是他亲身经历过的，人物都在他的脑子里头。看他呕心沥血有时连饭都忘了吃，有同志劝他量力而行，还有人干脆泼冷水：别受这个罪了，工作这么忙，何必自讨苦吃？他每次总是严肃又郑重地申辩：'不能搁笔，这不是我个人的事。写不出来对不起那些杀敌立功的战友，对不起坚贞不屈的人民！'"

5 年的含辛茹苦，终于结出硕果。1956 年，30 余万字的《敌后武工队》初稿完成。消息传开，许多老首长、老战友都很关注，冯志得到了梁斌、翟向东等老同志的热情支持。经广泛征求意见，冯志把初稿改成了 50 余万字的修改稿，最后又精缩到 37 万字。

1958 年 11 月，《敌后武工队》由解放军文艺出版社隆重推出，在社会上引起轰动。冯志也被吸收加入中国作家协会，成为一名专业作家。

小说《敌后武工队》的情节曲折有致，故事跌宕起伏，人物鲜活生动，传奇色彩浓厚，一经面世，便广受好评，读者纷纷在《读书》《文艺报》《解放军文艺》等报刊上发表评论，予以高度评价。

小说《敌后武工队》还被翻译成英、法、日、朝鲜、哈萨克等多种文字出版。从1959年6月28日起，它被杨田荣改编为同名评书，在鞍山人民广播电台播讲，1963年再次播出；此外，它还被袁阔成等改编为同名评书播讲；1960年，它被陈庚、曹惠改编为五幕八场话剧上演；1973年，它被天津美术出版社改编为同名连环画出版发行；1995年，它被长春电影制片厂改编摄制成同名故事片，在全国公映；1988年、1999年、2005年，小说《敌后武工队》3次被改编摄制成8集、20集、26集同名电视连续剧，播出后风靡全国，为小说原著锦上添花。

改编电影的经过

1995年，首部由《敌后武工队》改编的影视作品由长春电影制片厂搬上银幕。这就是由寒江雪、赵葆华、郭铁成编剧；康宁、雷献禾执导；吴京安、何赛飞、茹萍、董子武、孙晨曦等联袂主演的影片《敌后武工队》。

影片《敌后武工队》的基本情节是：1942年的冀中平原，日本宪兵、汉奸、伪警察等数百人包围了东王庄，敌人架起机枪疯狂地扫射，尸横遍野，惨不忍睹。闻讯赶来的武工队队员们按捺不住心中的怒火，纷纷向队长魏强请战，为乡亲们报仇。魏强率领武工队化装成伪警察进城，巧妙地活捉了中闾镇伪警察所所长哈巴狗，并带回东王庄准备公审。

趁人们欢庆之中，哈巴狗借机从一个隐蔽的暗道跑回保定城向夜袭队长刘魁胜报告。不料，正碰见刘魁胜在调戏自己的老婆小红云。哈巴狗给了刘魁胜一个嘴巴，刘魁胜便先下手为强，反咬哈巴狗私通武工队，说他是武工队放回的奸细，对他进行严刑拷打。

为了保命，哈巴狗无奈只好将老婆让给了刘魁胜。保定南关火车站站长小本次郎对小红云的美貌早已垂涎三尺。他派段长万长顺去请小红云到东站说书，小红云不肯屈从，以剪刀割腕自杀身亡。

刘魁胜对日本人敢怒而不敢言。魏强利用他们之间的矛盾，巧妙地夜袭南关火车站，打死了万长顺和站长小本次郎等人，松田少佐把小本次郎的死归咎于刘魁胜，让宪兵用刺刀挑死了刘魁胜，松田命哈巴狗为夜袭队长。

最后，敌后武工队扫平了夜袭队，队长哈巴狗被击毙；又炸毁了宪兵队总部，击毙松田少佐，为乡亲们报了仇，大长了人民的抗日志气。这支敌后武工队活跃在冀中大平原上，为抗日救国作出了贡献。

关于小说《敌后武工队》改编影片的立意，编剧赵葆华没有专论。但在2013年11月7日的第三届电影编剧长沙高峰论坛上，他以《电影输出与国家战略》为题发表演讲，谈了他对影片剧本改编创作的思想，也能反映出他改编小说《敌后武工队》的意图。

赵葆华认为，中国故事讲给世界听其实就是中国电影在服务本土人民的前提下，面向世界。他表示，中国电影大规模输出海外，让世界充分认识中国电影和中国形象是中国电影人的梦想。中国电影输出海外既宣传了国家形象和民族文化，也拉动整个中国电影产业链，推动做强中国文化产业，这从更广义的方面来说，就是为国家服务，为民族服务。

赵葆华提到中国电影在走向海外的问题上，在向世界公众表达方面有明显的欠缺。2010年发布的《影视对未成年人影响》的调查报告引起了社会的广泛关注。在对北京8个城区，25所中小学，8岁至18岁青少年儿童进行问卷调查后发现，他们对中国电影中的国家形象和华人形象的认可率只有50%；相反的是，对美国电影中美国形象的认同度则高达73%。美国电影凭借大投资、大制作、大明星在中国银幕上强势出场，在中国青少年的脑海中不断复制和拷贝美国精神和美国价值观。赵葆华称，青少年对本国电影中国家形象的认同程度已经给我们敲响警钟，中国的文化安

电影《敌后武工队》剧照

全已受到威胁。

同时他强调，保卫文化安全的根本办法不是实施文化上的闭关锁国，而是参与竞争，让民族文化与外来文化在对话中形成优势。

赵葆华表示，国家“十一五”发展规划已经把文化产业作为调整经济结构的重要举措，推出了文化大发展大繁荣的战略方针。中国电影走向海外应有明确的发展战略，应该坚守中国电影的文化身份，不要在与他者对话中，特别是与好莱坞文化对抗比拼中迷失自己，而要张扬民族精神、民族气派和时代风情。他说：“就电影文化而言，越是民族的，越是世界的。坚守中国电影的文化身份，就是坚守中国电影的文化立场、文化方向、文化精神、文化理想和文化传统。”

这篇演讲，赵葆华不是专谈小说《敌后武工队》改编电影的问题，但从字里行间体会出赵葆华对民族的抗日文学作品的立场、钟爱、呐喊和追求。

改编电视剧的经过

1958 年 11 月，长篇小说《敌后武工队》一出版便在全国引起轰动。尽管有了影片《敌后武工队》，但由于小说故事生动、曲折，具有古典小说的传奇色彩，更适合用电视剧的形式满足观众的需求，于是 1988 年、1999 年、2005 年它分别 3 次被改编摄制成 8 集、20 集、26 集同名电视连续剧，故事情节一次比一次长，改编一次比一次精彩，每次改编都受到观众的喜爱。

1988 年，首次改编拍摄的 8 集电视连续剧《敌后武工队》，别名《老少爷们打鬼子》，阎月琪导演，主演邢玉国、许晶、王福友、杜志国、谢桐等。2004 年首播后就在社会上引起不小的轰动，受到了观众的喜爱。

由于 8 集观众看得不过瘾，1999 年重新改编的 20 集电视连续剧《敌后武工队》又应运而生。北京电影制片厂演员剧团副团长马树超任导演和主演。马树超扮演魏强、申军谊扮演刘魁胜、史可扮演汪霞、贾韵彤扮演日军松田中佐等。

“这些人物是我从小的偶像，”马树超说，“幼时从小人书上读到了《敌后武工队》的故事，真是让人热血沸腾，那时特想像魏强一样铲奸除恶。我在电视剧中扮演魏强，也算是实现了儿时的愿望。”

1999年版电视剧《敌后武工队》最大的幕后新闻是老英雄法庭上给自己正名。1999年版《敌后武工队》的播出，让《敌后武工队》中贾正的原型贾正喜走上了打官司的漫长道路。袁艺曾在《中国老年》发表文章报道这场官司的来龙去脉。

贾正喜原名贾正，1942年参加敌后武工队，与战友们出生入死、浴血奋战。1946年因负伤解甲归田，在河北徐水县老家当起了普通农民。

冯志根据敌后武工队的真实故事撰写的长篇小说《敌后武工队》被改编成电影后，贾正的名字更是家喻户晓，使他在当地备受尊重。然而，1999年新改编电视剧《敌后武工队》的播出，却让这位备受尊崇的英雄转眼之间成了欺世盗名的大骗子，他不得不聘请律师开始了长达四年之久的诉讼之旅。

1938年，日寇的入侵将贾正的故乡变成了一片焦土，17岁的贾正愤而参加了八路军。1942年，他成为后来闻名全国的敌后武工队中的一员。1946年在天津的一次战斗中，贾正身负重伤，此后不久，全国解放，他作为革命伤残军人留在故乡。为了表达他对祖国解放的激动心情，他为自己改名为贾正喜，从民兵连长、大队长、村主任、支书到王村管委会主任，他在新的战斗岗位开始了兢兢业业的工作。

1958年，纪实小说《敌后武工队》出版后，其中以真实姓名出现的战斗英雄“豁牙”贾正也成为人们关注的焦点。在过去的50年中，每到重大节日，附近的学校、部队就会请他去做报告，介绍当年敌后武工队奋勇杀敌的英雄事迹。然而，1999年版电视剧《敌后武工队》播出后，没有人再请他做报告了，乡亲看他的眼神也发生了改变，最终有朋友告诉他：“人家电视剧里说贾正早就被炸死了，你不会是假的吧？”

贾正喜这才知道，原来保定电视台刚刚播放了一部新拍摄的电视剧《敌后武工队》，剧中主要人物“豁牙”贾正英勇牺牲了。

为此，贾正喜专门购买了一套1999年版《敌后武工队》的光碟，看完后他气病了，满脑子想着如何才能证明自己的身份，挽回名誉损失。而这时能够证明他身份的小说《敌后武工队》的作者冯志已经去世，他就与冯志的遗孀苑沙取得了联系，并得到了苑沙写来的一个证明：冯志写的《敌后武工队》中的贾正就是贾正喜，战斗中并没有武工队队员牺牲。改编后的电视剧中贾正被炸死，纯属子虚乌有。

为了使证明材料更加翔实，贾正喜除了拿到苑沙的证明之外，还先后赶到东北、石家庄、北京等地，找到杨寿增、马金池等原敌后武工队战友，请他们证明自己就是小说中的贾正。尔后贾正喜不顾年迈体弱，找到了北京电影制片厂反映情况，而北京电影制片厂却认为他小题大做。

2001 年秋季，贾正喜一纸诉状告到法院，要求北京电影制片厂等三家被告停止侵权，停止电视剧的播放，同时在河北的主要媒体上刊登道歉声明，消除影响，赔礼道歉，并且赔偿经济和精神损失。

2004 年 3 月 24 日，保定市中级人民法院作出一审判决。法院认为，《敌后武工队》是反映燕赵儿女深入敌后浴血奋战的真实故事。北京电影制片厂将其改编制作成 20 集电视连续剧，其中一段情节为贾正在与日寇战斗中牺牲，其结果与事实不符，有失实之处。剧集在贾正喜所在地影响很大，给贾正喜本人精神上造成了很大的痛苦。北京电影制片厂是以营利为目的，客观上造成了贾正喜名誉下降和精神损害，其行为和贾正喜的损害结果有必然的因果关系。因此，北京电影制片厂对贾正喜的损害应当承担民事赔偿责任。判令北京电影制片厂赔偿贾正喜人民币 2000 元，保定电视台是播放单位，不负赔偿责任。

一审判决后，贾正喜和三家被告都不服一审判决，向河北省高级人民法院上诉。鉴于原告贾正喜和被告三方的特殊身份，这一案件受到了社会和媒体的强烈关注。河北省高级人民法院为此专门组织合议庭对案件进行了调查和审理。

2004 年 9 月 8 日，河北省高级人民法院对此案进行了二审开庭。贾正喜及二审代理人参加了庭审，电视制作公司没有到庭。在法庭上，贾正喜方与北京电影制片厂和保定电视台就是否侵权进行了激烈的辩论。

贾正喜的代理人、太平洋世纪律师事务所律师孙伏龙作出了针锋相对的发言："《敌后武工队》一剧来源于小说《敌后武工队》，作者冯志所写的是一部纪实性作品，并在序言中指出'《敌后武工队》如果说是我写的，倒不如说是我记录下来更恰当；书中的人物都是我熟悉的人物，有的是我的上级，有的是我的战友。'《敌后武工队》剧组也向公众宣布，这是一部'反映燕赵儿女深入敌后浴血奋战的真实故事'。剧中的角色贾正绝非一个抗日英雄的'浓缩体'，而是无论是在小说还是在电视剧中均有独立名称和形象的人物，具有现实及艺术层面的单一性、独立性、持续性。”

“北京电影制片厂以剧本改编的方式捏造贾正牺牲的事实，并通过各地电视台，以最为广泛的电视传媒方式向广大观众传播，其行为直接违反了《民法通则》第101条‘禁止用侮辱、诽谤等方式损害公民、法人的名誉’的规定，构成了对贾正喜名誉权的侵害。作为一部特殊的红色经典电视剧，拍摄单位熟知并认真体会原著情节，了解敌后武工队基本的战斗事实，是拍摄前必需的工作，也是对拍摄单位最基本的要求。‘文学创作是自由的，但表达自由的方式是有限度的，应当以不侵害他人的利益为限。民族精神的弘扬不应以牺牲个人的名誉权作为代价。’”

河北省高级人民法院经过耐心细致的调查取证后认定，贾正喜就是小说中的贾正，北京电影制片厂等单位的改编确实给老人的生活带来了影响，要求两家拍摄单位向贾正喜道歉，并判决赔偿其精神名誉损失费5万元。

此后，河北省高级人民法院专程前往徐水县大因乡王村，看望了贾正喜老人，以法院的名义郑重向村民证实：贾正喜就是当年的抗日英雄贾正。

贾正喜老人的生活又恢复了往日的平静，不少过去曾误解议论过贾正喜的乡亲们都登门向他道歉，就连村里年轻的晚辈们也更加确信贾正喜就是走下屏幕的战斗英雄贾正。重新恢复了往日光荣的贾正喜虽然已85岁高龄，但他还坚持去学校做报告，追忆往日烽火岁月、缅怀牺牲的战友。

他说，打这个官司不仅为了个人的名誉，也为了让人们更加尊重历史，同时给曾经同生共死的战友们一个安慰。

这场官司引起了有关部门的重视，国家广电总局连续发布了包括《关于认真对待红色经典改编电视剧有关问题的通知》等文件，旨在约束和制止红色经典改编中存在的问题。

2005年，红色经典小说《敌后武工队》第三次被搬上荧屏。2005年版电视连续剧《敌后武工队》由八一电影制片厂改编拍摄，共26集。

聊起这部戏，导演陈剑飞感触颇深：“冯志先生的原著是一部经典，影响了许多人。为把这部戏拍好，我们专程到保定、沧州等地寻访了许多老战士。从他们身上，我们仿佛又看到战火硝烟年代武工队员的英姿，感受到了那种慷慨激昂的民族正气。”

演员何冰在剧中饰演魏强，他说：“我是看《敌后武工队》《铁道游击队》

这几本小人书长大的，书中的人物可是我们心中的英雄。直到今天，对他们的崇敬也没有丝毫的减弱。面对儿时的偶像，我们有诚意，也有热情去塑造他们。”

26集的2005年版电视剧《敌后武工队》是影视作品中规模最大、集数最多、播放时间最长的，因此演员阵容也是最强大的。何冰饰武工队队长魏强、丁柳元饰汪霞、张政勇饰武工队队员刘太生、于和伟饰贾正、林永健饰刘魁胜、陈剑飞饰松田、马强饰坂本、张浩饰佐藤、何铁红饰小平次郎。另有40多名知名演员加盟该剧的演出。

电视剧插曲《为着你美好的心愿》也很有特色，它的作词、作曲、演唱分别是江雪、肖白、谭晶。

2005年版的电视连续剧《敌后武工队》最全面地反映了经典小说《敌后武工队》，公演后得到了观众的普遍认可，好评如潮，使小说原著更加熠熠生辉。

60多年来，无论是小说还是电影、电视剧的《敌后武工队》，在对宣扬中国人民的抗日战争，宣扬中华民族对世界反法西斯作出的重大贡献等方面都可圈可点，功不可没。

平原处处枪声响

——长篇小说《平原枪声》及系列作品创作始末

杨连元　陈　辉　周　钇

1937 年 7 月 7 日，震惊中外的卢沟桥事变爆发后，华北平原上的抗日斗争风起云涌，如火如荼。广大军民在中国共产党的领导下，与日本侵略者进行了绝不妥协的殊死斗争，写下了可歌可泣的抗日英雄壮歌。长篇小说《平原枪声》（合著）以充满正义力量和革命豪情的笔触、宽广宏大的视野、曲折动人的故事、充满华北农村乡土气息的风格，讴歌了这一时期华北平原军民的英勇不屈精神和聪明智慧，塑造了一批性格迥异的抗日英雄的群像，深受广大读者的喜爱。

讲了一个什么故事？

小说《平原枪声》讲述的是抗日战争时期，冀北平原地区年轻的八路军干部马英奉命回到家乡，率领抗日战士，依靠群众，与日寇、汉奸进行坚决斗争的故事。

小说的故事梗概是：全民族抗战爆发以来，国民党军队节节败退，冀南平原上，地主大户组建的会道门互相械斗，散兵游勇组织民军，草头王自封司令，而老百姓则人心惶惶。共产党员马英回到了家乡肖家镇。一进镇，就见树上吊着一人，这人是白吉会的陈宝义，他是被红枪会的王二虎捉来的，此时，王二虎就想杀死陈宝义。马英见状，立即上前制止，他让众人倾听北边传来的隆隆炮声。“战火已烧到家门口了，我们在干什么？互相残杀，杀自己的同胞，这不是给日本鬼子帮忙吗……”马英趁机向群众宣传共产党的抗日主张，驳斥了无赖杨百顺对共产党的诬蔑，在场群众心悦诚服。不过，要放人须得会长苏金荣同意，马英去找苏金荣。马、苏两家曾经是不共戴天的仇家，苏金荣强奸过马英的姐姐并害死了马英的父亲。为了抗日大业，马英把个人的恩怨放到一边，去与苏金荣打交道，最终迫使苏金荣放了陈宝义。自古会会长王金兰想与苏金荣和好，两人约在民军头目刘中正那儿相见。王金兰表示要干掉马英，苏金荣转怒为喜。当夜，一个姑娘匆匆赶到马家报信，她正是苏金荣的侄女苏建梅。由于苏建梅的及时报信，马英才免遭王金兰的毒手。日本人越打越近了，马英加紧组建抗日力量，老孟、苏建梅都参加了抗日工作，向群众宣传抗日救国的道理。苏建梅的哥哥苏建才也想参加抗日，他先投了刘中正的民军，可后来又失望地离去了。因为民军四处横行，抢掠百姓的财物，官兵全是大烟鬼，连土匪都不如。苏建才在妹妹的动员下，找到马英参加了抗日游击队。不久，兄妹俩几乎同时被捕，在严刑拷打下，哥哥苏建才做了叛徒，妹妹苏建梅壮烈牺牲。马英为苏建梅报仇，一枪击毙了给游击队带来重大损失的叛徒苏建才。

马英率领的平原抗日游击队与日寇、汉奸的斗争更加激烈。他们在地下工作者郑敬之的密切配合下，采取敌后作战和隐蔽斗争相结合的形式，发动群众，智取枪支，建立武装，攻占炮楼，巧杀汉奸，识破叛徒，粉碎敌人的疯狂“扫荡”，一次又一次挫败日伪敌人的阴谋，出生入死，前仆后继，浴血奋战，以鲜血和生命谱写了一曲英勇的民族解放之歌。

华北军民抗日斗争的真实写照

小说《平原枪声》来自真实的党史故事。它的作者之一李晓明是亲自参加过华北平原抗日斗争的根据地年轻的八路军干部，书中许多故事情节都是他亲身经历的抗日斗争事件，所以，《平原枪声》是华北军民抗日斗争的真实写照。

小说中的许多人物都能在实际生活中找到原型。其中主要人物武工队队长马英和政委杜平的原型，就是曾与作者李晓明并肩战斗的战友。

武工队队长马英为真人真事不真名。李晓明曾经明确地说过，马英就是根据当年与他朝夕相处的八路军武工队队长刘英的真实经历塑造的。

刘英，1925年出生于河北藁城，1938年13岁的他在家乡参加八路军，16岁担任枣强县大队基干中队指导员。1940年加入中国共产党，1944年被评为战斗英雄，出席冀南军区群英会。他在抗日战争、解放战争中4次负伤，被定为二等甲级残废军人，1985年从河北省水利厅工程局离休，享受副厅级生活待遇。

刘英的很多战斗传奇故事被老战友李晓明吸收写进了小说《平原枪声》中。当年，电视剧《平原枪声》在枣强开拍时，刘英年事已高，他不顾年高体弱仍然赶到拍摄现场指导，他和剧中饰演马英的演员作过深入的交流沟通，使演员深受启发。

硝烟散尽，英雄解甲数十载。晚年的刘英身体健康，儿孙满堂，享受着天伦之乐。而抗日烽火岁月的故事也一直萦怀于老人的心中，他回忆和整理出了大量珍贵的战争年代的历史资料，作为对后人进行革命传统教育的教材。李晓明曾经给刘英写过一副对联：“慎始敬终自强不息，光明磊落惟理是循”。这是对刘英战斗一生的客观评价。

政委杜平却是真名真姓真人真事。河北省邯郸市东北部有个邱县，地处中原经济区交会区域，冀鲁豫三省交界地带。沿着邱县县城西部的合义路往南走两公里，有个村子叫贾寨村。多年前，这个村庄改名为杜平镇，就是为了纪念1943年在此牺牲的革命烈士杜平。

杜平原名杜宗禹，1907年出生在山东嘉祥县一富裕家庭。他幼读私塾，酷爱学习。1926年读书期间，他加入中国共产党。七七事变后，杜平毅然投笔从戎，参加抗日救亡

电影《平原枪声》海报

工作，1942 年调任邱县抗日游击大队政委，在一次战斗中不幸壮烈牺牲，年仅 36 岁。老战友回忆说："杜平家庭条件优越，但是，他从小富有正义感，追求自由。为了抗日，他抛弃了富裕的生活，参加共产党，并多次从家中拿钱支持革命。"当时，杜平的父亲给儿子去信说，自己年纪大了，家里生活还好，身边又没有别的孩子，希望他回家尽孝。杜平回信说，部队的同志若都像他那样回家尽孝，鬼子谁打，革命谁干？只有打败日本鬼子，才会有全国人民的安居生活。后来，家人去看他，还带给他两千块大洋，他全部补充给了部队。

杜平在邱县大队工作时，经常率部队在距敌盘踞的县城三四里路外的村庄活动，因此，城内之敌不敢轻易地出城骚扰老百姓。每次与敌战斗，他总是跑到前头指挥，带领战士们打冲锋。

从一个富家子弟到成为坚定的革命者、优秀的共产党员，杜平的事迹深深感动了他曾经战斗过的邱县人民。为了纪念杜平，邱县将贾寨村改名为杜平镇。1994 年，邱县在贾寨村为杜平竖立了一座纪念碑。2013 年，杜平纪念碑迁至香城固伏击战烈士陵园。

小说中隐蔽战线的英雄郑敬之的原型，就是枣强县敌工站站长、中共地下党员郑润之。根据党组织的安排，郑润之带着两个儿子一起打入敌伪警察局，利用公开的伪职身份，截获日伪情报，营救被捕同志，策反伪军。在潜伏敌营的六七年里，他们父子在敌人内部发展了多名内线，曾经成功营救包括时任冀南军区副司令员、开国上将王宏坤的妻子在内的五六十名被捕同志，发挥了正面战场无法取代的重要作用。郑润之和他儿子深入虎穴、临危不惧的传奇故事，也成为李晓明创作《平原枪声》的生动素材。

实际上，连小说中的反面人物都有生活原型，如汉奸杨百顺的下场是在战场上被击毙，这是作者的艺术加工。真实情况是，其原型杨长顺在抗战胜利后又投靠了国民党地方政府，继续与人民为敌。1951 年，根据群众揭发，杨长顺在镇压反革命运动中落网，同年被人民政府处以极刑。他的小老婆（小说中的红牡丹）此后几十年一直住在他的老家衡水市枣强县北李村，在历次政治运动中，她虽难逃批斗，但需要她配合有关方面做调查、取证工作，所以并没有遭受太多劫难，一直活到 80 多岁。

作者其人其事

《平原枪声》是由作家李晓明和韩安庆合著的。

李晓明是河北枣强人，1920年12月出生。1938年参加革命，同年3月加入中国共产党。历任中共肖张区委书记、冀南五地委青委书记及青年营营长、中共枣北县委书记、县游击大队政治委员、中共河南省固始县委书记。中华人民共和国成立后，李晓明先后任武汉市委党校副校长、市委宣传部副部长、广东省文艺创作室主任、湖北省文化局局长、湖北省委宣传部副部长、中央宣传部文艺局局长等职。李晓明从1956年起开始业余创作，1959年出版长篇小说《平原枪声》（合著），1960年加入中国作家协会。他还著有《破晓记》（合著），以及《追穷寇》《小机灵和他的伙伴们》《烽火红缨》等中篇小说。

另一位作者韩安庆，也是一位1948年参加革命工作的老同志，曾在武汉市总工会、中共武昌区委等单位工作。他与李晓明合著了长篇小说《平原枪声》和《破晓记》，还独立创作了短篇小说《老青年》《送行》等。

只有亲身经历过革命战争，才能写出不朽的纪实力作。李晓明在抗战时期担任枣强县区委书记，与战友刘英并肩战斗的难忘经历，是他成功创作《平原枪声》的根本原因。李晓明开始创作《平原枪声》之前，阅读过已经出版的《平原烈火》《新儿女英雄传》等作品，尤其是他的老上级、曾任冀南五地委书记的李尔重创作的小说《德石路上》《翻身自卫队》，对他启发很大。从1956年夏天开始，他开始构思《平原枪声》，由于积累丰富，文思泉涌，他与韩安庆很快进入夜以继日的创作状态。当几十万字的初稿写成后，他请时任武汉市委书记的李尔重和省作协主席于黑丁审阅，得到了充分的肯定和及时的指点。

李晓明在一篇文章中谈道，要写好一部作品，要付出艰苦的劳动，还要虚心接受批评帮助，要不惜经过十次的修改。任何成功的作品，绝不是一己之力。

1959年10月，《平原枪声》由作家出版社（当时尚属人民文学出版社）出版发行，立即在全国读者中引起热烈反响，一举成名。《平原枪声》也由此成为向国庆10周年献礼的优秀作品。60多年来，《平原枪声》以其独特的艺术魅力，影响了中国几代读者，成为著名的红色经典作品。

电视剧和电影让名作再享美誉

6集电视连续剧《平原枪声》于1988年10月在衡水市枣强县肖家镇开拍，1989年12月拍竣，并先后在中央电视台和各地方台热播，流传大江南北。

2015年，在电视剧《平原枪声》播出25年后，编剧马志凯回顾电视剧改编拍摄的过程时说："时光已闪过25年，使我深深怀念小说《平原枪声》的作者李晓明，回忆起我是如何改编小说《平原枪声》的，说来话长。"

"我在20世纪50年代，就拜读过李晓明的小说《平原枪声》手稿。60年前，年方三十五六岁的李晓明从湖北带着《平原枪声》手稿来到河北枣强，找时任枣强县领导的战友张静征求意见。那时，我在张静属下秘书科工作，负责接待事务，从那时起我就结识了李晓明，而且是这部小说的先睹为快者。李晓明在外工作多年，平易近人，非常热情，连枣强口音都没变。"

小说中鲜活的战斗场景和动人的故事情节，一直在马志凯脑海里翻腾着。后来，他萌发了将小说《平原枪声》搬上舞台或荧屏的想法。

"1962年，我在枣强县文教局工作，曾和县剧团编剧张光商妥合作，将《平原枪声》改为河北梆子现代戏，但因河北梆子剧团正在排练一出新戏而搁置下来。1965年我调任衡水地区文化局戏研室工作，动手草拟了小说《平原枪声》戏曲剧本提纲。1981年，我调到河北省戏剧家协会工作，改写电视连续剧，历时三年，五易其稿。1988年，衡水地委作出决议，开拍电视连续剧《平原枪声》，并邀请李晓明作为电视剧《平原枪声》的顾问。"

在电视剧《平原枪声》开机仪式上，李晓明说道："改编的电视剧，好在体现了三个集中：一是删去一些炮火连天的战斗场面，集中笔墨写人物，写感人的故事情节，增强了故事性；二是将故事发生地集中在肖家镇，此为兵家必争之地，提高了战地重要性；三是剧情故事从始至终集中在男一号马英和女一号苏建梅身上，提高了人物和故事的连贯性和可视性。"

电视剧《平原枪声》初稿是10集，因拍摄经费不足（前期拍摄就用了30

多万元），导演改成8集，最后剪成6集。李晓明看后说："把不少好情节和镜头都剪去啦，剪得太苦了。"

30多年过去了，电视剧拍摄中的点滴小事，马志凯都记忆犹新："《平原枪声》电视剧前期拍摄和后期制作，整体投资48万元，男女主演片酬每集才1000元，全体演职人员在拍摄中不辞辛苦，不计报酬，没有一个人因为酬劳闹意见。这种奉献精神应该发扬光大，传承下去。"

"每到一个地方，拍摄过程都得到了当地政府和群众的大力支持。在衡水高新区大麻森村拍摄日军屠杀群众一场戏时，需要100多名群众演员，村干部很支持，很快就根据导演的要求找齐了。"马志凯介绍，那场戏要拍4个镜头：日军放出狼狗撕咬马英的母亲、不满周岁的婴儿被当场摔死、妇救会主任赵振江的媳妇惨死在刺刀下、战委会主任马宝堂被拖在马后折磨致死。"这些场景激起了群众演员的回忆，很多人在现场泣不成声。散场时，一位老大爷还在擦泪，有人说他的爷爷就是让鬼子打死的。"

2007年12月，李晓明去世了，享年88岁。抗日战争打鬼子，解放战争随大军南下，中华人民共和国成立后潜心文艺创作，他把一生都献给了祖国，献给了党和人民。

2001年6月，电影《平原枪声》公映，使这部红色经典小说再度辉煌。该片由中国电影集团公司出品，北京电影制片厂拍摄，编剧邹静之、张栩，导演何群，演员胡军、张嘉译、刘琳、李梦男。

改编后的影片《平原枪声》剧情也很有特色，环环紧扣，出神入化。一部几十万字的长篇小说被浓缩在110分钟的电影中，全部是小说的精华，避免了流水账，突出了主要人物，是一部非常成功的改编作品。影片用银幕形象尽情展现小说所描绘的人物形象，使小说的文学意义得到进一步阐释。电影中，胡军饰演的马英，刘琳饰演的苏建梅，李梦男饰演的杨百顺，张嘉译饰演的郑敬之，赵小锐饰演的中村，剧雪饰演的秦芳芝等形象，恰到好处，别开生面。电影《平原枪声》的战争场面很多，而创作者并没有一味地表现强烈的视觉效果，而是根据当时八路军的作战实力和游击战的特点，质朴地展现影片的战争场面，整个作品着重体现故事的历史性和真实性。

影片《平原枪声》公演后，再次掀起一股热潮，使这部小说的发行量大增。红色经典再次席卷广大读者和影迷，爱国主义教育日益深入人心。

电影《平原枪声》剧照：打败了日本鬼子和汉奸之后，游击队员大年、苏建梅、老孟（从左至右）等人的脸上充满了喜悦

2010年，小说《平原枪声》第二次以电视剧的形式被搬上荧屏。新版28集电视连续剧《平原枪声》，由海润影视制作有限公司出品，赵浚凯、刘国彤执导，黄东斌、娅子编剧，董勇、赵子惠、杜志国、何政军等主演。该剧于2010年4月在山东影视频道首播，之后在多家电视台播出，又一次成为文化热点。

一部出版于60多年前的红色经典作品《平原枪声》，记录着一段血肉交融、枪林弹雨的抗战岁月，把中华民族英勇抗战的光辉业绩永远留在人间。

再现社会变革的雄浑历史画卷

——小说《太阳照在桑干河上》与丁玲

周　钇

《太阳照在桑干河上》是现代作家丁玲创作的一部长篇小说，首次出版于1948年9月，在国内外文坛上曾产生过重大影响。1949年被译成俄文，并在苏联《旗帜》杂志上发表。1951年荣获斯大林文学金奖二等奖，被誉为延安整风后中国长篇小说创作的成就之一。

一部超现实主义的优秀杰作

作品讲述了中共中央发布《关于清算减租及土地问题的指示》（即“五四指示”）和《中国土地法大纲》后，农村进行土地改革的故事。作品成功地塑造了众多生动的人物形象，真实地再现了典型环境中的典型性格。全书写了四五十个人物共58节，每节都描写了一个中心情节或中心人物，比较重要的就有三十几个，包括钱文贵、江世荣、侯殿魁、李子俊及他老婆等几个地主反面人物的形象。在20世纪40年代后期的中国农村土地改革时期，社会阶级矛盾和阶级关系还比较复杂，土地改革时期中的故事线索纷繁，情节波澜起伏，作品没有采用直接通过人物本身语言、动作的描写，而是由叙述人通过对事件进行叙述、介绍描绘、评介的方式，即使是人物的语言和行动，也都由叙述人讲述出来。由于作家刻画人物的出色才能和本领，丁玲笔下的人物大多给读者留下了深刻的印象。如果没有很好的语言表达能力，一个作家很难驾驭全书几十万字的描述。

小说《太阳照在桑干河上》所描写的是1946年华北解放区土地改革运动

1936 年 11 月，英姿飒爽的丁玲到达陕北保安，她是第一个到延安的文人

初期的情况，通过暖水屯一个普通村庄的土改运动，从发动到取得初步胜利的描写，真实生动地反映了农村尖锐复杂的阶级斗争，揭示出各个不同阶级不同的精神面貌状态，展现了中国农民在中国共产党领导下已经踏上的光明大道。小说的发表，及时为读者提供了 20 世纪 40 年代后期，解放区农村的特定环境中涌现的先进农民形象，对全国人民，尤其是工人、知识分子、城市产业劳动者及时了解农村现状起到了很大的促进作用。

故事描写的是 1946 年夏，中共中央关于土地改革的“五四指示”下达不久，土地改革工作组来到暖水屯，组长文采决定第二天召开群众大会。他在会上一讲就是 6 个钟头。这时，张正典暗中捣乱，地主们加紧勾结、活动。工作组组员杨亮访贫问苦，与老党员、支书张裕民联络、发动群众，让农民得到实惠。在县委宣传部部长章品的支持下，暖水屯男女老少行动起来，申冤诉苦，斗地主，这些胜利鼓舞了农民，使这场同地主阶级的斗争取得了阶段性的胜利，把地主多余的土地和财产全部分给了穷苦农民。作者阐述了暖水屯的土地改革斗争从发动群众到斗倒地主的全过程。

作品最大的成功之处是成功地塑造了不同阶层的人物形象，包括先进的农民形象和落后的农民形象，突出了他们在新社会转变过程中的各自心理变化。作者巧妙地选择了与地主、贫农都有亲戚关系的富裕中农——顾涌作为结构的中心，层层剥开藩篱，同时穿插着多条线索的矛盾冲突，把复杂纷繁的农村社会矛盾和关系交代得清清楚楚，将情节顺其自然地推向高潮，表现了作者高超的组织结构把控能力和深厚的艺术功力。作者遵循现实主义的创作原则，从实际生活出发，把人物放在一定的历史条件下和斗争环境中加以分析，既努力发掘他们要求翻身、敢于革命的本质，又注意到千百年来封建生产关系在他们身上产生的影响。作品自始至终把人物放在一定的斗争中，从生活实际的基础上，从斗争的发展上加以表现。作品没有拔高，而是在歌颂斗争的同时也不掩饰他们存在的弱点、缺点，写他们在斗争前的顾虑和一时的挫折。这样的现实主义创作方法对当时的文艺创作具有极大的引领作用和较大的现实意义。

讴歌了社会大变革运动

小说《太阳照在桑干河上》描写的是中国土地改革运动。旧中国的土地制度极不合理，而这一封建剥削制度却在中国延续了几千年。

在近代，占农村人口总数不到10%的地主、富农占有农村70%～80%的耕地，他们以此残酷地剥削农民。而占农村人口总数的90%以上的贫农、雇农和中农，却只占有20%～30%的耕地。他们终年辛勤劳动却不得温饱，这是旧中国贫穷落后的主要根源之一。地主阶级不仅凭借占有的大量土地进行残酷的经济剥削，而且与官僚、特务勾结在一起，任意欺辱和鱼肉百姓。因此，解决土地问题、没收地主的土地给劳动人民，成了抗日战争胜利后广大劳动人民的迫切要求。

其实，早在民主革命时期，中国共产党就提出了彻底的土地革命纲领。

1927年至1937年，在中国共产党领导下，曾实行过废除封建基础的土地改革，并在革命根据地开展了打土豪、分田地的斗争和查田运动，坚决实行土地革命。全民族抗日战争爆发后，为了团结一切人民力量，停止了强制没收地主土地政策，代之以实行减租减息的办法。中华人民共和国成立前，首先在解放区进一步推动土地改革，占全国面积约三分之一的东北、华北等老解放区已基本完成土地改革，消灭了封建剥削制度。1947年7月17日至9月13日，中共中央工作委员会在西柏坡召开全国土地会

晚年的丁玲

议，制定《中国土地法大纲》，并于同年10月10日由中共中央批准公布。全国土地会议以后，解放区各级党政领导机关派出大批土改工作队深入农村，开展发动农民群众、组织贫农团和农会、控诉地主、惩办恶霸、分配土地等工作。广大农村迅速形成土地制度改革的热潮。经过土改运动，到1948年秋，在一亿人口的解放区消灭了封建的生产关系。广大农民的政治觉悟和组织程度空前提高。

投入火热的生活中创作

1949年前后，为彻底完成新民主主义革命的任务，为社会主义革命和建设创造条件，中国共产党在华东、中南、西南及西北等新近解放的地区继续开展了土地改革运动。土地改革的完成，彻底摧毁了存在两千多年的封建土地制度。地主阶级被消灭，农民翻身得到了土地，成了土地的主人，有力地解放了农村生产力，提高了农民的生产积极性，为农业生产的发展和国家财政经济状况的根本好转创造了条件。至1952年底，除新疆、西藏等部分地区，中国大陆大部分地区的土地改革基本完成，3亿多无地或少地的农民无偿分得约7亿亩土地及生产资料。土地改革运动在中国大陆彻底结束了封建土地制度，并使新成立的中华人民共和国获得了农民的高度信任。

就在这一时期，刚刚经历了延安文艺整风运动的丁玲决心到人民群众火热的斗争生活中去，自觉地向工农兵学习。她请求参加晋察冀中央局组织的土地改革工作队。经过组织批准，丁玲来到了桑干河两岸的怀来、涿鹿一带参加了当地的土地改革运动。在温泉屯，她走家串户，访贫问苦，与广大群众同呼吸、共命运，兴致勃勃地和农民交融在一起。在农村火热的革命斗争生活中，作家丁玲亲身感受到了发生在中国农村的历史性变革，这给了她以深刻的影响，她不仅转变了思想，还汲取了创作的源泉，获得了丰富的写作素材，由此产生了强烈的创作冲动。

1946年11月初，丁玲在阜平一个小村庄开始了这一长篇小说的创作。为了丰富小说内容，1947年春、冬，她前后两次又去土地改革尚在进行的冀中农村体验生活，一边修改写作计划，一边创作。小说最后于1948年6月在河北正定联大完稿，同年9月由东北光华书店出版发行。

《太阳照在桑干河上》对正在如火如荼开展的全国土地改革运动进行描述和解剖，极大地吻合和反映了当前的伟大斗争形势和现实，立即引起全社会的强烈反响。

现代诗人、文艺理论家冯雪峰高度评价说：“这是一部艺术上具有创造性的作品，是一部相当辉煌地反映了土地改革的，带来了一定高度的真实性的，史诗似的作品。”现代文艺理论家陈涌说：“作者注意到了农村阶级斗争的复杂性，注意到了农村复杂的阶级关系。她把这个斗争在一种严肃、紧张而微妙的气氛下加以描写。目前还很少有别的作者像她表现得这样真实。”首都师范大学教授王晓琴评价说：“小说中创造的独特语汇，正表明了一个女性作者对历史变革的独特感受。她把全部注意力投向了历史巨变中的人的情感世界，以农村中新生的革命势力和旧有反动势力之间的心理较量为小说构思的基点。”

“昨在文小姐，今天武将军”

《太阳照在桑干河上》是丁玲的一篇巅峰之作。

丁玲，1904 年 10 月 12 日出生于湖南临澧，1986 年 3 月 4 日在北京逝世，一生命运坎坷，曾有四次婚姻，先后遭绑架、流放、关押、批判等凶险。1958 年，她被打成“右派”，在农村接受劳动改造长达 25 年。她追求自由、光明、女性解放，拥护中国共产党的领导，是一位老党员、著名作家、社会活动家。

丁玲早年在湖南桃源第二女师就读时，与毛泽东的夫人杨开慧曾是同学。在母亲的大力支持下，她积极寻求自由和真理，来到陈独秀、李达等创办的平民女子学校学习。后受到五四运动思潮的影响，经瞿秋白等人介绍，到中国共产党创办的上海大学中国文学系学习，从此与文学结下了不解之缘，于 1923 年在《小说月报》发表处女作《梦珂》，引起文坛关注。1928 年，丁玲发表代表作《莎菲女士的日记》和短篇小说集《在黑暗中》，又一次引起文坛较大的反响。1929 年，她与沈从文等在上海合办《红黑》杂志之后，在鲁迅等进步人士的帮助下，先后加入了中国左翼作家联盟，出任左联机关刊物《北斗》主编及左联党团书记，成为鲁迅旗下一位具有影响力的左翼作家。1932 年，丁玲加入了中国共产党。

1933年5月14日，丁玲在家中被特务秘密绑架，在社会上引起轩然大波。上海《大美晚报》紧急登载了丁玲失踪的消息，紧接着，上海、天津、北平的一些报刊相继报道，立即成了社会热点。此时就有知名人士蔡元培、杨杏佛、胡愈之等38人联名向南京国民政府行政院院长、司法部部长发出营救电报。文化界还成立了营救会，向全社会发表《营救宣言》。之后，中国左翼作家联盟也发表了《反对国民党白色恐怖宣言》。鲁迅一直在密切关注着事情的发展，他还专门写了《悼丁君》在报刊公开发表，并建议尽快出版丁玲的《母亲》一书，通过各种活动大事宣传，达到向当局施加压力、放人的目的。与此同时，中国民权保障同盟主席宋庆龄也致电行政院院长汪精卫要求援救，巴比塞、瓦扬·古久里、罗曼·罗兰等国际友人也发起强大的抗议和声援。在社会各界最强烈的呼吁下，1936年9月，丁玲在被关押限制自由长达三年后终于逃离南京，奔赴陕北，成为到达延安的第一位知名作家，受到毛泽东、周恩来等领导同志的欢迎。丁玲去世后，丈夫陈明于1986年10月11日探访沈醉时，沈醉说："丁玲同志未被杀害，绝不是因为她自首、叛变。她如果自首叛变，我们这些人不会不知道。她没被处死，完全是因为她的名望。"

丁玲到达了延安，没有辜负时代的厚望。

逃脱了被囚禁和追捕的丁玲，历经千辛万苦到达了陕北。她在这里重新焕发了生机，尤其是得到了毛泽东等人的大力支持和帮助。1936年11月，在毛泽东和张闻天等中央领导人的支持下，丁玲主持召开会议，筹备成立文艺协会。11月22日，文艺协会举行成立大会，大会由李伯钊同志主持，丁玲报告筹备经过。会上，毛泽东提议协会的名称应该是"中国文艺协会"，与会的全体会员一致通过。在成立大会上，毛泽东、张闻天和博古都发表了讲话。1936年12月，毛泽东写诗《临江仙·给丁玲同志》，盛赞丁玲"昨天文小姐，今日武将军"。1937年，毛泽东还支持和指导丁玲率"西战团"上前线。

毛泽东对丁玲一直颇为赞赏。1940年，毛泽东在审查丁玲历史的结论中，写上了"因此，应该认为丁玲同志仍然是一个对党对革命忠实的共产党员"。1944年，丁玲遵照毛泽东的指示，以文艺为工农兵服务为宗旨，多次深入农村体验生活、采访，写出了报告文学《田保霖》，热情讴歌边区先进人物，获得毛泽东的好评。毛泽东说："丁玲现在到工农兵当中去了，《田保霖》写得很好；作家到群众中去就能写好文章。”

在苏区，丁玲先后历任“中国文艺协会”主任、中央警卫团政治部副主任、西北战地服务团主任、《解放日报》文艺副刊主编、陕甘宁边区文协副主席等职务。在毛泽东《在延安文艺座谈会上的讲话》的精神鼓舞下，她积极投身于根据地的革命斗争，用文艺形式积极反映我党我军和人民群众火热的斗争生活，还创作出《我在霞村的时候》《在医院中》等许多思想深刻的作品。

1945 年，丁玲从延安来到晋察冀，主编文学杂志《长城》，写了三幕话剧《窑工》。1946 年到 1948 年，她多次参加华北农村土地改革，在经受群众斗争锻炼、体验生活的基础上，她以极大的政治热情创作了这部反映农村土地改革运动的长篇小说《太阳照在桑干河上》。这部小说艺术地再现了中国农村从未有过的巨大变革，塑造了一系列新型农民的形象。由于作品所写题材的重要意义，特别是作品在思想上和艺术上获得的成就，出版后引起了很大反响，是丁玲整个创作生活中最重要的收获。

1955 年以后，丁玲遭受极“左”路线的残酷迫害，下放到垦区劳动 12 年，“文化大革命”中又被关进监狱 5 年。1975 年春获释后，她被安排到山西农村。1984 年，中央组织部为她恢复了名誉，彻底推倒了多年来强加给她的一切不实之词，肯定她“是一个对党对革命忠实的共产党员”。

1979 年，丁玲返回北京，平反后当选为中国作协副主席。她不顾体弱多病，勤奋写出了《魍魉世界》《风雪人间》等 100 万字的作品，创办并主编了《中国》文学杂志，热情地培养青年作家。

丁玲的一生经历了太多的曲折与传奇。她在延安的这个阶段，开始改变自己的创作文风，没有再采用以前的自传体形式。在这片土地的影响下，在与革命群众的接触下，丁玲开始慢慢成长，开始关注革命群众的生活，正是在这样的基础下，她写成了《太阳照在桑干河上》，被誉为延安文艺座谈会以来红色长篇小说创作取得的突出成绩。

信　念
——长篇小说《保卫延安》创作前后

周　钇

《保卫延安》是现代作家杜鹏程所创作的一部长篇小说，1954 年由人民文学出版社出版，是著名的“红色经典”“英雄史诗”，2019 年 9 月 23 日入选“新中国 70 年 70 部长篇小说典藏”，是中国当代文学史上首次大规模正面描写解放战争的作品。它描写了 1947 年春，中国共产党领导的解放军在国民党军以十倍于我军的绝对优势兵力发动疯狂进攻的情况下，由防御转为进攻，取得西北战场辉煌胜利的故事。小说高度地赞颂了无数解放军战士奋不顾身、视死如归的精神和许多解放军指战员镇定自若、运筹帷幄的大将风范。

好评如潮

《保卫延安》一经面世，就轰动全国，被誉为“当代文学史上第一次成功地塑造了彭德怀的艺术形象”的作品，“新中国成立初期第一部讴歌人民解放战争的名著”与“我国描写现代战争的长篇小说的里程碑”。

1954 年 6 月 1 日，人民文学出版社正式出版《保卫延安》，初版发行近百万册，引起强烈反响，又重印了两次，还被翻译成英、法、蒙、俄、朝鲜、越南、维、哈、藏等多种文字，在国内外广泛传播。迄今为止，这部小说印刷近 20 次，总发行量达数百万册，其中《沙家店》《夜袭粮站》等章节被选编入中学语文课本。1959 年 2 月，由西安电影演员剧团改编为同名话剧，在西安公演 30 多天，近 70 场，场场爆满；同年，由西安电影制片厂将小说改编为上、下两集电影剧本，还未及开拍因故流产；2009 年，由陕西省委宣传部、陕西省广播电影电视局、西部电影集团、陕西电视台、兰州军区政治部联合拍摄成28集同名电视连续剧，热播全国。

为这部小说付出心血的著名文艺理论家冯雪峰说："这部作品，称得上描写具有伟大历史意义的英雄战争的一部史诗。"他亲自撰写了两万字的长文《论〈保卫延安〉的地位和重要性》，发表在当年《文艺报》第14、15期上，指出："这本书的很大的成就，我觉得是无疑的。它描写了一幅真正动人的人民革命战争的图画，成功地写出了人民如何战胜敌人的生动的历史中的一页。对于这样的作品，它的鼓舞力量就完全可以说明作品的实质、精神和成就……它的英雄史诗的基础已经确定了。""作者以战斗的精神，写出了这样的革命战争，于是作品就具有迫人的鼓舞力量。"他还高度评价说："这部作品，大家将都会承认，是够得上称为它所描写的这一次具有伟大历史意义的有名的英雄战争的一部史诗的。""他所描写出来的人物的性格，都是深刻的、丰满的、生动的。""这部作品确实成功地、辉煌地创造了像周大勇、王老虎、李诚、卫毅等这样的人民英雄的典型。关于彭德怀将军的这一幅虽然还不够充分，然而已经传达了人物的真实精神的生动的肖像画，是我们文学上一个重要的成就。"

1956年2月4日，杜鹏程在中南海受到毛泽东等领导人的接见。周恩来对其艺术描写的真实性给予了充分肯定。

在1960年7月22日开幕的全国文学艺术工作者第三次代表大会上，文化部部长、现代文学巨匠茅盾所作题为《反映社会主义跃进的时代，推动社会主义时代的跃进》的报告中，对其创作风格给予积极称赞："杜鹏程的风格的发展，是值得注意的。只要把《在和平的日子里》同《保卫延安》作一比较，已经可以看出显著的不同……他的作品中的人物好像是用巨斧砍出来的，粗犷而雄壮；他把人物放在矛盾的尖端，构成了紧张热烈的气氛，笔力颇为挺拔。"美国学者J.C.黄在《从〈保卫延安〉看解放军指战员的人物形象塑造》一文中，也对该小说的人物塑造赞誉有加，称作品文笔"清晰而又匀称"。

作家路遥在《杜鹏程：燃烧的烈火》一文中高度评价杜鹏程的一生："在人类所有的不幸中，最不忍目睹的就是死亡引起的悲痛，尤其是对一个你所熟识而敬重的人。""我不愿目睹没有气息的杜鹏程。我愿意他在我的记忆中永远是一团燃烧的烈火，一个用严峻的神色审视这个世界的哲学家，一个气势磅礴的叙事诗人。”“老杜的价值不可能在某种仪式上体现。他在半个世纪中构成的巨大内容需要一代人乃至未来的历史给予详尽诠释。”“在和他同时代的作家中，杜鹏程是少数属于敢踏入‘无人区’的勇士，并敢在文学的荒原上树起自己标帜的人物。他是我们行业的斯巴达克斯。这一切首先体现在他的史诗《保卫延安》之中。这部书使他声名远播，也给他带来过无穷的灾难。而属于巨人的灾难不也是另一种勋章吗？”

“杜鹏程出身于一个贫苦的农民家庭。他几乎是赤手空拳走进生活和战争的暴风雨。不久，他就拥有枪和笔两种武器。其中的枪和敌对的势力作战，而笔主要和自己作战。对他来说，后一种作战更为艰难。从《保卫延安》的创作过程，我们就可以看出他和自己作过多么无情的斗争。以后，这部书先使他荣耀，接着便让他忍气吞声地生活。从未来得及完成的大书《太平年月》的题旨就完全使我们意识到，作家已经进入了思想和艺术的大境界。”

“二十多年相处的日子里，他的人民性，他的自我折磨式的伟大劳动精神，都曾强烈地影响了我。我曾默默地思考过他，默默地学习过他……”

有评论说，作者以澎湃的激情，高昂的笔调，刻画了一批丰满而生动的解放军指战员的人物群像，展现了毛泽东、朱德、彭德怀等老一辈革命家高瞻远瞩的革命英雄主义精神和钢铁般的意志，成为鼓舞和教育中华儿女的楷模。

杜鹏程因此而享誉中外，在经受了时间的洗礼和考验后，其价值和地位最终被确立，并被盛誉为开当代军旅文学先河。

艰辛的创作过程

杜鹏程的《保卫延安》，较为全面地塑造了敌我双方的人物形象，尤其是塑造了我军的英雄群谱——从高级将领到中层领导再到普通士兵这样一个个带有鲜明个性的英雄形象，丰富了当代中国文学的人物画廊。他在论及《保卫延安》创作时说：“我要用笔反映这场伟大的人民战争，歌颂毛主席战略思想的伟大胜利，歌颂人民解放军、陕北人民的光辉业绩，表达我对彭总等老一辈无产阶级革命家的崇高热爱之情。”

彭德怀作为一个无产阶级革命家，既是一位高瞻远瞩、运筹帷幄的军事家，又是一位和善可亲、俭朴平易的人民公仆。作为军事家，他创造性地执行党中央的战略方针，表现出高超的指挥才能。作为人民公仆，他平易近人、虚怀若谷、博大敦厚、可亲可敬，给杜鹏程留下了极其深刻的印象。作为随军记者，杜鹏程在行军途中和群众、部队的聚会上，不止一次见到过彭德怀，而且听到过有关这位"彭大将军"的许多战斗故事。这些在部队中广为流传的故事令杜鹏程心驰神往，很想近距离接触这位神话般的人物。

1948年秋，机会终于来了。在黄龙山的一个窑洞里，彭德怀召集全体前线记者谈话，说了三四个钟头，他谈到延安保卫战的重大意义和新闻工作者的责任，也谈到了他自己："我这个人没有什么，要说有一点长处的话，那就是不忘本。"当时，杜鹏程听到那振聋发聩的话，激动不已。采访中，彭德怀质朴谦和、平易亲切，他说甘愿当"扫帚"供人民使用，觉得他自己就是比群众和战士多吃一口野菜，也是深为惭愧的！杜鹏程深深地感受到，彭德怀忠心耿耿，时时把人民群众和战士们放在心上，"先天下之忧而忧，后天下之乐而乐"，就是他的真实写照，"这一切，在我心里产生的不是抽象的意念，而是激动人心的巨大形象。伟大的中国革命，造就了许多光辉灿烂的巨人——我是带着广大指战员强烈的崇敬心情来描绘彭德怀将军的形象的，他来自现实斗争生活，也来自广大指战员的心里。"

1949年，杜鹏程开始构思一部长篇作品，不禁萌生了要将西北战场这一伟大的人民解放战争诉诸笔端、昭示后人的强烈冲动，他说："难道这些积压在我心里的东西，不说出来，我能过得去吗？也许写不出无愧于这伟大时代的作品，但是，我一定要把那忠诚质朴、视死如归的人民战士令人永生难忘的精神传达出来，使同时代人和后来者永远怀念他们，把他们当作自己做人的楷模，这不仅是创作的需要，也是我内心波涛汹涌般的思想感情的需要。"

杜鹏程，1954年于北京

杜鹏程经受过长期严峻的斗争与考验，所描写的《保卫延安》里的人物精神面貌和文学成就赢得了广泛的尊重。1956年2月4日，他在中南海受到毛泽东的亲切接见。当毛泽东握住杜鹏程的手时，他激动得千言万语不知从何说起。对于这部以战争实感见长的小说，周恩来对其艺术描写的真实性给予充分肯定，他说："我们部队打仗就是这样，彭总这个人也就是这样。"

1959年，随着彭德怀在庐山会议受到批判，杜鹏程因此而受到牵连。《保卫延安》一夜之间变成"大毒草"，自1963年9月2日起，被通令在全国范围内停售并停止借阅，4天后，又被通令就地销毁。杜鹏程本人受到更大的牵连，遭受了压制。

1978年12月，随着彭德怀冤案的平反，《保卫延安》及杜鹏程也恢复了名誉。

刚平反那阵，杜鹏程的生活非常贫困，老家韩城夏阳乡涧南中学建校之初，乡政府两名干部到西安找他捐款，左右为难的他说："我出生在韩城，韩城人民养育了我，建校我应该捐钱，我现在是真的没有积蓄，儿女上大学都有困难，自己浑身是病。"说着说着眼泪就流了出来。

此后，情况稍有好转，他便把自己家里的"黄河牌"电视机托人送回家乡让村里的父老乡亲看，又把省作协处理的一辆小车掏钱买了送回苏村。

平反后，杜鹏程重新回到作协岗位工作，并当选为中国作家协会理事、陕西省作协副主席、陕西省文联副主席、陕西省对外友好协会副会长、陕西省人大常委等。1982年，他被选为中国共产党第十二次全国代表大会代表赴京参会，这是他一生中政治生涯的巅峰时期。著名作家贾平凹评价他说："一部《保卫延安》，使老杜成了神，也使老杜成了鬼。但历史是公正的，人毕竟还是人！"

经过多年的磨难，仍可以看出杜鹏程耿直的锐气和正派的锋芒。之后他又相继出版了中短篇小说集《光辉的历程》《杜鹏程散文特写选》，散文集《我与文学》《杜鹏程散文集》《杜鹏程散文随笔》等。

成就了一位作家

杜鹏程，原名杜红喜，1921年5月5日出生于陕西省韩城县（今韩城市）夏阳乡的一个农民家庭。3 岁时，父亲杜宝成因肺气肿逝世，幼年丧父的他，跟随母亲赵氏过着饥寒交迫的日子，甚至跟随母亲讨饭。1928 年至 1929 年 6 月，杜鹏程在县城东寺设立的私塾和基督教学校上学，9 岁被送到孤儿院学习，因生活贫困辍学后，不得不到一家店铺当学徒。1934 年到 1936 年，他经人推荐转到离家二三十里远的西庄镇乡村学校半工半读。这是他人生道路上的一个重要转折。1937 年全面抗战爆发，16 岁的他加入了由进步教师在该校组织的“中华民族解放先锋队”，到韩城地下党创办的少年书报社当送报工友，经常跟随老师、同学到农村演讲、演剧、写标语，从事抗日救国宣传，并接触阅读了《共产党宣言》和列宁、斯大林等人的著作。少年书报社设在城里的丝纺巷，对面墙上贴满了陕北公学和抗日军政大学的招生广告，他阅读后便一心向往那片崭新的天地。1938 年 6 月，在共产党员老师的介绍下，他考入延安抗日军政大学，不久被抗大分校选送鲁迅师范学校读书。毕业后，他被分配到延川县农村工作，几年后又奉调到延安大学学习，并阅读了许多世界文学名著，由此爱上了文学。

1944 年夏，杜鹏程调到延安城关陕甘宁边区被服厂工作，并于次年 10 月加入中国共产党。此时，他开始练笔，为工人们编写秧歌剧，写过大量的消息、通讯、报告文学等。

1947 年初，杜鹏程到陕甘宁边区群众文艺社工作。此时，国民党反动派疯狂向陕甘宁边区进攻，他于半年后赴前线，被派到王震将军指挥的西北野战军第二纵队独立第四旅第十团第二营六连，做了一名战地记者。在长期的部队生活中，他记下了近两百万字的生活日记，写过数十万字的新闻、通讯、散文、报告文学和剧本等作品，为他的小说创作打下了深厚的基础。

在西北野战军六连，杜鹏程和战士们同吃同住，除讲政治课和教战士们识字外，他还替战士们写决心书、家信，并有机会经常与营、团、旅各级指挥员乃至纵队司令员王震接触。

当时，胡宗南指挥的国民党精锐部队 20 多万人，在数十架飞机的配合下，扬言要在三天之内攻取延安，而西北野战军以装备很差的 2 万余人，与相差悬殊的敌军在陕北周旋、拼杀，展开了一场保卫延安的殊死搏斗。形势异常险峻，杜鹏程到达部队才几个月，西北野战军第二纵队即减员过半，他所在的六连竟由原来的 90 多人锐减为 10 多人。与他长期住在一处的战斗英雄王老虎，以及首次见面时就送给他一条新毛巾的营长盖培枢，在榆林三岔弯战斗中壮烈牺牲在他的眼皮子底下。战友们的崇高思想、英雄行为和光辉业绩，给杜鹏程思想以深刻的感染和教育。在党中央的正确领导下，通过陕北人民的大力支持和彭德怀等将领的卓越指挥，我军不断发展壮大，很快进入战略进攻，收复了延安等地，使他更加充分地认识到毛泽东人民战争思想的伟大。

在戎马倥偬之中，杜鹏程如饥似渴地学习和写作。他有时在膝盖上写，有时趴在锅台上写，在硝烟弥漫、子弹横飞的阵地上也照写不误。有一次，旅政委杨秀山发现他的写作工具竟是一根将钢笔尖捆扎在以树枝削成的笔杆上的东西，需要不停地蘸墨水时，关切地对他说："笔对你来说，和枪杆子一样重要"，当即指示旅供给部为他发一支好笔。团政委将一支崭新的"金星牌"钢笔交给他时，杜鹏程在日记中感慨万分地写下耐人寻味的话："一支笔，抵得上一支劲旅。"

杜鹏程写于1948年初的歌剧《宿营》，发表在延安《群众文艺》上，被当时很多文工团上演，单行本于中华人民共和国成立之初由西北人民出版社出版。

1949年10月，杜鹏程作为新华社第一野战军分社主编，随同第一兵团司令部全体干部乘飞机由甘肃飞抵新疆迪化（今乌鲁木齐）。战火纷飞、激情

杜鹏程和妻子合影

燃烧的岁月，丰富的生活积淀，提高了他的政治觉悟，升华了他的思想感情，激发他撰写一篇反映战争生活的报告文学的想法。

从 1949 年开始构思并动笔写作到 1953 年底，经过四年的艰苦努力，《保卫延安》终于完成。

刚刚写完第一稿时，杜鹏程就接到母亲病危的电报。他遂请了假，乘西北唯一的一架军用飞机赶到西安，再冒雪步行数日，背着那十几斤稿子，来到母亲房前。母亲的门口积雪半尺，没有脚印，屋里没有灯光，没有烟火，没有家具。一张土炕上，有半张席，母亲躺在上面，已经逝去，陪伴她的只有一只破瓦罐和许多盖着“军邮”戳子的远方来信。这是他自 17 岁离家后首次回故乡。在父老乡亲们的帮助下，他含着泪，为母亲办完丧事后，搬到韩城县人民政府去住，一头扎进稿纸里，废寝忘食，“用了一个多月的时间，夜以继日地工作，把这部稿子修改了一遍”。但他觉得“眼前的这部长篇报告文学稿子，虽说也有闪光发亮的片段，但它远不能满足我内心的愿望。从整体来看，它又显得冗长、杂乱而枯燥。我，焦灼不安，苦苦思索，终于下定了决心：要在这个基础上重新搞，一定要写出一部对得起死者和生者的艺术作品”。

1951 年春夏之交，杜鹏程返回新疆后，便在繁忙的工作之余开始对小说稿进行第二次修改。同年秋，野战二支社被撤销，杜鹏程夫妇接到了回乌鲁木齐参加新华社新疆分社工作的一纸调令。由于第二军军长郭鹏一向爱才，曾有意要调杜鹏程担任其贴身秘书，但杜鹏程实在不愿意舍弃自己挚爱的记者工作，就没有答应。故离别喀什时，他悄然办了调动手续，就搭乘一辆大货车上了路。郭鹏军长得知后，急派警卫员乘着吉普车飞赶上去，在远离喀什市的戈壁滩公路上拦住了他们。任凭杜鹏程好说歹说，甚至还出示了调令，那个警卫员就是不放。最后杜鹏程只得妥协，同意警卫员将妻子张文彬作为“人质”带回喀什市，以向军长交差，而自己则继续赶路。但时隔不久，此事就“和平”解决了。

在新华社新疆分社工作期间，杜鹏程无论是深入天山南北、农村牧区采访，还是赴内地出差，总要随身带上小说稿，在百忙之中挤出时间对它作进一步地修改。在 1952 年 2 月 23 日的日记中，他写道：“到北京新华总社来学习一两个月，每天夜里、中午休息、下午休息时间均用来修改作品。”直至

1953年，他调离新华社新疆分社社长岗位，进入陕西省作家协会成为一名专业作家时，这部名为《保卫延安》的长篇小说才进入送审阶段。

“写着，写着，有多少次，遇到难以跨越的困难，便不断反悔着，埋怨自己不自量力。可是想起了中国人民苦难的过去，想起了那些死去和活着的战友，抚摩烈士遗物，便从他们身上汲取了力量，又鼓起勇气来……钢笔把手指磨起硬茧，眼珠上布满血丝，饿了啃一口冷馒头，累了头上敷上块湿毛巾。写到那些激动人心的场景时，笔跟不上手，手跟不上心，热血冲击胸膛，眼泪滴在稿纸上……”杜鹏程这样回忆当时创作的情景。草稿完成的当天，他倒头便睡，两天两夜后才从睡梦中惊醒。由于几天没吃东西，他饥饿至极，便拉上几个记者一同上街吃羊肉包子，他的食量和狼吞虎咽的样子令同事们大惊失色，过后有位记者告诉杜鹏程妻子张文彬说：“你这老杜可不得了，一下子吃了那么多包子，这哪儿是吃，简直是在喝油。”

杜鹏程小心翼翼地呵护着凝聚他心血的手稿：“夜不成眠，食不甘味，时序交错，似乎和我无关，调我到大城市学习，我就把稿子带到大城市；让我到草原上工作，我就把稿子驮到马背上……”与昏暗的小煤油灯相伴150多个日日夜夜后，杜鹏程终于完成了上百万字的长篇报告文学初稿。

这本书从初稿、定稿、审查、出版都是由解放军总政治部文化部负责。1953年春，总政治部文化部设法将杜鹏程从新华社新疆分社借调出来，到北京住了一年，集中精力反复修改。

杜鹏程希望书稿能够得到重视，又将一份打印稿寄给了素不相识的中国作协副主席、人民文学出版社社长兼总编辑冯雪峰，并写了信，请予指正。冯雪峰在百忙之中认真读了小说稿后，连回两封信，约他到自己家里一谈。冯雪峰不仅参加过两万五千里长征，还是一位著名的文艺理论家，在文坛上地位颇高。杜鹏程根据对方的具体看法和意见又进行了认真修改，使该小说顺利通过终审。当得知杜鹏程只有32岁时，冯雪峰感叹地说：“还是个青年，不过，像这样年纪就能写出这样的作品，尤其是能写出描绘彭德怀将军形象的文章，真是不容易，要我写我也不一定能写出来。”冯雪峰从总体上对这部作品作了评价，说：“这是一部史诗，虽然在艺术上还比不上《铁流》《水浒》及《战争与和平》那样的辉煌，可以说这是一部史诗的初稿，将来还可以不断修改……你自然有能力把它搞成和古典杰作争辉的作品。”当晚他们谈到凌晨三点。第二天，冯雪峰又打电话给杜鹏程，约他再谈一次，并说他已经向《人民文学》编辑部做过推荐，希望他们先刊发该书的部分章节，还说他已与人民文学出版社的几位负责同志商量过了，希望作者用两周时间，将一些地方做点修改，在 1954 年 1 月 10 日左右交出版社，然后加快印刷，争取在 3 月份能与读者见面，这使杜鹏程“心里掀起巨大的感情波涛”。

改书历经 4 年，先后经过了 9 次大的删改，由最初上百万字的报告文学，修改为 60 多万字的长篇小说，继之又压缩为 17 万字，最终又变为 30 多万字，前后被杜鹏程涂改过的稿纸，足足可以拉一大马车。当年解放军总政治部文化部将该书列为“解放军文艺丛书”之一，于 1954 年的《解放军文艺》第 1、第 2 期分别选发了《蟠龙镇》和《沙家店》两章。1954 年 7 月，该书由总政治部文化部交人民文学出版社出版发行。

在烈火中永生
——长篇小说《红岩》背后的故事

李艳伟

在中国现当代文学发展史上，长篇小说《红岩》无疑是一部题材十分独特的红色经典，被评论家誉为“一本名副其实的共产主义精神的教科书”。小说被译成英文、法文、日文、德文、越南文、西班牙文等，在世界几十个国家出版发行，累计已过千万册。

如今距《红岩》记录的那段时间已经过去了70多年，而这些革命英雄的事迹却没有被人遗忘，在21世纪的今天仍然激励着人们奋勇向前。一代代讲述者用各种形式不断地传颂着这个故事，让我们能够永远铭记那段历史、那群英雄、那股精神。

故事简介

《红岩》取材于真实的历史，描写了重庆解放前夕，关押在渣滓洞和白公馆的革命者们为迎接解放、挫败敌人的垂死挣扎而在狱中开展的英勇斗争故事，淋漓尽致地展现了共产党人忠于革命、坚贞不屈、视死如归的革命精神和豪情壮志。

1948年的重庆在国民党统治下处在黎明前最黑暗的时刻。区委书记江姐受上级派遣到华蓥山根据地送药品，发现自己的丈夫、华蓥山纵队政委彭松涛被敌人杀害，人头被高挂在城头。江姐强忍悲痛，在见到纵队司令员“双枪老太婆”后，义无反顾地再次投身工作，奔赴大巴山区，组织群众抗丁抗粮，展开了轰轰烈烈的斗争。

这时，在中国共产党领导下，重庆工运、学运如火如荼，《挺进报》深得人心。重庆地下党工运书记许云峰命甫志高建立沙坪书店，作为地下党的备用联络站，配合工运、学运。甫志高为了表现自己，不顾联络站的保密性质，擅自扩大书店规模，又自作主张地吸收了一名叫郑克昌的青年人入店工作，殊不知他竟是敌人打入沙坪书店的特务，妄图追查出《挺进报》的线索，破获重庆地下党组织。

许云峰几经分析发现郑克昌形迹可疑，便让甫志高通知所有人员迅速转移，可甫志高却根本不听劝告，致遭敌人逮捕。随后，他又成为可耻的叛徒，出卖革命，致使许云峰、成岗、余新江和刘思扬等人被敌人逮捕。

众人被捕后，特务头子徐鹏飞妄图借此将重庆地下党一网打尽，但用尽诡计也没法从许云峰等人身上得到任何有用的情报。凶残的敌人开始疯狂地折磨被捕的共产党员，并用断水的办法迫害牢内的同志，妄图动摇革命者的意志，获得想要的口供。为了粉碎敌人的阴谋，狱中难友们趁放风时挖了一眼泉水，龙光华更是在保护泉水的斗争中英勇牺牲。许云峰领导战友向敌人展开斗争，迫使敌人接受了追悼活动等条件。

叛徒甫志高带领特务窜到乡下，江姐不幸被捕，被关押在渣滓洞里。在狱中，她受尽折磨，却坚贞不屈，她的刚毅精神进一步鼓舞了战友们的斗志。

秋去冬来，转眼到了年底。全国革命形势一片大好，国民党当局在受到沉重打击后开始放出和谈意向。敌人为了表示和谈的“诚意”，假意释放了一些政治犯，来自资本家家庭的共产党员刘思扬是其中之一。可是，狡猾的特务郑克昌随即冒充我地下人员接近刘思扬，企图获得情报。幸得地下党指示，刘思扬及时识破了敌人的阴谋，可来不及转移的他又被抓进另一所监狱“白公馆”。郑克昌在诱骗刘思扬失败后，又伪装成同情革命的记者高邦晋打入渣滓洞，妄图通过苦肉计刺探狱中地下党的秘密。余新江等人识破了他的伪装，并借敌人之手除掉了这个阴险的特务。

山城解放前夕，斗争变得更为激烈。敌人耍尽阴谋，妄图破获地下党组织，狱中同志与之进行了艰苦的斗争，并千方百计准备越狱。在白公馆装疯多年的共产党员华子良与狱中党组织联系上了。同时，关在地窖中的许云峰用手指和铁镣挖出了一条秘密通道。在敌人溃败的前夕，狗急跳墙的徐鹏飞等反动派变得疯狂起来，许云峰、江姐、成岗等人都被秘密杀害了。就在许云峰等人被害的当晚，白公馆和渣滓洞同时举行了暴动，一些同志终于越狱，成功冲出了魔窟，可刘思扬等一些同志为此献出了生命。伴随着解放军隆隆的炮声，重庆终于迎来了黎明时分灿烂的曙光。

故事的“原型版本”

1949年12月25日，重庆党组织收到了一份2万多字的，名为《重庆党组织破坏经过和狱中情形的报告》的秘密报告，它的作者就是《红岩》小说的作者之一罗广斌。收到这份报告的时间，距离罗广斌等34人从渣滓洞、白公馆监狱中死里逃生不到一个月。这个《红岩》故事的“原型版本”，记录着以《挺进报》事件为导火线的重庆地下党遭受大破坏和狱中斗争的真实历史，里面的许多人物事迹和历史事实，都能看出《红岩》的影子。

《挺进报》创刊于1947年5月，是由中共四川省委领导，在重庆出版的一份进步刊物。该报开始时只在中共地下党员和进步人士中秘密传播。但随着发行量和影响力的增大，该报开始通过特殊渠道向国民党内部发送，以图“攻心”。1948年3月，一份《挺进报》出现在了国民党重庆行辕主任朱绍良的案头，这使他着实难堪，因为他原本以为中共重庆地下党在他不遗余力地绞杀下已经难成气候。大怒之下，他随即命令时任国民党西南长官公署第二处处长兼军统西南特区区长徐远举限期破案。

不久，特务们得知，在重庆民生路上的文成书店里，一位名叫陈柏林的青年店员私藏《挺进报》。随后，狡猾的特务曾纪纲伪装成进步青年与陈柏林接触，并在1948年4月1日下午将陈柏林和他的上级“老顾”（原名任达哉，1947年加入重庆地下党组织）抓获。特务们对两人实行了残忍的酷刑。陈柏林坚贞不屈，没有吐露半点消息，而任达哉却不堪毒刑拷打，交代了知道的一切，成为《挺进报》事件中的第一个叛徒。任达哉就是小说《红岩》中叛徒甫志高的第一原型。根据他的供述，徐远举对中共重庆地下党组织进行了大规模“围剿”，并顺藤摸瓜，最终逮捕了133人，中共重庆地下党组织受到重创……

罗广斌的这篇报告，不仅记述了《挺进报》一案的详细经过，还记录了那些随后被关进重庆“中美特种技术合作所”（以下简称“中美合作所”）集中营（渣滓洞和白公馆两座军统监狱）的革命者们的经历。这里面，有人性在忠诚和背叛间的抉择，有英雄在狱中留下的血泪传说，也有烈士用生命换来的深沉思考。

2018年全国“两会”期间，习近平总书记在参加重庆代表团审议时，将出自该报告“狱中意见”部分的“狱中八条”一一读了出来:“一、防止领导成员腐化；二、加强党内教育和实际斗争的锻炼；三、不要理想主义，对上级也不要迷信；四、注意路线问题，不要从右跳到‘左’；五、切勿轻视敌人；六、重视党员特别是领导干部的经济、恋爱和生活作风问题；七、严格进行整党整风；八、惩办叛徒、特务。”这是红岩烈士们在生命的最后关头，怀着对党的赤胆忠心，向党提出的“八条嘱托”，也凸显出红岩的英雄故事和革命精神需要被人记录并传承下去的必要。

罗广斌与杨益言

1949年11月底，被禁闭在重庆中美合作所集中营的革命者，开始被撤离大陆前的国民党军队分批杀害。11月27日，200多个革命者被集中杀害，这就是震惊世人的“11·27大屠杀”。大屠杀发生过后，白公馆和渣滓洞都有人幸存。《红岩》的作者罗广斌、杨益言均在其中。

罗广斌，1924年出生于成都，其父罗宇涵是富甲一方的地主豪绅，其兄罗广文是国民党十五兵团的司令长官，从小生活非常优裕。为了反抗家庭对自己婚姻的干涉和压制，罗广斌于1944年离开家庭，在马识途（西南联大地下党组织负责人）的帮助下赴西南联大学习读书。在这里，他受到进步思想的熏陶，摆脱了家庭的束缚，走上了革命道路，找到了为之奋斗终生的理想和信念。1948年3月1日，24岁的罗广斌由江竹筠等人介绍入党。

1948年秋末，刚刚入党不久的罗广斌就被叛徒刘国定出卖。据说，军统特务头子徐远举忌惮他哥哥罗广文的身份，在抓捕罗广斌前曾找罗广文“商量”，而罗广文也受弟弟牵连，便说:“我这个弟弟从小不服管教，你把他抓去教训一下吧，但一定要保住他的命。”特务们就按照罗广文提供的家庭地址，在成都抓到了罗广斌。

罗广斌在审讯中态度强硬，毫不屈服。特务无奈，带着叛徒冉益智来劝降他，并提及他入党自传的相关内容和细节。罗广斌这才意识到眼前这个人真的就是地下党里主管组织工作的上级领导，对他的叛变又惊又气。他不愿再看见冉益智的嘴脸，便朝特务喊了一句："送我回牢房去！"一进监牢内院，罗广斌就大喊："冉益智叛变了！"徐远举得知此事大为光火，下令给罗广斌戴上一副40斤重的脚镣。

因为罗广斌有个司令哥哥，他成为监狱里最有希望活着离开的人，监狱中的地下党组织也对此非常清楚。曾直接领导过罗广斌的张国维对他说过："我们大多数人可能没法活着出去，但你不一样。你有个哥，掌十万雄兵。你要注意搜集情况，征求意见，总结经验，有朝一日向党报告。"罗广斌牢记难友们的重托，积极与难友沟通，用心记录他们的斗争故事和斗争经验，并不负重托地在出狱后完成了上文中提到的《重庆党组织破坏经过和狱中情形的报告》这份珍贵的党史资料，也为之后《红岩》的创作积累了珍贵的第一手素材。

当然，在狱中的罗广斌并没有因为自己的安全而放弃为同伴抗争。在1949年11月27日渣滓洞与白公馆大屠杀时，他成功带领19位难友逃离了魔窟白公馆。依据罗广斌本人的解释和他人的追忆，"白公馆脱险"的基本情况是这样的：在特务和军警都赶去支援渣滓洞之后，罗广斌把狱中同志们的重点策反对象、看守杨钦典招呼了过来问道："杨排长，我们剩下的人怎么处理呀？"杨钦典说："我听说，要把你押送台湾，剩下的人都处决。""你知道共产党的政策，你要立功呀。"罗广斌劝说道。革命者们平时做的策反工作在关键时刻起了作用，杨钦典终于答应帮忙，偷偷地把牢房钥匙和一把铁锤交给了罗广斌，并出门替他们望风。杨钦典望风时，又顺便对白公馆周围的警卫说"共军进城了"，吓得警卫们一听就跑了。就这样，罗广斌等19个人跑出了白公馆。

出狱后，罗广斌最大的心愿就是"要为那些死在狱中的难友工作"。中华人民共和国成立以后，罗广斌先是担任共青团重庆市委常委、统战部部长，1957年被下放到长寿湖渔场劳动，后来因为与杨益言共同创作长篇小说《红岩》而闻名全国，重新调回重庆并一直在文联工作。1967年2月，罗广斌去世，时年43岁。

杨益言，1925年出生于重庆，十多岁时就赶上了日本侵华战争。他在初中一年级的第一课是背着长枪上的军事训练课，之后又目睹了日寇飞机狂轰滥炸残杀无辜平民的“五三”“五四”重庆大轰炸惨案。少年杨益言义愤填膺，立志要抗击日寇，拯救自己深爱的祖国和人民。

1945 年 8 月，中国抗日战争取得胜利。次年，杨益言跟随他就读的上海同济大学电机工程系从四川迁到上海。杨益言心里充满希望，发誓要潜心求学成为一代栋梁，建设新的中国。没想到，他渴望的和平没有到来。1946 年 6 月 26 日，国民党军队 22 万人进攻中原解放区，全面内战爆发。杨益言自觉地站到共产党一边，积极参加上海进步学生运动，并成为同济大学学运新闻组的重要成员、油印《快报》的总编辑，成为白区第二条战线上一名忠勇的战士。

1948 年初，杨益言因参加反美反蒋的学生运动，被学校开除并遭缉捕，后在同学的掩护下离开上海回到重庆，以重庆铅笔厂职工夜校代课教师的身份隐藏自己。没想到，隐蔽而平静的生活很快就被打破了。8 月 4 日，杨益言在工厂宿舍被突然闯进的特务逮捕，并被囚禁在了渣滓洞集中营。

渣滓洞的生活如同地狱，杨益言曾如此描述这段狱中生活：“毒刑折磨的恐怖气氛，笼罩着黑沉沉的牢房。狱中米饭的霉味，便桶的臭味，刑伤溃烂的腥味，充满了牢房狭窄的小小空间。”在这么压抑恶劣的环境中，杨益言还遭受了“老虎凳”等酷刑的折磨，却始终没有放弃自己作为革命者的气节。他在狱中参加了为新四军战士龙光章被害致死的抗暴绝食等一系列斗争活动，并结识了一批在狱外不可能结识的共产党人。对于 23 岁的杨益言来说，从这些共产党人身上学习到的智慧、勇敢和崇高气节，是他一辈子也使用不完的精神财富，铸造了一个革命者永不消褪的宝贵本色！

1949 年春夏之交，营救张学良、杨虎城和释放羁押在中美合作所集中营里的政治犯的呼声在社会上形成了高潮。在重庆，国民党西南长官公署主任张群成为众矢之的，不得不站出来表态：“只要没有证据，就放人！”在这样的背景下，杨益言等几十位革命者通过社会关系被保释出狱，走出了这座人间魔窟。

出狱后的杨益言迎来了 1949 年 11 月 30 日的重庆解放。然而，杨益言的一腔欢喜很快就因为惊悉国民党特务在渣滓洞制造的大屠杀而转化为无比的震惊和愤怒。对敌人的仇恨和对死难难友的哀念，让他在重庆解放后的第二天就拿起笔来，赶写了一篇《我从集中营出来》。该文于 12 月 4 日起在重庆《国民公报》上连载，成为重庆解放后控诉中美合作所集中营监狱残暴与屠杀的第一篇檄文，真实、具体地揭开了那里国民党特务的滔天罪行，在重庆市民中产生了重大影响，激起了人们对国民党反动派更加强烈的愤怒声讨。从这篇文章开始，杨益言走上了传播红岩精神，纪念红岩烈士事迹的笔墨生涯，在他 2017 年故去之时，悬挂的挽联横幅醒目地写着四个大字："红岩之子"！

为了"把这里的斗争告诉后代"，罗广斌、杨益言等许多在白公馆和渣滓洞劫后余生的共产党人拿起笔来，记下了这段自己亲历的惊心动魄的斗争生活，这些文章都为之后《红岩》的创作奠定了坚实的基础。

《红岩》的创作历程

1958 年 11 月的一天，时任中国青年出版社党组书记、社长兼总编辑的朱语今和编辑王维玲从北京来到重庆，找到了时任共青团重庆市委办公室主任的杨益言，称他们是专门来找杨益言、罗广斌和刘德彬（1949 年 11 月 27 日从渣滓洞脱险，与罗、杨二人合作写了许多关于中美合作所集中营的文学作品，是《红岩》的雏形作品《在烈火中永生》的作者之一，后不再参与《红岩》第二稿撰写及以后的修改定稿的工作，也未获得《红岩》的署名权）的，因为他们看到了三人所写的《江姐》《小萝卜头》《挺进报》等革命回忆录的报道，希望他们创造一部以白公馆和渣滓洞的革命斗争故事为题材的长篇小说。

当时，罗广斌和刘德彬正在长寿湖农场劳动锻炼，后与重庆市委协商后，同意罗广斌和杨益言两人去写，同时，指定中共重庆市委组织部部长肖泽宽组织领导罗广斌和杨益言的小说创作，还为二人能够专心写作批了数月的创作假。

虽然罗、杨二人之前写过不少的革命回忆录，但对于创作这么一部鸿篇巨制的长篇革命小说还是缺乏经验。《红岩》后来的责任编辑张羽就记录了他与罗、杨二人初次见面时的一段对话："次日清晨，我到他们的住处去访问，看到罗、杨二人正关在楼房尽头的一间狭长房间里紧张地工作。他们把已写好的章节给我看，罗广斌谦虚地说：'我们本来不会写小说。可是想起死难烈士的遗言，‘只要这里能有一个人活着出去，就一定要把这座人间地狱的真实情况告诉全国人民！告诉人们，我们是怎样和蒋匪帮进行斗争的’，我们的心就不能平静。’罗广斌说：‘他们见我们年轻，就把自己的所见所闻、亲历的事详细地告诉了我们。我们是幸存者，有责任完成他们的委托。虽然我们不会写，但也要学着写。本来是想写点材料给专业作家写作时作为参考，但没有人承担，只好由我们执笔了。看来，做报告还容易，一动笔才知道比我们早先设想的要复杂得多。新的困难又需要我们去解决。’”

为了能更好地完成创作，罗、杨二人在不断磨炼自己写作功底的同时，已不满足于已掌握的基本素材，并不断充实和提高自己对于这段历史的理解。他们对狱中革命烈士的思想和事迹比较熟悉，但对国民党敌特人员，特别是敌特上层人物了解不多，也感受不深。为了做到对敌我双方都有一个全面的理解，在肖泽宽的支持下，两人获批到公安部门查看有关的敌特档案，提审在押的敌特分子，还翻阅了一整套跨度长达 15 年之久的特务日记。这使罗、杨对特务内部互相倾轧的矛盾变化，以及各种人物的不同嘴脸有了更深刻的认识，也使他们后来得以成功地塑造出几个高层军统大特务的形象。

另外，他们还走访和了解了一些四川、重庆地下党的老同志，并把他们的故事和人物形象融入小说中来。张羽记录了他见到后来小说中大名鼎鼎的“双枪老太婆”的情况：“下午，我到重庆文联访问了陈联诗同志。这位饱经风霜、面容憔悴的传奇人物在会客室里彬彬有礼地接待了我，她把她写的 20 万字回忆录交给了我。晚上，我和罗广斌谈起陈联诗的回忆录，引起了他的强烈兴趣，他要我迟半天寄往北京，让他当晚先翻阅一下。罗广斌后来在信中告诉我，陈联诗就是他在小说中创造的‘双枪老太婆’的原型。回想起来，这位面庞清瘦，看上去质朴、文弱的老人，原来竟是当年华蓥山地区神出鬼没、威震敌胆的中华英杰。”

《红岩》书名的确定也有着一段故事。小说开始的名字是《禁锢的世界》，体现了作者站在被囚禁者的视角，以纪实描写狱中生活为主的思路。而最后更名为《红岩》，是因为重庆的红岩村（或叫红岩嘴）曾经是党中央代表团住过的地方，毛泽东在重庆谈判时也住在这里。取名《红岩》，就意味着这本书旨在揭示一场在中国共产党的领导下，大后方人民和国民党反动派展开的殊死斗争。党的光辉指引着人民，经过艰苦奋斗夺取了这场斗争的最终胜利，而牺牲的烈士就是他们的光荣代表。

张羽认为，小说定名《红岩》从宏观上为本书起到了高屋建瓴、画龙点睛的作用。“《红岩》的定名，为他们（作者）前一阶段的苦苦探索，找到了明确的方向，找到了作品的立足点和前进的出发点。使他们明确了在那些亲历过的监狱生活中，应该写什么，怎样写？不是客观地‘写真实’，而应该发抒战斗的‘红岩精神’，去写生活中最有意义的东西。为了教育年青一代，为了时代的需要、社会的需要、50年代被颂扬的进取精神的需要，汲取生活中积极的、崇高的、向上的内容，塑造出英雄人物的形象，从而激励人们去战斗。这一切，正如罗广斌后来谈创作思想时所一语道破的，‘材料多少，都是量的变化，而思想高低，才起了质的变化’。”

就这样，经过不断充实自己和素材，罗广斌和杨益言前后费时三年之久，写了三百多万字的稿子，彻底返工过三次，大改过五六次，终于在1961年12月定稿，并由中国青年出版社正式出版发行。

人物角色背后的故事

《红岩》的故事来源于被关押在中美合作所集中营的革命者们的真实经历，小说成功塑造了一大批极有个性特色的人物形象，里面既有在信仰上无比坚定的革命者，也有贪婪狡诈、色厉内荏的特务，如此众多的人物写得并不雷同，更不脸谱化，这是极为困难的，以至于许多《红岩》的读者认为里面写的都是真人真事。事实上，这部作品经过了一个对事实集中、概括、典型化的创作过程。杨益言后来说过：“应该说，这部作品所描写的环境、人物、事件，在历史上确实是有过的，是真实的；但同时也应该说，实际生活中许多人和事，往往不那么集中，不那么连贯，因此，在创作时就不能不有所集中、概括，这样加工的结果，小说中出现的人和事必然就和历史上的人和事有所不同了。”

因此，小说中的许多人和事都是在原型的基础上加工而成的。例如，小说核心人物之一的巾帼英雄“江姐”，就是以江竹筠为原型加工而成的，并在原型的基础上融合了许多革命者的形象和事迹。

1948年，江竹筠在她的丈夫、川东临委委员兼下川东地工委副书记彭咏梧壮烈牺牲后，继续留在老彭战斗过的地方，担任川东临委和下川东地区地下党组织的联络员。6 月，她被叛徒出卖后关进渣滓洞。江竹筠虽然只是一个身材瘦小、身高只有 1.45 米左右的女同志，却在狱中展现出了坚定的革命意志。提审那天，特务一早就把江竹筠拉到刑讯室里，用编成一排的竹筷子夹她的手指（小说中的情节改为用尖利的竹签插进江姐的十指），想逼她吐露情报，没想到她连续疼晕了三次，却什么都没招。直到傍晚时分，特务才把她架回牢房。难友们看着她血肉模糊的十指，情不自禁地喊出一声："江姐！"从那以后，难友们改口喊她"江姐"，对她充满了敬意。

《红岩》里江姐带着姐妹绣红旗的感人情节也有原型，只不过发生在男囚室，而提议者正是作者罗广斌。罗广斌是第一个得知中华人民共和国在北京成立的消息的，他激动地把这个消息带回给囚室的同志们，大家都欣喜若狂，整夜睡不着，议论着对新中国的无限憧憬，并讨论起那面从未见过的五星红旗的样式。这时，罗广斌突然提议要做一面五星红旗，将来扛着这面红旗冲出牢门去！

曾和罗广斌同关在一处的难友毛晓初回忆彼时的情景时说："当时听了罗广斌的建议后，大家马上都举双手赞成。老罗扯下他的红花被面（他被捕时带进监狱的），陈然拿出一件旧白布衬衣，拟作五星。当时大家还不知国旗上的五星是黄色的，我们以为星光是白色的，五星也就应该是白色的。另外，我们也不知五星如何排列，所以大家就悄悄议论，最后一致认为应当放在旗中央，形成圆圈。囚室内没有剪刀，也无针线，因此我们完全靠一把铁片磨成的小雕刀，你一刀、我一线地接连来完成这五颗星，然后再用剩饭黏在红绸上。经过通宵奋战，一面五星红旗终于做好了。罗广斌和陈然把红旗平平整整地放在囚房中间，大家围着红旗，低声欢呼，轻轻哼着国歌，又是跳，又是互相拥抱，那情景令人无法忘却……"

红旗制作好后，难友们把它藏在了牢房的一块楼板里面，罗广斌还一气呵成地创作了一首题为《我们也有一面五星红旗》的诗。重庆解放的第三天，罗广斌带领众人重回白公馆，在木板里取出了那面五星红旗，并把它交给了组织，这面红旗至今还保存在红岩革命历史博物馆。

在《红岩》中，还有一个人物时常会被人们讨论，那就是在最后越狱时牺牲的刘思扬。在小说问世后，知道罗广斌身世的人都猜测小说中刘思扬的原型就是他本人。事实上，刘思扬这个人物是作者苦心塑造出来的，他的原型主要来自刘国鋕（中共重庆沙磁区学运特支书记，1949年11月27日被杀害于歌乐山松林坡，时年28岁），但也吸收了王朴、蔡梦慰、杨成线，以及罗广斌本人的一些生活经历。《红岩》中刘思扬的不少细节，都取材于刘国鋕的生活经历。例如，小说中刘思扬写的就义诗就是刘国鋕写的；刘思扬在重庆住的那座公馆，就是刘国鋕住过的。在最后越狱时，刘思扬壮烈牺牲的描写，除了根据刘国鋕等人的真实经历以及艺术创作上的需要以外，还有作者罗广斌本人的苦心。他曾对编辑张扬说："刘思扬不能活着出来。如果让他活着，就会像《林海雪原》中的少剑波和作者曲波那样，好事者都要出来找那个活着的人，那就不知道要带来多少麻烦了。"因为在刘思扬身上，也有他自己的影子。

小说里令人恨之入骨的叛徒"甫志高"的原型则不是一个人，而是当时"《挺进报》事件"中叛徒的一个集合和缩影，其主要原型是任达哉、蒲华辅、冉益智、刘国定等人。其中，叛徒任达哉为第一个变节的叛徒，他的叛变成为整个重庆地下党组织遭到重大破坏的开始，却仍被视为"共党分子"关进渣滓洞，死于"11·27大屠杀"。而身居地下党要位的刘国定和冉益智则在被捕后双双叛变，为了讨好敌人，竟开始以出卖同志来争宠邀功，导致重庆乃至整个四川地区的地下党遭受严重破坏，可谓罪大恶极。中华人民共和国成立后，两人都难逃法网，于1951年被重庆市人民法院判处死刑。

叛徒蒲华辅则在被关进白公馆的10个多月里，虽然没有进一步出卖同志或参与特务工作，却也于1949年10月28日，与陈然、王朴等共10人一起被国民党特务押到大坪刑场公开枪杀了。

歌剧《江姐》的创作历程

《红岩》小说一出，洛阳纸贵，全国各地很快就出现了"《红岩》热"，被称为"黎明时刻的一首悲壮史诗""震撼人心的共产主义教科书"，在不到两年的时间里就多次重印累计达四百万册。其影响力很快传播到国外，在许多国家都获得了很高的评价。几乎同时，各种以《红岩》人物、题材进行再创作的艺术形式也不断出现，从各种新的角度演绎着这段可歌可泣的故事，包括电影、话剧、歌剧、快板、评弹、连环画以及较晚出现的电视连续剧等。

其中，歌剧《江姐》可以说是诸多《红岩》改编作品中的一个艺术巅峰。1962年初，空政文工团的青年编剧阎肃看完小说《红岩》后，被里面的角色江姐深深感动。当时，由他编剧，羊鸣、姜春阳作曲，陈沙导演的独幕歌剧《刘四姐》公演后很受观众的欢迎，于是阎肃向创作团队提议，要把江姐的故事编成新的歌剧。

大家说干就干，阎肃18天就写出了《江姐》剧本的初稿，创作团队三次入四川采风，把四川的相关戏曲和曲艺形式融入和汇集到了作品中。然而，剧本一审并不顺利。

虽然这一挫折对他们打击不小，但大家并不气馁，坚信像江姐这样生动丰富的人物和感人至深的故事一定会成功。又经过将近一年时间对川剧、婺剧、越剧、杭剧、沪剧、四川扬琴、清音、杭州滩簧等地方戏曲和民间音乐的系统学习，对江姐外柔内刚、临危不惧、视死如归的人物性格的反复揣摩，他终于找到了塑造江姐的音乐之魂，再次向领导的汇报也大获成功。羊鸣回忆说："剧本改到最后，连我们院里的大师傅和面时听着都感动了，他们在厨房一边干活儿一边轻声地哼唱着，院子里小孩跳皮筋时也在不时地唱着。这时我们考虑，可以出成品了，歌剧《江姐》的整部剧就这样出炉了！"

1964年，阎肃和歌剧《江姐》剧组受到毛泽东的亲切接见

歌剧《江姐》受到了当时的空军司令员刘亚楼上将的高度重视，他一再强调文章不厌千回改，艺术就是要精益求精，对于《江姐》的剧本和唱词提出了许多切实的修改意见。其中，那首脍炙人口的主题歌《红梅赞》就是在刘亚楼的要求和指导下创作完成的。据阎肃回忆，剧本初稿中没有主题歌，可有一天刘亚楼说道："人家歌剧都有主题歌，《江姐》也要想办法写一首主题歌加进去。"

按照刘亚楼的意见，阎肃写了好几遍主题歌的歌词，但刘亚楼都不满意，认为歌词一听就是男同志唱的，一定要写一个适合女同志唱的。一天，阎肃突然想起自己曾受人之托写了首关于梅花的歌词，取名《红梅赞》，虽与《江姐》的故事远了点，但傲雪迎霜、铁骨柔肠的红梅精神又像极了江姐，于是就送到了刘亚楼那里，并为他朗诵起来："红岩上红梅开，千里冰霜脚下踩，三九严寒何所惧，一片丹心向阳开……"刘亚楼听完一拍桌子："这个好啊，就是它，定了！"

词确定了，还要谱曲。刘亚楼亲自把关，曲作者羊鸣先后写了 8 个不同版本，改了 20 多遍才定稿，但仍不放心，不知道能不能流行。不过后来羊鸣回忆说："定稿不久，空政文工团驻地的大院里，演员唱、孩子唱，男女老少都在唱，这样我们心里才有了底，这首歌以后肯定会流行！"

就这样，刘亚楼亲手抓主题歌，剧组上下精雕细琢，终于使《江姐》成为一部经得起岁月考验的优秀作品。1996 年，在谈及歌剧《江姐》时，阎肃说："我始终是怀着深深的敬意，感激、怀念我们的这位司令员的，他是那样热情，那样炽烈地爱护、扶持歌剧《江姐》，那样鲜明、强烈、无微不至地关怀和支持文艺工作。"

1964 年 9 月 4 日，经过两年锤炼的歌剧《江姐》在北京儿童剧场首次公演，大获成功，口碑不胫而走。10 月 13 日晚，毛泽东在周恩来、朱德、董必武、贺龙、陈毅、徐向前、聂荣臻、杨尚昆、陆定一、罗瑞卿等陪同下观看了《江姐》，也被戏中的情节深深吸引，不时鼓掌。演出结束后，毛泽东登台接见全体演出人员时说："我看你们的歌剧打响了，你们可以走遍全国，到处演出了。"后来，毛泽东还在中南海接见了阎肃，夸他《江姐》写得很好，还送了他一套精装的《毛泽东选集》。

随后，歌剧《江姐》开始走出北京，迅速红遍全国。从 1964 年 11 月 19

日至翌年初，仅在上海就演出了43场，场场爆满，观众达7万多人。据说，上海还一度流行起了江姐的发式和服装。当时全国很多剧团都同时上演《江姐》，创造了中国戏剧史上的一个奇迹。

电影《在烈火中永生》的创作历程

相比歌剧《江姐》和其他的艺术形式，《红岩》的电影改编作品却姗姗来迟。这并非电影工作者的拖延滞后，而是在它的创作过程中出现了太多的周折与坎坷。

1961年底，因病住院的电影演员于蓝偶然读到了在《中国青年报》上连载的小说《红岩》，当即就被深深吸引，还忍不住激动地讲给同室的病友听。在讲述的过程中，于蓝发现：小说的阅读范围毕竟有限，应该把这些革命先烈的形象搬上银幕，让更多的人特别是青少年一代了解这段历史，感受到美好生活的来之不易。一出院，她便马上开始筹备此事，并很快得到了领导的支持，决定由她和导演水华、副导演欧阳红樱一起改编剧本。后来，欧阳红樱被厂里委派去和崔嵬联合导演《小兵张嘎》，于蓝便替代其副导演的职责，协助水华开展筹拍工作。

1962年夏天，导演水华带着《红岩》的作者罗广斌、杨益言和刘德彬在北戴河的北影招待所开始了电影文学剧本初稿的写作。冬天，水华和于蓝等人又在罗广斌的联系下赴重庆等地与这段历史中相关的幸存革命者以及在押的敌特人员等接触，收集整理出了30多万字资料，对后来影片的拍摄起了重要帮助作用。

但是，经过一年的努力，剧本创作却并不顺利。不得已，于蓝只好代表北京电影制片厂去请著名剧作家夏衍出山帮忙。夏衍听完于蓝的汇报，立刻问道："你们为什么不写江姐？江姐的经历多么感人，她有丈夫，有孩子，而丈夫牺牲了，她又被捕了，她的遭遇是感人的，老百姓会关心她的命运的！"之后不到一周，夏衍就拿出了文学剧本，采用"立主脑、减头绪"的方法，选择以江姐为主线来结构全剧，尽可能将原著与前几稿剧本中的精彩亮点吸收组合起来，使得剧情更加明快和丰富。

水华看了夏衍写的本子后大为赞赏，决定马上投拍，于是开始选定演员。

片中江姐一角不用说由于蓝出演，而其他角色也很快有了人选，只是许云峰一角迟迟未定。在水华连续否定掉一些人选后，于蓝建议由赵丹来演，可这次水华却还是有顾虑："许云峰在剧中不是绝对的主角，他肯吗？"当时作为影坛著名演员的赵丹在每部影片中都是绝对的领衔主演，而将拍的《红岩》表现的是一个革命群体，许云峰确实不是唯一的主角。但赵丹听说之后却毫不犹豫地同意了。

在接下来的电影拍摄过程中，拍摄组的精兵强将都发挥了最佳的水平。于蓝为了集中精力把江姐演好，在水华的提议下把副导演让给担任场记的赵元，排除杂念，真实感人地塑造出了江姐"温柔的女性，坚强的战士"的英雄形象，从而攀登上表演艺术的新高度。多年之后她还充满感激地说："亏得导演对我的了解和提醒，我真感谢水华及时把我推向角色的准备。"

而赵丹饰演的许云峰同样出色。他是出名的"戏痴"，拍戏非常投入，为了塑造好这个角色，曾多次参观渣滓洞、白公馆，现场体验英雄在这种恶劣的环境下，面对敌人展现的那种大无畏的精神。他在《许云峰形象的创造》一文中写道："当我每次听讲解员同志讲到江姐被特务残酷地用竹签子插进她的十个指头时，我的泪和恨凝结成一股誓为她报仇的意志；当又听到杨虎城将军一家大小惨遭杀害的情境时：大儿子才十几岁，小儿子才七八岁，那些特务们，对着跪在地上向他们苦苦求饶的两个孩子，用尺把长的锋利匕首先朝一个孩子胸膛直戳到背后，再从一个小孩子的背后直穿到前胸膛。天呀！我实在受不住这种刺激了！我几乎疼得晕了过去！记得在那些日子里，夜夜都被噩梦惊醒，我梦见自己又被关在新疆的监狱里，梦见了蛇，梦见火……久久失眠，不能复睡。"正是这种卓越的感悟力和他在新疆监狱被关押过的生活体验，使得赵丹所饰演的许云峰有强烈的真实感，既有内在的英雄气概，又有平易近人的亲切感。后来，许云峰也成了许多专家眼中演得最不"过火""舞台化"痕迹最少的一个角色。

除了优秀的演员，导演水华也对这部电影的成功功不可没。在拍摄之初，他就把电影定位为"一首以革命现实主义为基调的含有革命浪漫色彩的壮烈颂歌"，在拍摄中他避开豪言壮语式的表现，注重生活细节的挖掘，通过细节处理来展现片中英雄的真挚情感和精神风貌。水华在正面人物与反面人物处理上也别具匠心，他没有将镜头完全集中在英雄许云峰身上，而是较多地放在了特务头子徐鹏飞身上，通过两人的对比，衬托出许云峰的沉着机智和英勇崇高。这种以少胜多、反衬的手法，将正反两个人物刻画得栩栩如生，令人难忘。

1964 年 12 月，经过大家的忘我努力和精诚合作，电影《红岩》终于拍完了最后一个镜头。电影样片经当时负责宣传和文化工作的周扬、林默涵审看后予以很高的肯定，正准备进入后期工作时，江青突然提出调看此片，并在看完后把此片批得一无是处。江青的表态让北京电影制片厂的领导和电影主创人员大为紧张，感觉影片凶多吉少。不得已，大家找到周恩来的秘书许明，希望请周恩来帮大家看看到底应该怎样看待这部影片。百忙之中的周恩来对此非常重视，当即与邓颖超和文化部的领导一起过来观看了样片。放片时，周恩来看得非常认真，当他看到片中龙光华给江姐送水遭狱中看守长“猫头鹰”开枪射击牺牲时，“唉”了一声，小声地说：“很感人嘛！”

看完片子，周恩来对电影给予了充分肯定，同时也提出了一些中肯的意见。周恩来还研究了这部影片该叫什么名字，帮影片定名为《烈火中永生》。最后，周恩来还温和地笑着对创作人员说：“现在支持的人不少了！你们赢得了观众！”周恩来的肯定与关怀让大家心里有了底。经过部分修改，影片《烈火中永生》终于在 1965 年夏得以上映，受到全国观众的高度赞赏。为了扩大影响，1966 年春，北京电影制片厂还将此片送到日本放映，并受到了日本观众的好评。

直到今日，《红岩》中的江姐、许云峰、成岗、华子良、双枪老太婆以及小萝卜头等人物形象，还活在千千万万人民的心中，2019 年 9 月 23 日，《红岩》入选“新中国 70 年 70 部长篇小说典藏”。伟大的“红岩精神”也和红岩故事一起青史留名！

一曲感天动地的英雄赞歌
——魏巍与《谁是最可爱的人》

陈　辉

2020年10月25日，是中国人民志愿军抗美援朝出国作战70周年纪念日。习近平总书记在纪念中国人民志愿军抗美援朝出国作战70周年大会上发表重要讲话指出：“抗美援朝战争伟大胜利，是中国人民站起来后屹立于世界东方的宣言书，是中华民族走向伟大复兴的重要里程碑，对中国和世界都有着重大而深远的意义。”

回顾伟大的抗美援朝战争，领会习近平总书记的重要讲话，使笔者联想起那篇脍炙人口的战地散文《谁是最可爱的人》；想起了与作者魏巍老前辈的交往；想起了《谁是最可爱的人》背后的故事。

著名作家魏巍

1988年8月的一天，笔者的老领导、新华社北京军区记者站站长赵苏把笔者引见给北京军区政治部顾问、著名作家魏巍：“这是我们新来的记者陈辉。”

“你也叫陈辉，我认识一位陈辉，是诗人，可惜牺牲了！”魏老说。

魏老所说的陈辉是抗战时期牺牲的我军一位颇有才华的诗人，英年早逝。魏老在陈辉牺牲60周年时中国作协主办的英雄诗人陈辉学术讨论会上，专门作了《纪念英雄诗人陈辉壮烈牺牲六十周年》的发言，对英雄倍加怀念和崇敬。

从此，笔者与魏老建立了忘年交。由于与魏老的特殊关系，使笔者对魏老那篇遐迩闻名的战地散文《谁是最可爱的人》背后的故事有了更加详细的了解。

魏巍原名魏鸿杰，1920 年 3 月 6 日，出生在河南郑州一个城市贫民家庭。魏巍少年入平民小学，后就读乡村简易师范，15 岁父母双亡，靠誊写为生。

1937 年 12 月，17 岁的魏巍从郑州只身赴山西赵城县投入八路军第一一五师军政干部学校，该校后来并入八路军总部随营学校，1938 年随营学校并入延安抗日军政大学，魏巍为第 3 期学员，同年 4 月加入中国共产党。多年后，魏巍回忆抗大岁月，感慨地说："延安的生活，决定了我的一生。"

1939 年，魏巍从抗大毕业后，被分配到晋察冀敌后抗日根据地。在晋察冀军区第一军分区第一团第一营担任教育干事。抗日战争时期，魏巍随部队转战保定、易县、完县（今顺平县）、满城、徐水、涞水、涞源、张家口、集宁等地，参加了百团大战、黄土岭战斗、反"扫荡"斗争等许多战役、战斗。

解放战争时期，魏巍在晋察冀野战军第三纵队担任教育科科长，后来又到晋察冀军区七分区政治部任宣传科科长，参加了解放华北的正台战役、保定阻击战、大同战役和平津战役。

抗战时期、解放战争时期，魏巍始终在战斗部队任职，在战火中成长，在战斗中进步，在与一线官兵的朝夕相处中结下了浓浓的战友情，为他后来采写《谁是最可爱的人》奠定了思想基础和生活基础。

1949 年 4 月，魏巍被任命为晋察冀野战军骑兵第六师第十六骑兵团政委。魏巍率领骑兵团进军陕西、宁夏，参加了解放大西北和剿匪斗争。魏巍用马刀书写了在作战部队最后的辉煌，完成了他在作战部队的人生经历。

1950 年 5 月，魏巍调到总政治部学校教育科任副科长、创作室副主任。从此，魏巍离开了作战部队，始终在总部和战区工作，走上了专业作家和文艺战线领导的岗位。

采写《谁是最可爱的人》背后的故事

纪念中国人民志愿军抗美援朝出国作战 50 周年前夕，笔者又一次来到风景秀丽的北京西山，在半山腰的一个小院中，见到了 80 岁高龄的魏老。

因为与魏老已经很熟悉了，没有更多的寒暄，笔者的采访直接进入主题。

“魏老您写《谁是最可爱的人》的时候，许多人都以为您是朝鲜前线的军事记者，您能给我详细谈谈《谁是最可爱的人》的产生经过吗？”

笔者的提问把魏老又引向了那炮火纷飞的战场，他像拉家常一样向我叙说了《谁是最可爱的人》产生的经过和许多鲜为人知的往事：

我不是记者。抗美援朝战争爆发前，我在骑兵第六师第十六团任政委，1950 年 5 月从西北剿匪前线奉命调到总政治部学校教育科任副科长。当年 12 月中旬和新华社的同志一同赴朝鲜碧潼战俘营调查美军战俘情况，当时我 31 岁，完成调查任务后，给总政写了一份报告。在志愿军里，我目睹了许多惊天动地和感人肺腑的事情，于是，我要求留下来进行了 3 个月的战地采访。

抗美援朝第二次战役，志愿军第三十八军第一一二师担负穿插任务，他们成功地穿插到三所里、龙源里、松骨峰，切断了敌人的后路。南逃之敌为了夺回生路，拼命地向第一一二师扑来；北援的敌人为了接应南逃的溃军，也疯狂地扑向第一一二师。面对人数众多、装备优良的美军，第一一二师承受了最大的战场压力，整个战场杀得天昏地暗、血肉横飞。

松骨峰是美军争夺的要点，在这里守卫的是第一一二师第三三五团第一营三连，他们在这里打出了最悲壮的一仗。

美军集中了 32 架飞机，18 辆坦克，几十门榴弹炮和千余步兵向三连进攻。三连阵地一片火海，最能体现“最可爱的人”的壮举出现了。

一发汽油弹落在战士邢玉堂跟前，他被一团大火吞没，抱着枪连打数滚，大火不灭。临死前，他冲向敌阵，刺倒几个惊慌失措的敌人后，死死抱住一个敌人的脖子，咬着敌人的耳朵，滚下山去，用身上的火焰把敌人活活烧死。

连长戴如义杀红了眼，他用刺刀连捅死几个敌人，左腿被炸断了，仍顽强指挥杀敌，后中弹牺牲。

指导员杨少成的子弹打光了，端着刺刀冲向敌人，一个美国兵抱住他的腰，他用手榴弹砸碎了这个家伙的脑瓜，又有六七个敌人围住他，他临危不惧，拉响了手榴弹，与敌人同归于尽。

副班长井玉琢全身被汽油弹烧着，他像一条火箭射向敌群，抱着美国兵滚下山去……

三连伤亡惨重，炊事员、通讯员都参加了战斗。排长牺牲了，班长主动代理；班长牺牲了，战士主动接替。最后三连阵地上仅剩下 7 个人，仍顽强地坚守着阵地，击退了敌人的进攻。

师指挥所听到三连在松骨峰的壮举时，所有在场的同志都肃然默立，流出了眼泪。战斗结束后，第一一二师师长杨大易去了三连阵地，他看到了令其一生难忘的场面：阵地前沿堆满了几百具美军尸体和打乱摔碎的枪支。牺牲的三连官兵，有的紧紧抓住敌人的机枪，有的手中的手榴弹沾满了美军的脑浆，有的嘴里衔着敌人的半块耳朵……战士邢玉堂、二排副排长王健候身上的余火还在燃烧着，他俩的身子压着敌尸，牙齿和指甲深深地嵌进敌人的皮肉里……事后，杨大易将三连阵地的情况告诉了前来采访的魏巍，又陪同他重返三连阵地。

魏老说，他当时要找幸存的三连官兵采访战斗的经过，但全连除牺牲和重伤送往医院的，只剩下一名通讯员。后来，他找到了第一营营长王宿启，王营长对他说，三连的阵地就在营部下面，整个战斗他看得一清二楚，最后美军飞机投下汽油弹，他看到 10 多名战士像一条条火龙扑向美军，滚下山崖。《谁是最可爱的人》中的战斗场面都是王营长流着泪述说的。

"《谁是最可爱的人》是您在朝鲜完成的吗？"

"不是。"魏老回答。

本文作者陈辉与魏巍合影

1951 年 2 月，魏老完成了 3 个月的朝鲜采访，回国后便奉命到《解放军文艺》任副总编。他开始抓紧时间写在朝鲜的见闻和感受，特别是松骨峰战斗的场面始终在他脑海中闪现，激励着他不得不动笔。

"'谁是最可爱的人'

这个题目不是硬想出来的，而是在朝鲜战场上激动的情况下从心里跳出来的，从情感的浪潮中蹦出来的。我能写出《谁是最可爱的人》，最基本的原因是我们战士的英雄气概，他们的英雄事迹是这样的伟大，这样的感人，把我完全感动了。”魏老述说这些当年的往事时，仍显得很激动。

“在写作中，我从 20 多个最为生动的故事中几经推敲、删减，最后选定了 3 个最能表现本质的典型事例。由于感受深刻，下笔时十分顺畅，一气呵成，一天多就完成了。”

“稿子写好后，我交给《解放军文艺》主编宋之的征求意见，他看后首先被感动了，当即说：‘马上送《人民日报》！’《人民日报》社长邓拓看了这篇文章十分激动：‘好几年没有见到这样的好文章了。它表达了我们这个时代对志愿军战士最崇高的奖赏’。于是，他破例决定将此文放在《人民日报》头版社论位置发表。”

领袖称赞《谁是最可爱的人》

1951 年 4 月 11 日，《人民日报》发表了《谁是最可爱的人》，立即引起读者的共鸣，在全国产生强烈反响。

朱德读了这篇文章连声称赞：“写得好！很好！”

毛泽东读后，立即指示：“印发全军！”

后来，周恩来在 1953 年召开的第二次文代会上的报告中说：“我们就是要写工农兵中的优秀人物，写他们中间的理想人物。魏巍同志所写的《谁是最可爱的人》，就是这种类型的歌颂。它感动了千百万读者，鼓舞了前方的战士。我们就是要刻画这些典型人物来推动社会前进……”讲到这里，周恩来突然停顿下来，向台下问道：“魏巍同志来了没有？请站起来，我要认识一下这位朋友。”周恩来用目光扫视着会场。

魏巍没想到周恩来会突然叫自己的名字，从座位上站了起来。

“我感谢你为我们子弟兵起了个‘最可爱的人’这样一个称号。”周恩来对站起来的魏巍说。

“你过去在哪里工作？”周恩来又亲切地问魏巍。

魏巍作了回答。周恩来笑着说：“好，请坐。”

几十年过去了，魏老提起这段往事，仍深情地说：“那是对我最大的鼓励。”

《谁是最可爱的人》发表后，以强烈的爱国主义和国际主义精神鼓舞了前方将士的斗志，推动了后方人民的支前热潮。从此，“最可爱的人”叫响中华，深入人民的心里，成为志愿军最亲切的称呼。

《谁是最可爱的人》被收入了中学语文课本，并被翻译为多种文字在国外出版，被誉为中国当代文学史上的一座里程碑。如今，《谁是最可爱的人》已由魏老生前亲笔书写，镶刻在丹东抗美援朝纪念馆的山坡上，成为我们民族的精神瑰宝。

魏老一生经历了四大战争：抗日战争、解放战争、抗美援朝战争和援越抗美战争。魏老经历的最后一次战争，很少有人知道。为此，笔者请魏老讲述了内幕。

1965 年，美国侵略越南战争升级，大肆轰炸越南北方，周恩来点名巴金和魏巍首批赴越南采访。据说，周恩来点将巴金和魏巍是有原因的，因为他俩都写出了抗美援朝的传世之作，巴金的小说《团圆》改编成电影《英雄儿女》后，遐迩闻名；魏巍的散文《谁是最可爱的人》轰动中华。

魏老说，他在越南受到胡志明主席的接见，要求到前线去，得到了胡主席的同意。魏老走遍战火中的越南，南至 17 度线，北至奠边府，他历时 3 个月，行程 4000 多公里，遍访越南北方燃烧的土地和英雄的人民，写出了越南战地报告系列——《人民战争花最红》，记载了那场震撼世界的越南战争。

魏巍曾自豪地说：“第二次世界大战后，发生在东方的两次最大的战争——抗美援朝，抗美援越，我都参加了！”

志愿军“活烈士”

《谁是最可爱的人》发表几十年后，又出现了“活烈士”，在社会上引起了巨大震动。而笔者亲自经历了“活烈士”产生的经过，并陪同“活烈士”井玉琢拜会过魏老。

《谁是最可爱的人》一文中共提到了 13 位烈士的名字，由于当时战场的特殊情况，谁生谁死很难了解清楚。后来，出现了三名“活烈士”。

1990年8月初的一天，老领导赵苏对笔者说，魏老所写的《谁是最可爱的人》一文中的烈士李玉安还活着，来老部队送小儿子参军，想见一见魏老。

接着，赵苏讲了李玉安“出山”的经过：赵苏在李玉安所在部队工作过，那天他也接到原志愿军第三三五团，后来的北京军区某机械化步兵团来的电话：“《谁是最可爱的人》中的‘烈士’李玉安还活着，为儿子当兵的事回部队来了。他想见见魏老，您能否帮助联系一下？”赵苏一听很吃惊，觉得这是一个奇迹，为了慎重起见，他让对方把情况说得详细一点。

“一位农民打扮的老人找到团里，说他叫李玉安，有残疾证，并带着载有《谁是最可爱的人》的小学课本，他说为小儿子当兵的事才到团里来的。我们很慎重，让当年参加抗美援朝的军史办主任李淼生接待了他。李主任看了残疾证和李玉安胸前的伤疤，仔细听老人谈了当年松骨峰战斗的经历和他负伤后的情况，确定他就是当年第三三五团三连副班长李玉安。”赵苏不再怀疑了，答应马上帮助联系魏老与李玉安会见。

赵苏打电话把这一情况告诉了魏老，后来魏老说：“听到这一消息，我很吃惊，很想马上见到李玉安同志，了解他的不平凡经历。过了几天，赵苏就陪李玉安同志来到了我家。”

8月17日，赵苏陪同李玉安来到魏老家。魏巍端详着眼前这位身着中山装、满腮白胡茬的老人，惊喜地说：“李玉安同志，想不到您还活着！”李玉安激动地说：“活着，活着，这不来看您来啦！”两位老战士的手紧紧地握在了一起。

李玉安向魏老讲述了当年在朝鲜战场负伤后的情景。当时李玉安胸部受了重伤，昏迷六七个小时后，被朝鲜人民军的一名司号员救下了阵地，3天后由友邻部队送往野战医院，做了开胸手术，才幸免一死，后又转回国内治疗。伤愈后，因残复员到老家黑龙江省巴彦县兴隆镇，在粮库当了一名普通的工人，默默奉献了几十年。

“这么多年了，你为什么不来找我？为什么不来找老部队呢？”魏老对李玉安说。

“比起牺牲的战友我算幸运得多了，娶了老婆成了家，生活得不错了。这回要不是小儿子在家乡几次当兵没当成，我也不会回来麻烦老部队。”李玉安实在地说。

魏老对李玉安的奉献精神十分感慨，他说："李玉安是1946年参军的老兵了，在解放四平、天津和渡江作战中多次立功，但他从不以功臣自居，从不向人炫耀自己的功绩。复员到地方近40年，在普通的工作岗位上为国家作贡献。那时他月薪不足百元，要维持八口之家的生活，十分艰难。但他从没有向政府和老部队伸过手。他不仅在战场是'最可爱的人'，在和平时期也是'最可爱的人'。"

那次会见，魏老把一部精装的长篇小说《东方》和一部《魏巍散文集》送给他。书的扉页上写着："您永远是最可爱的人！"

陪同李玉安拜访魏老的赵苏将这激动人心的场面写成了消息《〈谁是最可爱的人〉中的"烈士"李玉安还活着，默默为国家作贡献》的新闻稿，新华社播发后，被全国20多家报纸采用，连朝鲜的《劳动新闻》也刊载了这一消息，使《谁是最可爱的人》在事隔近40年后，又在中朝引起轰动效应。纪念中国人民志愿军赴朝参战40周年之际，李玉安作为中国人民友好代表团的一员，应邀到朝鲜访问。访问期间，朝鲜金日成主席签署朝鲜中央人民委员会政令，授予李玉安"一级国旗勋章"。

从那以后，魏老和李玉安始终保持着密切的往来。1997年2月10日，李玉安临终之前，托家人在他死后给魏老打个招呼，让他不要伤心。魏老对李玉安的去世非常悲痛，专门写了《为李玉安送行》的悼念文章，刊登在1997年第4期《中流》杂志上。

李玉安"出山"后，《谁是最可爱的人》中的另一位"活烈士"井玉琢也"出山"了。他与李玉安几乎有着相同的经历，也是在战场上昏迷，被人抢救回国治疗，复员后回到家乡黑龙江省七台河市，开始当农民、保管员，后来当生产队长。他也是由赵苏引见与魏老相会的。

在井玉琢会见魏老之前，赵苏让笔者帮助把老英雄井玉琢安排在北京军区招待所。见到井玉琢后，笔者吃了一惊，老人的面部和颈部的皮肤都变了形，不言而喻这是美军汽油弹给老人留下的疤痕。

与井玉琢相见，魏老也动了感情，他看着井玉琢的累累伤痕，感慨万分，高度评价了他的奉献精神。后来魏老说："井玉琢的脸和脖子被美军汽油弹烧得变了形，牙齿也烧掉了，我看了心里很不好受，他为了祖国的利益把命都搭上了，但战争胜利了，对党和政府一无所求，像李玉安一样默默无闻地当了一名农民，拖着伤残之躯继续为人民作着贡献。”

说到这里，魏老感慨万分：“李玉安、井玉琢都是解放战争时期的老兵呀！都是有着许多战功的功臣呀！要不是为了祖国的利益，为了朝鲜人民的利益，为了世界和平，给他们一座金山，他们也不会去往美军的汽油弹里钻。相反，对于这样出生入死的英雄，给他们一座金山也不为过。但他们只要奉献不要金山，这就是志愿军英雄的价值观和人生观，这就是经得起时代考验的‘最可爱的人’。”

第三位“活烈士”叫胡传久，遗憾的是他未能与魏老见面就病逝了。胡传久于1948年1月参加中国人民解放军，解放战争中立大功一次，二等功一次，他在松骨峰战斗中任三连五班班长，与美军进行肉搏战时，负重伤倒在血泊中。战后，他被兄弟部队发现抢救后，通过曲折的渠道转送到旅大市治疗。1952年伤愈后，胡传久被评为二等革命伤残军人，转业到大连市工业局工作，1985年9月因脑血栓去世。直到去世后，妻子在整理他的遗物时发现了一张发黄的《革命军人证书》，得知了他的英雄经历。《辽宁晚报》进行报道后，魏老得知了胡传久的情况。

魏老与胡传久生前未能见面，但他与胡传久的女儿胡继红建立了联系，并邀请胡继红到北京家里做客，热情地进行款待，表达了他对英雄的不了情。

笔者与魏老的接触中，还有一件非提不可的往事。笔者偶尔在北京市中学语文课本中看到《谁是最可爱的人》一文中没有了李玉安、井玉琢、胡传久的名字，便把这一情况告诉了魏老。他十分不安地说：“那是他们的荣誉，怎么能随便抹掉呢？”

后来，魏老和笔者商量，由笔者以他的名义执笔给北京市教育局去信，要求中学课文恢复三位“活烈士”的名字，但在课文后面加上注解，说明“活烈士”的幸存原因。很快北京市教育局给笔者回电话，同意魏老的意见，在新课本印刷时加注解恢复三位“活烈士”的名字。笔者将这一情况告诉了魏老，他连声说：“恢复了就好！恢复了就好！”通过这件小事，可以看出魏老对三位英雄的感情和负责态度。

除了三名“活烈士”，魏老在《谁是最可爱的人》中还提到了两名活着的英雄。

一个是文中提到的“小老虎”战斗英雄张立春。2006年，张立春离开人世，当时远在北京的魏巍打去电话，委托朝阳市政府代他向张立春敬献了花圈，并要求在挽联上写下：“你是最可爱的人！”

另一位是在敌机轰炸时，冒着生命危险，抢救朝鲜儿童的战士，名叫马玉祥。魏老和他保持着友谊。

1951 年，抗美援朝第四次战役后，魏老在一个松林中采访了马玉祥。一晃 20 多年过去了，1979 年魏老的妻子刘秋华拿着一封信，高兴地说：“马玉祥同志有消息了！”

原来，马玉祥在《解放军画报》上看到了魏老的照片，就立即给魏老写了信，托《解放军画报》转交，从此以后他们便书信不断。

1987 年，马玉祥从内蒙古来到北京西山，两位阔别多年的战友相见了，魏老握着马玉祥的手深情地说：“36 年前，我们在朝鲜山坡上那次见面，你脚上穿着一双胶鞋。那年我 31 岁，你才 21 岁，那时我说你像秋天田野里一株红高粱那样淳朴可爱，现在你还不老哇！”马玉祥激动地说：“今天看到你身体这么好，我心里特别高兴。这些年来，你为人民写了那么多反映我军英雄形象的好作品，人民感谢你呀！当过兵的，才能理解兵！当年，《谁是最可爱的人》使多少志愿军流了泪啊……”

第二年，魏老夫妇应邀到通辽回访了马玉祥。

魏老与《谁是最可爱的人》一文中，保持联系的另一个人是第三三五团第一营营长王宿启。王宿启离休前任伊春军分区司令员。

1992 年 8 月 1 日，是魏老难忘的日子，当时《谁是最可爱的人》中的幸存者李玉安、井玉琢、马玉祥、营长王宿启和魏老相聚在哈尔滨，他们把人间的生死之情、战友之谊也聚焦在哈尔滨，在人生中留下了跨越“死亡”的深情。

让红色基因焕发时代光芒

——《星火燎原》作为红色经典的样本价值

丁晓平

“欲知大道，必先为史。”

中国共产党的历史，本身就是生动的教科书，产生了许多可歌可泣、惊天动地的宏伟诗篇。毛泽东题写书名的《星火燎原》，是老一辈无产阶级革命家和革命前辈用鲜血和生命写就的革命战争回忆录，承载着我党我军的基因血脉，蕴含着伟大的革命精神，永远是我党我军的宝贵精神财富，是备受世人瞩目、家喻户晓的红色经典。

从20世纪50年代以来，《星火燎原》不断再版，受到广大读者的欢迎，充分说明重温红色经典已经成为人民群众的自觉行动，大家都有一个共同的目的，那就是要把红色基因一代代传承下去。

“记述中国革命战争的东方史诗”

一部《星火燎原》，半部中国革命史。革命战争年代的党史和军史相互融合，密不可分。《星火燎原》是“革命烈士鲜血、革命群众鲜血构成的一部书”，字里行间饱含着伟大的爱国主义精神和革命英雄主义精神，不仅回答了共和国为什么是红色的，也回答了“我从哪里来，我到哪里去”，还回答了“我是谁，依靠谁，为了谁”的问题。

始于1956年7月的《星火燎原》出版工作，是中央军委批准发起的“中国人民解放军三十年征文”活动的结晶，是一项功在千秋、彪炳史册的出版工程。除毛泽东题写书名外，朱德作序，周恩来、刘少奇、邓小平等党和国家领导人或题词或修改稿件，530多位开国将帅和省部级以上领导，数万名官兵、复转军人和地方党政干部踊跃撰稿。丛书自1958年第一卷推出以来，共出版了8个版本，先后被翻译成英、法、德、日等13种文字，在国内外发行近千万册，其中《朱德的扁担》《老山界》《记一辆纺车》等36篇文章被选入全国中小学课本，《红色娘子军》《党费》《潘虎》等被改编成电影或戏剧作品，影响了一代代读者，被誉为“用红宝石砌成的万里长城，记述中国革命战争的东方史诗”。

“述往事，思来者。”共和国是红色的，永远都不能淡化这个颜色。《星火燎原》承载着我们“走过的路”，是革命之书，是历史之书，是英雄之书。在《星火燎原》中，我们可以看到，千千万万革命将士听党指挥，矢志不渝，在挫折中愈加奋起，在困苦中勇往直前，铸就了拖不垮、打不烂、攻无不克、战无不胜的钢铁雄师。从《“八一”的枪声》到《伟大的会师》，从《三湾改编》到《古田会议前后》，从《遵义会议的光芒》到《红日照陕甘》，在风雨如磐的漫长革命道路上，我军将士讲得最多的一句话就是：“只要跟党走，一定能胜利。”历史实践已经证明并将继续证明，党对军队的绝对领导，为我军战胜强大敌人和艰难险阻提供了不竭力量，使我军始终保持着人民军队的本色和作风。正如习近平主席所说：“坚决听党指挥是强军之魂，必须毫不动摇坚持党对军队的绝对领导，任何时候任何情况下都坚决听党的话、跟党走。”

《星火燎原》堪称红色经典的另一原因，是因丛书的作者均为历史事件的亲历者和重大事件的见证者，这就形成了其质朴本真的白描式艺术风格。比如，杨得志在《强渡大渡河》一文中写道：“十六个名字叫完了，十六个勇士跨出队伍，排成新的队列。一个个神情严肃，虎彪彪的，都是二连优秀的干部和战士。”“跨出队伍”“虎彪彪”，这样的描述让渡河战士们的精神状态跃然纸上。在《星火燎原》中，如此鲜活生动、客观真实的描写俯拾皆是，散发着直抵人心的

《星火燎原》系列图书

艺术感染力。正如茅盾对《星火燎原》的评价："是历史，又是文学。"

蕴藏着中国革命胜利的密码

《星火燎原》是红色基因的宝库。人民军队90多年的奋斗历程，就是一部红色基因传承弘扬的光辉历史。一次次撼天动地的战斗、一篇篇惊天动地的故事、一个个感天动地的人物，不仅记载了我党我军波澜壮阔的革命史、艰苦卓绝的斗争史、可歌可泣的英雄史、锐意创新的发展史，还从一个侧面系统体现了中国共产党的井冈山精神、苏区精神、长征精神、延安精神、抗战精神和西柏坡精神，绘就了共产党人的精神底色，蕴藏着中国革命胜利的密码。

在《星火燎原》中，我们可以看到，英雄的人民军队在党领导的22年武装革命斗争中能打胜仗，以无往不胜的英雄气概、坚忍不拔的革命毅力、灵活机动的战略战术、英勇顽强的战斗作风，克服了各种难以想象的艰难困苦，打败了国内外异常凶恶的敌人，夺取了土地革命战争、抗日战争、解放战争的伟大胜利，推翻了压在中国人民头上的"三座大山"，以鲜血和生命为建立人民当家做主的新中国奠定了牢固根基，彻底扭转了中华民族近代以来落后挨打的被动局面。比如，《阻击在湘江之滨》《强渡大渡河》《飞夺泸定桥》的猛烈；《大刀向鬼子头上砍去》《血战闻家台》《黑山阻击战》的刚烈；《十二烈士山》《狼牙山上》《董存瑞》的壮烈。革命先烈"一不怕苦，二不怕死"的牺牲精神和敢于战斗、善于战斗的战斗精神，依然散发着时代光芒。

《星火燎原》告诉我们，人民军队之所以从小到大、从弱到强，人民军队之所以能打胜仗，其力量来自改革创新。只有不断改革创新，才能获得发展进步的生机活力，才能永远立于不败之地。什么时候墨守成规、照搬教条，什么时候就会被动挨打，甚至陷入绝境。从红军时期的"十六字诀"，到抗日战争时期的"持久战"，再到解放战争时期的"十大军事原则"，人民军队从战争中学习战争，从实践中探索规律，书写了创新制胜的生动史诗。

在《星火燎原》中，我们可以看到，素以纪律严明著称于世的人民军队作风优良，自创建之日起就把革命的坚定性、政治的自觉性、纪律的严肃性结合起来，统一意志、统一指挥、统一行动，千军万马有令必行、有禁必止，攻如猛虎、守如泰山。“加强纪律性，革命无不胜。”自力更生，艰苦奋斗，优良的作风，严明的纪律，是人民军队执行革命任务的保证，体现了人民军队的性质与宗旨，也正因此星星之火可以燎原。诞生于炮火硝烟中的“三大纪律八项注意”至今依然是人民军队的铁律。没有一种根基，比扎根于人民更坚实；没有一种力量，比来自群众更强大。与群众心相连、情相系，保持同群众的血肉联系，是党的性质和宗旨的体现。我们党有许多优势，根本的一条就是同人民群众保持血肉联系。人民军队来自人民、为了人民，始终与人民同呼吸、共命运、心连心，完全为人民奋斗，哪里有敌人，哪里有危难，哪里就有人民子弟兵。

《星火燎原》告诉我们，谁把人民放在心上，人民就把谁放在心上。“最后一碗米送去做军粮，最后一尺布送去做军装，最后一件老棉袄盖在担架上，最后一个亲骨肉送去上战场。”这首战争年代广为传唱的民谣，就是军民团结如一人的生动体现。今天，我们传承红色基因，就是要坚持和弘扬我军全心全意为人民服务的宗旨，坚持以人民为中心的发展思想，始终同人民想在一起、干在一起，始终要把人民放在心中最高的位置，始终把人民对美好生活的向往作为奋斗目标。

承载着中国共产党人的初心

不忘初心、牢记使命，是我们党永葆年轻的重要法宝，也是我们党绝对领导下的人民军队战无不胜的力量源泉。《星火燎原》记载着中国共产党人的初心，也记载着中国共产党人的使命。不忘本来才能开辟未来，善于继承才能更好创新。

革命理想高于天。人民军队之所以能够攻坚克难、战无不胜、发展壮大，关键是人民军队有马克思主义理论武装，有崇高的理想信念，有为理想信念而英勇献身的崇高追求。《杨靖宇同志在重围中》《巧渡金沙江》《红色娘子军》……《星火燎原》丛书中的作品无不向世人证明：中国共产党人无论在多么艰难困苦的条件下、多么恶劣的环境中，从来不缺少信仰和理想，从未忘记全心全意为人民服务的根本宗旨。主人公们在关键时刻义无反顾、舍生取义，为了民族独立和人民自由而英勇战斗、不怕牺牲，催生出惊天动地的革命壮举，创造了一个又一个人间奇迹。可以说，《星火燎原》承载着我们“走过的路”，也承载着中国共产党人的初心和使命。

习近平总书记强调，“一切向前走，都不能忘记走过的路；走得再远、走到再光辉的未来，也不能忘记走过的过去，不能忘记为什么出发”。习近平总书记曾在不同场合多次谈及他在青少年时代阅读《星火燎原》的感受，要求在新时代做好《星火燎原》的出版工作。他与《星火燎原》的编辑王愿坚同志也有密切的交往。早在1982年，习近平从军委办公厅调到河北正定任职时，王愿坚曾前来送行。交谈中，王愿坚深情讲述了自己编辑出版《星火燎原》的过程中采访老红军、老八路的革命战争故事，给习近平留下了深刻而难忘的印象。

崇高的理想信念是人民军队勇往直前的精神力量，是全军将士心中熊熊燃烧的精神之炬。我们党带领人民闹革命、打江山的奋斗史，就是一部共产党人为实现共产主义远大理想，前仆后继、英勇牺牲的历史。今天，我们依然有必要从《星火燎原》中汲取精神动力，补精神之“钙”、固政治之“魂”，始终保持坚定的理想信念和坚强的革命意志，自觉做共产主义远大理想和中国特色社会主义共同理想的坚定信仰者、忠实实践者，在任何时候任何情况下理想信念不动摇、革命意志不涣散、奋斗精神不懈怠，为实现第二个百年奋斗目标、实现中华民族伟大复兴的中国梦而英勇奋斗，以告慰革命先烈。

一代人有一代人的使命，一代人有一代人的奋斗，一代人也有一代人的牺牲，但共产党人为人民谋幸福、为民族谋复兴的初心从未改变。今天，我们比历史上任何时期都更加接近实现中华民族伟大复兴的目标，更加需要全面建成世界一流军队，但前进路上还有很多“雪山”“草地”需要跨越，还有许多“娄山关”“腊子口”需要征服。

历史是最好的教科书。发掘历史是为了不忘过去，传承经典是为了展望未来。知史爱党，知史爱国，知史强军。对共产党人来说，党史是最好的营养剂。要认真学习党史，正确了解党和军队事业的来龙去脉，正确了解党和军队历史上的重大事件和重要人物，汲取党和军队的历史经验，弘扬党和军队的优良作风，传承党和军队的光荣传统。《星火燎原》为学习党史，传承红色基因，提供了一部非常好的教材。

农民革命运动的壮丽史诗

——从党史故事到长篇小说和电影的《红旗谱》

陈 辉

20 世纪五六十年代以《红日》《红岩》《红旗谱》“三红”为代表的红色经典小说，在中国文坛独占鳌头，由此改编的电影也家喻户晓。而“三红”中的《红旗谱》独树一帜，2019 年 9 月 23 日，梁斌的长篇小说《红旗谱》入选“新中国 70 年 70 部长篇小说典藏”。

那么，这部被茅盾誉为“中国当代文学史上里程碑式的作品”究竟是怎样诞生的？其创作前后又有哪些鲜为人知的故事呢？

小说《红旗谱》的故事梗概

小说《红旗谱》故事梗概是：以朱老忠、严志和两家三代同冯兰池一家两代的斗争历史为主线，描写了中国共产党领导下的“反割头税”运动和保定第二师范学校学潮斗争，艺术地概括了大革命前后中国北方农村和城镇的阶级斗争和革命运动，反映了中国农民革命由自发反抗到有组织的斗争的历史进程。总结了两千多年来农民阶级斗争的历史经验，形象地说明了中国农民只有在中国共产党的正确领导下，组织起来，斗争才会胜利。

清末一个秋天的冀中平原上的锁井镇。大地主冯兰池要砸掉 48 村防汛筑堤集资购地 48 亩的凭证——古铜钟！见义勇为的朱老巩挥着明晃晃的铡刀，赤膊上阵保护古钟，严老祥也挥斧助战。冯兰池砸钟难以得逞，他请来地主严老尚调虎离山，骗走了朱老巩，砸毁了古钟。朱老巩悲愤交加，吐血而死。而冯兰池还想斩草除根，逼死了朱老巩的女儿，逼得朱老巩 15 岁的儿子朱小虎离乡背井地去闯关东。

30年后的初春，当年的小虎子——朱老忠带着妻子和两个儿子，怀着复仇的强烈愿望返回了故乡。在保定火车站，他遇到了童年的伙伴严志和。因不堪忍受冯兰池的压迫，严志和正要去闯关东。朱老忠劝说他：天塌下来有我朱老忠接着，大丈夫报仇，十年不晚，咱拧成一股绳和冯兰池干，非报这份血仇不可！朱老忠回到家乡的消息传到冯家大院，冯兰池十分惊恐，他的儿子冯贵堂劝他对村民施行小恩小惠。

这年秋天，严志和的儿子运涛、江涛，朱老忠的儿子大贵、二贵在地里劳动时，逮到一只非常名贵的脯红鸟，他们希望以鸟换车马。冯兰池见到这只鸟后，非常渴望得到这只鸟，却遭到了朱家孩子们的拒绝。冯兰池怀恨在心，伺机报复，指使人将大贵抓去当壮丁。朱老忠明知是报复，但强压住心中的愤怒，想实现一文一武的复仇计划，忍痛割爱，让大贵去当兵。

第二年春天，出外做工的运涛偶遇中共地下县委书记贾湘农，在其引导之下，懂得了革命的道理，共产党就是穷人的党，并开始在村里宣传革命道理，与他相爱的姑娘春兰大胆地穿起了绣有“革命”二字的衣服。二人的感情越来越好，不怀好意的冯兰池为了娶春兰“做小”，趁机中伤。

长篇小说《红旗谱》

大革命的汹涌澎湃，运涛受党派遣南下参加了北伐军。临行前，他与春兰海誓山盟，依依惜别。运涛在北伐军中任见习连长，给家里的第一封信报告了北伐军节节胜利的大好消息。第二封信却告诉家人，他已于1928年4月被捕，被关押在济南监狱。

严志和为了探监，卖了二亩宝地，正欲起程，运涛的奶奶得知了孙子被捕的消息，暴病而死。

严志和的精神几乎崩溃，一病不起。朱老忠帮助严志和办完了丧事，又陪江涛到济南探监。他们见到了以政治犯身份被判无期徒刑的运涛。他们得知运涛是共产党员，是被背叛革命的蒋介石投入大牢的。此时已是共青团员的江涛决心像哥哥一样，为阶级的解放而斗争。

1929 年冬天，中国共产党保定特委贾湘农和江涛经过慎重研究，决定根据广大农民的要求，在年关发动群众抗捐抗税，组织农民进行“反割头税”斗争。按照特委部署，江涛回到锁井镇，发动群众。朱老忠、朱老明、朱老星、严志和、武老拔以及当兵归来的大贵都积极投入斗争之中。

腊月二十五大集那天，按照贾湘农的指示，锁井镇的农民在江涛的带领下，举行了声势浩大的游行示威。张嘉庆带领纠察队担任保卫，朱老忠等人紧紧地护卫着江涛、贾湘农。江涛、大贵发表了振奋人心的演讲。县政府迫于压力，屈服了。“反割头税”斗争取得了胜利，农民认识到了组织起来的力量，纷纷要求加入农会。朱老忠、严志和、大贵等在斗争中加入了中国共产党。

1931 年秋天，日本帝国主义悍然入侵中国东三省。国民党的不抵抗政策和敌寇的暴行激怒了中国人民，保定第二师范学校也掀起了如火如荼的学潮斗争。江涛、张嘉庆站在斗争的最前列。“二师”学潮涉及全市，13 所学校罢课，要求停止“剿共”，枪口对外。省府宣布解散学校，开除了数十名学生，并派军队包围了学校，形势十分严峻。为了突出敌人的包围，朱老忠、严志和给“二师”送来了米面。但敌人提前冲破了学生的防线，血腥镇压了“二师”学潮，学生死伤多人，江涛被捕入狱，张嘉庆受伤被关进教会医院。严志和因二儿子又被捕入狱，悲痛欲绝，想跳河自杀。朱老忠鼓励他要挺住，为孩子报仇。

梁斌

学潮失败的第二天，朱老忠装扮成三轮车夫，从教会医院救出了张嘉庆。朱老忠仰望着风云变幻的天空，憧憬着革命的美好未来……

含辛茹苦，躬行苦修，历时4载，梁斌终于在1956年底使长篇小说《红旗谱》问世，震动中国文坛。继之，《红旗谱》第二部《播火记》、第三部《烽烟图》出版，共计120万字，三部曲长篇画卷整体成为中国现代文学史中的红色经典。

《红旗谱》来自真实的党史故事

文学化的长篇小说《红旗谱》来自真实的党史故事，它是小说作者梁斌的亲身经历。

梁斌，原名梁维周，1914出生于直隶（今河北）蠡县梁家庄，11岁离开家乡就读在县立高小，加入共产主义青年团。1930年9月，考入省立保定第二师范学校，参加了中共外围组织反帝大同盟，并亲历了家乡的农民革命斗争。

1937年，梁斌回乡组织发动游击战争，出生入死，成长为青年指挥员。后来，他被任命为冀中新世纪剧社社长，兼冀中文建会文艺部部长，为抗战文化运动传播艺术火种。

解放战争期间，梁斌参加地下革命斗争、游击活动，并担任中共蠡县县委领导职务，领导群众剿匪反霸、减租减息，进行土地改革，为建立红色政权殚精竭虑，成绩斐然。1948年，他随军南下，在湖北襄阳和武汉担任宣传和新闻方面的基层领导。

中华人民共和国成立后，梁斌曾任河北省文联副主席、中国作家协会河北分会主席等职。

1953年6月，梁斌正式开笔创作《红旗谱》，他笔下的《红旗谱》来源于他经历的真实故事。

1932年春，全国抗日救亡运动风起云涌，保定第二师范学校学生在党组织的领导下，踊跃参加抗日救亡活动，并联合保定市十多所学校同时罢课，要求当局停止“剿共”，一致抗日。国民党河北省当局为了瓦解学潮，于4月突然宣布将学校解散，并登报公布了“共产主义思想犯”和“嫌疑犯”名单，其中就有梁斌。对此，学生们坚决抵制，结果被国民党军警围困在校园里，断绝了食物等供给。遵照党的指示，当时因病休学在家治疗的梁斌，很快返回保定参加护校斗争。他积极串联四乡同学，并向群众广泛宣传二师学生的正义斗争，募捐援助被困的同学，使他们与反动当局对峙了近3个月。

7月6日清晨，军警为了达到驱逐二师学生的目的，冲入校园向学生开枪，导致12名共产党员和1名团员惨遭杀害，50余名学生被捕，史称“七六”惨案。梁斌后来回忆说：“这次斗争对我影响极深，战友们在‘七六’惨案中被捕的有五十几人，被惨杀的有十多个人，这是我一生难忘的。”

1932年8月27日，在党的领导下，保定地区高阳、蠡县广大农民爆发了大规模的反抗国民党黑暗统治的武装斗争，但3天后即告失败，有47人壮烈牺牲，史称“高蠡暴动”。梁斌积极投身于这次斗争，在血与火的洗礼中，他变得更加坚强。

梁斌曾说：“自入团以来，四一二反革命政变，是刺在我心上的第一棵荆棘。二师‘七六’惨案是刺在我心上的第二棵荆棘。‘高蠡暴动’是刺在我心上的第三棵荆棘。自此以后，我下定决心，挥动笔杆做刀枪，同敌人战斗！”

梁斌从1935年就开始酝酿《红旗谱》。梁斌随军南下时，从束鹿到衡水、石家庄、邯郸等地，参加、领导剿匪反霸、减租减息和土地改革。一路走来，梁斌随身带着一个小本子，将百姓的故事一一记录下来，许多故事后来写进了《红旗谱》里。

《红旗谱》中的贾湘农先生，是他根据在家乡上高小时一位教过自己的老师的形象写的。当时，他的家乡有3个教员是共产党员，2个为革命牺牲了，其中一个叫贾良图。活着的那位叫刘宪曾，就是《红旗谱》中贾湘农先生的原型，他既是梁斌革命的启蒙老师，又是他的入党介绍人。刘宪曾一直从事党的宣传教育工作，在战争年代，不管通信多么困难，梁斌一直与他保持着联系。中华人民共和国成立后，刘宪曾在陕西工作。但梁斌一直没有告诉过老师，贾湘农就是他，而他在梁斌心中就是活着的烈士贾良图。

在小说中，梁斌以大量篇幅，细腻逼真地记述了二师学生护校斗争的全过程，真实地表现了二师学生出生入死、同仇敌忾，与反动派进行殊死斗争的大无畏革命精神。该故事情节中的一些学生多用真名，如惨遭杀害的护校委员会宣传部部长刘光宗、组织部部长曹金月、检查部部长杨鹤生等烈士。

而烈士贾良图的名字在小说中仅改了一个字，写成了贾应图。

《红旗谱》中除人物外，书中事件也大都是真实的。梁斌 1930 年时考入河北省保定第二师范学校，参加过当时驱逐反动校长的护校斗争。1933 年，梁斌加入北方左翼作家联盟。次年，他以“高蠡暴动”为题材，创作发表了《夜之交流》。抗战时期，他积极参加我党领导的地下革命斗争和游击活动。1942 年，他写出短篇小说《三个布尔什维克的爸爸》，由此开始形成了朱老忠的形象。次年，他仍以朱老忠为主人公，从保定第二师范学校学潮一直写到全国抗战爆发，将它扩写成 5 万多字的中篇小说《父亲》，发表在《晋察冀文艺》上。这实际上成为他后来创作的长篇小说《红旗谱》的雏形。

解放战争后期，梁斌随人民解放军渡江南下，解放华中，先后在湖北襄阳和武汉工作。过去的亲身经历一直感动着他，促使他拿起笔来。正如他自己所说：“在这个时代中，一连串的事件感动了我。自此，我决心在文学领域里把他们的性格、形象，把他们的英勇，把这一连串震惊人心的历史事件保留下来，传给后一代。我觉得这是我的责任。《红旗谱》这部书，从短篇发展到中篇，从中篇发展成长篇，其中有些人物在我脑子里，生活了不下一二十年。”

梁斌多才多艺，他的美术作品与小说一样，都是他经历过的革命战争的真实写照。《梁斌画集》中的第一幅作品《今日陈庄》，就是为纪念贺龙元帅当年率军歼灭日寇精锐的陈庄战役而作，是军民团结、精忠报国的一曲英雄赞歌；以狼牙山为题材的一组画作，描绘出在抗日战争反“扫荡”的激烈拼杀中，五壮士跳崖殉国的即时即景，表现出中华民族义胆包天、忠肝盖地、誓驱敌虏的大无畏精神；画集中白洋淀的场面多次出现，那是因为作者曾冒着硝烟五次进出白洋淀，与战友结下生死与共的深厚感情，时时魂牵梦萦，从而挥毫留下永恒纪念；再如《阜平大黑山》一画，记载的是 1943 年转战保定路过敌占区时的惊险过程；《豫北金镫山》则是奔往前线途中夜探山谷的一幕。

梁斌经历了土地革命战争、抗日战争、解放战争，丰富的革命斗争磨炼了他的视角，使创作的小说的内容十分丰富；把自己亲身经历、亲眼所见的真实事情转变成小说、文学艺术品是梁斌的特长。当然他的文学艺术作品往往都是源于生活，高于生活，具有时代意义。

梁斌创作的心路历程

旧中国是半殖民地半封建社会，现代工业发展艰难，阶级成分中工人的比例很低，产业工人的比例更低。此外，城市是反动派的大本营，敌强我弱。为此，毛泽东根据中国革命的特点，提出了依靠农民阶级为革命的主要力量，在农村建立根据地，走农村包围城市，武装夺取政权的道路。

梁斌创作的小说《红旗谱》反映的正是毛泽东为中国革命指出的正确道路，歌颂的正是农民革命运动的壮丽史诗。

毛泽东《在延安文艺座谈会上的讲话》对梁斌创作小说《红旗谱》起到了引领作用。关于小说《红旗谱》的创作动机，梁斌在《我为什么要写〈红旗谱〉》一文中回忆说："我时时刻刻心中在想念着，怎样才能遵照毛主席的指示，把那些伟大的品质写出来。为此，才想到要写故乡人民的面貌，写故乡的民众，故乡的地方风光；我要把故乡的人物、性格、风貌、民族及地方风光，活跃于纸上，我不得不从这一方人民生活中，选择、提炼典型性的语言……我时常在想着，怎样才能使它成为喜闻乐见的文学创作，我选择了古典小说中的传统手法。在章法结构上，不脱离古典文学的民族形式；语法结构上，不脱离农民自己的语言，尽可能写得通俗一些，使有文化的农民看得懂，没有文化的农民听得懂。"

1953 年 6 月，梁斌正式开始《红旗谱》的创作，一年后完成《红旗谱》第一部初稿。梁斌的创作状态异乎寻常，他完全沉醉在《红旗谱》中，不谙生活世事，每天伏案疾书十多个小时。梁斌曾这样描述："我的创作欲、灵感升到高潮，欲罢不能。黎明起床，略作洗漱，即开始写作。早餐时间已到，我还没有写完一个节目，当我写完一个段落，饭时已过。午餐晚餐无不如此。有时写着写着，想起我还未吃饭，其实两顿饭已经过去了……"

梁斌夫人散帼英回忆丈夫创作《红旗谱》时的日子说："他就像傻了一样，送饭就吃，不送就饿着。不跟人说话，别人说话也不听，但谈起《红旗谱》中的人物时，他马上眉飞色舞起来。写作之后，他脑子仍处在亢奋状态，静不下来，除了失眠还是失眠。"

那时候，梁斌脑子里除了《红旗谱》，什么都没有。夏天和人聊完天，他总忘拿扇子，一个夏天丢了100多把扇子。夏天，武汉黏稠的空气令人燥热，梁斌写作的地方没有避暑降温的设施，低头写作，汗滴常会打湿稿纸。为此，梁斌想出了一个“湿被单降温法”。他把被单沾上凉水，挂在屋中，再打一盆冷水，泡上一块毛巾，实在热了，就用冷毛巾擦头、擦洗身上；若还感到热，索性把冷水盆搁到桌下，把两脚放在凉水里。

为了写《红旗谱》，梁斌曾三次辞官：第一次是辞去《武汉日报》社长之职；第二次是辞去中央文学研究所机关支部书记之职；第三次是辞去天津市副市长之位。梁斌辞官的初衷只有一句话：不写好《红旗谱》，无颜见江东父老！

梁斌视《红旗谱》为自己的生命。他的脾气很倔，倔得硬气、刚烈。“文化大革命”期间，他被造反派批斗。有人问他《红旗谱》是不是“大毒草”，是不是王明“左”倾路线。梁斌坚决回答：“不是。”有一次，一个造反派叫他站在高凳上，一脚踹倒凳子，他重重地摔在水泥地上，爬起来依然坚决回答：“不是！”

梁斌一生最珍视的莫过于他的手稿。1976年唐山大地震，人们纷纷逃跑，梁斌却冲向书房。“我的手稿！我的手稿！”他不顾一切地喊着，将手稿紧紧地搂在怀中。当时书柜里还有他多年收藏的近300幅珍贵名画，但他第一时间想到的只有手稿。

1980年，梁斌已经是66岁的老人了，他抓紧时间，写完了一本3万多字的回忆录《在战乱纷飞的年代里》，又动手重新整理长篇小说《烽烟图》。他说这部长篇小说在写《红旗谱》之前就开始构思了，原来取名叫《战寇图》，后因与电影《战洪图》的名字有些相似，因此改成《烽烟图》。《红旗谱》和《播火记》是这部小说的前两部分，修改整理后的《烽烟图》依然以朱老忠等人物为主。

1996年6月20日，梁斌逝世，安葬于天津元宝山庄生命纪念公园。梁斌写出了《红旗谱》，而《红旗谱》中也写着梁斌的一生。

小说《红旗谱》的出版过程

《红旗谱》的出版也实属不易，遇到了好的年代，遇到了热心的编辑。熊坤静在《党史博采》上发表文章记述了小说《红旗谱》出版的内情。

1954年，中国青年出版社文学编辑室在向作家广泛约稿的过程中，编辑萧也牧得知中央文学研究所机关支部书记梁斌写了一部关于农民革命斗争的长篇小说《红旗谱》。在征得文学编辑室主任江晓天的同意后，萧也牧便和编辑张羽一起找到梁斌，说明约稿之事。取得梁斌同意后，他们将《红旗谱》初稿抱回中青社。

萧也牧认真细致地审阅完《红旗谱》初稿后，兴奋异常，立即给梁斌打电话，告知读后感，并与他约定了见面时间。这天，萧也牧和张羽把《红旗谱》初稿还给梁斌，并向他详细反馈了审读意见，明确表示，稿子基础不错，已列入中国青年出版社的重点书目，希望作家认真加以修改、充实，使之成为一部“能一炮打响的杰作”。

萧也牧、张羽的鼓励，使梁斌信心倍增。为了将《红旗谱》早日交付中国青年出版社出版，他毅然决定辞去文研所机关支部书记的职务，调回故乡河北省去集中精力修改作品。

1955年3月，梁斌调任河北省文联副主席，以专业作家的身份专心致志地修改《红旗谱》。历时半年，他将《红旗谱》改出了一稿。萧也牧、张羽先后读了修改稿之后，由张羽执笔，以中国青年出版社第二编辑室的名义致信梁斌，对书稿作了肯定，并提出两条意见：“作品还写得粗糙，有些章节还缺乏很好的剪裁；作品中对党的地下工作的艰苦性写得不够。”同时，信中还强调，作品中所写的历史事件中的人物活动，哪些应该肯定，哪些需要批判，有必要明确指出；“也因为它是描写革命斗争的小说，将会在读者中产生深远的影响，我们和你都应以认真的心情来对待它……除了请河北省党委审查外，还有必要请中央审查”。

11月12日，梁斌在复信中表示：“感谢你们尊重我的劳动，我同意你们的意见，出版前要送中央及作家协会审查一下。”并说：“现在我打算分两部出书。第一部《红旗谱》，约27万字；第二部《七月》约24万字。第一部约在明年夏初交稿。第二部约在秋末交稿。这样，在现在基础上，可以搞得好一点。”

为了使梁斌节省出往返北京的时间，萧也牧于1956年春末专程去保定审看《红旗谱》第二次修改稿。看完后，中青社与梁斌正式签订了约稿合同。

江晓天考虑到萧也牧解放前曾在晋察冀革命根据地工作战斗过，对《红旗谱》中所写的高蠡农民运动以及蠡县、博野一带的生活比较熟悉，遂决定由他来当这部小说的责任编辑。

《红旗谱》能够遇上萧也牧这样认真负责、殚精竭虑的责任编辑，真是梁斌的幸运。当年与萧也牧共过事的青年编辑王扶，在《第一个带路的人——忆萧也牧老师》一文中说："我记得，当你看过《红旗谱》的初稿第一天起，你怀着绝不亚于作者的激情赞美它；你为它那些不完善的地方呕心沥血，整夜整夜地思考着修改方案；你为它精心做着文字的加工和润饰。有时为了一句语言，委托我回家时请教一下祖母（《红旗谱》写的是我家乡的事）。你一丝不苟，精益求精。为了一部伟大作品的产生，你放弃了自己的写作，放弃了睡眠，甚至放弃了吃饭，忍着剧烈的胃疼……"

《红旗谱》编就发排后，萧也牧曾拿着大样在北京找了几家刊物，想争取在出书前选发几章，听听各方面的反馈意见，以便在中青社付印前作进一步修改。结果令他大失所望。他回到出版社后对江晓天说："一个作家没有成名之前，发表作品就是难啊！算了吧，干脆咱们直接出书。"中青社按照萧也牧的建议，以大开本、精装本的形式，于1957年11月隆重推出《红旗谱》，其中还配有黄胄的插图。

长篇小说《红旗谱》出版后，立刻震撼了中国文坛，其宏大的历史画卷、丰满的英雄形象和鲜明的民族风格，不仅为评论界人士所交口称赞，也为广大读者所喜闻乐见。《文艺报》刊发了大量关于《红旗谱》的评论文章，并于1958年编辑出版了《革命英雄的谱系——〈红旗谱〉评论集》，其中对《红旗谱》的赞誉主要集中在小说的史诗性、农民英雄形象的塑造和民族风格等方面。

关于小说的史诗性，方明在《壮阔的农民革命的历史图画——读小说〈红旗谱〉》一文中称："《红旗谱》在我们面前展开的是一部革命斗争的史诗，也是一幅壮丽和广阔的历史图画。小说描写了1927年大革命失败前后10年间北方农村和城市的阶级斗争，以及阶级关系的变化；并在这一宽广的时代背景上，描写了革命斗争和革命英雄人物的发展与成长。"

更多的评论则集中在《红旗谱》对以朱老忠为首的农民英雄形象的塑造上。评论者大多认为，在小说塑造的众多人物当中，以朱老忠和严志和的形象最为突出。这两个人物是能够概括中国农民的典型性格的。朱老忠主要是代表了中国农民的英勇、豪爽、酷爱自由、坚忍不拔的一面；严志和主要是代表了中国农民的善良、勤劳、朴实和保守的一面。这两个典型合在一起，差不多就概括了中国农民的完整性格。而最光彩夺目的还是朱老忠这个农民英雄形象。在当代文学作品所创造的革命农民的英雄形象里，具有如此历史深度的性格的，朱老忠还是第一个。这部小说可以说是比较全面地概括了整个民主革命时期的农民生活与斗争，取得了极高的艺术成就。

小说独特的艺术风格也广受好评。“《红旗谱》的艺术风格是浑厚而豪放的，始终是革命乐观主义的高亢嘹亮的调子。”“（梁斌）在创作中追求一种比西洋小说写法略粗一些，但比中国的一般小说要细一些的写法，既成功地吸取了民族传统作品的艺术特色，同时也适当地采取西洋小说的某些艺术技巧的统一的、富有民族气魄的艺术风格”。

长篇小说《红旗谱》是“红旗谱”三部曲的第一部，第二部《播火记》于1963年出版，第三部《烽烟图》于1983年出版，共计120万字。自问世以来，这部作品被翻译成俄、英、日、越南、朝鲜等多国文字出版。同时还被改编成了话剧、电影、评剧、京剧、电视剧等。

1958年初，当小说《红旗谱》刚摆上新华书店的书架不久，就被河北省话剧团改编成话剧，于当年9月搬上话剧舞台，与广大观众见面。

1959年春，河北省话剧团的所有创作人员来到小说《红旗谱》故事发生地高阳县农村，一面和群众同吃同住同劳动，一面广泛搜集素材，以进一步修改剧本。在此后3年的演出实践中，边演边改，精益求精，历经15次修改后，终将此剧排成一部深受群众喜爱的9幕话剧。该话剧剧组人员除多次到河北农村、3次到天津、4次在保定、2次进北京演出外，还远赴武汉、上海、苏州、南京、济南、开封、郑州、福州等地演出，共演出300多场。该话剧由此成为河北省话剧院成立以来排演剧目中影响最大、评价最高、演出场次和地区最多的一部话剧。

1960年，是名副其实的“《红旗谱》年”，因供不应求，中青社将小说《红旗谱》再版发行。它还被改编成京剧（1960年，承德市京剧团）、评剧（中国评剧院）、河北梆子、电影和电视连续剧（2004年，中央电视台、天津电影制片厂、央视传媒股份有限公司、天津金虹胜利药业有限公司联合摄制），这些作品在国内外产生了广泛而深远的影响。

《红旗谱》自1957年出版以来，很快便获得了社会各界的一致好评，当时文艺界的一些领导人将其誉为“全国第一部优秀作品”，茅盾更是把它看作新中国文学当之无愧的“里程碑”。在长达半个多世纪的时间里，小说《红旗谱》再版印刷30余次，国内外销售量也高达500多万册。2020年4月，它被列入《教育部基础教育课程教材发展中心中小学生阅读指导目录（2020年版）》。

影片《红旗谱》由两家电影厂联手打造

由小说到电影，是打造“红色经典”的必经之路。相对于小说而言，电影改编是在小说基础上的一次再创作，而且对小说有着不同程度的提高，更利于作品的传播，更能为大众所接受。

《红旗谱》从小说到电影，作品艺术结构更为完整，人物形象更丰满，使《红旗谱》走入了千家万户，成为“红色经典”的代表性作品。《红旗谱》的经历，说明一部作品要想真正成为经典，必须不断被传播和接受。只有站在新的历史高度，对这些作品进行新的阐释，才能为新的观众所接受和认可。

电影《红旗谱》剧照

《红旗谱》是北京电影制片厂、天津电影制片厂联合改编摄制的电影，由胡苏、凌子风编剧，凌子风执导，崔嵬、蔡松龄、陈帆、王勉之、鲁非等主演。

最先拟将小说《红旗谱》搬上银幕的是天津电影制片厂。1958年6月，该厂筹建之初就将小说《红旗谱》作为开锣大戏，邀请长春电影制片厂的编剧胡苏改编剧本，导演则聘请曾执导过《中华女儿》《母亲》等革命历史题材影片的北影厂导演凌子风担任。凌子风不但应允，还主动向文化部申请调往新成立的天津电影制片厂。

当时，文化部正开始部署国庆10周年献礼片的创作生产，夏衍、陈荒煤等文化部领导都主张将小说《红旗谱》改编成电影，列入献礼片计划。鉴于天津电影制片厂成立不久，条件不足，陈荒煤提出以北京电影制片厂为主，由北京电影制片厂与天津电影制片厂联合摄制。

胡苏的改编本出炉后，北京电影制片厂专门组织研究讨论后，认为胡苏的剧本把小说改编成三集的电影计划过大，还是应改编成一部电影，让故事集中一些，并要求将故事结束于“反割头税”的胜利上。

受命修改剧本的凌子风反复研读原作，前后看了七遍，又特地找来另一位编剧海默一起研究，由海默执笔。海默四天四夜一气呵成地赶出了修改本。凌子风的战友、在中央戏剧学院任教的吴坚也曾参与修改。

剧本创作修改遵循了胡苏在改编之初提出的“取精用宏”的原则，即取原著之精华部分，用自己所熟悉的生活去丰富原作，深化主题。小说人物众多，各种矛盾错综复杂，改编时按电影样式要求，撷取以朱严两家为代表的农民群体与恶霸地主代表人物冯兰池之间的阶级矛盾这一主线，将朱老忠的性格发展作为艺术形象的核心，以其从自发反抗走向自觉革命的过程贯穿全片，形成戏剧情节和发展纽带，集中再现大革命前后北方农村高涨的革命斗争状况，彰显小说所揭示的农民命运、前途及其斗争历史经验的主题。为此，全片以朱老巩舍身护钟开始，到“反割头税”斗争胜利结束，舍弃了保定二师学潮的部分。

对于保留下来的部分，他们也下了一番改造的功夫，添加了新的情节和场面。例如，小说的“楔子”朱老巩大闹柳林，剧中重新组织为护钟段落，有意识地将年仅十几岁的虎子置于斗争旋涡中，为其日后继承父辈斗争精神、走上革命道路埋下伏笔。为了使情节更集中，更能揭露地主狠毒的阶级本性，同时留下悬念，将虎子远走关东的时间，由原著中的“过了些日子”，改为由于冯兰池欲斩草除根而被逼立刻动身。

在挑选和确定《红旗谱》演员时，两家电影厂的领导和导演也煞费苦心。在确定朱老巩、朱老忠父子的扮演者时，为使人物形象具有延续性，凌子风决定父子由同一演员担当。其中，朱老忠一角塑造的好坏是影片成功与否的关键。尽管有很多人自荐，但凌子风中意于曾主演《宋景诗》的崔嵬。其原因除了崔嵬的艺术功力，还由于他在战争年代曾长期战斗在滹沱河两岸，符合凌子风挑选演员所看重的有河北农村生活经历的要求。崔嵬读了原著和剧本后很受感动，尽管他作为导演正在赶拍同为献礼片的《青春之歌》，仍慨然同意出演《红旗谱》。

为拍摄该片，崔嵬到曾排演话剧《红旗谱》的河北省话剧团“取经”，随后便向凌子风推荐了话剧版导演兼严志和的扮演者蔡松龄与话剧版的编剧兼朱老明的扮演者村里。该片的冯兰池一角，从青年演到老年，时间跨度大。其扮演者葛存壮当时只有29岁，从艺以来一直做群众演员，但曾两度与他合作的凌子风看出了他的表演潜力，起用他担任反一号。

蔡松龄对自己在片中所演的严志和潜心钻研，重读小说及相关资料，从“严志和就是一头土生土长，从未离开家乡沃土的耕牛”的评价中受到启发，翻阅深入生活时所写的手记，分析人物性格，把握了角色忍气吞声、懦弱怕事的基本特征。

村里在片中扮演瞎子朱老明时，除了借鉴传统戏曲中“瞎子摸杆”的表演方法，其表演经验主要来源于他在农村的生活经历。他在故乡长年接触过两位盲人，而且是后天的“睁眼瞎”。在排演话剧《红旗谱》时，他就曾多次走访两位盲人乡亲，观察他们的眼睛变化和形体特点。而当拍摄电影《红旗谱》时，凌子风提示他朱老明的眼是气瞎的，于是，村里为着重突出“气”字，决心把朱老明塑造成“睁眼瞎”，把自己眼球的三分之一吊入上眼眶。

葛存壮下决心要把冯兰池演好，专门买了两本原著，一本用来反复阅读，而把另一本中凡写到冯兰池的段落都剪下来，贴在分镜头剧本的相应之处，进行联想思考。最终，他抓住书中“姜还是老的辣”中的“辣”字，作为表演基调。

最后确定的演员阵容个个可圈可点：

——演员崔嵬饰朱老忠。朱老巩的儿子朱老忠，身材魁伟，武艺不凡，个性刚强、豪爽、见义勇为，得到乡亲们的拥戴。在关东25年的磨炼使他学到不少东西，懂得“大丈夫报仇十年不晚”，认定“出水才见两脚泥”，深谋远虑，讲究斗争的策略。在贾湘农的教导下，他的觉悟一天天提高，胜利地领导了“反割头税”的斗争。

——蔡松龄饰严志和。朱老忠的发小，两家世代交好。善良、正直、纯朴、忠厚、勤劳、讲义气，但由于生活的折磨，他也形成了比较软弱的个性。朱老忠的归来，使他从几乎无法活下去的精神状态中振作起来，重新对生活产生了希望。

——葛存壮饰冯兰池。锁井镇的恶霸地主冯兰池，内心阴险、卑鄙、贪婪，残暴、毒辣、老谋深算、仗势欺人。25 年前，他为霸占公产，不但逼死了朱老巩，还想斩草除根。25 年后，见朱老忠一家回乡，他先下手为强，把朱老忠的儿子抓去当兵。

——鲁非饰贾湘农。中共地下党的领导贾湘农，以教书先生身份为掩护在农村宣传革命思想，经常领着农民同地主展开斗争。在他的指导和帮助下，朱老忠、严志和、运涛等农民走上了革命道路。

——赵联饰运涛。严志和的大儿子运涛，正直善良、坚强勇敢，因偶然结识贾湘农，一步步走上了革命的道路。他到黄埔军校学习，参加了北伐，虽然因为蒋介石背叛革命而被捕，但他坚定地相信革命必胜。

——俞平饰春兰。运涛的心上人春兰，美丽、天真、纯朴、勇敢、落落大方的农村姑娘，对爱情坚贞不屈。当她一听到运涛说庄稼人要想过好日子就得革命时，马上把“革命”两个字绣在衣服上。虽然知道父亲不同意她和运涛的关系，但她敢于抗拒，甚至运涛被害下狱，她还要坚持等着他。

影片的拍摄也堪称经典。该片摄影师吴印咸从影片特定的题材内容出发，确定的摄影基调是：浑厚有力，朴素扎实，忌轻浮、鲜艳、单薄，并且要有乡土气息。为此，他研究剧情结构，分析矛盾冲突，找出主要情节和次要情节，确定重场戏和过场戏，针对人物、场景乃至季节、时间等，考虑不同的处理方案，并对如何运用构图、光线、色彩等做出构思设计，再把自己的造型设想汇合到导演的统一意图之中。

该片音乐创作也很有特色。作曲瞿希贤同时也为故事时代背景、地域相近的影片《青春之歌》作曲，她抓住两部影片故事舞台的空间差异，采取流行于河北省，为农民喜爱的河北梆子作为影片《红旗谱》的基调音乐，配器上同样选用具有北方特色的唢呐、高胡等乐器，以渲染气氛、刻画人物。

总之，电影《红旗谱》风格粗犷、激昂，表演、摄影、美工、音乐，都散发着一股浓烈浑厚的冀中平原乡土气息。

该片既忠于原著，又根据电影这种艺术样式的特点，在故事情节和人物形象的塑造上作了某些必要的充实。在情节的提炼和结构的布局上，突出了矛盾冲突的主线和人物之间最主要的纠葛，使戏剧矛盾得到不断发展，人物在斗争中展现了鲜明的性格，所以是一次成功的艺术再创造。

影片《红旗谱》于1960年6月公演后，再一次在全国引起轰动，为小说《红旗谱》起到了锦上添花的作用。

新中国社会主义建设的一段史诗
——长篇小说《上海的早晨》背后的故事

杨连元　陈　辉

这是一部入选“新中国 70 年 70 部长篇小说典藏”的小说，也是一部历经磨难的文学巨作。它的作者就是文化部原副部长、著名作家、书法家周而复。

一部文学之作记录了历史巨变

“除了穿过黑暗，再无途径可以到达光明。”

1949 年，中华人民共和国刚刚成立，全国都是一种革命胜利的光明景象，而被资本主义浸染已久的上海，却是革命与浮华纠葛并行。它流光溢彩的往昔形象并没有被革命的风潮立即置换，相反，资本主义的诸多风气和习惯仍旧被大面积保留。

小说《上海的早晨》便再现了这样一个光明初显、黑暗渐消的破晓时期。作者周而复真实刻画了上海的变革与从暗夜中乍见光明的人们最初的不适与艰难。

复杂曲折的故事、精雕细刻的笔触，通过对资本家形象的描写，深刻再现了 20 世纪 50 年代初期上海民族资本主义工商业经历社会主义改造的历史过程，展现了民族资产阶级各类人物的灵魂，同时也反映了中国工人阶级成长的心路历程。

小说作者周而复有着特殊的经历、特殊的身份，使他能够驾驭这部长达百万字、政策性极强、人物思想把握难度极大、政治风险极大的作品。

周而复原名周祖式，1914 年出生在南京，原籍安徽旌德，曾历任文化部副部长、对外友协副会长、对外文化联络委员会副主任等职务。

1933 年，周而复考入上海光华大学英文系，开始从事文学创作，后参加左翼文艺活动，参与创办《文学丛报》，刊登鲁迅、胡风等人的文章。1938 年，于上海光华大学英国文学系毕业后，他旋赴延安，在陕甘宁边区文化协会任文学顾问委员会主任委员，1939 年 2 月加入中国共产党。同年秋，作为边区文协与八路军总政治部派遣前方文艺小组第五组组长，他到晋察冀民主抗日根据地体验战斗生活，参加了百团大战等战斗，积累了许多生活素材，写了不少短报告文学和短篇小说。

1943 年，周而复在延安参加整风学习。在毛泽东《在延安文艺座谈会上的讲话》的鼓舞下，创作了秧歌剧《牛永贵受伤》、话剧《子弟兵》、报告文学《诺尔曼·白求恩片段》《海上的遭遇》等。1944 年，在陕甘宁边区文教大会上，他被授予“模范文艺工作者”的殊荣。1944 年冬，他调到重庆新华日报社工作，编辑党的机关刊物《群众》周刊。抗战胜利后，周而复以新华社、《新华日报》特派员身份，随“军调处”赴各地采访，写出长篇报告文学《随马歇尔、张治中、周恩来三将军巡视华北记》，在《新华日报》连载。

1949 年 5 月起，周而复历任华东局统战部秘书长、上海市委统战部第一副部长、上海市政府交际处处长、人事局副局长、上海市政协党组书记等，他广泛团结各界人士，阐述党和政府统战、工商、文艺、宗教政策，恢复发展生产。周而复特殊的革命经历、文人经历和创作经历，特别是上海的工作经历，为他创作《上海的早晨》提供了扎实的创作素材、百态人物和亲身体验。

小说《上海的早晨》是一部描写中华人民共和国成立后我党对资本主义工业进行社会主义改造的长篇小说。作品以解放初期的上海为背景，反映了当时工人阶级和民族资产阶级之间限制和反限制、改造和反改造的斗争。经过长时间的构思，周而复为全书写出了比较详细的提纲，接着写了第一部提纲和主要人物小传与人物相互之间的关系，并不断进行修改。最终，他决定把这部长篇小说分为四部：第一部写反动资本家的猖狂进攻；第二部写我党如何打退反动资本家进攻，开展“五反”运动；第三部写民主改革；第四部写对私营工商业进行社会主义改造。整部小说的情节结束于 1956 年春，整个上海资本主义工商业实现公私合营以后不久。

小说的情节波澜起伏。1949年春，上海刚刚解放。资本家们惶恐不安。沪江纱厂总经理徐义德亦是忧心忡忡。早在解放军还未攻打上海时，这位人称“铁算盘”的徐义德就想好了上海待不住，便去香港乃至去纽约的退路。

然而，他最终没有走，他放不下在上海的家产。为了自身利益，他处心积虑地与共产党和人民政权周旋着、对抗着。一方面，他让心腹——沪江纱厂副厂长梅佐贤收买国民党潜伏特务陶阿毛打进工会，为他通风报信，应付共产党；另一方面，又通过梅佐贤贿赂税局驻厂干部，窃取国家经济情报，牟取暴利，在生产上偷工减料，以次充好，大发不法之财。

实际上，共产党的到来并没有断绝资本家的财路。经济的不断发展，又膨胀了徐义德的政治野心。为了挤进上海工商界上层聚集的“星二聚餐会”，他不惜一切手段，不仅自己与交际花、棉纺工会委员、工商业巨头史步云的表妹江菊霞勾搭，甚至还利用自己的三姨太做诱饵，紧紧抓住工商界红人冯永祥。

挤进“星二聚餐会”后，徐义德结识了一批工商界显要，有马慕韩、潘信诚等。马慕韩刚从大学毕业，继承父亲的财产，成为一家纱厂的拥有者。他年轻气盛，有远大的个人抱负，有进步思想，更有自私的本质。潘信诚是棉纺业前辈，老成持重。旧社会帝国主义对于中国民族工业的压迫使他深受其害，对于共产党赶走帝国主义列强，重视民族工业发展，他是赞成的，可是，对于共产党有关社会主义改造的政策，他也是心怀疑虑。

事实上，“星二聚餐会”便是这样一些资本家对付共产党的参谋部。轰轰烈烈的“三反”“五反”运动开始了，以长宁区委统战部部长杨健为队长的检查队进驻沪江纱厂。在检查队的领导下，工人们与徐义德展开斗争，纷纷揭发他的“五毒”不法行为，控诉他在国家原棉中掺假，非法牟利，且使劳动强度增大，并借机挑拨工人关系等罪行，深受其害的女工汤阿英率先喊出了斗争的口号。

杨健与年轻的该厂党支部书记深入开展工作，使深知徐义德底细的工程师韩云程幡然悔悟，与徐义德彻底决裂。斗争大会上，会计勇复基也交出了徐义德的黑账。在斗争运动中，徐义德消极抵抗，使尽伎俩，企图蒙混过关，但最后在发动起来的群众和揭发出来的事实面前，他认识到，除了坦白交代，争取宽大处理，他别无选择。在福佑药店，朱延年却顽固不化，对抗到底。

“五反”运动胜利结束，工人们生产积极性高涨，资本家垂头丧气，徐义德消极抵制生产等伎俩在已经成熟起来的群众面前也行不通了。“星二聚餐会”也自行解散。

运动结束后，资本家又蠢蠢欲动。徐义德召集冯永祥、马慕韩、潘信诚等举行家宴，幻想着私营企业的前景。民主改革运动接踵而至。以杨健为队长的民主工作队再次进驻沪江纱厂，以废除不合理的旧制度、提高工人阶级觉悟为宗旨，展开工作。随着民改工作深入开展，工人群众的觉悟有了进一步提高。苦大仇深的女工汤阿英加入了中国共产党。

随着抗美援朝的胜利，中国共产党领导的人民政权日益巩固，对私营工商业进行社会主义改造的任务已提上日程。这种势态使正在准备扩大产业的徐义德大为心悸，他抽回厂里的七亿元垫款，甚至想逃往香港，走当初的退路。当他了解到公私合营只是和平改造而不同于土地革命时，又改变主意，打起了如意算盘，为自己在公私合营时增加资本，捞取利益和地位。但是，社会主义改造是大势所趋，是任何人也阻挡不了的。后来，沪江纱厂走上了健康发展的轨道，与其他完成社会主义改造的私营企业一样，迎来了新时代的曙光。

小说《上海的早晨》写成后，曾送党中央有关部门审阅，并经上海市委常委讨论，得到肯定，同意出版。周恩来和陈毅都很重视这部小说，陈毅曾在外交部党委会上推荐这部小说。

在现当代众多文学作品中，表现中国资产阶级历史命运的作品是不多的，成功之作尤为少见。除茅盾的《子夜》外，周而复《上海的早晨》可谓难得的一部佳作，其思想认识与艺术价值不容忽视。文艺界也发表过评论文章，发表在 1959 年第 11 期《语文教学》杂志上周天的《杂谈〈上海的早晨〉》一文中，就称赞这部作品“是反映党和政府对资本主义工商业所进行的社会主义改造运动的巨幅史诗”。

小说创作背后的那些故事

《上海的早晨》这部 175 万字的长篇小说，从构思执笔到完稿长达 27 年，它究竟是怎样创作出来的，小说创作背后有着哪些鲜为人知的故事，小说和作者又都经历了哪些曲折的经历和过程呢？

作家熊坤静曾对周而复创作《上海的早晨》进行过系统探讨，揭开了一些创作背后的故事。

1949年，党组织要让长期从事新闻记者和文艺编辑工作的周而复去即将解放的上海工作时，他提出到新闻单位从事记者工作，希望能对上海工人的生活和斗争进行深入采访体验，以便将来写一部描写上海工人阶级斗争生活的长篇小说。组织上根据他的革命经历和领导才能，安排他到中共中央华东局统战部工作，先是担任秘书长，后为上海市委统战部副部长。

上海解放伊始，统战部门尚未成立，其统战工作由中共中央华东局统战部兼管。一天下午，周而复被上海市市长陈毅约去谈话。陈毅对他说，鉴于周而复在20世纪三四十年代曾在上海活动过，情况熟悉一些，认为他适合搞统战工作。陈毅还谈到革命工作和文艺工作的关系，认为像他这样的文艺人才，多参加实际工作，多体验社会生活，对于文学创作会有更多益处。这样，周而复愉快地表示服从组织安排。

到统战部任职后，周而复每天接触的都是资本家和各民主党派上海地方负责人以及各界爱国人士。1950年2月，在国民党反动派的飞机轰炸下，上海电力发生严重困难，加之原料来源减少，导致私营工厂面临停产困境，上海市政府及时伸出援助之手，帮助私营工厂渡过难关，周而复也参与其中。在镇反运动中，周而复过问了几个典型案件，倾听被迫害者家属的血泪控诉；"五反"运动开始后，周而复作为工作队成员，参与一家私营纺织厂"五反"运动全过程；他还到过几个私营工厂进行调查研究。接触多了，了解深了，一些私营工厂的工会干部和工人常到他家里做客，节假日有什么活动，也邀请周而复参加。无论平时工作、生活再忙，周而复总要挤出时间把当天经历的人和事梳理一番，将留在脑海中深刻的印象写进素材记录本。

1952年春，周而复开始构思小说《上海的早晨》。原打算写一部反映上海工人阶级成长及其和民族资产阶级矛盾的长篇小说，从1949年5月上海解放写起，止于1952年，以"五反"运动作为高潮结束，计划篇幅10万字。后来，随着时间的推移，历史的发展，他发现"五反"运动以后，民主改革、总路线和公私合营等接踵而至，到1956年1月20日，对全上海私营工商业进行的社会主义改造才初步胜利完成。其最大的变化，是资产阶级私有制改变为全民所有制，也即公有制。“五反”运动只是变化的过程，而不是高潮，更不是最终目的。为此，他决定改变原构想，以再现人类历史上这个空前伟大的社会变革。

在创作小说提纲时，周而复考虑到，要反映和描写上海资本主义工商业的社会主义改造历程，就不能仅仅描述上海工人阶级与资产阶级的矛盾，而必须广泛联系到在农村消灭地主阶级的斗争。因为中国的资产阶级与地主阶级存在着血缘关系，许多地主兼营工商业，许多私营工商业者兼有土地，二者不仅在经济上有密切关系，在政治上也彼此支援、相互依存。不消灭地主阶级，就不可能实现对资本主义工商业进行的社会主义改造。因此，在写上海的同时，他也将笔触延伸到农村。为将城市和农村有机地结合起来，使资产阶级和地主阶级接上关系，他设置了地主朱暮堂和资本家徐义德结为亲戚，以及贫农女儿汤阿英到徐义德经营的沪江纱厂当纺织女工两条情节线索，从而使整部作品显得更加波澜壮阔。

1954 年 3 月 13 日，周而复写出《上海的早晨》第一部初稿。他将初稿放入抽屉，准备一两年后修改完善。之后，他开始写第二部提纲和每一章的提纲。

1957 年 11 月 12 日，周而复将第一部初稿修改完毕。1958 年，《上海的早晨》第一部被《收获》双月刊全文发表，后由人民文学出版社出版发行。第二部的部分章节先在《北京晚报》连载，1962 年由人民文学出版社出版发行。直至 1961 年底，第三部还未完成。1976 年夏，周而复在武汉治病，他每天早上 3 点起床，伏案修改《上海的早晨》第三部。1979 年，《上海的早晨》第三部由人民文学出版社出版发行。1980 年，《上海的早晨》第四部由人民文学出版社出版发行。至此，这部百万字的巨著，历时 27 年终于完成。

四部曲的长篇小说《上海的早晨》，塑造了各具个性的资本家形象，且人物众多，规模宏大，故事传奇，先后被翻译成英、日、俄、越南、意大利和阿尔巴尼亚等多国文字，在国内外都有广泛影响。

周而复的一生在革命文学方面的贡献非常突出。1979 年后，周而复出版了散文《掠影集》《怀念集》，文艺评论《文学的探索》和《周而复选集》（第一卷）。从 1987 年至 1994 年，出版长篇小说《长城万里图》（6 卷），还出版了书法集《周而复书琵琶行》《周而复书法作品选》，散文集《浪淘沙》《欧美风情录》，报告文学集《难忘的征尘》。1997 年至 2000 年，他陆续出版长篇叙事诗《伟人周恩来》（1 ～ 4 部）、杂文、文艺评论集《60 年文艺漫笔》和《周而复散文集》（4 部），后又出版了书法集《周而复书屈原离骚》《周而复研究文集》《往事回首录》和《周而复文集》等。他是一位多产、高产作家，在 70 年创作生涯中发表出版小说、散文、诗歌、戏剧、报告文学、杂文和文艺评论等共计 1200 多万字。长篇小说《长城万里图》获中宣部“五个一工程”奖，一些名篇被收入教科书。长篇小说《上海的早晨》在其一生的文学作品中当属成名作。

广播影视作品让小说再次走红

小说《上海的早晨》在 20 世纪 80 年代先后被制作成广播剧、电视连续剧，在当时几乎家喻户晓，小说也再度走红。

从 1985 年 12 月 25 日起，王刚在中央人民广播电台开始播送广播剧《上海的早晨》，街头巷尾，每天都有坚持收听广播的人群。

1989 年 9 月，由赵孝思和陈刚编剧、张戈执导的 18 集电视剧《上海的早晨》，作为国庆 40 周年献礼片首播。主演李媛媛获得第 8 届大众电视金鹰奖最佳女配角奖；主演严翔获得最佳男主角奖；主演奇梦石获得最佳男配角奖；严翔还获得第 10 届飞天奖最佳男主角奖。

电视剧《上海的早晨》剧照：新中国成立伊始，在党对资本主义工商业进行社会主义改造过程中，上海纺织企业家徐义德（右）和家眷林婉芝陷入彷徨之中

这里还有一段花絮。电视连续剧《上海的早晨》原定作为国庆 40 周年的献礼片，但是留给剧组的时间屈指可数，不到一年了。剧组于 1988 年 11 月下旬开机，到了

1989年5月，不到6个月的时间，需要安排完18集529段内容的戏，将近5000个镜头。然后，要用3个月时间剪辑画面和配音，做完全部后期工作，要赶在1989年9月上旬全部完成，这确实是一项艰巨而浩繁的工程。可是，任何困难都难不倒具有坚强毅力和顽强信心去克服困难的电影人。随后，各部门根据导演张戈的设想和要求，努力进行工作。

如何塑造民族资本家，这也是一个不小的问题。1988年12月15日，上海《文学报》发表记者采访导演张戈的报道《又一个〈上海的早晨〉》，其中就有这样一段问答：

记者问："小说写作的年代和今天已经是两个不同的时代了，作家在对待民族资本家的问题上，受到当时社会的局限，电视剧在改编上作了哪些调整？"

张戈说："应该承认，以往几十年里，我们是从反面来塑造民族资本家的两面性，过于偏重批判其消极的一面。原著在对民族资本家唯利是图、损人利己、尔虞我诈等方面有充分的揭露，电视剧中对此都予以保留。同时，剧中也突出表现他们有爱国心，追求事业，善于经营管理和生活方式上的文明、高雅、有修养的一面……"

从记者提的问题可以看出，他们认为"作家对待民族资本家等问题上，受到当时社会的局限"，希望电视剧加以"调整"。

1988年12月31日，上海《电影时报》记者在对《上海的早晨》加紧拍摄的报道中也提出："周而复的原作《上海的早晨》问世已经30年了，作品经受了时间的考验。可是，小说对主要人物的刻画，缺陷也是很明显的，怎样使这部作品为当代观众所接受和喜爱呢？导演张戈认为，拍片要渗透强烈的反思意识……"

不管是昨天的民族资本家，还是今天的民营私营企业家，也不管是中国的资本家，还是外国的资本家，世界上没有不剥削劳动力的资本家，资本家是剥削的产儿，这是有定论的。当然，中国的民族资产阶级和民族资本家具有两面性，这是和其他国家的资本家不同的地方。

塑造民族资本家当然不能离开社会和历史的条件，不能不受"当时社会的局限"，更不能离开民族资本家的本性而去塑造，资产阶级和资本家的基本属性不会因不同的社会和历史条件而根本改变，这是常识问题。拍摄期间，张戈导演保留了原著中描写民族资产阶级有剥削工人阶级取得利润的一面。

1989 年 9 月，电视剧《上海的早晨》在上海电视台首先播出后，各界观众反响强烈，收视率达 50%以上，是当年国产电视剧收视率居高的几部之一。后来，剧组在广泛听取原上海工商业者意见的基础上，又对该剧作了某些修改。

1990 年 1 月 27 日，在马年春节的黄金时间段，央视开始播送 18 集电视连续剧《上海的早晨》。

《上海的早晨》第一部于 1958 年在《收获》双月刊发表，同年下半年出版，历经漫长的曲折之路。在度过 30 多个波涛汹涌的春秋之后，终于在荧屏上和广大观众见面了，它与长篇小说《上海的早晨》一起，给后人留下了中华人民共和国社会主义建设的一段真切记忆。

泥土上的大变革
——书写新中国农村波澜壮阔的《创业史》

和　谷

柳青的长篇小说《创业史》，是中国当代文学史上一部里程碑式的经典作品。这部小说以终南山下梁生宝互助组的发展为线索，真实反映了中国农业社会主义改造进程中的时代风貌和农民思想情感的嬗变。作者要回答的是"中国农村为什么会发生社会主义革命和这次革命是怎样发生的"这一创作主题思想。

《创业史》与《红日》《红岩》《红旗谱》被称为中华人民共和国成立后17年长篇小说代表作"三红一创"，蕴藏着柳青14年农村生活的丰厚积累，具有思想的深刻性和美学的创造性，被誉为史诗之作。2019年9月，入选"新中国70年70部长篇小说典藏"。

农业合作化生活的史诗

1959年春天，西安建国路作家协会的庭院花开花谢。4月号《延河》杂志出刊，发表了柳青的长篇小说《创业史》第一部《稻地风波》，连载至11月号载完。翌年5月，即由中国青年出版社出版。

1978年2月起，《创业史》第二部在《延河》连载。小说原计划写四部，仅修改了第二部前十三章后，其余还没有来得及定稿，作者就因病逝世，所以中国青年出版社仅出版了《创业史》第二部。

《创业史》运用现实主义的创作方法，把农业合作化放在历史演进的趋势中去考量，塑造了梁生宝这一新人物代表的形象，描绘了他在与郭振山等人物的矛盾冲突中形成影响力的过程。

作品从1929年的大饥荒切入故事。蛤蟆滩丧了妻的梁三老汉，从灾民群中将宝娃母子领进了草房院，梦想与改名梁生宝的养子再创家业。勤劳的梁三老汉辛苦多年，光景依旧，创业的希望寄托在了梁生宝的身上。因为他的出身和苦难经历以及党员身份，梁生宝拥有了国家主人翁的地位，具备了代表群众利益的充分理由，成为贫雇农互助组带头人，与以梁三老汉为代表的中间人物拉开距离，在磨砺成长中谱写了新生活时代的创业史。

柳青

梁生宝代表了农村社会对党的政策的深刻理解，他厚道的人品广为称道，具有民间意义上的英雄情结，体现了优秀文化传统的特质。在谁来掌握乡亲们生活的沉浮这一问题上，梁生宝与村代表主任郭振山产生了矛盾纠葛。梁生宝买稻种，进山割竹子，帮助困难户度春荒，郭振山却埋头改旱地为水田，追赶富裕户郭世富。他的自私自利，对互助合作生产的消极抵制，对梁生宝一心为公的事业构成了威胁。二者的冲突，是新旧两位代表主任的矛盾；是做底层群众的公仆，还是为自己捞取权势和荣誉的矛盾。梁生宝思想觉悟高，沉着冷静，具备了一个基层党员干部应有的品格特征。

在互助创业之路上，梁生宝的内在动因还在于其善良天性和自尊的统一，具备新一代农民善于接受新事物的思想境界。而梁三老汉的身上，有庄稼人朴实的发家立业的愿望，土改分地得到十来亩稻地，让他有了强烈的个体致富愿望，但加入合作社后，他就不乐意了。梁三老汉进进出出，想的是叫儿子听他的，还是他听儿子的。父子之间的矛盾，使梁生宝认识到将一切事物都纳入集体主义中来，个人的奋斗微不足道，集体的成功才是至关重要的。在进行农业合作化的几件事中，通过共同劳动体现了集体力量和合作化的优越性及发展趋向。

作品在塑造农村社会主义改革中的众生群像时，浓墨重彩地描绘了妇女群体的生动形象，男权传统思想禁锢下的女性，在变革中深层地体现了社会进步的本质。与梁生宝恋爱的俊女子徐改霞，抗婚解除了旧婚约，其缘由并不是因为丈夫长得丑，而是她对婚姻有着自己的追求，要找一个思想进步的生活有意义的青年，她才情愿把自己的命运和他的命运扭在一起。对于爱情，她有着懵懂的理解，不管男方是什么英雄或者模范，还要自己从心里喜欢，待在一块才心顺快乐和满意。她开始对梁生宝一往情深，主动找一切机会向梁生宝表白，但想到梁生宝和她都是强性子的年轻人，又都热心于社会活动，结了亲是不是一定好呢？而后她清醒地认识了自己，毅然斩断情丝进入工厂。她要将个人从家庭的束缚中解脱出来，渴望女性切身的解放。在徐改霞身上，显然看到了女性独立思考人生价值的品质，开始真正独立自主掌握自己的命运。

《创业史》还塑造了梁秀兰和赵素芳这两个青年女性，前者是被人肯定和赞扬的，后者则是被拯救的，揭示了女性生存的精神状态。梁秀兰是一个典型的传统女性，过着和她母亲经历过的一样的生活，是一个几乎失掉自我的人物，演绎了传统社会赋予女性在家庭中的角色。符合社会规范的举止行为，使得她们没有受过家庭暴力，也没有受过世俗异样的眼光。即使是走向新生活的徐改霞，也对梁秀兰有着深深的敬意。徐改霞可以抗婚，刘淑良在离婚后可以找到梁生宝这个大家公认的好小伙，而可怜的赵素芳不能，她终究是一个悲剧角色。

作品中的赵素芳，在年少时遭遇小流氓诱骗失身，旧的礼教家法给她以灵魂的摧残。二直杠倚仗宗法家长威严的地位，不让她参加社会活动，致使她一直生活在封闭的角落里。互助合作的暖风，从经济上瓦解了宗法家长制的禁锢，她才有可能从茅草棚里被解放出来。但因不理解生活中的某些丑恶，在爱情上的缺失，导致她最终屈服了姚士杰强加于她的凌辱。之后，她对自己和姚士杰的关系感到恐惧和厌恶，从而挣脱了枷锁，精神抖擞地要和弱智丈夫好好劳动过日子。

在《创业史》中，故事主要通过叙述人来描绘。这个叙述人是事件的参加者，在叙述过程中表明自己鲜明的爱憎，揭示各阶级人物的心理情景。通过一个干部、农民、老妇、姑娘、少年等的眼光来观察事物，窥探作品中人物的心灵。小说以其优美的文字讲述曲折动人的故事，从而引人入胜，感染了一代代读者，历久弥新。

与党的农村合作化政策相呼应

《创业史》以现实主义的抒情笔调，不仅描绘了社会主义特定时期的精神风貌，塑造了农村变革中众多鲜明的人物形象，同时注重思想观念的导向，在演绎故事的过程中，适当运用时政引语进入小说，探索了叙述干预的特色。这种方法便在文本内部形成了一种奇妙的互文性，即党和国家农业政策与小说故事内容相互对照，把抽象而理性的政令与形象和感性的小说故事完整地结合起来，使两者共存于一个文本。

中国农村为什么会发生社会主义革命，这次革命是怎样进行的？为了使读者理解这一重大课题，《创业史》采用了以故事框架为主而叙述干预穿插其间的方法。为了使读者不至于模糊作者的观点，有意在恰当的地方加上评论，使思想内容更明显更强烈。这一创作手法，既避免了由于作者声音过多而打断故事进程，也表明了作者所追求的思想指向，更解决了现实与理想被割裂的难题。

在《创业史》第一部的结局部分，作者写道：

生活不断地向推动历史车轮前进的人，提出各种各样的问题——政治的、经济的和社会的问题。有些人能够凭借自己的工人阶级觉悟，回答这些问题。有些人不能回答这些问题——不能完全回答或者完全不能回答。在这样的时候，社会上就出现了复杂的现象。一部分具有高度工人阶级自觉和坚定正确立场的人，奋不顾身地抗击阻碍历史前进的旧势力。另一部分觉悟不够和观点模糊的人，就会在复杂的斗争面前迷茫蹉跎、等待观望了。当然，还有少部分觉悟很差、观点不正确的人，三摇两摆，就迷失方向了。在社会主义的历史时期，这本书的第一部描写的一九五三年，就是这样。

一九五三年八月，毛泽东同志审阅周恩来同志在全国财经工作会议上的结论时，写了这样的重要批示：

“从中华人民共和国成立，到社会主义改造基本完成，这是一个过渡时期。党在这个过渡时期的总路线和总任务，是要在一个相当长的时期内，基本上实现国家工业化和对农业、手工业、资本主义工商业的社会主义改造。这条总路线，应是照耀我们各项工作的灯塔，各项工作离开它，就要犯右倾或‘左’倾的错误。”

一九五三年十月，中共中央关于实行粮食计划收购与计划供应的决议，提出了向农民宣传总路线的任务，就把创业时代人民领袖的这个论点，更加具体化了。

“必须使他们懂得党在过渡时期的总路线和总任务，即是要在三个五年计划内，或者说大约十五年左右的时间内，将我们的国家建设成为一个伟大的社会主义国家，使我国由新民主主义过渡到社会主义。使他们懂得只有实行党在过渡时期中对于农业的社会主义改造的方针，即按照农民自愿的原则经过发展互助合作的道路，在十五年左右的时间内，一步一步地引导农业过渡到社会主义的方针，才能一步一步地发展农业生产力，提高农业的产量，才能使所有农民真正脱离贫困的境地，而日益富裕起来，并使国家得到大量的商品粮食及其他农产品。”

一九五三年十月，中共中央召开了第三次农业互助合作会议。迎接粮食统购统销和过渡时期总路线宣传以后的新形势。这次会议决定全国所有的县，普遍建立农业合作社。毛泽东同志指出：“在新区，无论大中小县，要在今冬明春，经过充分准备，办好一个到两个合作社……只要合乎条件，合乎章程、决议，是自愿的，有强的领导骨干（主要是两条：公道，能干），办得好，那是韩信将兵，多多益善。”

看吧！社会主义力量，在一九五三年冬天，要占领全国的乡村阵地了。几千年分散的中国农村社会，在一九五三年的冬天，从根基上开始动荡起来了……

接着，小说叙述道，蛤蟆滩的粮食统购统销工作，根据党的十月决议，按期在一九五三年十二月初开始了。“把粮食卖给国家，支援工业化！”“互助合作的道路，是大家富裕的道路！”“十五年左右的时间，一家一户的庄稼就统统入了农业生产合作社啦！”这些话，从乡政府说到行政村，说到庄稼院，说到老婆婆们坐的热炕头上。所有人都在计算：十五年后，自己多大岁数了。

1981 年 6 月 27 日，中国共产党第十一届中央委员会第六次全体会议通过的《关于建国以来党的若干历史问题的决议》指出：

一九五二年，党中央按照毛泽东同志的建议，提出了过渡时期的总路线：要在一个相当长的时期内，逐步实现国家的社会主义工业化，并逐步实现国家对农业、对手工业和对资本主义工商业的社会主义改造。这个总路线反映了历史的必然性。

一、国家的社会主义工业化，是国家独立和富强的当然要求和必要条件。

二、新民主主义革命在全国胜利和土地制度改革在全国完成以后，国内的主要矛盾已经转为工人阶级和资产阶级之间、社会主义道路和资本主义道路之间的矛盾。国家需要有利于国计民生的资本主义工商业有一定的发展，但资本主义工商业的发展也必然出现不利于国计民生的一面，这就不能不发生限制和反限制的斗争。在资本主义企业和国家的各项经济政策之间，在它们和社会主义国营经济之间，在它们和本企业职工、全国各族人民之间，利益冲突越来越明显。打击投机倒把、调整和改组工商业、进行“五反”运动、工人监督生产、粮棉统购统销等一系列必要的措施和步骤，必然地把原来落后、混乱、畸形发展、唯利是图的资本主义工商业逐步引上社会主义改造的道路。

三、我国个体农民，特别是在土地改革中新获得土地而缺少其他生产资料的贫农下中农，为了避免重新借高利贷甚至典让和出卖土地，产生两极分化，为了发展生产，兴修水利，抗御自然灾害，采用农业机械和其他新技术，确有走互助合作道路的要求。随着工业化的发展，一方面对农产品的需要日益增大，一方面对农业技术改造的支援日益增强，这也是促进个体农业向合作化方向发展的一个动力。历史证明，党提出的过渡时期总路线是完全正确的。

《创业史》正是作者深入生活，扎根人民，用心血书写的新中国成立初期农村社会主义革命阶段的真实历程，用精湛的艺术形式生动诠释了个体农民在党领导下走互助合作道路的实践，讲述了创业时代的故事。文学是时代的投影，《创业史》形象化地记录了这一时期党的历史，具有深刻的思想和艺术价值。

《创业史》的地位和影响力

“春雨唰唰地下着。透过外面淌着雨水的玻璃车窗，看见秦岭西部太白山的远峰、松坡，渭河上游的平原、竹林、乡村和市镇，百里烟波，都笼罩在白茫茫的春雨中。”这是中学课文《创业史》中《梁生宝买稻种》的一节文字，牢记在一代代文学青年的心中，滋养了他们的精神世界。

路遥是柳青虔诚的追随者，他在《柳青的遗产》一文中写道：“柳青是这样的一种人，他时刻把公民性和艺术家巨大的诗情溶解在一起。作为一个艺术家，他始终像燃烧的火焰和激荡的水流。柳青留下的文学遗产，是一笔珍贵的精神财富。”

为众多读者所倾慕的《人生》《平凡的世界》，正是路遥步柳青之后，把艺术视野置于人民大众所普遍关心和迫切期望解决的社会问题上，而创作出的当代文学经典。

柳青忠实执行党在建设初期总路线的方针政策，是实践社会主义农业合作化的积极推动者。《创业史》所真实记录的那个特定时代，是对苏联社会主义集体农庄的道路，一种发自内心的向往。

冯牧评价说：“《创业史》当中成功地塑造了许多人物形象。”

朱寨说：“《创业史》中的人物都是有个性的，精神面貌轮廓是清楚的。而这些人物之所以给人留下如此显明的印象，是由于他们都具有这一历史时期鲜明的时代色彩和突出的阶级特性。”

柳青（前排左一）和农民一起劳动

李希凡认为：“梁生宝是‘历史、时代、现实和理想’的结晶，这些英雄形象的真实的性格内容，既高唱着豪迈的语言，雄壮的调子，又显示了鲜明的色彩，成为鼓舞和教育人民的榜样。”

白烨写道：“小说一方面通过在渭河平原蛤蟆滩这一典型环境中曲折展开的合作化运动，来描绘我国农业社会主义改造进程中的历史风貌；另一方面，通过梁生宝、梁三老汉等一批个性鲜明的典型人物，来表现这一时期农民思想情感的转变。小说出版后，因其‘反映农村广阔生活的深刻程度和创造了一组达到相当艺术水平的人物’，而受到文学界的交口称赞。问世60多年来，《创业史》所体现的伟大的现实主义精神作为宝贵的文学财富，影响了一代又一代中国作家。如何深入生活、扎根人民，从生活走向艺术，让艺术回归生活，柳青通过《创业史》给后来者树立了重要榜样。”

在柳青的作品里，农民有着根深蒂固的道德理想，梁生宝是在中国传统文化，也就是在儒教的宗法制度的思想熏陶下生活的，首先是勤劳，其次是善良。这种传统的道德理念，在日益现代性的趋向中产生了裂变与延续。

柳青的《创业史》，真实叙写了中华人民共和国成立以后十几年农村的生存变革和人的精神状态，辩证地认知了不同历史阶段的人的价值观和心态，柳青所书写的创业史话，提供了当下乡土来龙去脉的可贵资源和一种精神动力。

当下的中国乡村文化，正处于一种主流导向与多元化并存的状态。在当年柳青写《创业史》的地方，有着过往的追忆，同时听得到泥土对新一代作家的深情呼唤。

共产主义战士的壮丽颂歌
——长篇小说《欧阳海之歌》诞生记

董保存

《欧阳海之歌》是一部在 20 世纪 60 年代风靡全国的长篇纪实小说，伟大的共产主义战士欧阳海的形象通过这部小说走进了千百万读者心中，鼓舞了一代人为了理想和真理而奋斗牺牲。小说的作者金敬迈也因这部作品的成功而声名大震。下面，我们一起来了解这部红色经典背后的故事。

真实的欧阳海

1965 年 7 月，上海《收获》杂志发表了金敬迈创作的长篇纪实小说《欧阳海之歌》。

欧阳海

小说以欧阳海的成长经历为主线，描写了欧阳海在短短的 23 年的人生里，在处理个人和集体的关系上，在对待荣誉的态度上，在自我改造的思想斗争中，在帮助同志方面，在各种困难面前，一步一个脚印地成长着，一步一个高度地朝顶峰攀登，最终百炼成钢，成为伟大的共产主义战士。小说中的欧阳海，既是生活中欧阳海的真实写照，也是共产主义战士和千百万革命战士精神面貌的高度概括。小说同时生动地反映了全军学习毛主席著作，坚持“四个第一”、大兴“三八作风”的崭新面貌。

《欧阳海之歌》的原型欧阳海，出生在湖南桂阳县一个山村的贫苦人家，因怕抽丁而被起了一个女孩名字。1958年，欧阳海参军当了工兵，生活艰苦，任务繁重，但他从不叫苦。在党的培养下，他入团、入党，当了班长。在人民军队这个革命的大熔炉里，他一步一个脚印地进步着、成长着，成为一名自觉的共产主义战士。

1963年11月18日早晨，欧阳海所在的炮兵分队在野营拉练途中，正沿着铁轨东侧行进。一列满载旅客的火车迎面驶来，一匹驮着钢炮的战马受了惊，奔向铁轨中间。战士拉断了缰绳，战马仍纹丝不动！火车轰隆隆地开过来了，再有几秒钟，就将与战马相撞。眼看车毁人亡的一幕惨剧就要上演，在这千钧一发之际，欧阳海猛冲上去，用尽全身力气把战马推下轨道，600多名旅客得救了，年仅23岁的英雄战士欧阳海却倒在血泊之中……

欧阳海牺牲后，广州军区党委追授他一等功和“爱民模范”荣誉称号。1964年1月22日，国防部命名他生前所在的班为“欧阳海班”，并号召全军指战员学习欧阳海同志全心全意为人民服务的高尚品质。朱德、董必武、贺龙、徐向前、聂荣臻、叶剑英等党和国家领导人分别题词，高度赞扬欧阳海的英雄行为。

《欧阳海之歌》应运而生

1949年6月，祖籍江苏南京的金敬迈，在解放战争最后的炮火硝烟中参加了中国人民解放军。金敬迈一开始便在部队从事文艺工作，先后担任秧歌剧、歌剧、舞蹈及话剧演员，还演奏过乐器，做过舞台灯光工作，后因摔伤而改行从事文学创作。

1963年下部队体验生活时，金敬迈偶然听说有支部队发生了这样一件事：一个普通战士因和指导员闹矛盾，越级给军区的一位领导写信，信中详尽描述了他和指导员闹矛盾并产生分歧的由来和发展。后来，这个战士在一次事故中牺牲了。一个战士敢为是非而抗上，这引起了金敬迈的好奇。金敬迈进一步调查后，被这个叫欧阳海的战士的英勇事迹深深地吸引并感动了。于是，金敬迈跟领导汇报说想写个话剧。领导说：“很好啊！但就是这火车上不了舞台。”金敬迈想，能不能写个小说呢？但这个想法当时并未得到领导的认同。又过了一段时间，领导却来了指示，正式交给他以欧阳海为原型创作小说的任务，金敬迈有点儿赌气地受领了任务。

因为和领导赌气，更因为英雄的事迹鼓舞着他，凭着一股倔劲，金敬迈只用 28 天就写出了 30 万字的《欧阳海之歌》。一支新买的花杆派克笔都写秃了。

1965 年 7 月，《欧阳海之歌》在上海《收获》杂志上率先发表。巴金对金敬迈说：“响鼓也用重槌敲，你写的这句话好啊！”4 个月后，解放军文艺社正式出书，全国各地书店出现排队买书的长龙。《欧阳海之歌》正式出版前，解放军文艺社印了几十本白皮书，送给毛泽东、周恩来、刘少奇等中央领导审看。刘少奇询问这本书印了多少册，出版社报告准备印 15 万册。刘少奇说：“这样的好书初版印 15 万册太少，印 1500 万册也不多。”陈毅夸赞《欧阳海之歌》是“带有划时代意义的作品，是我们文学史上的一块新的里程碑”。陶铸则要求中南地区凡有阅读能力的干部、党员和群众都要好好读读这本书。

彭德怀的批语

《欧阳海之歌》出版后，读者争相阅读，迅速产生了巨大的社会反响。毫不夸张地说，小说感动了数以百万计甚至千万计的广大读者，人民战士欧阳海的光辉形象通过这部小说走进了千百万读者心中。

1966 年初，被安排到西南三线建设委员会担任第三副总指挥的彭德怀，在成都新华书店买到了这本书。他先后读了三遍，其中用红笔画了线的就有 148 页，写了批注和眉批的有 80 页，共 1833 字。在这些批注中，可以看出彭德怀在阅读时产生了怎样的感想和联想，又产生了多么强烈的情感共鸣。

这里摘录几段彭总写在《欧阳海之歌》书上的批语，以飨读者。

在看到欧阳海还没有参军前，就帮助剿匪部队侦察到残匪刘大斗躲藏的山洞，剿灭了残匪，活捉了刘大斗和伪保长这一段时，彭德怀写道：“小海啊！今天为苦难的人民，也为你自己解放立了一功，到大海时，你就会成为一个最勇敢的革命战士——无产阶级战士。”

在《火车头》一章，描写欧阳海想着连长关于“火车头”的谈话，觉得自己作为一个小小的车头，没有尽到责任。作为一名党员、班长，还有很多缺点要改正，还有很多任务等着自己去完成。读到此处，彭德怀写下：“这是多么诚实忠诚的革命战士的心里话。”

久经磨难的彭德怀元帅，是一个不忘初心的人。不管遇到什么风浪，他的理想信念都没有产生过动摇。在读《欧阳海之歌》时，凡是写到理想信念的内容，他总要发一番感慨。

读到第 436 页看到欧阳海说：“人活着嘛，总是为了劳动……我呀，要是不让我干活，不让我工作，哪怕让我活上一百八十岁我也不干。活着也是个废物嘛！”彭德怀写道：“这话是真的，已有深体会！”

指导员曾武军对欧阳海说：“每一个共产党指导员，活着，为了党的事业战斗；死，为了党的事业献身……我们的前辈，我们这一辈，下一辈，下十辈人，还要继续斗争下去。”彭德怀感叹：“这是多么大的热情和热力啊！”

欧阳海牺牲前的一段描写，曾被不少评论赞赏：“‘停止前进！火车来了。’突然，驮炮的战马受惊朝轨道上奔去！钢炮横在铁轨中间，4 秒钟内车头就将与战马相撞。一刹那，欧阳海冲上来啦。一个信念推动着他：‘为共产主义理想献身的时刻到了！共产党员应该冲上前去！’”在这里，彭德怀先画了一个

歌咏伟大的战士欧阳海雕塑

大红惊叹号，写道“他的信念只一个”，后面又画了两个惊叹号。

“欧阳海冲上了铁路！抢在车头到达之前，拼尽全力推开了战马！”“满载旅客的列车免遭颠覆！旅客的生命得救了……共产党员欧阳海却被巨大的火车卷进车轮底下，倒在血泊中……”彭德怀在这后面画了3个惊叹号，写了8个字：“生的伟大，死的光荣！”

战友刘延生从欧阳海的衣兜里掏出被鲜血染红了的笔记本。笔记本第1页上清晰地写着：“即使有一天，这个世界上没有了我，我也仍然衷心地相信共产主义的理想必然胜利，一定会有更多觉醒了的人为它战斗！”彭德怀在这里写下注脚：“欧阳海的一生是伟大的一生，永远不朽，他的革命精神将教育千千万万人民，成百的欧阳海将站立起来！”

艺术篇

桂花飘香颂红军

——红军歌曲《八月桂花遍地开》传唱九十余年

朱冬生

《八月桂花遍地开》这支革命歌曲，早在人民军队初创时期，就先后在鄂豫皖、川陕甘地区的红军和人民群众中传唱。到了抗日战争和解放战争时期，这支红军歌曲从冀鲁边、苏鲁豫唱到东三省，从长城内外，唱到黄河、淮河两岸、长江南北，从陆军唱到海空军等其他部队，几乎唱遍全中国。

《八月桂花遍地开》源自土地革命战争时期的大别山苏区，再延续到解放战争时期的第十二、第十三军等许多有红军历史的部队，他们都把这支红军歌曲作为本部队历史的一部分。从 1929 年 4 月到今天，这支红军歌曲已经传唱了 90 多年。当年红四方面军的洪学智、周纯麟、徐光友、徐兴华、史群英、张文等老一辈革命家在自己的回忆录里或他们谈及人民军队历史的时候，都会谈起这支红军歌曲，因为这支红军歌曲已成为他们传奇人生的精彩华章。

1929 年 5 月 6 日，中国共产党领导了豫东南地区的商南起义（又叫立夏节起义）取得了胜利。8 月的一天，高山环绕的南溪大王庙宗氏祠堂广场上，红旗招展，大刀闪光，梭镖林立，锣鼓喧天，群情沸腾。从商城南区各地赶来的联庄队、兄弟会、穷人会的 2 万多名贫苦农民，兴高采烈地来参加庆祝商南苏维埃成立大会。为这次庆祝大会专门排练演唱的《八月桂花遍地开》《庆祝成立工农民主政府》成了大会的高潮。会议召开之前的两小时，就以百人为小组，分别学唱这首红军歌曲。这支歌本就是以当地老百姓熟悉的家乡小调谱写的，所以参加会议的 2 万多人，在祠堂周围的山坳中、平原里、高山上，传唱和练习这支刚刚诞生的红军歌曲。大会召开的时候，全场高唱《八月桂花遍地开》，2 万多人的歌声就像一股巨大的音乐洪流，声震大地，传遍四野。

诞生在战火烽烟里

《八月桂花遍地开》源于大别山民歌小调。为祝贺起义的成功，庆祝苏维埃政权的建立，有必要举行庆祝大会，起义的组织者认为，这是一件大事，需要一支好听的歌曲来纪念它。这个任务就交给了师红日剧团王霁初。王霁初创作的民歌小调在红军队伍里是出了名的。立夏节起义胜利的当夜，王霁初就根据四句头民歌的句式，五五七五的字数，一夜之间编了《取商城》的歌曲，前两段的歌词是：

民国十八春，
红军打商城，
打得敌人乱纷纷，
喜坏我穷人。

《八月桂花遍地开》演出剧照

二十五日早，
红军计划好，
手提油条肩担草，
就把城破了。

团政治处的同志找到王霁初，让他编一首革命歌曲，歌唱红军，歌唱苏维埃。王霁初当着团政治处同志的面，就把一肚子的歌曲都唱了出来让他们挑。他先唱了一支《淮调》，大家认为这个调子有点悲伤；他再唱了个《砍柴调》，大家觉得有点软绵绵；他又唱了个《手扶栏杆》，大家又觉得太俗气了。就这样，王霁初唱了一首又一首，大家挑过来挑过去，最后选中了《八段锦》这个调。于是，大家叫他再重唱一遍。他一张口，歌声就像一股清泉水涌出来，真好听！

《八段锦》调的原词是：

小小鲤鱼压红腮，上江游到下呀嘛下江来。
头摇尾巴摆呀哈，头摇尾巴摆呀哈，
打一把小金钩钓呀嘛钓上来。
小呀郎来呀啊，小呀郎来呀啊，
不为冤家不到此处来。

唱罢大家拍手说："这么欢快的调子，配得上歌唱苏维埃。"于是，由县苏维埃负责宣传的陈世鸿按照王霁初的句式要求填词，经县委书记吴靖宇修改后，再交给王霁初配上《八段锦》的调。因为这首歌的第一句是"八月桂花遍地开"，所以歌名就叫《八月桂花遍地开》。鄂豫皖地区第一支红军歌曲就这样诞生了。庆祝大会那一天，全场两万多军民齐声高唱：

八月桂花遍地开，
鲜红的旗子竖呀嘛竖起来。
张灯又结彩呀啊，张灯又结彩呀啊，
光华灿烂现出新世界。

亲爱的工友们呀啊，亲爱的农友们呀啊，
唱一曲国际歌庆祝苏维埃。

在演唱这首歌曲的时候，王霁初还找来了几十面锣鼓和唢呐同时伴奏。随着咚咚嚓的锣鼓声和高亢的唢呐声，这优美的旋律，欢快的节奏，引得所有到会的红军战士、工人和农友们齐声高唱。由于这支歌的曲调大家熟悉，又是采用当地民歌的唱法，衬字也完全是当地的用语，什么“呀，嘛，啊，啦”，人们一听就会。会上唱完了，会后十里八乡的老百姓也就学会了。儿童团员们又把这支歌编成舞蹈来跳，一下子这支劳苦大众心中的歌，像张开翅膀的小燕子，从大街飞到小巷，从城里飞到乡村，很快传遍了鄂豫皖根据地，男女老幼都会唱了。

当兵打仗的号召书

商城起义的胜利，产生了中国工农红军第十一军第三十二师。随后在皖西的六（安）霍（山）起义之后，又成立了红三十三师。这两支红军部队的建立，对国民党当局震动极大，蒋介石与阎锡山、冯玉祥中原混战一结束，就腾出手来准备“围剿”这两支红军部队。鄂豫皖地区的党和红军部队立即准备反“围剿”，扩充兵员是首要任务。这两支红军部队所在的商城、新县、金寨、霍邱、六安等十多个县立即投入动员与扩招青年加入红军的工作。

王霁初也参加了“扩红”，所有“扩红”小分队，都用唱歌、跳秧歌、快板书等群众喜闻乐见的方法宣传红军的“扩红”工作，效果挺好。王霁初就把他新编的《八月桂花遍地开》组成了女兵小合唱，更是深受老百姓的欢迎。听了这支歌，学会了这支歌，青年男女纷纷加入了红军队伍。这一征兵方式很快就被部队和许多地方党委发现并加以推广。在这一时期之内，差不多有上百支“扩红”小分队，用《八月桂花遍地开》的歌声，号召一批又一批男女青年加入红军队伍。

老革命家周纯麟后来在回忆到这一历史场景时十分激动，他说，当年鄂豫皖红军部队人数那么多，兵强马壮，和《八月桂花遍地开》这首革命歌曲的号召力有着很大的关系。

老红军张文是洪学智的夫人，1919 年出生在四川省通江县洪口镇一个贫苦的农民家庭，父母租种地主的田地，一家人辛辛苦苦干一年，也不过是“糠菜半年粮”的生活。遇上不好的年景，地主的租子交不上，一家人还要忍饥挨饿。她 9 岁那年，父亲双目失明，张文只好到地主家当用人。1932 年底，红四方面军西行转战三千里，来到了张文的家乡。张文说，红军来了以后，大街上歌声一片，尤其《八月桂花遍地开》这首歌特别好听，也深深地打动了她。她就是听了这首歌参加红军的。张文说，她入伍以后在红军被服厂工作，被服厂几百个红军女战士大多是听了这支歌当的兵。

《八月桂花遍地开》成了部队征兵最有力的号召书，也成了红四方面军所有部队在征兵动员期间唱得最响亮的一支革命歌曲，只要这支歌一唱，热血的男女青年听到了就想当兵。这开始是红四方面军的做法，后来红一方面军、红二方面军也把这首歌用于征兵动员。抗日战争、解放战争，直到全国解放后，只要是在征兵期间，各征兵站总是用录音机不断地播放这支红军时期的革命歌曲。

完成战斗任务的动员令

《八月桂花遍地开》这支革命歌曲的魅力和影响力、感染力是难以用语言来表述的，它已经成为人民军队宝贵的精神财富。

桂花飘香颂红军雕塑

洪学智曾经这样评价：“我们在战争年代，这支歌就好像是战斗的动员令，在条件允许的情况下，红四方面军的部队只要一打仗都要唱这支歌。班里唱，排里唱，连里唱，营里唱，全团、全师、全军唱。”1932年3月，洪学智在红四军第十师第二十九团任连长，在打苏家埠战役之前，由于仗打多了，部队有些疲惫，战斗精神不足。洪学智为了提振连队的战斗士气，就把全连带到一个山坳里，比赛唱《八月桂花遍地开》。他在比赛前宣布，哪个班唱歌比赛得第一，这个班就当主攻班。这样一来，全连的劲头就全上来了。

洪学智还说，那个时候连队的政治思想工作十分活跃，通过唱革命歌曲来调动战士打击敌人的积极性这个做法非常普遍。他说，在强渡嘉陵江的一次战斗中，一个担任主攻任务的连指导员跑到营长面前抱怨，说敌人的碉堡太坚固，久攻不下，战士们有点沉不住气，怎么办？营长让这位指导员把担任主攻任务的突击队集中到一个山坳里唱三遍《八月桂花遍地开》，再打，保证攻下来。果不其然，《八月桂花遍地开》一唱，担任突击队的班排嗷嗷叫，一上阵，敌人的碉堡就打下来了。后来，红四方面军在进行“六路围攻”、突破嘉陵江大战前都号召部队要唱这支歌，先后打了许多大胜仗。洪学智还说，部队越是在艰难困苦的时候，越要有战斗精神。红四方面军克服了三过草地的艰难险阻，也克服了部队在严重缺粮的时候身体的极度虚弱，但是部队就是不缺战斗精神和革命意志。徐光友、徐兴华和史群英等许多红军老战士在谈到自己革命经历的时候，他们最忘不掉的就是唱《八月桂花遍地开》，他们都认为这支红军歌曲给他们一生带来无尽的革命斗志和坚定的信仰力量。

红四方面军先在鄂豫皖地区开展斗争，1932年冬，部分西行转战三千里，到了川陕甘地区。远离家乡，远离故土，远离父母亲人，很多战士有情绪，不安心在远离家乡的川陕甘地区作战。部队马上要发起嘉陵江战役了，针对这种思想情绪，红四方面军政治部主任洪学智要求全军各师、团政治工作领导干部，要把《八月桂花遍地开》在部队唱响，告诉每个战士，我们的任务是打败国民党反动派，解放全中国。鄂豫皖是我们的家乡，川陕甘也是我们的家乡，今后我们要到更大的战场上去作战，祖国的每一寸土地，都是我们红军战士的家乡。我们唱响《八月桂花遍地开》，既要爱我们出生的小家乡，更要爱我们对敌斗争英勇作战的大家乡。洪学智说，后来他在延安听了毛泽东讲的一堂课，这是他首次听到政治工作是我军生命线的革命论断。他说这句话真灵，革命歌曲就是政治工作的战斗武器，它就像生命线，一用就灵。部队越是在艰苦的情况下，只要唱了《八月桂花遍地开》，战士们的战斗积极性就上来。后来洪学智在朝鲜战场，到了他曾经所在的老部队，面对武装到牙齿的美国人和冰天雪地的战场，部队的战士们都没有忘记传唱这支革命歌曲，这支歌曲带给他们巨大的精神力量。

老红军周纯麟说，红军时期，一搞什么集体活动，红军的各个连、各个营、各个团，就唱歌拉歌，主要唱《八月桂花遍地开》这支歌。他说，上千个年轻的红军战士唱的《八月桂花遍地开》，洪亮的歌声就像革命的惊雷，像波涛汹涌的洪水，震撼和影响了鄂豫皖、川陕甘地区。

1931 年夏，原红三十二师副师长漆德伟等人从鄂豫皖调到中央根据地工作，《八月桂花遍地开》这支歌就由他们带到了中央根据地，很快在那里流传开来。1932 年 12 月，红四方面军到了四川，酷爱民歌的王霁初也随军到了四川。那时，他已经担任红四方面军文艺宣传的负责人，这支歌又被带到四川。不久，《八月桂花遍地开》就伴随着红军的足迹和影响，在全国范围内流传开来。

《八月桂花遍地开》这支革命歌曲从土地革命战争时期、抗日战争时期、解放战争时期、抗美援朝战争时期一直唱到今天，唱了 90 余年。令人欣慰的是，这支革命歌曲今天仍在全军许多部队传唱，尤其是从鄂豫皖、川陕甘走出来的部队，或在这些地区驻防的部队，都把这支红军歌曲作为传家宝，是连队、部队集会、歌咏比赛大会上重要的演唱歌曲。它已经成为战士心中生命的歌，激励人心，鼓舞士气，英勇杀敌。这支歌从鄂豫皖一直唱到全中国，从部队唱到地方，从艰苦卓绝的战争年代，一直唱到改革开放的新时代，已成为人们缅怀历史，传承红色基因，讲好中国故事的重要内容。

《八月桂花遍地开》这支革命歌曲就像一把横空出世的火炬，照亮了历史，历史不再黑暗；照亮了今天，今天光辉灿烂；照亮了未来，未来前程无限！

永垂史册的“第一军规”
——《三大纪律八项注意》诞生记

曾　散

桂东沙田，一个有着诗意名字的小镇，位于罗霄山脉的深处，被漫山遍野的杜鹃和莽莽林海围绕着。就是这个偏居一隅看似不起眼的小集镇，却足以在我军历史上留下浓墨重彩的一笔。

“革命军人个个要牢记，三大纪律八项注意。第一一切行动听指挥，步调一致才能得胜利。第二不拿群众一针线，群众对我拥护又喜欢。第三一切缴获要归公，为了减轻人民的负担。三大纪律我们要做到，八项注意切莫忘记

湖南省桂东县沙田镇“第一军规”广场

了……”

这是在湖南省桂东县沙田镇第一军规广场上循环播放着的一首著名军歌——《三大纪律八项注意》，也是桂东传唱率最高的红色歌曲。

广场上的标志性建筑——三大纪律八项注意纪念碑，是一个由碑体和底座两部分组成的花岗岩塔式纪念碑，整座碑高度为19.28米，寓意“1928年”，底座高4.3米，寓意颁布军规的日期为4月3日。由萧克亲笔题写的“毛泽东颁布三大纪律八项注意纪念碑”碑名镌刻在纪念碑上，自上而下，刚劲有力。纪念碑的前后左右各有一块巨型浮雕，真实地再现了毛泽东在沙田颁布《三大纪律六项注意》的历史事件和沙田圩的人文景观。纪念碑由11根柱子承托碑体，中间三根寓意“三大纪律”，前后八根寓意“八项注意”，纪念碑两侧的雕塑向人们述说着当年发生在沙田的革命故事，朴素而又庄重。它矗立在第一军规广场中央，也在人们心中矗立了一座丰碑。

沙田来了一支兵

1928年3月30日下午，毛泽东为策应朱德、陈毅领导的湘南起义，率领一支工农革命军由井冈山转战进驻了桂东沙田。队伍来到沙田的时候，夜幕降临，天色灰暗。兵荒马乱的年代，村民们见是当兵的来了，争相逃避，都躲到深山老林里去了。原来，国民党反动派大肆污蔑工农革命军“见屋就烧、见人就杀、见物就抢”，加上以前来到这里的军队大都烧杀抢掠，无恶不作。就在一年前，井冈山王佐率部队到了沙田，洗澡不避人，取老百姓的门板和稻草铺床，拉民夫帮着扛行李造成了十分不好的影响。

罗霄山脉巍峨耸立，横跨湘赣边界。沙田圩地处罗霄山脉南段，当时有100多间店铺，分上廊、中廊、下廊三条街道。从明朝起开始逢圩赶集，是湘南、赣南和粤北的商贾辐辏之地。

毛泽东举目所及，整个镇子空寂无人。望着偌大的圩场冷冷清清，家家户户门窗紧闭，门前落锁，他忧心忡忡。

当晚，毛泽东在万寿宫召开工农革命军第一团的负责人会议。在会上他提出，要把桂东作为巩固井冈山根据地的一个前哨。会上决定以班、排为单位组织宣传队，开展各种形式的宣传，消除群众的顾虑；发动群众打土豪，分田地，帮助建立工农政权，发展地方武装和做好军队筹款工作。

1928年3月31日，正值沙田逢圩日期。古老而又庄重的沙田戏台下，挤成了人山人海。毛泽东决定利用这个机会登台讲演。早饭前，毛泽东带着陈奇等几个营、连干部来到戏台前，看到戏台两边各立着一根柱子，对陈奇说："两边柱子上要是贴副对联就好了，你是个秀才，看写什么好？"陈奇来回踱了几圈，忽然高兴地说："有了，上联是'旧的打它个落花流水'；下联是'新的建设得灿烂光明'。"

毛泽东说："好！不愧是个秀才，对仗工稳，气势不错！不过，依余之见，'旧的'改为'旧世界'，'新的'改为'新社会'更贴切。"

大家齐赞改得好，就这样改："旧世界打个落花流水，新社会建设灿烂光明！"当即一副苍劲有力的红纸对联就贴在了戏台两边的台柱上。

圩场周围的墙壁上贴满了"打倒土豪分田地""共产党是无产阶级政党""推翻国民党统治"等标语。

上午10时许，毛泽东健步登台，发表演说。他先问大家：世上什么人最多？穷人多还是富人多？接着，他以极为生动而又通俗的话语，讲解穷人为什么穷，富人为什么富的道理，讲述工农革命军的性质和共产党的主张。他指出，中国四万万同胞，大多数是穷人。人多力量大，只要团结起来，革命只会胜，不会败。他号召穷苦工农起来打土豪、分田地，建立自己的政权，坚持与反动派斗争到底！

毛泽东的话句句在理，驱散了对革命还有所疑虑的人们心头上的乌云，点燃了革命斗争的烈火，每个人都听得心花怒放。回到村里后，大家积极投入了打土豪、分田地的斗争。

4月1日，沙田圩附近的村落里三三两两的村民聚在一起讨论着一个人，那些从沙田赶圩归来的人绘声绘色地谈论着在上廊同益布店门口与一个蓄着长发的外地人谈话的情景。这个外地人，谈了"李闯王闹革命"，农民不纳粮；谈了蒋介石背叛孙中山；谈了农民打土豪、分田地，牵着土豪劣绅去游街；还谈了工农革命军的主张。他，身着蓝色中山便装和褪了色的蓝布裤，人虽单瘦，却很有精神，个子要高出一般人一个头。讲话时，他时而挥手，时而把滑下来的头发理上去。开始时站在地上讲，看到听讲的人越来越多了，他就站到凳子上去讲。他讲话声音洪亮，幽默有趣，句句说在听众的心坎儿上，引来阵阵的笑声。

这个讲话的外地人，有人说是中国工农革命军的毛师长，有人说是毛委员。是的，此人正是毛泽东！他在紧张的工作之余，特意来到圩上走走看看，和群众谈心，把革命的道理直接告诉广大群众，因而出现了同益布店门口的热闹谈话场面。他用学来的“老表”这个湘赣边界平辈间的称谓称呼群众，使人感到格外亲切；他用“天下乌鸦一般黑”来形容国民党反动派和各地土豪劣绅都一样地压迫穷人，剥削穷人；他用一根筷子容易折，一把筷子难折断来比喻团结起来力量大……毛泽东就这样用生动的比喻，深入浅出地向这些老实巴交的山区群众讲述革命的道理，大家一听就懂，心悦诚服。特别是毛泽东讲到工农革命军是工人农民的队伍，是为穷苦老百姓谋利益的，不抓壮丁，不打穷人，不调戏妇女，不强买强卖……欢迎“老表”们都来参加工农革命军时，听众更是群情振奋，眼神中流露出热切的向往之情。

4 月 2 日，工农革命军在沙田圩后的晒布堆召开群众大会。

晒布堆上红旗招展，锣鼓喧天，梭镖林立。沙田一带的工农大众，胸前佩戴着红布条，雄赳赳气昂昂，从四面八方拥进晒布堆的草坪里。

人越聚越多，毛泽东向近万名群众作了关于开展土地革命的动员报告。他紧紧围绕为什么要开展土地革命和如何开展土地革命的问题进行讲述。并号召广大人民群众在工农兵政府领导下，积极投入打土豪、分田地的革命斗争。

在这次大会上，工农革命军把打土豪缴获的铜板、银元、衣物等分给到会群众；枪毙了给国民党反动派通风报信、杀害革命战士的反革命分子郭老保；还把几个民愤极大的土豪劣绅揪到台上示众……台下雀跃欢呼，一片欢腾。“打倒土豪分田地”“推翻国民党统治”“中国共产党万岁”的口号声此起彼落，响彻在沙田圩上空。

在毛泽东亲自领导和具体指导下，沙田一带的插牌分田运动进展顺利，成了井冈山斗争时期最早的土地革命实践之一，还积累了经验，为 1928 年 12 月制定《井冈山土地法》打下了基础。

“第一军规”诞生记

革命的顺利进展，毛泽东甚为兴奋。但要夺取革命的最后胜利，解决好革命进程中出现的各种问题，仍让毛泽东煞费苦心。

4月2日深夜，春寒料峭，窗外星辰闪烁，室内小油灯明了又暗，暗了又明。毛泽东彻夜未眠，反复思考着人民军队的建设问题。

毛泽东想到了千百年来农民起义军的兴衰成败，想到了秋收起义后建军的经验教训，想得更多的是中国工农革命军中出现的一些不正常现象。回想起前不久部队打下茶陵以后，缴获很多，公家没有要，被抢的抢了，丢的丢了，影响很不好；部队在行军途中，宿营时用了老百姓的门板，不给人家上好，用了老百姓的稻草，不替人家捆好，群众也不满意；打土豪时，也出现过将老百姓娶媳妇的嫁奁当作土豪劣绅的财物没收了……军队与老百姓，军队与地方，还有官长与士兵之间的关系，侵犯群众利益的不良倾向，党内“左”倾盲动主义的影响等问题如不加以解决，长此以往，这个“命”肯定“革”不好。想到这里，毛泽东的心情很不平静。

毛泽东再度挑亮油灯，将前几个月曾经宣讲过，但未系统成文的军队纪律，反复斟酌，逐项修改：将1927年讲过的“不拿群众一个红薯”，改为“不拿工人、农民一点东西”；把1928年1月宣布的“六项注意”第五项“上门板”、第六项“捆稻草”调整为第一项和第二项，正式系统地写下了著名的《三大纪律六项注意》。

4月3日上午，工农革命军指战员高举着红旗，整齐威武地集合在沙田圩老虎冲三十八担丘旱田里，农民赤卫队队员和刚刚组建的少年先锋队队员手持梭镖，身背大刀、鸟铳，站在工农革命军队伍的两旁，在旱田周围的小路上和斜坡上挤满了工农大众。毛泽东身穿灰布军装，严肃地向部队进行纪律教育。

毛泽东先把他昨晚通宵所考虑的问题告诉了大家，谆谆告诫同志们，无规矩不成方圆，没有纪律就不成军队，没有统一的指挥就不能打胜仗。然后，他正式颁布《三大纪律六项注意》，并扳着手指，逐条逐项进行解说。

《三大纪律》是：

一、一切行动听指挥；

二、不拿工人、农民一点东西；

三、打土豪要归公。

《六项注意》是：

一、上门板；

二、捆铺草；

三、说话和气；

四、买卖公平；

五、借东西要还；

六、损坏东西要赔。

毛泽东宣布的纪律，深受群众和工农革命军指战员的拥护。

有一天，毛泽东出访回来，在万寿宫旁的沙田戏台下看到一位衣衫褴褛、面黄肌瘦的老大娘蹲在地上。同情之心油然而生，毛泽东立即上前把她搀扶起来，询问她家的情况后，送了两套衣服和一块猪肉给她。老大娘感动得热泪盈眶。

沙田江湾村沃水屋场吴聘贤的儿子吴先林，1927年随工农革命军三营上了井冈山。这次跟毛泽东回到沙田，父子相见，格外亲热。吴聘贤老人不愿儿子再离开自己，要去找部队长官请示让儿子留下。儿子不同意，父亲仍坚持，致使吴先林心事重重。毛泽东得悉情况后，挤出时间，来到沃水屋场，与吴聘贤老人促膝谈心，嘘寒问暖，谈革命，启发老人的阶级觉悟，安慰老人放心让儿子干革命。毛泽东的一席话，说得老人口服心服，他非常激动地表示：“我的崽跟着你毛师长，我一百个放心。”

团部一个干部犯了错误，团参谋长很气愤，要打他30大板。毛泽东知道后，马上予以制止，说：“一个人免不了会犯错误。犯了错误，要批评、教育，不能用刑法嘛。我们共产党的军队对下属、对士兵，不能像国民党军一样耍军阀作风。”这使在场的官兵都很受教育，更使那个犯了错误的副官深为感动，马上作了检讨，并表示坚决改正错误。

军魂所在，胜利之本。工农革命军颁布《三大纪律六项注意》后，面貌焕然一新。军民关系的融洽，军爱民、民拥军，鱼水深情，工农革命军赢得了百姓的信任和支持，换来了战斗力的显著提升。为了使工农革命军《三大纪律六项注意》的制度真正得以贯彻执行，毛泽东还在部队中专门成立了“纪律检查组”。当部队离开一个地方后，“纪律检查组”的成员就分头到群众中去了解官兵遵守纪律的情况，并及时处理违反纪律的人和事。军队各级领导除经常对广大官兵进行思想教育，讲明执行革命纪律的重要性外，还实行监督奖励机制，对执行好的给予表彰和嘉奖，对违反纪律的则按规定进行处理。

部队将要离开沙田时，军队派出人员到战士住过的地方进行纪律检查。所到之处，仅在文昌村田心屋场发现一个借用过的水缸渗水，立即照价作了赔偿，并向户主表示了歉意。广大工农大众都为工农革命军遵纪爱民的事迹所感动。

从桂东沙田颁布的《三大纪律六项注意》到后来完善发展的《三大纪律八项注意》，其内容也根据不同历史时期的革命需要有所调整。

直至 1947 年 10 月 10 日，毛泽东发表《中国人民解放军总部关于重行颁布三大纪律八项注意的训令》，从此凝铸成中国人民解放军铁一般的“第一军规”。《三大纪律八项注意》融入了这支人民军队的血脉之中，他们将军规写在本子上，写在背包上，写在沿途群众的墙壁上，同时也镌刻在了每一位指战员的心中。

红色经典第一歌

《三大纪律八项注意》最终成为人民军队无往不胜的力量源泉，离不开歌曲《三大纪律八项注意》的广泛传唱。这首歌，承载了这支军队在长期的革命斗争中磨砺出来的行动自觉，也唱出了这支军队的军魂。

1929 年 12 月 28 日至 29 日，中国工农红军第四军在福建省上杭县召开古田会议之后，为了宣传红军的政治主张和方针政策，也为了鼓舞士气、教育部队，各个根据地都十分重视革命歌曲的创作和传唱工作，坚持把红军歌曲作为党的宣传教育和思想政治工作的基本工具。很多人民群众就是唱着红军歌曲参加了土地革命，参加了红军。

也是在这一时期，毛泽东提出的《三大纪律八项注意》被填进了当地的一首民歌曲调中，这就是最早在红军部队中传唱的《红军纪律歌》。

然而，今天我们听到的《三大纪律八项注意》歌曲是在鄂豫皖苏区的红二十五军唱出来的，歌词是军团政治部秘书长程坦根据《中国工农红军三大纪律八项注意》通告的内容编写的。

1934年9月，中央苏区的同志来到了程坦所在的鄂豫皖苏区，向他们传达《三大纪律八项注意》的内容。这时，程坦才对《三大纪律八项注意》有了进一步的了解，渐渐地，他萌生了把它变成歌词的念头。当时，程坦和军团政治部宣传科科长刘华清等人住在一起，经常把南瓜叶子当饭吃，生活十分艰苦，但他们却严守部队纪律。就是在这种艰苦的环境里，程坦跟刘华清几次交谈后，就将《三大纪律八项注意》的内容仿照当时流传在鄂豫皖地区的《土地革命歌》的歌词写法，编成了通俗押韵的歌词。

据《刘华清回忆录》中介绍，程坦根据《三大纪律八项注意》的内容，编写成押韵的歌词，用了苏区流行过的《土地革命成功了》这首歌曲的曲调，也就是现在所流行的《三大纪律八项注意》的曲调。

时任政治部主任郭述申回忆说：“他（程坦）为了用革命军队的纪律教育广大指战员，特别是对刚补入部队的一批新战士，便依照标准内容逐条编写成歌词。他们（程坦和刘华清）送给我看时，最初的歌名叫《红军三大纪律八项注意歌》。”

1934年11月，鄂东北游击总司令部与红二十五军会师，遵照中央命令开始长征。

红二十五军进入陕南后，补充了将近一半的新战士，产生了“老红军”和“新红军”。由于队伍规模不断壮大，再加之部队一直处在行进和战斗中，如何让新战士在最短的时间里了解并严格执行红军的纪律条令，让作为秘书长的程坦彻夜难眠。

陆军指挥学院蒋少散教授解说那段历史时讲：“当时部队补充了大量的新兵，这些新兵由于缺乏我军长期的纪律熏陶，违纪现象比较普遍，所以程坦就想着用《三大纪律八项注意》歌来对部队进行教育。所以，他把之前已经有的《三大纪律八项注意》歌进行了再次修改、补充，然后他和刘华清两人一起把这个歌词填入《土地革命成功了》这首歌的曲调当中，最后由刘华清把它刻印装订成册下发到部队。”

《三大纪律八项注意》这首红军歌曲，由于歌词形象地把军队纪律融会贯通在里面，曲调又雄浑有力，甫一出现，很快就在红军战士和群众中传唱开来。历经红军、八路军、新四军、解放军时期，虽然歌词内容因根据战争需要有所改变，但是这首歌的灵魂却从未改变过。

1947 年 10 月 10 日，毛泽东起草的《中国人民解放军总部关于重新颁布三大纪律八项注意的训令》发布后，《三大纪律八项注意》歌词也作了相应的修改：

革命军人个个要牢记，三大纪律八项注意；
第一一切行动听指挥，步调一致才能得胜利。
第二不拿群众一针线，群众对我拥护又喜欢；
第三一切缴获要归公，为了减轻人民的负担。
三大纪律我们要做到，八项注意切莫忘记了。
第一说话态度要和好，尊重群众不要耍骄傲。
第二买卖价钱要公平，公买公卖不许逞霸道；
第三借人东西用过了，当面归还切莫遗失掉。
第四若把东西损坏了，照价赔偿不差半分毫；
第五不准打人和骂人，军阀作风坚决克服掉。
第六爱护群众的庄稼，行军作战处处注意到；
第七不要调戏妇女们，流氓习气坚决要除掉。
第八不许虐待俘虏兵，不许打骂不许搜腰包；
倘若把这规矩破坏了，革命纪律处罚决不饶。
革命纪律自觉遵守到，相互监督切莫违犯了，
全国人民拥护又欢迎，革命胜利快快就来到。

1957 年，中国人民解放军总政治部再次组织专人修改《三大纪律八项注意》的歌词。此次改动，恰到好处。一是将“为了减轻人民的负担”改成“努力减轻人民的负担”，二是将“不要调戏妇女们”改为“不许调戏妇女们”，突出了纪律的严明性和主观意志力。第七段将“倘若把这规矩破坏了，革命纪律处罚决不饶”改为“遵守纪律人人要自觉，互相监督切莫违犯了”，也突出了革命军人遵守纪律的自觉性。这些改动，可谓画龙点睛，不仅突出了《三大纪律八项注意》的思想主题，而且强调了中国人民解放军作为人民军队的性质。此稿经总政治部批准作为定稿一直沿用至今。

20世纪70年代，毛泽东曾多次领唱《三大纪律八项注意》这首歌。

第一次是在1971年8月15日至9月12日，毛泽东到南方巡视，他反复强调要增强团结，遵守纪律，并且多次与南巡随行人员和参加座谈的同志一起唱《三大纪律八项注意》。

还有一次是1973年12月21日，中南海毛泽东的书房里格外热闹，中央在这里召开八大军区司令员对调会议，各位政治局委员，各大军区司令员、政委们齐聚一堂。会后，毛泽东亲自指挥在场的所有人唱起了《三大纪律八项注意》歌，并再次强调“一切行动听指挥”的重要性。

为什么毛泽东多次指挥军队干部唱《三大纪律八项注意》，他是在告诫广大解放军指战员，任何时候，人民军队始终是纪律严明之师，广大官兵要把纪律融入血液，形成严守纪律的思想自觉、行动自觉。

刑起于兵，师出以律，这铁一般的“第一军规”，是人民军队无往不胜的力量源泉，是巩固和融洽军民关系最坚韧的纽带。在残酷的战争环境中，面对强过我军数十倍、数百倍凶恶敌人的围剿追杀，人民军队之所以能由小到大、由弱到强，成长为无坚不摧、无敌不克的劲旅雄师，靠的就是建立在广大指战员高度自觉基础上铁的纪律。不讲条件，不打折扣，不畏艰险，不怕牺牲，为了执行命令、严守纪律，真正做到了“刀山敢上、火海敢闯”。

昔日战争年代是这样，今朝和平时期同样如此。今天，尽管人民军队所处的社会环境发生了很大的变化，部队指战员换了一茬又一茬，但是，老一辈无产阶级革命家培育的好传统、好作风没有变，也不能变。《三大纪律八项注意》仍然是我军最为宝贵的军魂，是广大官兵坚定不移的政治信念和行动准则。

2015年1月13日，习近平总书记在十八届中央纪委五次全会上指出：“‘三大纪律八项注意’就那么几条，很容易记，更容易执行。”这说明了《三大纪律八项注意》的生命力，为我们加强党的纪律提供了宝贵经验。

90多年的军规军纪，通过不同的方式在军队和整个社会广泛传播，它一直在规范着军人的言行。

2021年，时逢中国共产党成立100周年，笔者又一次来到桂东沙田，“第一军规”广场上依旧人声鼎沸，一群孩子在追赶着，嬉闹着，无忧无虑。周围的街巷修整一新，许多墙壁上描摹着有关红军的漫画，栩栩如生。

沙田戏台两边柱子上的对联似乎前不久又重新镀了一层金，“旧世界打个落花流水，新社会建设灿烂光明”，如今这些愿望都实现了。

耳畔又传来了熟悉的旋律，《三大纪律八项注意》铿锵的旋律萦绕在沙田“第一军规”广场的四周。90多年前《三大纪律六项注意》颁布的时候，这里宁静的天空反衬着社会的动荡，大地挥别冬意的寒冷渐渐醒来，阳光温暖地浮动在沙田的群山之间，绿色点燃希望，鲜艳的杜鹃花绽放成一片红色的海洋……

伟大民族精神的壮歌
——从《义勇军进行曲》到《国歌》

王锦慧

翻阅诸多关于国歌的撰文，笔者尤喜欢这样的描述：

不是所有的往事，都能让人刻骨铭心。然而，坐落在上海市中心版图中的永嘉路371号、淮海中路1258号、永康路109弄雷米坊，这三处老房子的主人，却让一个民族为之动容。

正是在这三处老房子中，如同星宿般流动的三位主人公——《义勇军进行曲》词作者田汉、曲作者聂耳、命名者朱庆澜，极其偶然地重合交叠，联手完成了一幅历史坐标图，完整地勾勒出《中华人民共和国国歌》的诞生路径，为一个民族的精神歌咏奠定了永恒的基调。

如今，你若从他们的房檐下经过，那雄浑而又熟悉的旋律，仍随时可能从掩映的窗棂中飘出："起来，不愿做奴隶的人们，把我们的血肉筑成我们新的长城……"

作者：姜龙飞　原载于《中国档案报》2020年9月25日　总第3582期第三版

国歌的历史

国歌是浓缩的国魂，是国家尊严和民族精神的象征，是国家神圣而庄严的"声音形象"。

在第六版《辞海》中，是这样定义国歌的："国歌，代表一个国家的歌曲，通常在隆重典礼、集会、国际交往仪式等场合演奏（唱）。”

据《我们的国歌》一书记载：世界上最早的国歌是荷兰的《威廉颂》，早在1568年，荷兰就将其定为国歌。1568年，荷兰爆发了独立战争，反对西班牙殖民者的残暴统治。一次作战时，荷兰士兵高唱《威廉颂》冲向西班牙阵地，一举战胜了西班牙军队。随着战争的胜利，荷兰国歌也为西方国家所重视。他们认为，正是国歌《威廉颂》鼓舞了荷兰士兵的斗志，所以，后来许多国家也争相模仿，制定出自己国家的国歌。

世界上著名的国歌如法国的《马赛曲》，音乐充满了号角式的音型，极富号召力和鼓舞力。在法国大革命期间，它以其鲜明的革命性与进步性，指引着人民为了自由而英勇战斗，是深受各国民众喜爱、流传范围很广的一首自由的赞歌。

此外，世界上最长的国歌是孟加拉国的《金色的孟加拉》；世界上最短的国歌（有歌词）是乌干达的《啊，乌干达，美丽的国土》；世界上只有乐曲没有歌词的国歌是西班牙的《皇家进行曲》……

中国历史上出现过多少国歌？如果不计古代历朝那些想象或附会的“国歌”，有人考证统计，从清代到近现代，中国计有12首国歌。在《义勇军进行曲》诞生之前，清朝使用过《普天乐》《李中堂乐》《颂龙旗》和《巩金瓯》；而1911年以后，国民政府数易国歌，先后有《五旗共和歌》、《卿云歌》、《中华雄立宇宙间》、《尽力中华歌》、《中华雄立宇宙间》（张作霖作词）、《国民革命歌》、《三民主义歌》。其中以《卿云歌》与《三民主义歌》的影响最大。

《卿云歌》出自《尚书大传·虞夏传》，描述的是舜禅位于禹时，同群臣互贺的唱和之作，全诗三章。当时的国民政府，从该诗中节选了四句作为国歌歌词。

《义勇军进行曲》诞生的历史背景

《义勇军进行曲》诞生于1935年，是黑白电影《风云儿女》的主题歌。

1935年5月24日，《风云儿女》在上海金城大戏院（即今天的贵州路黄浦剧场）举行首映时，当天的《中华日报》电影宣传广告上写着：“再唱一次

聂耳

胜利的凯歌！再掷一颗强烈的炮弹！”

所有人都不会想到，影片主题歌《义勇军进行曲》在十几年后会成为中华人民共和国的国歌。

《风云儿女》由许幸之执导，田汉、夏衍编剧，聂耳配乐，东北抗日义勇军总司令朱庆澜为影片慷慨投资。

影片以抗战为背景，讲述了一度贪图享乐、沉迷于温柔乡的青年诗人辛白华，最终因为挚友梁质夫的牺牲，被激发起沉睡的爱国情怀，奋勇投身抗战的故事。

为了提示和凸显主题，影片在片头播放字幕时即穿插奏响《义勇军进行曲》，人声合唱两遍，小号和军鼓伴奏四遍。以激昂的旋律开头，直奔抗日主题，这在当时的电影中是不多见的。

但是，如果开门见山就讲抗日救国的大道理，别说当局电影检查通不过，恐怕连普通观众也接受不了这种说教。因此，田汉设计了一段花前月下的浪漫故事，作为影片的主要剧情，以吸引观众。这便有了青年诗人辛白华堕入寡居的史夫人的财色与浮华之中，将天下安危抛于脑后的种种情节。

然而，深埋在辛白华心底的爱国火种并未泯灭，当他看到“铁蹄下的歌女”历经的亡土之难，特别是得知挚友梁质夫已牺牲在抵御敌寇的战场上时，如五雷轰顶，顿时猛醒，毅然斩断情丝，穿上戎装，拿起武器，投身到汹涌澎湃的抗日洪流中。

为了应对国民党当局和租界当局不准在影片中出现“抗日”或“日本”字样的禁令，导演一律将其以“敌人”代替，好在无人不知“敌人”是谁。

影片荟萃了当时众多当红影星，除了袁牧之、顾梦鹤、王人美外，还有谈瑛、陆露明、王桂林、高逸安、王明霄等，周璇也在片中客串。

《风云儿女》的创作缘起于1934年初。随着左翼文化逐渐成熟，中国共产党开始直接参与和影响电影创作，在瞿秋白的领导下，组成以夏衍为首的五人左翼电影小组。

1931年九一八事变后，我国东北三省沦陷，日本帝国主义加紧侵略我国，中华民族处在生死存亡的紧要关头。

电通公司是左翼电影运动的一个重要阵地，为了支援日益高涨的抗日救亡运动，决定拍摄一部有关抗战题材的电影。

本身就是电通公司影片创作负责人之一的田汉，受公司委托，在他租住的永嘉路 371 号内，先写出了一个文学性的电影故事，题名《凤凰的再生》。然而就在剧本筹拍之时，田汉却被国民党当局以“宣传赤化”的罪名逮捕。为了尽快开拍，夏衍只好亲自出马，将田汉《凤凰的再生》的剧本梗概赶写成电影文学剧本，并改名《风云儿女》，使其更具有了时代意义。

电影的主题歌《义勇军进行曲》即为主人公辛白华写的长诗《万里长城》的最后一节。原诗为：“起来，不愿做奴隶的人们，把我们的血肉筑成我们新的长城。中华民族到了最危险的时候，每一个人被迫着发出最后的吼声。我们万众一心，冒着敌人的飞机大炮前进，前进，前进，前进！”

年轻的聂耳主动请缨，要求为主题歌作曲。得到夏衍的允准后，他随即埋首于霞飞路（今淮海中路）1258 号，一面对歌词进行修改，一面寻找和酝酿创作情绪，终于，抑制不住的爱国激情在胸中喷涌，雄壮激昂的旋律一呵而就，很快完成了初稿。

其间，由于田汉《义勇军进行曲》的初稿是与电影情节有关的自由体诗，各句字数不同，配曲不够有力。聂耳曾和编导孙师毅商量，将原词作了三处修改：一、在歌词开头将“起来”与“不愿”完全分开，又在句末加上休止符以作强调；二、将原词第六句“冒着敌人的飞机大炮前进”改成“冒着敌人的炮火前进”，并在句尾也加上了休止符；三、在原词的第七句“前进！ 前进！前进！”后再增加了一个“进”字，将歌者一往无前的勇毅与豪迈表现得淋漓尽致。

1935 年 2 月 19 日，中国左翼文化界总同盟机关遭到国民党当局破坏，很多革命文艺家相继被捕。经中共地下党组织安排，聂耳于 4 月 15 日乘“长崎号”轮船离开上海东渡日本。两个月后，聂耳从日本寄回《义勇军进行曲》最后定稿的总乐谱。

《风云儿女》前期拍摄完成以后，田汉尚未对主题歌命名，而聂耳从日本寄回的总乐谱上也仅标注曲式为“进行曲”。于是，朱庆澜将军挥笔在“进行曲”前加上“义勇军”三 个字，将主题歌最终定名为《义勇军进行曲》。

首映之后，《风云儿女》连续放映达 80 余场。与此同时，影片出品方、发行方上海电通影片公司创办的《电通半月画报》推出《风云儿女》特辑，全文刊登田汉撰写的近两万字的《风云儿女》文学故事，并以通栏标题刊登了《义勇军进行曲》。

田汉、聂耳合作的绝唱

《风云儿女》一经公映，主题歌《义勇军进行曲》便成为时代的最强音，它发出了中华民族不甘沦亡的怒吼，吹响了中华儿女万众一心、血战到底的战斗号角。

起来！
不愿做奴隶的人们！
把我们的血肉，
筑成我们新的长城！
中华民族到了最危险的时候，
每个人被迫着发出最后的吼声。
起来！ 起来！ 起来！
我们万众一心，
冒着敌人的炮火，前进！
前进！ 前进！ 进！

1935 年 7 月，田汉从南京宪兵司令部出狱，听到这首歌感慨万千，激动不已，但聂耳在日本鹄沼海滨溺水不幸遇难的消息也紧接着传来，“一系金陵五月更，故交零落几吞声。高歌正待惊天地，小别何期隔死生……”他禁不住失声痛哭。

田汉和聂耳结识于 1933 年。1928 年 1 月，田汉在上海法租界以“革命运动”为宗旨进行戏剧创作活动。1930 年，聂耳在上海明月歌舞剧社当首席小提琴手。1932 年，日军轰炸闸北，飞机就在剧社的楼顶经过。聂耳站在露台上亲眼看见驾驶室里日军飞行员狰狞的面孔。然而，国难当头，剧社仍在唱

《风云儿女》剧照

风花雪月的歌曲，这让他感到愤懑不平，便来到徐家汇联华影业公司和东方百代唱片公司从事音乐创作。在此，他结识了田汉。田汉鼓励他用音乐作武器，用音乐去改变社会。

田汉和聂耳的第一次合作是影片《母性之光》中的插曲《开矿歌》，他们先后共同创作了14首歌曲，《义勇军进行曲》竟成了绝唱！

聂耳逝世的消息引起众多爱国人士和文化界同人的一片痛惋之声，大家为失去一位音乐天才、爱国斗士而深感悲戚。1935年8月16日上午9时30分，聂耳追悼会在金城大戏院举行。人们手持花圈，胸佩白花，潮水般从四面八方向戏院涌来。悼念的人流中除了电影文化界的知名人士和聂耳的生前友好外，更多的还是普通工人，他们中有码头苦力、筑路工、打桩工、纺织女工、报童及普通市民，戏院不得不贴出“座满请回”的告示牌。尽管如此，还是有不少民众依然肃立在戏院外的大门口。

“他真像暴风雨前的一只海燕，骤然而来，倏然而去……”由于中共上海地下党组织遭到破坏，夏衍当时隐姓埋名，回避了一切社会活动。然而，《义勇军进行曲》的谱曲任务是他交给聂耳的，并且他还是聂耳入党宣誓时的监誓人。经过乔装改扮，他悄然步入追悼会现场，冒着生命危险去和聂耳做最后的告别。

追悼会一结束，《义勇军进行曲》便响彻大剧院。

1937年10月1日，聂耳的骨灰辗转回归故里；1980年，迁葬于太华寺与三清阁之间的山坡上，背依青山，面览滇池。聂耳的墓地呈月琴状，由24块墨石叠砌成音波状，既象征时代的最强音由这里发出，又隐喻着聂耳24岁的生命历程。墓地遍植苍松翠柏，如月琴静置于清幽的山林间，风过处，难分松涛琴音。

墓志铭上这样写着：聂耳同志，中国革命之号角，人民解放之声鼙鼓也。其所谱《义勇军进行曲》，已被选为代用国歌。闻其声者，莫不油然而兴爱国之思，庄严而宏志士之气，毅然而同趣于共同之鹄的。聂耳乎，巍巍然，其与国族并寿，而永垂不朽乎！聂耳同志，中国共产党党员也，一九一二年二月十四日生于风光明媚之昆明，一九三五年七月十七日溺死于日本鹄沼之海滨，享年仅二十有四。不幸而死于敌国，为憾无极。其何以致溺之由，至今犹未能明焉！

源头之所在

在辽宁省沈阳市，抗战文物收藏家张广胜珍藏着一只带血的红袖标。

红袖标为当年东北人民抗日武装义勇军所佩戴。在与日本关东军进行的一场殊死战斗中，由于寡不敌众，义勇军某骑兵团一营战士全部壮烈牺牲，鲜血洒在了红袖标上，最后凝固成深紫色。日本关东军把这只红袖标当作战利品带回了国内。后来，中国的收藏家又把它从日本带回了祖国和故乡。

这只红袖标不仅把我们带到了那个中华民族前赴后继、救亡图存的抗战岁月，更向世人披露出《义勇军进行曲》的源头所在。

1931年，日本侵略者在中国沈阳发动了震惊中外的九一八事变。由于驻守东北的东北军执行了上级不抵抗的命令，日本侵略者在短短四个月的时间内就占领了东北全境。但是，东北人民没有屈服，他们自发组成抗日义勇军，彰显了“义”和“勇”的民族特性。

1932年春夏之际，东北抗日义勇军发展到30余万人，活动遍及东北172个县中的102个县。锦州保卫战、热河抗战、长城抗战……义勇军以劣势武器装备屡挫强敌，涌现了“夜闯沈阳”的李兆麟、“誓保辽西”的耿继周、“三袭海城”的张海天、“天狗吃日头”的郑桂林、“歼灭古贺联队”的亮山、“智擒石本”的李海峰、“誓师桓仁”的唐聚五、“转战不休”的李春润、“令敌丧胆”的邓铁梅、“视死如归”的苗可秀等许许多多的抗日英雄。

其中，影响较大的是“首举义旗”的高鹏振，报号“老梯子”。

1897年，高鹏振出生于辽宁省黑山县朝北营子村。少年习武，文武双全。曾在自卫团当差，因厌恶官场尔虞我诈的习气辞职，和不堪官绅欺压的绿林弟兄一起劫富济贫。1931 年 9 月 27 日，九一八事变后的第九天，正在沈阳城内看病治伤的高鹏振来到新民县，联合一些还没有撤退的东北军官兵和当地的绿林武装，成立了“镇北军”，打响了东北人民民间反抗日本侵略者的第一枪。这支 200 多人的队伍就是东北抗日义勇军的前身，他们对敌作战数百场，给日伪军以沉重打击，是抗日义勇军坚持对日作战时间最长的一支队伍。1937 年 6 月 23 日，高鹏振在养伤期间不幸被叛徒杀害，年仅 39 岁。他的家族成员也大都参加了抗日义勇军，先后有 6 位亲人牺牲。

高鹏振率领的“镇北军”创立 13 天后，更名为“东北民众抗日救国军”。“救国军”军旗为火焰图案的三角旗，中间绣“兴中灭日”四个大字。军歌为《义勇军誓词歌》，用“满江红”的曲调演唱，先抑后扬，一唱三叹，荡气回肠。

当年，高鹏振的外甥张影见过高鹏振写的《义勇军誓词歌》手记。他回忆其完整歌词是：

起来！起来！不愿做亡国奴的人们！民族已危亡，山河已破碎，留着我们头颅有何用？拿起刀枪，携手并肩，冒着敌人的枪林弹雨往前冲，用我们的身躯筑起长城。拿起刀枪，携手并肩，冒着敌人的枪林弹雨往前冲，用我们的身躯筑起长城。前进啊！前进！前进！豁出命来向前冲。前进啊！前进！前进！豁出命来向前冲。杀——杀——杀！

《义勇军誓词歌》不仅诞生时间早，而且影响大、传唱广。

早在 1933 年 2 月，田汉、聂耳等爱国知识分子就随同朱庆澜率领的慰问团，带着枪支弹药和慰问品，到热河保卫战前线慰问义勇军将士。他们曾聆听过《义勇军誓词歌》，并被深深震撼和感染。之后，他俩共同创作了《义勇军进行曲》。

辽宁省的文史专家曾组成专家组，对高鹏振创作的《义勇军誓词歌》和田汉、聂耳创作的《义勇军进行曲》，从题材、内容及文字等四个方面进行了综合对比分析：

第一，《义勇军誓词歌》中“起来！起来！不愿做亡国奴的人们”与《义勇军进行曲》中“起来，不愿做奴隶的人们”十分近似，这是唤起国人奋起反抗的悲怆呼吁。这首《义勇军誓词歌》应该是最早使用“起来！起来！不愿做奴隶……”的表达，具有重要的开创意义。

第二，《义勇军誓词歌》中“冒着敌人的枪林弹雨往前冲”与《义勇军进行曲》中“冒着的敌人炮火前进”十分近似，都体现了一往无前的战斗精神。

第三，《义勇军誓词歌》中“用我们的身躯筑起长城”和《义勇军进行曲》中“用我们的血肉筑成我们新的长城”也十分近似。《义勇军誓词歌》是第一次把“身躯”“长城”唱进军歌之中的，同样具有重要的开创意义。

第四，《义勇军誓词歌》与《义勇军进行曲》都反复使用了“前进”字样。

为此，专家组得出的结论是：高鹏振创作的《义勇军誓词歌》就是《义勇军进行曲》最原始的母本，它孕育并奠基了《义勇军进行曲》的诞生。

成为中华人民共和国国歌

1949 年 10 月 1 日，伴随着五星红旗冉冉升起，《义勇军进行曲》作为国歌在开国大典上奏响。

从那一刻起，这高昂的旋律响彻祖国大地，融入每一位中华儿女的生命乐章，成为中华民族的精神图腾。

根据有关国歌的档案，从拟定国歌提上日程到将《义勇军进行曲》暂定为国歌，实际上仅用了三个半月时间。在开国大典前没有充裕的时间去创作出一首能够代表中华人民共和国的国歌，这固然是《义勇军进行曲》能成为代国歌的客观原因，但并不能解释《义勇军进行曲》这首“时过境迁”的歌何以能成为新中国的象征，并被纳入新生政权的象征体系之中。

1949 年 9 月 25 日，毛泽东在中南海丰泽园就国旗、国徽、国歌、纪年、国都等问题召开协商座谈会。会上有人提议：“我觉得该曲是好的，但歌词在过去它有历史意义，但现在应让位给新的歌词。”

的确，《义勇军进行曲》是中华民族抗战时的产物，它召唤的是没有阶级、党派、身份、地位之分的全民族人民，抗战胜利后，“中华民族到了最危险的时候”就只具有历史意义。而且，经过解放战争，这种内部没有明确区分的民族共同体实际上已转变成了具有明确阶级属性的人民共同体，而《义勇军进行曲》的歌词显然缺乏能表征这种新政权特征的元素。

从留下来的会议记录来看，赞成修改歌词的人数多于反对的人数，但最终为何仍用原词并没有修改，或许可以从周恩来的意见中得出原因，“要么就用旧的歌词，这样才能鼓动情感，修改后唱起来就不会有那种情感”。

那么，《义勇军进行曲》究竟鼓动的是怎样一种情感呢？田汉的回忆录提供了答案。他记述道，当时针对其他人提出修改歌词的问题，“总理周恩来同志却驳他们说，‘我们前面还有着帝国主义敌人，我们建设越进展，帝国主义将越加妒恨我们，破坏我们，进攻我们，你能说我们就不危险了吗？还不如留下这句话经常保持警惕的好’”。正因为这样，《义勇军进行曲》成为中华人民共和国的代国歌。

《义勇军进行曲》从1935年的电影主题歌到1949年成为中华人民共和国代国歌，可以从中看到，这个过程也是中华民族共同体形成的过程。空前的民族危机唤起中国人不堪忍受外族压迫凌辱的觉醒，共同承受的历史命运将其紧紧连在一起，创造性地赋予其“中华民族”的身份认同，同时重塑了其反抗帝国主义、要做国家主人的共同体意识。而广泛传唱《义勇军进行曲》本身又不断地强化了这一意识，进而参与了这个共同体的再造过程。

此后，《义勇军进行曲》作为国歌传唱了17年。“文化大革命”期间，田汉受到“四人帮”的残酷迫害，他创作的歌词不能再唱，正式场合只能演奏国歌的曲谱。

1978年2月26日至3月5日，第五届全国人民代表大会第一次会议在北京举行。会议对国歌作出新的决定，曲子仍然采用聂耳谱写的《义勇军进行曲》原曲，而歌词由集体重新填写。重新填写的歌词是：“前进！各民族英雄的人民，伟大的共产党领导我们继续长征。万众一心奔向共产主义明天，建设祖国保卫祖国英勇地斗争。前进！前进！前进！我们千秋万代高举毛泽东旗帜前进！高举毛泽东旗帜前进！前进！前进！进！”

从1980年到1982年，宪法修改委员会收到了各个方面提出的大量意见，认为《义勇军进行曲》反映了中国人民的革命传统，体现了居安思危的思想，激励了中国人民的爱国主义精神，多年来已经深入人心，普遍希望将1949年中国人民政治协商会议第一届全体会议决定的代国歌《义勇军进行曲》恢复为国歌。

1982年12月4日，第五届全国人民代表大会第五次会议在庄严通过现行宪法的同时，通过决定：恢复《义勇军进行曲》为中华人民共和国国歌。

2003年10月，党的十六届三中全会通过了“把中华人民共和国国歌是《义勇军进行曲》写进宪法”的修改建议，提交全国人大常委会讨论。

2004年3月，经第十届全国人民代表大会第二次会议全体代表审议通过，宪法修正案正式赋予国歌以宪法地位。从此，《义勇军进行曲》以国家象征和标志的第一声音，载入共和国的史册。

2017年9月，第十二届全国人民代表大会常务委员会第二十九次会议，通过了《中华人民共和国国歌法》，进一步维护了国歌的尊严，规范了国歌的奏唱、播放和使用。

永远是响彻云霄的乐曲

自从1935年《义勇军进行曲》在金城大戏院唱响，迄今已栉风沐雨地传唱了80多年。

《申报》在1937—1940年，多次刊登民众唱《义勇军进行曲》的场景——

1937年10月30日载：“天不久就要亮了，决在车上坐以待旦，但不知不觉间已疲倦入梦。一会儿忽被强烈的电光把我惊醒，原来在那里照料伤兵的童子军，怕敌机马上就来‘点卯’，劝我们应乘黑夜把车隐蔽好。童子军有的还用口琴吹着义勇军进行曲，当此月斜露润的秋晨，闻此激昂悲壮的歌声，心里真有一种说不出的心情！”

1938年10月14日载：“学生于国家观念已深，平时仍唱党国歌及义勇军进行曲，如教日本国歌时默不发声，主持者无计可施。”

1939年6月5日载：“从幕布里头钻出来的一个小朋友，指挥大家唱‘义勇军进行曲’，这个歌好像比当地的小调子还流行一样，不但会（原文）里小朋友唱，就连许多观众、老太婆、小孩子们也放开了喉咙唱着，真是，台上台下打成一片啊！”

从这些珍贵的历史记载中不难看出，无论是在危机重重的战场、纯真神圣的学堂或是再寻常不过的坊间巷陌，无论是蓬头稚子还是耄耋老人，《义勇军进行曲》为千千万万同胞抒发心中压抑的国恨家仇，找到了情感寄托；为他们以一己之力表达爱国情怀、反抗日本帝国主义侵略，找到了一种倾吐方式！

此外，见诸其他报端的还有许多相关报道——

1936 年 10 月 19 日，鲁迅先生逝世，上海各界民众千余人再次齐声高唱《义勇军进行曲》为先生送行；

1937 年 3 月，傅作义将军将《义勇军进行曲》定为绥远全省军民共唱的 15 首抗战歌曲之一；

1937 年 7 月，因主张抗日救亡而被捕的沈钧儒、邹韬奋、李公朴等救国会“七君子”获释时，和数百名前来迎接的群众一同高唱《义勇军进行曲》；

1937 年 8 月，在淞沪会战当中，孤军奋战的“八百壮士”同唱《义勇军进行曲》，以鼓舞士气；

1937 年 10 月，八路军第一二〇师第三五八旅第七一六团，在山西省代县雁门关地区对日军汽车运输队进行了伏击，部队冲锋时，《义勇军进行曲》响彻战场；

1938 年 3 月，在台儿庄战役中，中国官兵在观战的美国驻华海军副武官卡尔逊的带领下高唱《义勇军进行曲》；

1938 年 7 月，冼星海、张曙指挥在武汉举行的纪念抗日战争 1 周年宣传周万人集会的群众高唱《义勇军进行曲》；

1941 年，美国黑人男低音歌唱家保罗·罗伯逊灌录了历史上第一张由美国人主唱的中文歌曲专辑唱片《起来：新中国的歌声》，主题曲就是《义勇军进行曲》，宋庆龄为唱片撰写了序言；

1942 年，《义勇军进行曲》响彻南洋；

1944 年，马来西亚的抗日队伍将《义勇军进行曲》歌词略加调整，作为抗日游击队队歌；

1944 年，美国好莱坞米高梅公司拍摄了一部反映中国抗日的故事片《龙种》，《义勇军进行曲》英文版被选为电影插曲；

1945 年，第二次世界大战结束前夕，美国国务院将《义勇军进行曲》列入《盟军胜利凯旋之歌》曲目；

1949 年 4 月，世界保卫和平大会在捷克斯洛伐克首都布拉格举行，中国代表团以《义勇军进行曲》临时代替国歌在开幕式上奏响……

从1949年到2021年，在国家公祭仪式、升国旗仪式、国家重大庆典、重大外交活动、重大体育赛事上，《义勇军进行曲》永远是响彻云霄的最撼人心魄的乐曲！

世界音乐史上的不朽之作

《义勇军进行曲》何以成为穿越时空、世代唱响的不朽旋律？

这不仅因为它中华人民共和国国歌的身份，更因为它承载了中国人民不可磨灭的民族记忆，熔铸了中华民族不可侵犯的民族尊严，寄托了华夏儿女对国家富强、民族振兴、人民幸福的希冀。

还因为——

它是从热血里奔流出来的，从情感中迸发出来的，所以才那么真切、那么感人，产生了那么巨大的社会影响。

它全曲共有37节，时长只有短短46秒，但完全突破了歌曲创作的一般模式，采用长短不一的乐句贯穿发展，跌宕起伏，疏密有度，演唱起来既铿锵有力，又自然奔放。

它和全世界同呼吸共命运之情感深沉，其发出的英勇抗击法西斯侵略之呐喊，跨越国界，成为世界人民反击外敌侵略、保家卫国的象征。

它是中国乃至世界音乐史上的不朽之作，从战争年代到和平时期，从重整河山到走进新时代，始终都有着无可替代的感召力、凝聚力、战斗力。

《义勇军进行曲》将永远回荡在历史的天空，世世代代激励着中华儿女为中华民族的伟大复兴而奋斗！

黄河之滨，集合着一群中华民族优秀的子孙
——《抗日军政大学校歌》创作的历史背景

胡银芳

窗外寒风习习，屋内暖意浓浓。灯下，笔者翻看着载入新中国文艺画廊的红色经典作品，《抗日军政大学校歌》又在耳边响起：

黄河之滨，集合着一群中华民族优秀的子孙。人类解放，救国的责任，全靠我们自己来担承。同学们，努力学习……

这支歌带我们在历史的河流中徜徉，历史的情思不断涌动。

人民军队的最高军事学府

在介绍这首传唱至今的红色歌曲之前，我们先来说说世界上绝无仅有的军政大学——抗大。

1935 年 10 月，中央红军长征到达陕北后，国内政治形势发生了剧烈变化。根据紧迫的形势和即将面临的抗日战争的新任务，1936 年 2 月，中央红军干部团和西北红军干部学校合并，在陕北安定县（今子长县）瓦窑堡成立中国工农红军学校。不久，在红军干部学校基础上创办中国人民抗日红军大学，1937 年春，又改名为中国人民抗日军事政治大学，简称抗大。

中国人民抗日军事政治大学是抗战时期中国共产党领导的人民军队的最高军事学府。抗日战争进入战略相持阶段后，抗大先后成立了 14 所分校、5 所陆军中学和 1 所附设中学，分布于西北、华北、华中的广大区域，从延安

到各抗日根据地，到处都飘扬着抗大的旗帜。

抗大学员主要来自经过土地革命战争和长征考验的红军老干部，以及八路军、新四军和抗日根据地的干部战士，还有一部分是来自全国各地的知识青年和海外的爱国华侨青年。

著名歌唱家孟于说，她当时最向往的地方就是延安。但当时她家住在国统区，学习马列主义都要被抓起来，很多救亡团体宣传抗战都被封了。所以，她就想找一个地方，为了抗战，既能学习，又能工作。但是，家里人思想比较封建，限制她的自由，她要反抗，因此更加坚定了她去延安的决心。1939年7月，她和好友相约，一起从家里偷跑出来，踏上了前往革命圣地的行程。

著名作家魏巍也曾说："我三次在北上途中被敌人抓住关押，但每次都设法逃出来，当时只有一个想法，只要还有一口气，爬也要爬到延安城。"这些知识青年心系着祖国河山，一路上历经艰险，遭遇狼群不说，有些几乎因伤寒重病死掉。条件如此艰苦，却挡不住爱国青年抱着信念，奔赴延安，参加抗日斗争的脚步。一时间，这成为当时国共对垒政治格局下的一大景观。

抗大召来了各种各样的人才，包括哲学家、科学家、文学家、电影明星等各阶层人士。黄河之滨聚集了中华民族优秀的子孙，在中国共产党的领导下共同抗日。

抗大学员一边战斗，一边学习，他们活跃在各个敌后战场，开展游击战和运动战，打伏击、炸碉堡、破公路、扒铁轨、炸桥梁、拔据点，打得日、伪军人仰马翻，魂飞胆丧。因此，日寇把抗大视为眼中钉、肉中刺，他们下狠心要"消灭抗大"。有资料记载，当时侵华日军总司令冈村宁次曾声称："消灭了抗大，就是消灭了边区的一半""宁肯牺牲20个日本兵换1个抗大学员，牺牲50个日本兵换1个抗大干部"。

党中央和毛泽东对抗大的建立发展倾注了大量心血。毛泽东任抗大教育委员会主席，并为抗大确立了"坚定正确的政治方向，艰苦朴素的工作作风，灵活机动的战略战术"的教育方针和"团结、紧张、严肃、活泼"的校训。党中央为学校选调了一批经历过战争考验、具有丰富军事或政治工作经验的干部到抗大工作，如刘伯承、林彪、徐向前、罗瑞卿等人。同时，党又从大后方请了艾思奇、何思敬、任白戈等学者到抗大任教。

毛泽东、周恩来、刘少奇、朱德、张闻天、董必武等领导同志经常为抗

毛泽东在抗大成立3周年纪念大会上讲话

大讲课、作报告，参加活动。毛泽东后来回忆：“那时我可讲得多，三天一小讲，五天一大讲。”毛泽东著名的《实践论》《矛盾论》等著作就是为抗大的学员所作的演讲。

从1936年抗大创建到1945年抗战胜利，九年间在艰苦卓绝的战争环境中，抗大培养出十多万军事和政治干部，为取得抗日战争胜利发挥了重要作用。

1936年7月，美国记者埃德加·斯诺到抗大访问，后来他在《西行漫记》一书中这样描述抗大：以窑洞为教室，石头砖块为桌椅，石灰泥土糊的墙为黑板，校舍完全不怕轰炸的这种“高等学府”，全世界恐怕只有这么一所。

唱响壮美的青春之歌

为激励学员努力学习，肩负起抗日救国的责任，毛泽东让宣传部负责人凯丰为抗大写一首新校歌，以取代原来的《红大校歌》。

接到这一任务的凯丰兴奋不已，感慨万端。他知道，自抗大创办后，就在国内外享有很高的声誉。正如毛泽东所说：“抗大为什么全国闻名、全世界闻名，就是因为它比较其他的军事学校最革命最进步，最能为民族解放与社会解放而斗争。”所以，抗大的校歌一定要配得上这所学校。

凯丰根据党中央赋予抗大的任务，很快就写出了一首充满抗日救国情怀与担当的歌词。毛泽东审阅后说：“写得不错，完全符合抗大办学方针。”

1937年11月的一天，刚来到抗大十多天的作曲家吕骥拿到歌词后，仅用

中国抗日军政大学

了一个下午的时间便完成谱曲。根据吕骥回忆：看到中宣部朱光同志把凯丰副部长创作的《抗大校歌》歌词交给他时，他非常高兴。他认为词写得很精美，内容很精深，且有鲜明的形象；文字很精练，形式也很完整，很符合谱曲要求，所以他想既然歌词用了黄河这样一个主题，那就应当把黄河这个形象写在音乐当中，将抗日的激情表现出来。

事实证明，吕骥当时的感觉和认识是对的。中国的抗日战争是正义的，黄河孕育出中华民族的优秀儿女，一定会把日本侵略者赶出中国。这片土地上，将会产生影响世界的伟大人物和重要历史事件。歌唱抗大，就是歌唱中华民族的先进分子！

歌曲谱成之后，吕骥唱给凯丰听，凯丰没提任何修改意见，而是立即让把歌谱交给抗大的教育长罗瑞卿。两天后，吕骥就听到了抗大的同学们在唱这首歌。应该说，抗大校歌的传唱突破了校园的界限，很快就成为鼓舞延安及各根据地战士们的号角和凝聚全国各地进步青年追求光明的召唤。

这首校歌既有一般青年歌曲活泼、富有朝气的特点，又有进行曲铿锵有力的节奏和不断前进的气势。它形象地表现了抗大青年蓬勃的青春活力和豪迈的革命气概。在笔者和著名歌唱家孟于通电话说起《抗日军政大学校歌》时，老人家随口就唱出了“黄河之滨，集合着一群中华民族优秀的子孙……”让人吃惊的是，近百岁的老人，声音还那么悦耳，歌词又记得那么清楚，整段歌词一字不差地唱出来。孟于告诉笔者，那个时候，生活虽然苦，没什么吃的，小米饭加几片土豆就不错了。晚上，一个窑洞的炕上住六七个人，用的是油灯，每个窑洞只有二两油，根本不够用，天一黑就躺炕上，睡不着就聊天，互相说一天的学习收获，想想那时候真高兴。每天早晨很多人在延河边上唱歌，延河变成了歌声的海洋。笔者问她，为什么都在那儿唱歌呢？孟于说：“你们没有看到那个时候的年轻人，有理想，每天在学习上又有收获，高兴啊。”孟于在延安六年，开始在中国女子大学，后来到鲁艺学习，与贺敬之等四人在鲁艺同一批入的党。《抗日军政大学校歌》是她们经常要唱的歌曲之一，因为“这首歌曲不仅好听，还鼓舞人心”。那个时候，孟于也是中国女子大学六班的文艺干事，歌咏队的指挥。所以，《抗日军政大学校歌》不仅是抗大的校歌，也在许多根据地的学校里传唱着。

听孟于极具感染力地讲这些故事，虽然是在电话中，但也仿佛置身于红色延安的日日夜夜……

《抗日军政大学校歌》的词曲作者

黄河之滨，集合着一群中华民族优秀的子孙。
人类解放，救国的责任，全靠我们自己来担承。
同学们，努力学习！
团结紧张，严肃活泼，我们的作风。
同学们，积极工作！
艰苦奋斗，英勇牺牲，我们的传统。
像黄河之水，汹涌澎湃，把日寇驱逐于国土之东！
向着新社会前进！前进！
我们是劳动者的先锋！

这首家喻户晓、传唱至今的红色经典音乐作品，由凯丰作词，吕骥作曲。

凯丰，原名何克全，1906 年 2 月出生于江西萍乡市湘东区老关镇三角池村。1925 年夏，毕业于萍乡中学，后考入武昌高等师范。在校时，凯丰常阅读《语丝》和《莽原》等进步书刊，为抵制湖北“反赤运动”，他署名“未名”写了一篇关于武汉“反赤”情况的通讯，刊登在了鲁迅主编的《莽原》

上。此外，师范校刊也常刊登凯丰署名何克全的文章，后担任该校刊主编。1926年夏，北伐军进军萍乡，凯丰回到家乡帮助组织农会。1927年2月，凯丰回校后，3月加入了中国共产主义青年团，同年12月，赴苏联的莫斯科中山大学学习。1930年回国，加入中国共产党。1931年初，被任命为团中央巡视员，不久担任共青团广东省委书记，化名“开封”，按谐音写成“凯丰”。1931年5月，因叛徒告密被捕。在狱中，他发动难友进行要求改善非人待遇的绝食斗争，并取得胜利。三个月后，被党组织营救出狱，担任团中央宣传部部长和《东方青年》主编。1933年春，凯丰到江西瑞金中央苏区工作，先后担任团中央宣传部部长和书记。1937年春，凯丰调任中共中央宣传部部长，并且常到抗大讲政治经济学课程，作形势报告。

1938年2月，凯丰任中共中央长江局宣传部部长，并参加党报《新华日报》编委会。1939年1月，凯丰到重庆工作，配合周恩来做了大量统战工作。1940年底，凯丰回到延安，任中宣部代理部长。其间，凯丰参加了延安整风运动，做了许多卓有成效的组织、督促、检查工作。1942年9月，凯丰筹组了中央编译局，亲自编写了《抗日民族统一战线教程》等著作，还编译了几本题为《什么是列宁主义》的小册子。

1945年，中国共产党第七次全国代表大会以后，凯丰任东北局委员兼宣传部部长，参加了领导建立和巩固东北解放区的工作。中华人民共和国成立后，凯丰任中共中央东北局常委、中共沈阳市委书记。为抓好沈阳这座几百万人口的大城市的生产、市政、社会秩序和抗美援朝战争后勤工作，他竭尽全力。

1953年，凯丰为中宣部编写了《为动员一切力量把我国建设成为一个伟大的社会主义国家而斗争——关于党在过渡时期总路线的学习和宣传提纲》。中共中央指示各级党组织应根据这个宣传提纲对广大干部和群众进行总路线的宣传和教育。

遗憾的是，凯丰在长期的革命斗争中积劳成疾，终因医治无效，于1955年3月23日在北京逝世，终年49岁。1955年3月24日，中共中央办公厅在《人民日报》发布讣告：“中国共产党中央委员会办公厅沉痛地宣告：中国共产党中央委员会宣传部副部长何凯丰同志因病在1955年3月23日12时55分于北京逝世。何凯丰同志灵柩停在沙滩松公府夹道10号原北京大学旧址孑民堂内，定于24日上午10时至下午6时举行吊唁，11时起灵，安葬于八宝山革命公墓。”

抗大校歌词作者凯丰的故事，让我们感慨一位毕生追随中国共产党的革命家坦荡丰富的人生。

1937年10月，吕骥作为一个刚从山西大同投奔到延安的抗日青年来说，给《抗日军政大学校歌》谱曲，感到非常光荣，同时也感到这个担子太重了。但是，鼓舞千万青年奔赴抗日最前线，把日本侵略者赶出中国，是每一位爱国人士的心声。才华出众的吕骥在拿到歌词后沉思着，眼前仿佛出现了硝烟弥漫的前线，耳畔回响着黄河的涛声。歌曲的风格应该是有着青春的活力，豪迈的气概。那个时候，最热门的词是“革命”，应该把这所学校的革命性充分体现出来。吕骥为了体现抗大团结紧张、严肃活泼、艰苦奋斗、英勇牺牲等精神，“在第二个部分高音区使用了同音反复的旋律和坚定有力的节奏。由于这一手法的运用，造成了强烈、紧张的特殊效果，促成了全曲的高潮，突出了歌曲的主题思想”。

吕骥，曾用笔名穆华、霍士奇等。1930年入上海音乐专科学校学习，1932年在上海加入中国左翼戏剧家联盟，在武汉与张庚等创建武汉左翼戏剧家联盟。1935年，聂耳出国后，他主持音乐小组的工作，与沙梅等人组织业余合唱团，开展群众抗日救亡歌咏活动。1935年加入中国共产党，1937年赴延安，参加筹建鲁迅艺术学院，曾任音乐系主任兼教务主任、副院长。1939年组织中国民间音乐研究会，1945年后任东北鲁艺院长、东北音乐工作团团长。中华人民共和国成立后，历任中央音乐学院副院长、中国音协主席、全国人大常委会委员等职。1981年加入中国世界语之友会，多次出席世界语集会，并为宣传世界语的歌词作曲。曾先后搜集整理《陕甘宁边区民歌集》《山西民歌集》《河北民歌集》，出版《吕骥文选》《吕骥歌曲选》。

吕骥一生创作颇丰，成就斐然。在延安和敌后抗日根据地时期的作品《抗日军政大学校歌》《陕北公学校歌》《毕业上前线》《开荒》《参加八路军》《铁路工人歌》等深受好评，激励了一大批心怀报国志的热血青年投身抗战事业。

2002年1月5日，人民音乐家、中国音协名誉主席吕骥在北京逝世，享年92岁。

凯丰、吕骥，两位杰出的词曲作者、文艺革命的先驱，留给我们的《抗日军政大学校歌》，不是一首普通的校歌，而是我们精神追求的高地，无价之宝。1989 年，国防大学正式把《抗日军政大学校歌》确定为国防大学的校歌。

如今，战争虽然远离了我们，但是在不同的时间，不同的地点，我们听到这首歌或独唱或男女声合唱，都让人热血沸腾。

1964 年 10 月，大型音乐舞蹈史诗《东方红》在人民大会堂进行首演，《抗日军政大学校歌》在《东方红》里真实地还原了抗日战争年代知识分子奔赴延安的那一幕。据说，参加过抗日战争的那些文艺工作者，无论台上演出的，还是台下观看的都热泪盈眶。最为壮观的是，在纪念中国人民抗日战争暨世界反法西斯战争胜利 70 周年大阅兵时，近 2500 名军乐团合唱演员演唱的《抗日军政大学校歌》响彻云天。那豪迈激情的旋律，坚定自强的誓言，永不过时的激励精神，鼓舞着无数青年报效祖国。

如今，我们依然需要传唱《抗日军政大学校歌》，依然需要蓬勃的青春活力和豪迈的革命气概！

洋溢着革命浪漫主义精神的战歌

——贺绿汀与《游击队歌》

齐 蒙

“我们都是神枪手，每一颗子弹消灭一个敌人……”这首《游击队歌》是由著名音乐家贺绿汀创作，激励人民群众投身抗战的革命歌曲。从汾河岸畔唱起，响彻神州大地，它成为中华民族的战斗号角，鼓舞着八路军将士和广大人民群众与日本侵略者展开殊死搏斗。而这首《游击队歌》的背后，还有着一段鲜为人知但同样激励人心的革命往事。

革命音乐家贺绿汀

《游击队歌》的创作者、著名音乐家贺绿汀于1903年出生在湖南邵阳（今邵东县）一个贫苦的农民家庭，家乡美丽如画的山水和优美动听的民歌，滋润着贺绿汀少年的心灵，让他从小就对音乐产生了浓厚的热爱。1923年，他以第一名的成绩考入长沙岳云中学艺术专修科，在学习音乐的同时，他还不忘政治理想，潜心研读了《共产党宣言》和《资本论》等马克思主义理论著作。马克思主义的进步思想深深地影响和激励了他，让他下定决心要用音乐来唤起民众的觉醒，推翻反动封建的军阀统治。1926年秋，贺绿汀毅然放弃了在岳云中学留校担任音乐教师的优厚条件，回到邵阳县城去当音乐绘画教师。他光荣地加入了中国共产党，开始积极参加党在邵阳领导发起的工农革命运动，先后担任中共邵阳县泥瓦工人党支部书记和县总工会代理宣传部部长等职务。1927年12月，贺绿汀参加了中国共产党领导的广州起义。起义失败后，他被国民党反动派关押在南京狱中长达两年。

年轻时的贺绿汀

出狱后，贺绿汀到了上海，并于1931年考入上海国立音乐专科学校。在校期间，贺绿汀一边刻苦研读音乐知识，一边编写创作了许多进步歌曲。1934年，他创作的钢琴伴奏曲《牧童短笛》获得苏联著名钢琴家齐尔品举办的中国风格作品比赛一等奖。《牧童短笛》因此成为第一个获得国际承认的中国钢琴曲，在苏联和欧美各国广为传播，第一次让国外听众听到了来自中国人民的声音。

1935年，日本帝国主义大肆向华北侵略扩张，国难当头，贺绿汀积极参加了在中国共产党领导、影响下的歌曲作者协会，为《风云儿女》《十字街头》《马路天使》等左翼进步影片配乐作曲。其中，《春天里》《天涯歌女》等插曲广泛传唱，为激发民众的爱国热情作出了积极的贡献。1937年，在八一三淞沪会战爆发后，上海文艺界组织救亡演剧队奔赴内地和华北前线，以文艺的形式宣传抗日。贺绿汀当即决定终止在音专良好的学习机会，放弃了电影公司优厚的工作职位，离别了妻子姜瑞芝及尚在襁褓中的幼女，报名参加了救亡演剧队。

《游击队歌》的创作过程

1937年10月，由马彦祥、塞克、聂绀弩、崔嵬、欧阳山尊、宋之的、贺绿汀等一批著名文艺家组成的第一演剧队，从上海出发，沿沪宁、陇海、同蒲铁路线，走一站演一站，号召全民抗战。尽管一路上忙忙碌碌，贺绿汀一直没有忘记“艺术家是时代的代言者”这一身份，积极寻找创作素材，通过接触工人、农民、学生、战士，为自己的艺术观念汲取新的养分。同年底，演剧一队到达山西临汾，与丁玲领导的西北战地服务团会合。

此时，除太原以南地区外，华北全境已沦陷于日寇的铁蹄之下，而华北抗日战场也逐渐从以国民党军队为主体的正面对抗转为以共产党八路军为主体的敌后游击战争。是年，日军调集了五个师团和一个飞行团的重兵围攻晋南，欲在占领晋南以后，实现其“西渡黄河，进犯西北；南出潼关，控制中原；东越太行，策应华东”的战略构想。战争态势的变化，使得晋南重镇临汾成为抗日的第一战线和华北的抗战中心。中共中央北方局和八路军总部在临汾提出“坚持山西抗战，誓死不过黄河”的战斗口号，周恩来、刘少奇和朱德等立足临汾地区领导和指挥华北抗战。与此同时，丁玲率西北战地服务团从延安长途跋涉来到临汾开展抗日宣传活动，深入城乡、部队、机关、厂矿、学校和大街小巷，进行多种形式的抗日宣传。一时间，临汾一带的抗日斗争和抗日宣传活动开展得轰轰烈烈，如火如荼。上海文化界抗日救亡演剧一队的艺术家们深为临汾人民的抗日激情所感动，又为八路军和游击队机智灵活地开展游击战争接连获胜而兴奋。大家打听到八路军办事处正巧迁至临汾城西郊刘村，就积极要求来到刘村八路军驻晋办事处休整，为八路军战士演出。

在出发前，贺绿汀意外地发现前来接待他们的干部正是当年广州起义时的大胡子营长李云鹏。战友相见，分外热情。李云鹏开心地拉着贺绿汀的手说：“当年在海陆丰（今广东汕尾市）你写过《暴动歌》，今天你是个大音乐家，该写个更好的抗日歌呢！”“好啊！”贺绿汀爽快地答应了下来。

告别了老战友，贺绿汀众人来到了刘村。八路军办事处的主任彭雪枫亲自接待他们，向他们介绍了许多八路军抗战的情况，组织他们聆听抗日报告，参加政治学习，并安排他们深入部队和城乡进行文艺演出等宣传活动。有一天，贺绿汀来到八路军新成立的炮兵团慰问，看到一门门崭新的大炮，大为惊喜，赞叹地说：“你们能搞到这么好的炮，真是不容易！”陪同的战士高兴地对他说：“我们从陕西出发时还没有炮兵，你看到的这些大炮一部分是我们从日军那里缴获的，另一部分是阎锡山南逃时丢弃的。”说者无心，听者有意，一瞬间，贺绿汀的脑中出现了一串音乐旋律，“没有枪，没有炮，敌人给我们造”！这激昂的词曲让他兴奋不已，要为这些英勇而智慧的游击队员写一首歌的念头深深地扎在了他的心底。

随后，贺绿汀一有空就与八路军战士泡在一起，多方搜集有关八路军打游击的资料，寻找创作素材以激发自己的音乐灵感。贺绿汀参加过广州起义，对战场并不完全陌生，但还是第一次听到八路军运用游击战打败日军猖狂进攻的事迹，这让他兴奋不已，倍受鼓舞。没多久，彭雪枫来到八路军学兵队作关于游击战术的报告，贺绿汀慕名前往，听到彭雪枫绘声绘色地描绘了八路军神奇的游击战：青纱帐、绿水旁、密林里、高岗上，英勇的游击健儿犹如从天而降，从敌人意想不到的地方出现，一枪一个，杀得敌人肝胆尽裂……

听完报告的贺绿汀回到宿舍后久久不能入睡。彭雪枫精彩的演讲，八路军火热的抗日豪情，以及他之前看到的游击战资料在他脑海里不断闪现，震动着他敏感的神经，焕发出无限饱满的爱国激情和创作灵感。他激动地从床上爬起来，点燃油灯，开始挥笔写下曲谱和歌词：

我们都是神枪手，每一颗子弹消灭一个敌人，我们都是飞行军，哪怕那山高水又深。在密密的树林里，到处都安排同志们的宿营地；在高高的山冈上，有我们无数的好兄弟。没有吃、没有穿，自有那敌人送上前；没有枪、没有炮，敌人给我们造。我们生长在这里，每一寸土地都是我们自己的，无论谁要抢占去，我们就和他拼到底！

北京人民艺术剧院的创始人之一、曾任人民艺术剧院副院长的欧阳山尊后来谈到《游击队歌》的故事时，还能回忆起当时的惊喜：“当时我和贺绿汀住一间屋子，虽然是初冬，可山西已经很冷了，我俩同睡一个炕。有一天，我进城办事，晚上赶不回来留在城里过夜。第二天一早回村，我一进屋，老贺立刻兴奋地告诉我，昨晚他写好了一首《游击队歌》！”

虽然仅用了一个晚上就一气呵成写好的，但是《游击队歌》却凝聚了贺绿汀无数的巧思，以及对生活敏锐的体会和细心的积累，里面的词曲都是运用形象思维的典范。在防空洞里听到敌机机枪扫射的“嗒嗒”枪声变成小鼓的节奏，10年前自己撤出广州朝海陆丰进军的情景与八路军将士在寒冬腊月穿着单衣踏雪行军的情景交叠形成了那句“我们都是飞行军，哪怕那山高水又深”……游击队员们凝神埋伏的静谧和对敌人拼杀的怒吼都出神入化地成为他那充满现场感的、信手拈来的音乐元素，而乐观向上的曲调、活泼的节奏，则是游击队英勇善战、神出鬼没、机智灵活、朝气蓬勃的战斗风貌的生动写照。

多年后，贺绿汀回忆当年创作《游击队歌》的情景时说：“这首歌是先写成曲调再填的词。我一开始就定下了明确的创作意图：要通过音乐的刻画，反映处在敌后艰苦环境中的游击战士的乐观情绪、昂扬斗志和革命自豪感。在曲、词结合上，我把不重要的字或衬字全都摆在轻拍上，把重要的字摆在长音或强拍上，根据曲调的节奏变化与旋律线来考虑每一句歌词的具体安排，使歌词与曲调完全吻合。这样，虽然每一句歌词的长短都不相同，但词与曲的起、讫、问、答完全一致，曲调既充分表达了歌词的意义，唱起来也朗朗上口。”

战争很残酷，打仗要死人，可从贺绿汀笔下写出的音符却跳荡着英勇、机智、乐观、欢快的情感。之前从广州撤退的艰苦行军经历，让他了解到频繁的战斗会使战士疲惫不堪，唱一支乐观欢快的歌，可以使战士头脑里那根绷得很紧的弦松一下，重振革命斗志。特别是在日寇长驱直入，华北沦陷，中华民族生死存亡的紧要关头，更需要用音乐鼓舞和激发大家的革命斗志与战斗精神。《游击队歌》体现的就是高度的乐观主义和胜利信念！

或许是创作过于兴奋的缘故，贺绿汀在一夜未合眼后竟然一点儿睡意也没有。第二天一早，他找到负责接待他们的八路军驻临汾办事处秘书兼学兵队音乐教官周巍峙，把这首新的《游击队歌》哼唱给他听，请他提意见。

“这首歌写得真是太好了！你马上跟我到学兵队去教大家唱！”周巍峙听完后，激动不已。贺绿汀很受鼓舞，当即随周巍峙来到学兵队教大家唱歌。开始时，贺绿汀心中还有些没底，担心大家能否接受这首歌，可他的担心是多余的。这首歌好学易唱，气势昂扬，铿锵有力，大家一下就喜欢上了。很快，战士们开始纷纷传唱，整个刘村四处响起了《游击队歌》的激扬歌声。

在洪洞县高公村八路军总部召开高级干部会议的时候，上海文化界抗日救亡演剧一队在晚会上正式演出了《游击队歌》。当时没有钢琴，没有乐队，整个演出只有欧阳山尊吹着口哨充当伴奏，贺绿汀挥舞双臂打着拍子，全体演剧队员随着拍子节奏尽情地齐声高唱。如此“简陋”的表演与之后的混声四部合唱相差甚远，可大家却都被这首歌愉快、活泼的旋律和乐观昂扬的歌词深深打动。一曲终了，全场响起雷鸣般的掌声，坐在观众席前排的朱德、彭德怀等高级将领都面带笑容，与演剧队全体演职人员亲切握手、交流，对他们的演出给予了肯定。朱德还当即将这首歌工工整整地抄写在自己随身携带的一个小本子上，赞扬这首歌写得非常好，战士们就需要这样振奋精神、鼓舞斗志的歌，并请求演剧队抓紧时间深入部队去教唱《游击队歌》。

这首曲调轻快，很适合在部队行军时哼唱的歌很快就在八路军中传开了，战士们都特别喜欢，有的部队派人骑着马奔几十里路赶来抄谱子。从平型关战场打了胜仗来到这里休整的第六八五团团长杨得志，还把演剧队邀请到部队教士兵们唱这首歌，并说："大家唱会了这首歌就出发。"就这样，演剧队队员们马不停蹄地从一个连队到另一个连队教战士们唱歌。

杨得志的部队出发那天正赶上下雪，贺绿汀等演剧队全体队员和当地群众顶着风雪夹道欢送，与行进中的部队共同合唱《游击队歌》。"我们都是神枪手，每一颗子弹消灭一个敌人……"在昂扬歌声中，战士们精神抖擞地开赴新的战场。

《游击队歌》的广泛影响

在中华民族生死存亡的关头，《游击队歌》像阳光一样驱散了人们心中恐惧强敌的阴影，极大地鼓舞了抗日军民夺取胜利的斗志和信心。因此，《游击队歌》迅速从汾河岸畔的刘村传唱到华北各敌后抗日民主根据地，并进一步传播到了长城内外，大江南北；甚至在敌占区，人们也常常听到这首歌。一群热血青年在八路军办事处听了这首歌后，就背上背包唱着歌奔赴敌后。国际主义战士白求恩大夫也非常喜欢这首歌，常常在行军途中哼唱。美国友人卡尔逊不仅自己爱唱，还在他的《中国的双星》一书中多次提到这首歌，并大段引用了它的歌词。

《游击队歌》在抗日军民中产生广泛影响后，曾有一个电影制片厂厂长来找贺绿汀，想要他把歌词改一下，把"蒋委员长领导抗战"放到歌词里面去。对此，贺绿汀毫不犹豫地一口回绝。他对厂长说："这首歌已经在军队、民众中流传开了，再改词不合适。"贺绿汀认为这首歌是他对共产党所领导的八路军、游击队的颂歌，蒋介石对游击战一窍不通，不能硬凑到一起，违心的事他决不干。

1943 年，贺绿汀化名"陈益善"，辗转数万里来到他心目中日夜思念的革命圣地延安。在王家坪八路军总部礼堂的文艺晚会上，毛泽东亲切地接见了他，赞扬他说："你的《游击队歌》写得很好啊，你为人民做了好事，人民是不会忘记你的。”

周恩来也非常欣赏这首歌，1964 年，他担任大型歌舞《东方红》的总导演时还专门将这首歌收了进去。当时有人不同意，认为这首歌过于轻松，而抗日不该那么轻松。周恩来却说：“这首歌洋溢着革命乐观主义情绪，好听，群众爱唱，当时对动员学生参加革命起了很好的作用，是人民批准的作品。有的时候需要雄壮的东西，有的时候也需要轻松的东西，有统一也要有变化，革命是广阔的，革命的感情也应该是丰富的。”

就这样，这首充满爱国激情和战斗情怀的歌曲，伴随着革命军民唱响了整个峥嵘岁月。它是战斗意志的锤炼，是爱国豪情的升华，凝聚着同仇敌忾、反抗侵略的民族情结，就像一个战斗的号角，激励着抗日军民团结一致、勇往直前。

《游击队歌》的红色传承

1949 年，在全国即将解放的前夕，贺绿汀在从北平坐火车返回上海时，遭到国民党军飞机的轰炸，他带的衣物、乐谱全部散失，可是《游击队歌》原稿被他贴身牢牢珍藏着，非常幸运地躲过了劫难。到达上海后，贺绿汀肩负着党的重托回到自己的母校中央音乐学院华东分院（今上海音乐学院），成为该校在中华人民共和国成立后的第一任校长，后来又任中国音协副主席。其间，他充分发扬创作《游击队歌》时奋发向上的革命精神，不辞辛劳地认真管理学校，为国家培养出了一批又一批音乐人才。

中华人民共和国成立后，《游击队歌》并没有因为和平时代的到来而过时，一直在解放军中广泛传唱，并被多次列入总政治部向全军推荐的歌曲，成为我军歌咏活动的必唱曲目。此外，它还作为中华民族特有的精神气质代表，流传到了国外。

1961 年，中国共产党成立 40 周年之际，上海革命历史博物馆筹备处向上海市民发出了《征集有关革命文物的通告》。于是，贺绿汀便把那张他始终小心翼翼珍藏在身边的《游击队歌》创作原稿郑重地捐给了革命历史博物馆，作为献给党的生日礼物。今天，这份珍贵的《游击队歌》原稿已成为国家级革命文物，在革命历史博物馆永久收藏。

“文化大革命”结束后，贺绿汀1979年再次被任命为上海音乐学院院长，并再次创作了《怀念周总理》《振兴中华》等优秀的音乐作品。1999年4月27日，享年96岁的人民音乐家贺绿汀在上海逝世，他生命的音符在这一刻休止。然而，他笔底流出的260余首歌曲，每一个音符都不会休止，将永远留在人民心中，留在中华民族优秀的文化宝库中。

大半个世纪过去了，2015年，国家新闻出版广电总局发布了“我最喜爱的十大抗战歌曲”网络投票结果，《游击队歌》正是入选的10首歌曲之一。直至今日，我们还是会在无意间哼唱起《游击队歌》那熟悉的旋律，还能回想起那段波澜壮阔的抗日战争岁月，回想起当年共产党领导八路军、新四军在高山丛林中跟日本鬼子浴血奋战的动人情景。这充分证明，真正的经典歌曲是永远经得起时间的考验而历久弥新的。

咆哮的黄河　不屈的民族

——不朽的音乐史诗《黄河大合唱》

王锦慧

十里涛声雷贯耳，千重骇浪目惊心。

滔滔黄河在晋陕大峡谷中段被两岸苍山挟持束缚，瞬间，河水奔腾怒啸，山鸣谷应，形如巨壶沸腾，最后从20余米高的断层石崖飞泻直下，激起百丈水柱，形成腾腾雾气，倒卷半天烟云……这里就是奇绝壮观的壶口瀑布——《黄河大合唱》歌词的诞生地。

风在吼，马在叫。黄河在咆哮，黄河在咆哮。
河西山冈万丈高，河东河北高粱熟了。
万山丛中，抗日英雄真不少！
青纱帐里，游击健儿逞英豪！
端起了土枪洋枪，挥动着大刀长矛，
保卫家乡！保卫黄河！保卫华北！保卫全中国！

《黄河大合唱》是由光未然作词、冼星海作曲的一部大型合唱音乐作品。它以黄河为背景，气势磅礴地歌颂了中华民族源远流长的光荣历史和中国人民坚强不屈的斗争精神，痛斥了侵略者的残暴，广阔地展现了抗日战争的壮丽图景，并向全中国、全世界发出了民族解放的战斗号角，从而塑造起中华民族巨人般的英雄形象。

自1939年，《黄河大合唱》在抗日烽火中诞生，它就犹如黄河亘古不息的涛声，超越地域、超越时代、超越民族和国家，不绝回响了80余年。

心灵相通的合作者

光未然原名张光年。1913 年 11 月 1 日，他出生在“天下十八口，数了汉口数河口”的湖北老河口。汉水从他家乡流向东南，进入长江，成为长江中游的一条重要支流。

少年时代，光未然便受到国民大革命浪潮的洗礼，高唱着“打倒列强，打倒列强！除军阀，除军阀”的战歌，沿汉水走向长江边。

1929 年，光未然还不满 16 岁就加入中国共产党。从 20 世纪 30 年代起，他在武汉开始从事进步戏剧和新文学活动，包括在报刊上发表文艺论文，组织剧社创作独幕剧，歌颂抗日志士，表现民族觉醒。其中，独幕话剧序曲《五月的鲜花》，是一首广为流传的著名抗日救亡歌曲。

1936 年，光未然率中国文艺者战地工作团到上海参加抗战歌咏大会。刚到驻地，他的耳边便传来《五月的鲜花》歌声：“五月的鲜花开遍了原野，鲜花掩盖着志士的鲜血。为了挽救这垂危的民族，他们曾顽强地抗战不歇……”原来是山海工学团的合唱队在礼堂排练，那位满头大汗站在桌子上面指挥的正是青年音乐家冼星海。

1905 年 6 月 13 日，冼星海出生在澳门海边的一条渔船上。半年前，父亲出海打鱼死于海难。母亲忍着悲痛生下他时，看到大海上面的朗朗星空，就给他取名叫“星海”。

在外祖父忧伤绵长的箫声中，冼星海一天天长大。母亲含辛茹苦地坚持送他接受音乐教育，冼星海没有辜负母亲，学习异常勤奋刻苦。在岭南大学附中，他获得“南国箫手”的雅号，并成为管弦乐队的指挥。1929 年，冼星海告别母亲，怀揣卖掉小提琴换回的法郎，前往法国巴黎勤工俭学。1935 年回国，在目睹祖国危难四伏、满地疮痍后，他义无反顾地投入中国共产党领导的抗日救亡运动中，创作鼓舞人民大众斗争意志的歌曲和电影音乐。1938 年，他奔赴延安，后担任鲁迅艺术学院音乐系主任，1939 年 6 月，加入中国共产党。

冼星海的学生、音乐评论家李凌曾这样描述他：“是一个高个子，魁伟而持重，还有一个不十分秀丽的面貌，画家会对他脸上的峰峦感到极大的兴趣的，这平坦不匀的画面如同黄河的突深突浅，记载着他昔日的生活所给予他多少的不幸和残忍啊！”

生于水、长于水，以舟为室，视水为陆，冼星海浮生江海、漂泊无定的一生与水密不可分。故乡种种与水有关的习俗信仰，是他音乐创作的源泉和挥之不去的底色，浸润了他丰富的乐语，泉涌的乐思，自成异彩的乐章。

…………

谁也没有想到，两位才华横溢的青年文艺工作者，会在此时此地以此方式相识。当时，光未然23岁，冼星海31岁。共同的文艺兴趣和爱国情怀，使他们一见如故，从此开始了心灵相通的密切合作，先后创作了《新中国》《新时代的歌手》《戏剧抗战》《拓荒歌》《纪念五一节》等优秀歌曲。

光未然的激情

1938年春，中国抗战处在最危险的关头。在国共合作一致抗敌的大局之下，光未然在武汉以公开的中共党员身份，参加新成立的国民政府军事委员会政治部第三厅的工作。

光未然

1938年9月9日，光未然奉周恩来之命，以国民政府军事委员会政治部西北战地宣传工作少校视察员、抗敌演剧三队特别党支部书记和总领队身份，率30名年轻战友，从汉口江汉关出发，途经西安，开赴第二战区晋陕大峡谷，在黄河东岸的山川鼓动前线将士抗战。

1938年11月1日，抗敌演剧三队从陕西东部宜川县的古渡口圪针滩东渡黄河。眼前，黄河的水简直像从天上倒下来的。远望，一片浓烟直上天际，喧嚣之声十里可闻；近看，河水倾泻似冰川崩裂，白浪翻卷，雄姿历历，恍若千军万马呼啸着压将过来。

他们第一次从河西的高山之巅俯瞰黄河，禁不住敞开胸怀，向着翻腾怒吼的巨龙，忘情地高喊：“啊，黄河！黄河！”

这天上午 10 时左右，光未然率领队员们登上了渡船。渡船的样式像是一只四方形没有盖子的木头匣子，船里面积很大，但管船的人限定他们挤在船中凹下去的一块地方，不许他们到宽敞的两头去活动。他们正为此纳闷不解的时候，忽听到一阵吆喝，40 来个打着赤膊的青壮年从岸上跳进水里，把渡船推向河水深处，不一会儿，又一个个跳上船来，整齐地排列在船的两头。他们的动作矫健敏捷，有秩序有纪律，宛如一支即将进入战斗的军队。他们大部分人把桨，小部分人掌舵。船头高处，站着一位 60 来岁、体格强壮、精神矍铄、望来令人肃然起敬的白胡子老人，他就是这次掌握全船人命运的总舵手。

渡口河面非常宽阔，从壶口下来的急流到此，扩成一片汹涌奔腾的怒涛狂澜向南席卷而去，急转的大旋涡随处可见。河中央耸立着一堆堆孤岛似的山石，其中最高最大的一座竖有一块巨大石壁，北高南矮，犹如猛狮昂首迎浪屹立。壁面上刻有四个苍劲醒目的大字——中流砥柱。

登岸的地点在东南方，但由于水势急速，渡船只得迎着逆流朝东北方向行进。桨手们和舵手们随着划桨的节奏，一呼一应地喊唱着低沉有力的船夫号子。十来分钟后，渡船已行近河中心的危险地带，大浪凶猛地扑进船来，队员们的心情也随之紧张起来。突然，那位白胡子老人直起脖子，喊出一阵悠长而高亢的声音，船夫号子立刻换成一种不同寻常的调子，声调越来越高，音量越来越大，盖过了浪涛的怒吼；节奏也一阵紧似一阵，越来越急促，原来一呼一应的间隙已完全消失。船夫们在老舵手的统一指挥下，一个个涨红着脸，肌肉鼓突，拼着性命地划桨稳舵……

这是一场人与自然惊心动魄的生死搏斗，充分表现出劳动人民豪迈的气魄、坚定的信念和不屈不挠的精神。

恰好，这一天是光未然 25 岁生日。这一天几个激动人心的时刻，后来被视为《黄河大合唱》歌词构思的最初时刻。

从东渡黄河直到次年 1 月，在三个月左右的时间里，抗敌演剧三队一直在吕梁山游击区根据地工作。1938 年春天，日寇大举侵犯吕梁地区，所经之地，奸淫烧杀，无恶不作；百姓四处逃亡，有家回不得。

一天清早，抗敌演剧三队从灵石县城附近开赴黄河另一处渡口——永和关。旅程60多里之长，而沿途却田地荒芜，寸草不生，人迹无踪，鸡犬之声不闻，满目死寂，一片凄凉。山路上下两旁，所见房舍统统化为颓垣断壁，满目疮痍；往昔道旁卖水卖食为行人歇脚之处，如今只剩留有斑斑烟熏残痕的塌灶破锅，找不到一块憩息之地……

这些都是日寇留下的罪证。光未然带队就地收集编写剧本的素材时，听到了许多活生生的、不禁让人怒发冲冠的悲惨故事。或许，后来他在《黄河怨》中写到的"狂风啊，你不要叫喊！乌云啊，你不要躲闪，黄河的水啊，你不要呜咽！今晚，我要投在你的怀中，洗清我的千重愁来万重冤！"就是对此情此景的有感而发。

1939年1月中旬，光未然率领抗敌演剧三队从吕梁山向延安出发。一路崇山峻岭，崖高壑深，途中，他不慎坠马，造成左臂关节粉碎性骨折，被队员们用担架一路护送至二十里铺的延安边区医院。

已是早春二月，陕北高原的严寒冬季还在肆虐。躺在医院病床上的光未然内心的炽热和窑洞外冰雪满天地的奇寒，形成了极其强烈的反差。因为那奔腾咆哮、惊涛裂岸、一泻千里的黄河，始终在他的血管里滔滔奔流，召唤着他写一首关于黄河的诗作。

早在一年前的11月3日，冼星海和夫人钱韵玲应延安鲁迅艺术学院聘请和音乐系全体师生签名的盛邀，经八路军办事处安排，启程离开武汉，长途辗转到达延安。

延安初冬的夜晚，虽然寒气已经袭人肌肤，但冼星海的心却是温暖的。他觉得这里的一切正如自己所料，是一个向上的新鲜的世界。宝塔山在朦胧的夜色中显现出深黛色的轮廓，延河潺潺的流水声像一首永远也唱不完的歌，脚下每一把泥土都在散发着诱人的清香，他就像吃奶的孩子看到自己的母亲，敞开胸膛深深地呼吸着……

1939年2月26日，冼星海去边区医院看望光未然。老友相见，放怀畅谈，欣喜之情不必言说。古往今来，多少艺术家遇到知音的时候，不论他们是生是死，是远是近，那心总是相通的。于是，他们商量"再来一次合作"。光未然当即决定：把他正在构思并逐渐成熟的长诗《黄河吟》，直接写成一部大合唱歌词。

由于自己不能执笔，光未然便躺在炕上口述给其他同志做笔录。“黄河之水天上来，排山倒海，汹涌澎湃，奔腾叫啸，使人肝胆破裂……”酝酿已久的诗句犹如黄河之水一泻千里，5 天时间 400 多行的长诗就在病床边完稿。

歌词分为八个部分：一、合唱《黄河船夫曲》；二、男声独唱《黄河颂》；三、朗诵歌曲《黄河之水天上来》；四、齐唱《黄水谣》；五、对唱《河边对口曲》；六、女声独唱《黄河怨》；七、轮唱《保卫黄河》；八、大合唱《怒吼吧！黄河》。

每段由诗朗诵式的说白连接，作品的全局结构和每一首歌曲的演唱形式都已经基本设计定型。每段合唱、独唱、对唱或轮唱，分别突出一群或一名个性鲜明的人物艺术形象，既有强烈的时代象征，又有感人的故事情节。各段落之间的逻辑连接极具戏剧性，构成了一部大型诗歌剧式的大合唱文学脚本。这在中国诗歌与音乐史上均是一个前无古人的创举。

土炕上乐思泉涌

1939 年 3 月 11 日晚，月亮为西北旅社的坡坡沟沟撒下银光。光未然和冼星海分别从边区医院和鲁迅艺术学院赶来，参加在这里举行的元宵节小型朗诵会。

光未然坐在靠近窗户的椅子上，面前有一张桌子，上边那盏油灯的火焰照亮了手里的词稿。他首先简短地介绍了歌词的写作动机和意图，而后神采飞扬地吟诵起刚刚完成的诗作，语气时而沉重，时而激昂，使人感到奔腾的黄河就好像咆哮在眼前一样。“掀起你的怒涛，发出你的狂叫！向着全世界的人民，发出战斗的警号！”最后在《怒吼吧！黄河》的高潮中结束。

全场先是一片静默，继而爆发出热烈的掌声。一直在凝神静听的冼星海从靠窗的角落里忽然站起来，一把抓住了这部他渴望很久的歌词，说：“我有把握把它写好！”

当晚，冼星海拿走了词稿，但在两周内却没有急于动笔。他来到抗敌演剧三队的驻地，默默倾听大家讲述渡黄河的经过：那个渡口正处在壶口下游，那里的激流漩涡曾在不久前淹死过一位上海的游泳健将。可是船夫们天天在

冼星海

和激流漩涡打交道，袒露着赤铜脊背的老船长如何掌着那生命的舵，如何呼号，如何划桨，如何同漩涡搏斗，如何绕过险滩……

冼星海把三队音乐组组长邬析零请到家里，让他模仿哼唱渡河时记下的船工号子。但一个人的哼唱难以完整再现40来个船夫没有唱词没有旋律的号子，邬析零不得不边哼唱边解释，有时还站起来比画几下动作。就这样，他哼完划桨的，又学掌舵的，学完船夫的，又哼艄公的，哼完紧张的，又学松弛的……冼星海全神贯注、不厌其烦地听他哼唱，忽而有所感悟，便迅速拿起铅笔在纸上刷刷地记下来。

经过两周的准备，冼星海再次去拜访光未然。两人交换了意见后，他便开始动笔谱曲。

在鲁迅艺术学院的山坡下，那一孔孔窑洞微黄的灯火在积雪中、月光下闪烁。冼星海的那间窑洞“朴素而明朗，土炕上架着木床，临窗的小书桌，也架在炕上”。

夫人钱韵玲不辞辛劳地在一旁陪伴照顾着丈夫。困了，她就用黄豆炒煳的粉末冲“咖啡”为他提神；累了，她就拿几颗红枣煮水给他补气。

冼星海喜欢吃糖，光未然就买来二斤白糖摆在桌边，他不时抓一把放入口中，便瞬间转化成美妙的乐句，再从笔尖流淌到谱纸上。

冼星海始终处在一种无法自抑的创作状态中，手握拳头一边唱一边写，偶尔斜着躺在床上抱头沉吟一下，忽地又起来振笔直书下去。达到忘我之境时，他竟情不自禁地把手中的烟斗杆敲断了。他索性把毛笔杆插在烟斗上，长长的烟斗就这样伴随着他乐思泉涌，不知不觉竟写出了60多页手稿，桌上堆成一座小山。

凌晨，因为缺少木炭，火盆里微弱的火苗熄灭了，而冼星海的激情依然在严寒中燃烧……

1939年3月31日，经过六天六夜，冼星海完成了《黄河大合唱》八个段落的合唱、齐唱、独唱、对唱、轮唱作品的谱曲。那《黄水谣》的写景抒情，委婉动听；那《河边对口曲》充满乡土气息，诙谐幽默；那《黄河怨》中的女声独唱，如泣如诉、如怨如怒；那《保卫黄河》的轮唱有如千军万马，势不可当；那《怒吼吧，黄河》像是吹响向侵略者进攻的冲锋号！

爆发的革命激情和音乐力量

《黄河大合唱》的首演，是在1939年4月13日的晚上，在延安最大的礼堂陕北公学礼堂，由邬析零指挥抗敌演剧三队队员演唱，观众在千人以上。

担任男声独唱的是田冲，女声独唱的是蒋旨暇，二重唱的是史鉴和刘晨暄，篇章中间“说白”的是胡丹沸。

《黄河之水天上来》这一章节，由于实在找不到合适的朗诵者，最后只好决定由臂伤尚未痊愈的光未然来担任。只见他将一件半身多长的黑色斗篷披在身上，遮挡住了受伤的左臂，用力地挥舞着右臂，向黄河倾诉民众的灾难。

正是春暖花开时节，队员们掏出了军服里臃肿的棉花，身穿洗得发白的外套，戴着在西安时买的翻毛皮军帽，这样的演出服在当时的延安实在俏得令人羡慕。

队员们的演唱十分投入，几乎忘记了自己是在舞台上，忘记了台下还有观众，直到狂热而持久的掌声响起，他们才猛醒过来。

《黄河大合唱》的正式公演，是在1939年5月11日，在庆祝延安鲁迅艺术学院成立1周年的音乐晚会上，毛泽东、刘少奇等中央领导亲临现场观看演出。

此次演出由冼星海亲自担任指挥，他身穿灰色上衣，脚踏草鞋，挥动有力的双臂指挥鲁艺师生百余人的合唱队演唱。

为了满足作品各声部的需求，丰富乐队音响层次，在极为困窘的情况下，冼星海把当时延安所能找到的乐器统统用上，有二胡、笛子、锣、鼓、钹、竹板、木鱼等中国传统乐器，还有小提琴、吉他等西洋乐器，就连口琴也派上了用场。除此之外，为了补充伴奏乐队的低音声部，用煤油桶当共鸣箱改

《黄河大合唱》演出历史照片

造成“低音二胡”；为了烘托黄河的波涛汹涌，将勺子与大号搪瓷缸搭配摇击制造音响效果，还将脸盆当作“打击乐器”。

演出爆发出前所未有的革命激情和音乐力量，感染了所有在场观众，获得空前成功。

毛泽东看完拍手大喊三声“好”！周恩来为《黄河大合唱》亲笔题词：“为抗战发出怒吼，为大众谱出呼声！”

从此，《黄河大合唱》就作为延安各种演出和晚会的保留节目，招待前来延安的国共两党的抗日将领、爱国华侨和外国宾客。

从此，《黄河大合唱》这部集号召性、抒情性和英雄性于一身的音乐巨作，就以它那磅礴的气势和撼人心魄的力量，在中华大地到处传唱。

中国合唱史上的里程碑

《黄河大合唱》具备宏大民族音乐史诗的规模和制式，它有完整的诗剧结构、多样的合唱形式，有丰富独创的音乐语汇与艺术风格，有鲜明的人物形象和象征意义，个性而全面地表现了中华民族伟大的精神与宁死不屈的气节。在千万曲抗战音乐作品中，甚至一直到战后几十年和平时期的华语合唱作品的创作中，都鲜有比肩者。它是中国合唱史上一部当之无愧的艺术珍品，一座高高耸立的里程碑。

应该说，《黄河大合唱》的诞生，不能不同时归功于音乐和歌词两方面的成就。

“黄水奔流向东方，河流万里长……”光未然为何选择以黄河为背景来创作这部大型合唱音乐作品呢？

他在《〈黄河〉本事》一文中这样写道：

黄河以其英雄的气魄，出现在亚洲平原之上，象征着中华民族伟大的精神。古往今来，多少诗人为它赞颂着歌唱着。在《黄河大合唱》中，展开了一幅壮大的幻想和现实的图画。乌云满天，惊涛拍岸，黄河的船夫，在暴风雨中搏战，经过了千辛万苦，终于到达彼岸。这象征着我们伟大的民族和人民突破惊涛骇浪般的重重困难，终于取得辉煌的胜利……

临黄河而知中国。这就是光未然为《黄河大合唱》确立的独特的、绝美的思想意境。接着，他用富于诗意和浪漫色彩的笔调，在每个篇章中都布局讲究地运用缓急轻重、长短高低、抑扬起伏、浓淡疏密等手法，一波三折地刻画着不同的形象和场景，表达着深邃的意蕴和炽烈的情感。

光未然不可多得的词作，激发了冼星海丰富的想象力，他仿佛踏上一个跳板，忽地腾空而起伸展出巨大的艺术空间，遂将民族风格与西洋音乐交融，创作出雄壮而多变的音节，时而呜咽，如泣如诉；时而悠然，如田园诗般舒缓；时而感到黄河之水天上来，挟着轰然巨响奔腾在苍穹大地间……

词与曲的完美融合、相互烘托，使《黄河大合唱》无论在中国还是世界近代音乐史上，都堪称一部盖世佳作。

一别竟成永别

1939 年 4 月，光未然带领抗敌演剧三队离开延安奔赴前线。自此，他和冼星海分别，不承想，这一别竟成永别，再也未能相见。

当时，冼星海 33 岁，光未然 25 岁。遗憾的是，他们此生竟然没有留下一张合影照片。

在延安的一年半时间，是冼星海创作的又一个巅峰期。他先后谱写了《军民进行曲》《生产大合唱》《黄河大合唱》《九一八大合唱》等大型作品。

《生产大合唱》是冼星海的另一支抗战名曲。1939 年春，延安开展了热火朝天的大生产运动。一天，诗人塞克在延河边散步，人来人往的大生产繁忙景象深深地触动了他，不禁想起冼星海多次向他索要歌词，并专门嘱咐要写一些“厉害的”。塞克忽然眼前一亮：这大生产运动不是很“厉害”吗？塞克当即在延河边构思，几天后，一部《生产大合唱》脚本完成。

冼星海拿到脚本后，随即投入封闭创作。《生产大合唱》仅用 6 天就谱写完成。

“二月里来呀好春光，家家户户种田忙。指望着今年的收成好，多捐些五谷充军粮……”

《二月里来》是《生产大合唱》中的一首歌曲，旋律柔婉流畅，感情细腻真挚，具有恬静的江南风情和浓郁的民歌风格。当时，《生产大合唱》还没写完，《二月里来》就早已传唱起来。

那是在春节过后，毛泽东正在山坡上开荒种地。一批中央党校的学员唱着这首歌从沟口经过，毛泽东起身微笑着鼓起掌来。于是，这首歌等不及春天的到来，便传遍了陕北高原。

1940 年 5 月，冼星海受党中央派遣，与编导袁牧之一起携带延安第一部大型纪录片《延安与八路军》胶片赴苏联莫斯科，完成影片的后期制作任务。

党中央对此十分重视，毛泽东在他们临行前特设家宴送行，同时嘱咐他们工作时间为半年，完成任务后即返回。

化名“黄训”的冼星海（黄是他母亲姓，训是他岳母的名），到达苏联莫斯科后，在为纪录片《延安与八路军》作曲之余，还挤出时间考察苏联的音乐艺术发展情况，并与著名音乐家们探讨音乐创作。

在异国同行们专门为其召开的小型座谈会上，冼星海介绍了中国音乐艺术的概况和新音乐发展动向，展示了自己创作的抗战歌曲，并用钢琴弹奏了《黄河大合唱》。这是《黄河大合唱》在国外的首次演奏。

据与会的苏联著名音乐家穆拉杰里在《苏联音乐》杂志中的撰文记载：“这部作品主题鲜明，给我们印象极深。它描绘了黄河这条滋养着中华儿女的‘母亲河’的形象，歌颂了中国劳动人民以及他们自古以来与奴役者们进行的斗争。作曲家对复调音乐技巧的自由运用使他克服了中国传统音乐调式的封闭性，创作出充满动感与丰厚表现力的气势恢宏的合唱曲。”

冼星海在莫斯科期间，还挤出时间对《黄河大合唱》1939 年延安简谱手稿进行了进一步的整理、加工、修订、提高和扩大规模配器的补写工作。最后，冼星海为这部由九个乐章组成的五线谱手稿作品定名为“交响大合唱《黄河》”。这也是后人称作《黄河大合唱》的“莫斯科版本”。

然而，由于德国入侵苏联战争全面爆发，加之新疆军阀盛世才露出反共真面目，冼星海等人返回延安时，无法通过新疆口岸，只能折返乌兰巴托。

在此，冼星海化名“孔宇”，受聘任中国工人俱乐部的音乐教员，为俱乐部谱歌、教授乐器演奏，并最终组织起业余文艺队伍，在乌兰巴托公演了《黄河大合唱》。

1942 年冬季，冼星海秘密离开乌兰巴托，只身返回莫斯科转道哈萨克斯坦的阿拉木图，打算寻找机会仍从新疆口岸回国，但始终未能如愿。

阿拉木图的冬季异常寒冷。经过长途跋涉的冼星海已是精疲力竭、饥寒交迫、身无分文，几近流浪汉。长期颠沛流离的生活和疾病，无情地将他击倒了，倒在了抗战胜利的日子里。

1945 年 10 月 30 日，冼星海被转送至莫斯科克里姆林宫医院，仍不幸病逝，年仅 40 岁。李立三夫妇与苏方一起将其葬在莫斯科近郊，骨灰盛放在一个灰色大理石小匣里，匣子正中镶着一张他的椭圆形照片，周围环绕着缎制的花束，下面刻着金色的俄文——中国作曲家、爱国主义者、共产党员：黄训。

噩耗传来，整个延安沉浸在哀痛之中。

11 月 14 日，鲁迅艺术学院举行了隆重的追悼大会，毛泽东亲笔题词：“为人民的音乐家冼星海同志致哀。”

冼星海去世后，周恩来曾多次指示有关单位及同志“要把冼星海同志的作品手稿保管好，以后出版、演出这些作品”，“在适当的时机将冼星海同志的骨灰移回国内安葬”。

按照周恩来的指示，1945 年底，鲁迅艺术学院先期撤离延安时，钱韵玲把有冼星海大量阅读眉批的书籍都舍弃了，重点将他的创作手稿、札记、日记书信、讲稿教材、照片等装进筐子，用一匹小毛驴驮着，在解放战争的炮火中辗转于华北地区，最后托当地一位可靠的老乡藏在一个山洞里。

中华人民共和国成立后，钱韵玲又通过组织将冼星海的这些珍贵遗物从山洞里取出，交给刚成立的中央音乐学院，后来由中央音乐学院又交给中国艺术研究院音乐研究所保管。

1949 年夏末，当时战争硝烟未散，中华人民共和国尚未诞生。第一次中华全国文艺工作者代表大会即于 7 月 2 日至 19 日在中南海怀仁堂隆重召开。会议期间，演出了《黄河大合唱》。

1983年，中苏关系逐渐缓和，在邓小平的直接关怀下，冼星海骨灰得以从苏联迁回国内，安放在北京八宝山革命公墓。后经广东省委报请党中央批准，得以迁回故土，在广州白云山下新建的“星海园”安葬。

早在1946年1月25日，光未然惊闻冼星海客死他乡，就悲恸万分地写下《哀星海》一文：“我不禁为他，为中国人民的巨大损失放声一哭！”

1990年12月5日，光未然又去拜谒了“星海园”，写下一首思念深长的《“星海园”沉思录》：“广州的初冬仿佛早春，白云山林荫道多么幽静！我专程看望你啊，星海，我久违的同志和友人。虽然长别了半个世纪，难忘你沉着矫健的身影。你那洞穿世纪的乐语，仍然像钟鼓撞击人心……”

光未然还在《风雨文谈》中说：“同聂耳一样，星海无疑是我国无产阶级音乐艺术的先驱者，是我国伟大的作曲家，人民的艺术家。他那样热爱党，热爱群众，热爱劳动，他的心那样贴近人民，这就使得他有了无穷的力量和气魄，也使得他永远活在人民的口上心上。他的歌曲，是革命的民族气派的产物。他准确地表现了我国人民革命胜利前夜的时代精神，豪强多彩而勇于创造。同聂耳一样，他死得太早。他已经为他所热爱的人民尽了最大最好的努力。中国人民将永远含着眼泪感激他。”

后来，在中哈两国的共同努力下，阿拉木图市的一条街道整饰一新，被命名为“冼星海大街”，街口建有莲花状的有冼星海头像和中哈俄三国文字铭文的纪念碑。

鲜为人知的故事

《黄河大合唱》早年在演出过程中，曾经根据不同时期的特殊情势，不断被加工和修改。例如，为了强调和突出对敌人的愤慨，其中一小部分被改成四部合唱；再如，由于当时各演出团体没有伴奏条件，作品中的朗诵部分难以按谱使用伴奏；等等。在此后几十年的传唱、演出过程中，为了满足和适应不同场合的需要和不同演出团体的特殊情况，《黄河大合唱》更是不断被音乐家们改编。

众所周知，这部作品先后形成了诸多版本，那么，《黄河大合唱》到底有多少个版本？

有资料显示，最多的有六版。它们是：原始的延安版本（简称：延安版）；冼星海到苏联后重新整理、改编的版本（简称：莫斯科版）；由李焕之根据延安版、莫斯科版改编的版本（简称：李版）；由李焕之根据“李版”与“莫斯科版”改编的上海乐团演出版（简称：上海版）；由严良堃牵头、中央乐团创作组集体改编的版本（简称：中央乐团版）；由瞿维改编的版本（简称：瞿版）。

我们从中国艺术研究院艺术与文献馆的专家考证中得知，在众多《黄河大合唱》版本中，有两个版本是由冼星海亲自完成，并且都留下了珍贵手稿。第一个版本就是1939年冼星海在延安创作完成的初稿，后被称为“延安稿”；第二个版本则是1941年冼星海在苏联期间重新配器修订的大型管弦乐队总谱，后被称为“苏联稿”。

1940年5月，冼星海到达莫斯科后，苏联政府征询他有什么要求时，他提出：一是在苏联演奏由他创作的第一交响乐《民族解放》；二是把《黄河大合唱》拍成电影；三是见苏联著名作曲家普罗科菲耶夫。虽然这几个要求最终都没能实现，但是从中不难看出，《黄河大合唱》这部作品在冼星海心目中的分量。

事实上，早在延安创作时期，冼星海就坚定了把《黄河大合唱》编写成规模宏伟的交响合唱的想法。

1941年春天，冼星海终于在莫斯科完成了《黄河大合唱》的配器和总谱。然而，此时德国入侵苏联，苏联处于战乱时期，冼星海没有条件听到自己作品的实际音响，更无法根据实际音响进行修改和调整。更何况，冼星海已将这部作品整理、加工、修订成为一个巨型版本，不但增加了一个序曲，而且配备了极为庞大的乐队编制，采用三管制交响乐队，终曲末段使用6只圆号、12只小号和12只长号，且演奏难度极高，使得这个版本的排演遇到了困难。直到冼星海去世数年以后，《黄河大合唱》才得以在苏联演出。而在苏联举行的最为正规且极具艺术水平的首演，当数1955年在柴可夫斯基音乐厅演出的俄文版本。

此版本以“苏联稿”为基础，全部唱词和朗诵均被翻译成俄文，著名苏联音乐家尼·鲍乌艾尔进行重新编配，并由当时苏联最优秀的指挥家斯塔谢维奇、莫斯科爱乐交响乐团和苏联国家合唱团演出。

《黄河大合唱》的“延安稿”和“苏联稿”是最原始的两份稿本，也是目前仅存的冼星海《黄河大合唱》手稿，现收藏于中国艺术研究院。这两份诞生于战争年代的乐谱手稿都有着曲折的流转经历。中华人民共和国成立初期，《黄河大合唱》“延安稿”由冼星海夫人捐赠给中国艺术研究院。

1945 年，冼星海在苏联因病逝世，那么，他在苏联完成的《黄河大合唱》“苏联稿”又是怎样被带回国内的？

1946 年，苏联驻华大使馆将冼星海部分遗物转送回国，其中有一只皮箱，皮箱中装的就是冼星海的作品和手稿。据说，这批珍贵的冼星海档案是苏联驻华大使馆交给中共驻南京办事处，由军调处执行部的美国飞机从南京带回延安，交给中共中央，再由中共中央办公室委托中央党校文工室和中央管弦乐团保管。此后，中央党校文工室和中央管弦乐团合并为华北人民文工团，后又被改建为北京人民艺术剧院。

1952 年，北京人民艺术剧院被分支出中央戏剧学院附属歌舞剧院，1953 年又更名为中央实验歌剧院。之后，包括《黄河大合唱》“苏联稿”在内的冼星海遗作由中央实验歌剧院移交予中央音乐学院研究部，即中国艺术研究院音乐研究所的前身。至此，《黄河大合唱》“苏联稿”在辗转流传于多家单位后，最终与“延安稿”会合，一同落户于中国艺术研究院。两部珍贵手稿得以存世并汇集于一处，凝聚了几代音乐艺术工作者的心血，其文献价值和历史意义不言而喻。

两个手稿版本保存了《黄河大合唱》这部伟大音乐作品创作时的原始面貌及其修改过程，是研究冼星海及其音乐创作最宝贵的第一手资料，是研究中国近现代音乐史乃至近现代中国革命史的重要史料。

时隔 80 余年，我们依然能透过两个手稿版本的谱本、形式、内容、纸张等，看到冼星海创作时的环境氛围和创作心情。一气呵成的“延安稿”（长宽为 18.5cm × 32cm），共 66 页，黄色牛皮纸封皮，没有题签，第一页是目录，乐谱用简谱创作，以粉连纸抄写。气势磅礴的“苏联稿”（长宽为 22.5cm × 35.8 cm），其封面有中俄文双语“黄河”字样，封二有冼星海手书的关于《黄河大合唱》的创作说明，扉页上有中俄文“黄河大合唱”字样，第三页为目录。此外，封三还有冼星海手书的关于《黄河大合唱》八部分乐章各自含义的解释，乐谱以五线谱写成，总共 202 页。

“一曲大合唱，可顶十万毛瑟枪。”《黄河大合唱》作为中国新音乐运动的标志性作品，其手稿之于中国，是中华民族在受尽压迫和屈辱的黑暗年代里自省、自救的历史遗痕和实物见证，它促使我们鉴思历史，审视当下，具有独一无二的革命纪念意义。

《黄河大合唱》的演绎者和见证人

谁没有妻子儿女，谁能忍受敌人的欺凌？亲爱的同胞们！你听听，一个妇人悲惨的歌声。

2015年，在中国人民抗日战争暨世界反法西斯战争胜利70周年到来之际，由92岁的指挥家严良堃指挥，88岁的声乐教育家郭淑珍再次唱响《黄河怨》。

《黄河怨》是《黄河大合唱》中一首经典的女高音独唱作品。“唱到歌中声咽处，寒猿野鸟一齐啼”。该曲运用凄苦的文词，缠绵的音乐，叙述了抗日战争时期沦陷区一位倍受压迫的妇女，在失去丈夫和儿子后投河自尽，以死抗争命运的故事。

这一幕，距离严良堃第一次指挥《黄河大合唱》已过去75年；距离郭淑珍第一次登台演唱《黄河怨》也已过去60年。

1940年，严良堃在重庆第一次指挥孩子剧团公演《黄河大合唱》，那一年，他才17岁。

几乎是同时，这首《黄河大合唱》也在“白骨露于野，千里无鸡鸣”的华北沦陷区传唱开来。那时还在天津上中学的郭淑珍特别喜欢听和唱。

1953年，郭淑珍在莫斯科音乐学院第一次听到了完整版的《黄河大合唱》。1955年，在波兰举行的世界青年联欢节上，她首唱《黄河怨》，并获得了铜奖。

严良堃和郭淑珍合作的《黄河大合唱》，曾被音乐界誉为“无法超越的经典”。他们既是《黄河大合唱》的演绎者，又是《黄河大合唱》传唱经久不衰的见证人。

2017年6月18日，曾指挥《黄河大合唱》唱响世界各地的严良堃安然离世。据他生前回忆，历史上《黄河大合唱》在国外有几次较为重要的演出——

第一次在国外的演出是1942年在缅甸曼德勒的云南会馆，由缅甸华侨战工队合唱团演出，连演了三天，由赵沨指挥，李凌任艺术指导，仍旧是光未然朗诵。

1949年，在纽约联合国大会上，由美国人演出了英文版的《黄河大合唱》，《黄河颂》一段由著名的黑人男低音歌唱家保罗·罗伯逊演唱。

1956年，由全苏交响乐团和合唱团在莫斯科演出了《黄河大合唱》，李德伦指挥，郭淑珍演唱《黄河怨》。那次郭淑珍唱中文，合唱团唱俄文。

1964年，日本人在神户演出了《黄河大合唱》，是用日文唱的。据说在翻译“自从鬼子来，百姓遭了殃”一句时，他们还问“鬼子”是什么意思。

1995年，是抗战胜利50周年，美国一个规模庞大的合唱团来北京演出《黄河大合唱》，国外人到中国来演出这部作品，这是首次……

《黄河大合唱》在国内的演出就多得难以计数了。严良堃这辈子做得最伟大也最有意义的一件事，就是指挥了一千多场《黄河大合唱》。可以说，他的指挥生涯是和《黄河大合唱》相依相伴、荣辱与共的。

黄河滚滚奔向东南

自从1939年，光未然写出《黄河大合唱》后，就再也没有去过黄河，去过壶口，到过延安。他几度试图想在适当的时候回去看一看，却始终未能如愿。

2002年1月28日，89岁的光未然与世长辞！

2003年7月25日，在位于黄河上游青海省循化撒拉族自治县积石镇的一座钢索吊桥上，光未然的夫人黄叶绿和子女将他的骨灰撒在奔流不息的黄河里。他终于回到了母亲河的怀抱，与黄河水融在了一起。

2018年7月1日，光未然手书《黄河颂》大型碑刻，在其创作《黄河大合唱》的主要灵感来源地山西永和黄河蛇曲国家地质公园揭幕。

“我站在高山之巅，望黄河滚滚奔向东南。金涛澎湃，掀起万丈狂澜……”今天，站在壶口瀑布，依然能感受到光未然和冼星海对祖国及人民的一往情深。

我们相信，《黄河大合唱》将和千古黄河一起会永恒地流传下去！

小山村里唱出的铿锵动地之声

——《团结就是力量》传唱始末

王锦慧

2021年2月9日，农历腊月二十八，河北平山县西柏坡镇的北庄村沉浸在无比激动和喜悦之中。

“习近平总书记给咱北庄村全体党员回信啦！”

习近平总书记在信中说：“78年前，《团结就是力量》从你们那里唱响，成了亿万人民广为传唱的一首革命歌曲。如今，你们带领乡亲们传承红色基因，团结一心，苦干实干，摘掉了贫困帽子，我感到很高兴。”

“团结就是力量，团结就是力量，这力量是铁，这力量是钢，比铁还硬，比钢还强……”

中国共产党百年史就是一部团结带领人民为美好生活共同奋斗的历史，在全面建设社会主义现代化国家新征程上，我们更要唱响《团结就是力量》！

那么，这首歌是怎样在滹沱河岸边的一个小山村唱响，又久久回荡在岁月苍穹之中的？

用文化激发人民的抗日热情

1937年7月，全国抗战爆发。中国共产党领导的八路军奔赴晋东北、晋东南、晋西北，开辟了敌后抗日根据地。

1938年秋，党中央号召延安的干部和文艺工作者“到敌人后方去”，以文

抗战时期的西北战地服务团

化当武器，宣传革命思想，发动人民群众，在配合八路军抗日的同时，用文化荡涤人民的心灵，激发人民群众的抗日热情。

西北战地服务团是八路军领导的一支宣传抗日的综合性革命文艺团体。1937 年 8 月 12 日在延安成立，丁玲为主任，吴奚若为副主任。8 月 15 日，延安各界举行欢送西北战地服务团奔赴抗日前线的晚会，毛泽东到会致辞表示祝贺。他鼓励大家用自己的笔、自己的口与日本帝国主义者作战，努力扩大党的影响，宣传党的抗日救国主张，争取抗战的胜利。

于是，一批艺术家辗转来到太行山，展开了另一种形式的战斗。

1943 年，晋察冀抗日根据地正处在“黎明前的黑暗”。日本侵略者向根据地疯狂发起“梳篦式”大“扫荡”，实行惨无人道的“烧光、杀光、抢光”政策；国民党顽固派则极力破坏国共合作，企图发动第三次反共磨擦；边区人民已无法承受繁重的战争背负，难以保持抗战的有生力量。

面对这种严峻的形势，西北战地服务团发出号召：“开展政治攻势，到敌后的敌后去！”团员们在武装力量的配合下，组成两个小队，分别深入山西繁峙和河北平山一带游击区进行活动。他们以戏剧、音乐、讲演、标语、漫画、口号等各种方式，向抗日战士及边区群众进行大规模的宣传活动。他们还就地取材，充分利用墙壁、门板、石块，甚至战士的枪杆等来进行宣传。

多种多样的宣传形式使根据地的茶馆、俱乐部、救国堂、民革室、农民家的院子，还有田野、集市、广场、道路、大街小巷，甚至敌人枪口下的碉堡附近，都成为团员们的活动空间，根据地的民众无时无刻不处在他们的宣传鼓动之中。

在宣传工作的有效配合下，根据地的各项工作顺利展开，如反“扫荡”、大生产运动、除奸运动、民主选举等，都搞得轰轰烈烈、有声有色。根据地也逐渐发展壮大起来，最终为共产党人民军队解放全中国奠定了基础。

《团结就是力量》就是在这样的历史背景下诞生的。

首演于平山县北庄村的打麦场上

《团结就是力量》本来是一部小型歌剧的幕终曲，创作于 1943 年夏天，首演于晋察冀边区平山县北庄村的打麦场上。

北庄村位于西柏坡镇中部，三面环山，一面临水，距中共中央“解放全中国的最后一个农村指挥所”西柏坡只有 0.5 公里之遥。

这里是一片红色土地。据《平山村庄考》记载：1936 年，北庄村就成立了党支部。1940 年 6 月，北庄村剧团成立，是平山县早期 42 个抗战剧团之一，其演出的《恩仇记》《锁不住的人》等剧目深受群众欢迎。

当西北战地服务团到达平山时，县里正在召开参议会，讨论如何进行反抢粮、反“扫荡”的各项工作。由于当时有不少地主、富农不按政府法律规定减租减息，而是继续用高租重息欺压贫苦农民，致使广大贫苦农民无法维持生计。为此，县参议会决定开展减租减息运动，依法减轻农民负担，以保证抗战顺利进行。

为了配合这场斗争，西北战地服务团的牧虹和卢肃决定创作一部小型歌剧《团结就是力量》，以农民团结起来争取自己合法权益的简短剧情，来表达一个深刻的主题：在抗日战争最艰难的关头，人民群众只有团结起来形成钢铁般的力量，才能无往不胜！

他们相约来到老乡屋后的山坡上，仅用一个星期就写出了剧本。排练时，大家觉得剧情还不错，就是结束得有些突然，缺少过渡的终止感，便当即决定由牧虹作词、卢肃作曲，加了一个与歌剧同名的幕终曲。

至此，小型歌剧《团结就是力量》排练成功，牧虹既是编剧、导演，又兼演员；卢肃既是作曲，又兼指挥。

这部小型歌剧的首次演出，是在北庄村举行的庆祝平山县减租减息和县参议员选举胜利闭幕的大会上。全剧的高潮是结尾的幕终曲：

团结就是力量，
团结就是力量。
这力量是铁，
这力量是钢，
比铁还硬，比钢还强，
向着法西斯蒂开火，
让一切不民主的制度死亡！
向着太阳，向着自由，
向着新中国发出万丈光芒！

当时没有舞台，演职人员跑到场地中间，互相挽着臂膀唱着这首歌。

观众掌声雷动，群情激昂，情不自禁地高呼口号："团结起来，把日本帝国主义赶出中国国土！""为了新中国，团结起来共同奋斗！"

北庄村睁大惊奇的眼睛凝望着此情此景，默默铭记下了这个让后人常常忆起的高光时刻！

小型歌剧公演后，幕终曲《团结就是力量》便随之传唱开了。它以非凡的气势，抒发出势不可当、一往无前的强大力量，不仅在边区传唱，也很快传唱至国统区和敌占区。它极大地鼓舞了抗日军民的士气，敲响了日本侵略者走向灭亡的丧钟！

每当歌声响起，他们就仿佛出现在北庄村老乡屋后的山坡上……

20世纪30年代，江苏省徐州涌现出一大批革命文艺工作者。七七事变后，他们告别家乡，踏上革命征途，奔向抗日前线，奔向延安，创作了一大批具有重大影响的革命文艺作品。卢肃和牧虹就是他们之中的优秀代表。

牧虹1918年出生，原名赵鸿模，自幼就极富艺术表演才能。早年参加徐州市音乐爱好者组织的“艺波音乐会”。全国抗战开始后，他辗转于成都、重庆等地，与赵丹、白杨、曼萍合演《雷雨》《放下你的鞭子》，并在《雷雨》《原野》《钦差大臣》《阿Q正传》等中外名剧中担任主要角色。1938年他到宝塔山下，曾在冼星海创作并指挥的《黄河大合唱》中出色地完成了朗诵任务，被评为“延安模范青年”，由毛泽东亲自颁发纪念章。1942年加入中国共产党。

中华人民共和国成立后，牧虹历任中央戏剧学院歌剧团团长、中央歌舞剧院副院长、中央戏剧学院副院长等职。1989年在北京逝世。

卢肃1917年出生，原名卢方平，自幼酷爱音乐，对流行于家乡的民间戏曲、民间音乐十分着迷。1937年，他进入抗敌剧社，1938年参加北平学生移动剧团到达革命圣地延安。1939年加入中国共产党。

牧虹和卢肃是延安鲁迅艺术学院的同学，牧虹在文学系学习，卢肃在音乐系学习，皆师从冼星海。1939年春，他们积极响应党中央的号召，穿过敌人封锁线，历尽艰险，到达晋察冀边区，并分别担任华北联合大学文艺学院文学系和音乐系的老师，培养出一批战时文艺人才。

从延安到河北平山，要在敌人的枪林弹雨中行军2500里才能到达。途中，他们遭到日军猛烈袭击，子弹曾打穿卢肃的军用水壶。他有感而发，作

《团结就是力量》词作者牧虹

《团结就是力量》曲作者卢肃

词谱曲写下了自己的“处女作”《古道行军》。歌中唱道：“高原古道，涂着英雄的血汗，年轻的歌声，滋润着田园。跨过激流，越过高山，为救民族危亡，不怕一切艰险。冲到敌后方，开展游击战……”这首进行曲一经谱出，便立即传唱开来。

在晋察冀边区，卢肃发挥作曲家的特长，创作了《华北人民进行曲》《平原大合唱》《五一纪念歌》《子弟兵之歌》《平原夜歌》《拥军公约歌》《群众力量大如山》《送上一支光荣花》《枪口对外》《护麦谣》等一批充满斗争激情的战歌。

1942 年，牧虹经崔嵬、胡苏介绍加入了中国共产党，不久被任命为西北战地服务团戏剧队队长。他经常冒着敌人的炮火，在硝烟弥漫的战场为抗日军民演出。他以卓越的表演才能，成功地塑造了《带枪的人》中的列宁，《前线》中的盖达尔政委，《白毛女》中的杨白劳等艺术形象；他还创作了《女八路》《红袄子》《我爱八路军》等一批话剧和歌剧。

1944 年 5 月，卢肃随西北战地服务团回到延安。中华人民共和国成立后，他参与组建北京人民艺术剧院并任副院长，后又历任中央实验歌剧院院长、沈阳音乐学院代理院长等职。1992 年，被授予国家“特殊贡献奖”；2001 年，荣获中国音乐界最高荣誉奖——“金钟奖”。2004 年 7 月在北京逝世。

当年，就是这两位热血青年，满怀报国之心，以笔作枪，创作出流传人间的红色经典，而今斯人已逝，但每当《团结就是力量》的歌声响起，他们就仿佛出现在北庄村老乡屋后的山坡上……

团结永远是力量的不竭之源

《团结就是力量》在音乐上继承了民族音乐的优秀传统，又吸收了外国近现代音乐的艺术成就，其高昂激越的旋律具有强烈的鼓动性和感染力。所以，它不但冲破黑暗势力的重压迅速流传，而且经受了时间的考验而久唱不衰。

歌曲的影响力远远超过了作者最初想表达的希望农民团结起来争取权益的初衷，很快成为团结中华民族抗击日本侵略的号角，成为万众一心挽救民族危亡、谋求翻身解放的最强音。

一批批有志青年高唱着《团结就是力量》，加入了抗战的队伍，投身到反侵略的战斗中；

在炮楼里顽固抵抗的伪军听了《团结就是力量》，携带武器弃暗投明的，有时多到一个班、一个排；

在向国民党当局游行示威中，一些青年学生手挽手高唱《团结就是力量》，大义凛然地面对疯狂镇压的反动军警；

在国统区的爱国民主运动中，《团结就是力量》成为各阶层人民“反内战、反饥饿、反迫害”的有力武器；

在中国人民解放军进驻北平后，清华大学的学生们唱着《团结就是力量》，列队欢迎子弟兵；

后来，在大型音乐舞蹈史诗《东方红》、电影《人民胜利万岁》、话剧和电影《茶馆》中也都能听到这一耳熟能详的旋律……

在这首歌问世的 78 年里，从抗日战争、解放战争直到中华人民共和国成立以来的各个重大历史时期，在各个民族、各个地区、各界民众中间，在各种群众聚会以及各种盛大庆典中，我们几乎都可以听到这首歌曲雄壮、有力、激昂、慷慨的旋律。

如今，这首歌早已唱出了国门，走向了世界。它曾在日本的民族音乐运动中传唱，在越南人民的反侵略战争中传唱，随着“一带一路”建设的推进，又在非洲国家广为传唱。

《团结就是力量》继入选“20 世纪华人音乐经典”后，2015 年 8 月 26 日，又入选国家新闻出版广电总局发布的“我最喜爱的十大抗战歌曲”。

团结永远是力量的不竭之源，中国共产党团结带领人民，历经了从山河破碎到民族解放，历经了从国家独立到国富民强，相信在乘势而上开启的新征程上，也一定能实现全面建成社会主义现代化国家的百年梦想！

在北庄村村史馆内，至今仍完好保存着小型歌剧《团结就是力量》首演的珍贵剧照，在打麦场上唱响的幕终曲也始终在小山村回响。

北庄村党员唱着这支歌，带领乡亲们告别贫困，昂首阔步地走上了小康路；

北庄村党员唱着这支歌，决心牢记习近平总书记的殷殷嘱托，把乡亲们更好团结起来、凝聚起来，心往一处想，劲往一处使，让日子过得越来越红火！

这支歌世世代代不落
——曹火星与《没有共产党就没有新中国》

杨连元

没有共产党就没有新中国，
没有共产党就没有新中国。
共产党辛劳为民族，
共产党他一心救中国，
他指给了人民解放的道路，
他领导中国走向光明；
他坚持了抗战八年多，
他改善了人民生活，
他建设了敌后根据地，
他实行了民主好处多。
没有共产党就没有新中国，
没有共产党就没有新中国。

2019年，中华人民共和国成立70周年大庆前夕，中宣部组织遴选的“庆祝中华人民共和国成立70周年优秀歌曲”100首隆重发布，其中第一首是《义勇军进行曲》，第四首就是《没有共产党就没有新中国》。

1943年，一个19岁的革命青年创作了这首红歌。这首歌最初在京西房山霞云岭的山坳里唱出，后来汇成了撼动三山五岳、传扬华夏大地上亿万人民的大合唱，经久不衰，历久弥新，在当代中国音乐史上堪称奇迹。著名诗人贺敬之称赞这首歌是“不朽的真理之歌”，唱出了中华儿女的共同心声，道出了人民共和国历史的必然。著名文艺理论家周扬评价这首歌“唱出了人民的心声，替人民说了话”，表达了广大人民群众对中国共产党的热爱，表达了中国人民坚定不移跟共产党走的决心。

大山深处谱写一首世纪之歌

《没有共产党就没有新中国》这首歌的词曲作者原名为曹峙，后来，作者自己改名为曹火星。曹火星的女儿曹红雯说，父亲之所以改名，寓意就是要做一颗闪亮的红星。

曹火星，1924 年 10 月出生于河北省平山县西岗南村，虽然生长在乡村，因为父亲和哥哥受过教育，6 岁的时候，他已经识文断字，进了学堂。曹火星从小文静腼腆，就爱听大人们讲故事，还喜欢听村里人吹笛子、拉胡琴、敲锣鼓。上小学时，他对音乐老师弹奏的风琴感兴趣，趁着老师不在的时候还演奏过。后来，赶上学校放假了，他不知从哪儿借到了一件大筝琴（一种弹拨乐器），一天到晚在院子里弹个不停。那个时候，乡间音乐的旋律，民间艺人们的演奏器乐，都深深进入一个孩童的心灵中，也为其日后创作音乐打下了良好的基础。还有一个原因，就是当时的村小学老师是一名共产党员，可以说，他自小就接受了进步思想的熏陶。

曹火星和女儿曹红雯在一起

1937年，七七事变爆发，全民族抗战开始。当时，曹火星13岁，考上了保定中学和正定中学两所学校，他还一门心思地想着当个数学家呢！可是，日寇已经打到了平汉铁路沿线，中华大地上已经容不下他的一张课桌了。这时，他带着一种强烈的抗日救亡抱负，怀着一颗“誓死不当亡国奴”的红心，随即投身到中国共产党领导的抗日救国青年联合会的工作中，担任了本村青救会主任，带着儿童团站岗放哨、编演节目、宣传动员群众抗日。他说过：“从此，我的人生有了新的希望和奔头。”

1938年初，平山县委成立了一支文艺宣传队，当时叫铁血剧社。刚开始，曹火星当演员，后来担任音乐队队长。铁血剧社一方面积极编演抗日内容的节目，另一方面深入敌后写标语、搞宣传、散发传单，发动群众，策反伪军，干得热火朝天。铁血剧社是在抗日战争的烽火中诞生的，当时主要节目还是运用民歌小调填上新词进行演唱，并教给群众演唱，以宣传抗日救亡运动。铁血剧社当时走遍了平山地区每一条山沟，抗日救亡的歌声唱遍了每一个村庄，深受群众欢迎。老百姓的热情支持和帮助，使剧社获得赖以生存的土壤，队员们也在实践中受到锻炼，大家的宣传动员和演出活动干得有声有色。

也就是在这个过程中，曹火星作出一个重要决定，把自己的名字改了。他说：“血是红色的，火也是红色的，我要做一颗闪亮的红星，做一名真正的无产阶级战士。”

在这段艰苦卓绝的时光中，曹火星和铁血剧社的一位女演员齐玉珍结下了革命情谊，后来成为一对恩爱伴侣，养育了两个闺女、两个儿子。当年，曹火星拉琴，齐玉珍唱歌；台下排节目，台上扮夫妻，比翼齐飞，苦中作乐，一时传为佳话。

1939年冬季，组织上安排曹火星进入华北联合大学文艺学院音乐系深造，学习作曲和指挥，从此开启了他的音乐创作之路。在此期间，他先后创作了《上战场》《春耕忙》《万年穷翻身》和《春天里喜洋洋》等一些为干部、战士、群众所喜爱的歌曲，展现出极好的音乐创作天赋。这一期间，他在战斗中成长，与群众同呼吸共命运，特别是学习了《在延安文艺座谈会上的讲话》之后，他对讲话当中所提出的文艺为工农兵服务的方针，文艺工作者必须到群众中去，到火热的斗争中去，熟悉工农兵，转变立足点，为革命事业作出积极贡献的要求，有了明确的努力方向。为人民而创作，为时代而歌唱，成了这位人民音乐家一生的不懈追求。

1943年，世界反法西斯战争进入高潮，中国的全面抗战也进入最艰难的第七个年头。中国到底向何处去，中国的命运将由谁来主宰？在这民族危亡的紧要关头，国民党当局打着“攘外必先安内”的旗号，非但不积极抗战，还掀起了一次又一次的反共高潮，企图消灭共产党及其领导的抗日根据地。为了巩固“正统”和“领袖”的地位，1943年3月，蒋介石炮制了一本书——《中国之命运》，这本由陶希圣代笔的书，公开宣称：“没有国民党，那就没有了中国，中国的命运完全寄托于国民党。”极力宣传只有国民党才能救中国，只有它的三民主义才能救中国，说白了，就是只有蒋介石才能救中国。目的就是混淆视听，欺骗民众，贬低中国共产党在抗日战争中的地位。

针对蒋介石的荒谬论调，中共中央根据国内外局势，用大量的事实予以驳斥和反击。1943年7月12日，毛泽东为延安《解放日报》撰写了《质问国民党》的社论，对于蒋介石在《中国之命运》这本书中所散布的种种歪理进行了义正词严的批驳。8月25日，延安《解放日报》又以《没有共产党就没有中国》为题发表社论，进一步驳斥了蒋介石的谬论。社论指出，共产党、八路军、新四军才是抗日的中流砥柱。社论以大量的事实针锋相对地提出：“如果今日的中国，没有中国共产党，那就没有了中国。”以此坚定了人民群众抗击日本帝国主义的必胜信心。

1943年，在曹火星的人生历程中有着特殊意义。年初，铁血剧社更名为群众剧社，改由晋察冀边区抗日联合会领导。4月，曹火星加入中国共产党。12月，日寇实施大“扫荡”，制造了“岗南惨案”，老家的100多个乡亲惨遭杀害，曹火星的父亲和一个弟弟也在其中。曹火星说过：“国仇家恨教育着我，冲击着我的情感，激起我创作的冲动。”

正是在这样的历史背景下，晋察冀边区抗日救国联合会群众剧社化整为零，深入群众之中宣传党的抗日主张。时任剧社音乐队队长的曹火星，被党组织派到了当时属于平西抗日根据地的房山霞云岭堂上村。此地离着北平有百十公里远，由于笼罩着白色恐怖，曹火星一行化装成小贩，一路跋山涉水，向目的地进发。堂上村村西头的山脚下有个中堂庙，曹火星和队友到了村里就宿营在庙的几间厢房里。也正是在这个小小的山乡，他思绪万千，心潮起伏，灵感涌动，创作了这首世纪之歌《没有共产党就没有新中国》。

霞云岭堂上村传出永久歌声

位于京西霞云岭乡的堂上村，一个林木葱茏、山清水秀、清静幽深的好地方，最早隶属于平西区房涞涿县。出北京城驱车奔西南方向100公里，百花山脚下，山路崎岖蜿蜒，春夏秋三季，一路风景怡人。

堂上村的中堂庙，庙里的几间厢房，其中一间就是曹火星当年生活并创作这首歌曲的地方。至今，屋里还保留着一铺土炕、一个小炕桌和一盏油灯，闪烁的油灯照亮着一位革命文艺战士的心路。很多年前，这里流行一种民歌文艺形式，叫作“霸王鞭”，就是表演者手持竹鞭，边唱边跳，村里的男女老少，几乎人人都能来上一段。霞云岭乡堂上村地处山区，老百姓没有多少耕地，很多年间吃不饱、穿不暖。土地革命战争时期，中国共产党点燃了平西革命的火种，组织发动群众同地主阶级进行斗争，得到了土地，党在这个地区得到群众的衷心拥戴。卢沟桥事变后，日寇的铁蹄践踏平西，这里绝大部分地区沦为敌占区。北平地下党组织、中共北方局、晋察冀军区和涞涿工委，都曾选派干部到平西开展抗日工作，组织发动人民群众，创建了以房山百花山为中心的平西抗日根据地。

《没有共产党就没有新中国》创作地——北京市房山区霞云岭乡

在抗日战争最艰难的日子里，平西这块热土涌现出一大批为民族为民众而捐躯的英烈，其中有面对酷刑坚贞不屈，最后被敌人用沸腾的开水煮死的区委副书记马文亮；有宁死不屈、惨死狱中的房山三区区委书记傅兴远；有为掩护战友而身受重伤，最终被敌人连扎七刀而壮烈殉国的基层干部于振边等。可以说，平西区的抗战历史深刻见证了中国共产党才是抗日救亡的中流砥柱，平西区的老百姓最懂得中国共产党才是中华民族的希望所在。很自然，曹火星来到这处大山的脚下，耳闻目睹的依然是抗日烽火的升腾，依然是人民群众高涨的抗日热情。

1943 年 10 月，曹火星跟随小分队从晋察冀边区总部驻地阜平出发，翻山越岭到达霞云岭乡堂上村。这里火热的抗战生活和广大群众热爱中国共产党的真挚感情，深深地感染着曹火星，一股按捺不住的创作激情，常常让他吃不香、睡不着，夜里辗转反侧。开始，群众剧社的人员，借用群众喜爱的“霸王鞭”曲调，编写创作了几个演唱节目，既有歌颂解放区的光明和共产党八路军领导人民坚持抗战的内容，也有揭穿国民党顽固派消极抗战，积极反共阴谋的内容。这个时候，在曹火星心里涌动的，就是想创作一首能够动员广大群众坚定不移跟党走的主题歌。

在堂上村小庙的东厢房里，油灯下，夜不成寐的曹火星心潮澎湃，回顾抗战以来山河破碎、家破人亡的亲身经历；回顾中华民族生死存亡的关键时刻，中国共产党高举团结抗日大旗，领导八路军、新四军和全国人民救亡图存，浴血奋战，顽强抗击日本帝国主义侵略的壮举；回顾根据地在中国共产党的领导下开展减租减息，激发群众热情的场景，他深深体会到，只有中国共产党才是抗日救亡的中流砥柱；没有共产党，哪有四万万同胞的出头之日；只有中国共产党，才能引导灾难深重的中华民族走向光明。曹火星浮想联翩，欣然命笔，一个鲜明的主题——没有共产党就没有中国，在他的脑海中跳跃着。就这样，曹火星怀着对中国共产党的无比热爱，激情地写下了“没有共产党就没有中国”10 个大字作为歌名。他边唱边写，边写边唱，经过四五天时间的反复修改，《没有共产党就没有中国》这首歌曲完成了。

歌词朴实真情，直抒胸臆；旋律好唱耐听，行进有力。

曹火星回忆说，考虑到便于群众演唱和记忆，这首歌的歌词写得通俗易懂，节奏也是紧凑简练。音乐评论家认为，这首群众歌曲真切地表现了曹火星在音乐创作上的天赋与才华。他对歌曲的结构作了精心的安排，写成由10个乐句组成的单乐段，每两句的节奏型基本相同，构成对称呼应的关系；还有，歌曲的首尾也遥相呼应，组合为连贯发展、结构严密的统一体。第一、二两句开门见山地唱出全曲的主旨，并通过重复歌词予以强调，语气平顺而恳切。从第三句起，一系列的排比句，在音调、节奏和句法上，作了有层次的安排，从平心静气的叙述到连珠炮式的短垛句，情绪越来越激动高昂，好似扳着手指头列举事实，给人们以理直气壮、毋庸置疑之感，把歌曲推向一个热烈的高潮。再有，最后两句是开头两句的变化再现，让整首歌曲更加坚定有力，大有回肠荡气之感。

歌曲完成后，曹火星便教堂上村的儿童团员们学唱并演出，铿锵的旋律就这样飞上云端、飞出山坳。1943 年 12 月，平西区举办了有 200 多名县级干部参加的培训班。培训期间，曹火星亲临现场教唱这首歌曲。好听、好唱、好记，这首歌很快就让大家学会了，唱起来了。1944 年，晋察冀边区一份油印刊物上首次刊登了这首歌，于是，这首歌在晋察冀边区就传唱开来；随后，全国各个抗日根据地也都唱起来了。1945 年，张家口解放后，张家口电台首次播出了这首歌。之后，这首歌流传更广，不仅在解放区唱，国统区也在唱。据说，1948 年，河北定县还没有解放，当地老百姓就暗地里传唱起这首歌。敌人很害怕，就将歌词改为“没有国民党就没有中国”，一定要让老百姓唱，可是，根本没有人理睬他们。后来，国民党当局又让军队士兵唱，结果还是唱不起来。因为，有良知的中国人都清楚，国民党当局祸国殃民，腐朽无能，只能把中国引向黑暗。中国人民的希望，都寄托在中国共产党奋发有为的正确领导上，寄托在新中国的开天辟地宏伟蓝图上。

就这样，这首歌由平西唱到晋察冀，由晋察冀唱到东北，歌声越飘越远。

随着时光的流逝，《没有共产党就没有中国》的歌词也发生变化。例如，1943 年，歌词中的“坚持抗战六年多”，到了 1944 年，有的地方群众就自动改成了“坚持抗战七年多”，到了 1945 年，又改成了“坚持抗战八年多”。但有一点是没有变化的，就是在艰苦卓绝的抗日战争中，这首歌真真切切起到了团结人民、教育人民、打击敌人、消灭敌人的历史作用。再后来，随着人民解放军在各个战场上的节节胜利，这首歌似旗帜、如号角，越唱越响亮，传遍了全中国，鼓舞并激励着中华民族在中国共产党领导下从胜利走向胜利。

经典的革命文艺作品，无一不是从群众中来、到群众中去的创作过程。一来一去，方能深入人心，普及大众。后来，曹火星回忆说："我写这首歌是动了感情的。人民的抗战积极性和对共产党的深情，我是亲眼所见，有着亲身体会的。没有共产党怎么会有坚持抗战到胜利的局面，没有共产党怎么会有今天？"

实际上，这首歌曾经一度流行过两个版本，一个是"中国版"，一个是"新中国版"。著名党史专家逄先知曾在《毛泽东和他的秘书田家英》一文中回忆：1950年的一天，毛泽东听到女儿唱起了《没有共产党就没有中国》这首歌，他饶有兴趣地听着，而且纠正说，没有共产党的时候，中国早就有了，应当改为"没有共产党就没有新中国"。

一个"新"字，神来之笔，也让这首歌成为歌颂党的经典之作，成为真理之歌、心灵之声。

为了纪念这首歌曲的诞生，1994年，北京市房山县委与天津解放区文学研究会等单位，决定在歌曲《没有共产党就没有新中国》的诞生地——霞云岭乡堂上村刻石铭文。上刻《没有共产党就没有新中国》的歌词和人民音乐家曹火星生平。

铭文镌刻在曹火星写作此歌房舍下的一块青色大理石上：

一九四三年九月晋察冀边区群众剧社曹火星等同志来到原平西区房涞涿县霞云岭乡堂上村，深入生活，从事音乐创作，开展群众文艺活动进行抗日宣传。在此期间，火星同志创作的歌曲《没有共产党就没有新中国》，唱出了人民的心声，在敌后根据地迅速传唱，并随着抗日战争的胜利传遍全中国。共产党辛劳为民族，共产党一心救中国，他指给了人民解放的道路，他领导中国走向光明。这歌声迎接着新中国的诞生，这歌声鼓舞着亿万人民奔向社会主义光辉的前程，让我们千秋万代高唱《没有共产党就没有新中国》。

2001年，建党80周年前夕，霞云岭堂上村《没有共产党就没有新中国》创作地隆重揭幕。应堂上村全体共产党员的请求，江泽民专门为这首歌的诞生题词：没有共产党就没有新中国。如今，在这首歌曲诞生的房舍对面，沿着起伏的山峦，铺设了一面鲜艳夺目的党旗，党旗的一侧，顺着山路，可以进入红歌展览馆，这里有着完备的现代视听设施和翔实的党史资料。曹火星于1999年因病去世，至今20多年过去了，人们依然记得这样一位一生都在为人民而写歌的音乐家。每年都有来自全国各地的党组织和党员群众来此参观学习，寻访《没有共产党就没有新中国》诞生的时代背景，接受党史教育，也让霞云岭乡堂上村这个僻远小山村变得热闹起来。后来，该村被列为全国红色旅游经典景区、北京市爱国主义教育基地和党性教育现场教学基地。

2006年，建党85周年前夕，曹火星纪念园在音乐家的故乡——河北省平山县西岗南村落成。2008年，由纪念园和歌史陈列馆所组成的曹火星纪念馆隆重开馆，李瑞环为其题写馆名。纪念馆通过模拟场景和声光电手段，再现了《没有共产党就没有新中国》的创作背景、历史影响和时代价值。至今，位于京冀的这两处纪念地，每年都有上百万人前去参观学习。

人民音乐家的心声常留人间

鲜艳的五星红旗第一次在天安门广场升起的时候，曹火星年方25岁，风华正茂，朝气蓬勃，有着干不完的工作，有着写不完的歌。

天津解放后，有一次，曹火星去解放军某部参加文艺晚会，正值晚会开幕前的片刻，他赶到了。当时，晚会礼堂里观众爆满。一声响亮的“起立”，顿时，驻地官兵以林立的队列齐刷刷地向他敬礼。他回忆说，那是多少军章、军帽，还有多少闪着光彩的眼睛。那个时候，曹火星感觉自己正在步入一个军容严整的方阵，走进一个激情燃烧的革命熔炉。突然间，一首歌曲从四面八方轰响起来，军人的拉歌合唱像狂风暴雨一般，震撼着整个礼堂，席卷着人们的魂灵。官兵们唱的歌，就是《没有共产党就没有新中国》。

曹火星说，战士们的歌喉听起来的确有些粗糙，然而，这是世界上最纯粹、最美好，同样雄浑严整的歌声。它不需借助任何扩音设备，不需加入任何器乐伴奏，也可以威震堂宇，压倒一切，感动所有人。那一次的晚会，让曹火星铭记一生。

1952年至1966年，曹火星积极投入新艺术团体创建和音乐创作当中，担任过天津人民艺术剧院歌舞团团长，天津人民歌舞剧院副院长、院长等职，创作了《勘探工人之歌》《我们的祖国到处是春天》等反映人民群众艰苦奋斗、投身社会主义建设事业的歌曲，创作了大型民族舞剧《石义砍柴》、芭蕾舞剧《西班牙女儿》等，讴歌真善美，深受广大群众的喜爱，并得到周恩来的好评和鼓励，在文艺界产生过巨大影响，成为天津舞蹈事业的奠基人之一。

党的十一届三中全会后，曹火星得到全身心解放，焕发出革命青春，先后担任天津市文化局局长、市文联副主席、市音乐家协会主席等职，他以更加炽热的激情创作了《我爱祖国》《生活赞歌》等几十首歌曲。1984 年，出版了《火星歌曲选集》，同年举办了火星作品音乐会。1994 年离休后，他坚持克服病痛，又创作了百余首不同风格的声乐作品。

曹红雯说，她的父亲一生对党、对人民有着深厚的感情，不忘初心，不忘感恩，不忘奉献。他和我们姐弟说过："人民是音乐的创作者。我的一切是党和人民培养的结果，我写的歌能让人民喜欢、传唱，就是我一个革命文艺战士最大的满足。"1999 年 4 月，就在父亲去世的前几天，老人的一只眼睛已经失明，他还在病床上借助放大镜谱写庆祝中华人民共和国成立 50 周年的一首歌《啊，我叫中国》。他把自己的一生都和祖国的命运紧紧连接在一起，为人民创作了上千首歌曲，在生命的最后一刻依然为祖国的华诞而歌唱。

曹红雯还说，父亲的革命精神一直深深影响着他们。长女曹红雯出生于解放战争的炮火硝烟中，吃着晋察冀根据地乡亲们的小米饭长大，很小的时候，为人民服务的宗旨已经深深地融入血液中。如今，只有长女曹红雯健在从事音乐编辑工作，而且弹得一手好钢琴。而曹火星的夫人和三个孩子，都已经去世了。可是，曹火星生前一直为之骄傲的，一是夫唱妇随，从铁血剧社凝结的革命夫妻情，给他们的家庭留下了很多佳话；二是四个孩子都知道努力上进，都是共产党员，都在自己的平凡岗位上默默无闻，勤恳奉献。

2019 年 6 月，北京市房山区燕山工委把曹红雯邀请到主题党课现场，听其深情讲述父亲曹火星革命的一生。党课现场，曹红雯几度哽咽，台下的很多听众泪湿眼眶。

"一曲红歌响太行，不忘初心跟党走。"曹红雯说，被誉为人民音乐家的父亲，一辈子没有过闲适的生活，平日里喜欢吃的还是老家的红薯和玉米面菜团子。他生活简朴，基本上不吃鱼、不吃肉类食品，衣服上总是有补丁。20 世纪 50 年代，父亲出国时做的一身西服，一直穿到 80 年代。

曹红雯说，父亲一直希望找到自己创作这首歌的地方，在他看来，这首火遍大江南北的歌曲已不属于他，而是属于历史、属于时代、属于人民。但是，因为创作时堂上村所在的房山县尚归河北省管辖，划入北京市后在相当长时间里交通不便，自己又在天津工作，所以，一直没能集中精力找寻。后来，随着108国道通车，国道从堂上村的村边经过，交通情况改变了，父亲的愿望这才得以实现。

那是1994年的一天，父亲路过那里时，忽然看到南山上有一大一小两个天然坑洞，他觉得跟当年的场景相似，于是就开始了“故地重游”。当时，还是村里的老书记李增军接待了曹火星。李增军回忆：“一开始他们就是走走停停，看看这儿看看那儿，特别是到了中堂庙，他仔细观察了好久。”最后，曹火星说：“我今天可以确认，这首歌就是在这儿写的。房子还是原来的样子，但周围的变化已经让我认不出来了。”是啊，时过境迁，天翻地覆，“萧瑟秋风今又是，换了人间”。那一次，让曹火星印象最深的，就是当年吃水的小水沟不见了，换成了村民们集资修建的水渠，从4公里之外引来干净的山泉水。曹火星说，当年，小水沟是个不大的水坑，就在他住的中堂庙山下不远，是全村人的饮用水水源地。他经常看到村民背一个木桶、拿一个水瓢，到水坑边上淘水，前一个淘完，坑里就没水了，后一个要等坑里再慢慢渗出水来，回到家里，还要放在水缸里沉淀之后再用。

绿水青山就是金山银山。2010年，堂上村的煤矿全部关停，重点发展红色旅游事业。在政府支持下，红歌纪念馆加以修缮，丰富了展览内容。堂上村所在的霞云岭乡定位为“绿海红歌”，以红色旅游为龙头，发展绿色产业。目前，村里80多户人家已经从大山里搬到了房山区阎村镇，刚刚开通的地铁房山线就在附近，全村人的生活水平显著改善。

几十年前，一位人民音乐家满腔热情创作了《没有共产党就没有新中国》这首传世之歌。几十年后，一位知名导演也为了再现这位音乐家的创作之路而费尽心思，他就是创编《辛亥革命》《建国大业》《牛玉儒》等时代巨片的王兴东。

王兴东的创作灵感很有意味，来自中国歌曲创作中少有的一个先例，就是用一首歌赞颂另一首歌，这就是杨涌作词、刘虹作曲的《妈妈教我一支歌》。歌中唱道：“妈妈教我一支歌，《没有共产党就没有新中国》，这支歌从妈妈心头飞出，这支歌伴随她走遍祖国山河。我唱妈妈教的歌，没有共产党就没有新中国，这支歌从我心头飞起，这支歌鼓舞我建设新生活。我教女儿一支歌，没有共产党就没有新中国，这支歌飞进幼小的心田，这支歌世世代代永不落。”

王兴东说，每次听到《妈妈教我一支歌》，都让我想起《没有共产党就没有新中国》这首歌。回想人生，从加入少先队时学唱这支歌，当兵入伍后也曾指挥新兵连合唱这支歌：“……共产党辛劳为民族，共产党他一心救中国，他指给了人民解放的道路，他领导中国走向光明。”

歌声召唤王兴东加入中国共产党，面对党旗宣誓时，耳边响着的就是《没有共产党就没有新中国》的旋律。这首歌把党的宗旨深嵌于乐谱中，深刻入百姓的心坎上，也深嵌于自己的脑海里。那么，为这首歌而创作了一支歌，激起他对原作的崇敬感和神秘感：曹火星先生是怎样一个人，他在什么背景下创作了这首歌？这首几十年前创作的歌曲，为何能穿越世纪风云，为何能一直被人民大众传唱至今？就这样，一部反映人民音乐家创作世纪之歌的影片《火星之路》也在创编当中了。

王兴东说过，电影编剧是带着观众的眼睛去发现鲜为人知的情景，解答那些人们熟悉的东西背后并不熟知的故事，艺术都是在人们司空见惯的地方发现特别而非凡的美妙。本着这样一种创作理念，王兴东去了曹火星的家乡，去了创作红歌的“第二故乡”。他在曹红雯家里，看到了曹火星在抗战时期创作的歌曲手稿、照片和资料，听到了很多音乐家的人生故事。他发现，一曲源自大山沟里的心灵之声得以成为传遍中国大地的真理之歌，有着耐人寻味的时代影响和因果关系。这首歌彰显了中国自信和文化自信的精神力量，每个音符都饱含着党和人民的血肉联系及互信。人民共和国每个重要的历史节点，都会触动人们由衷地唱起这首歌。可以说，理解曹火星的创作时代和创作心路，才能更好地理解这首歌；而理解了这首歌，才能更好地理解中国共产党为什么赢得民心、建立起新中国！

一首歌，一个人，一个政党和一个国家，永久的歌声与旋律，乐谱背后与字里行间，有着讲不完的故事。《没有共产党就没有新中国》，“这支歌世世代代永不落”。

光辉的历史　不朽的史诗
——史无前例的大型舞蹈史诗《东方红》

陈　辉

1964年，一部入选“二十世纪华人经典音乐作品”的大型音乐舞蹈史诗《东方红》问世，其规模之宏大、水平之高超、影响之广泛，史无前例，让中国历代舞蹈史诗相形见绌，令中外艺术大师叹为观止。

这部大型舞蹈史诗问世有着什么样的背景？如何成为“二十世纪华人经典音乐作品”？背后有着哪些动人的奇闻逸事？在《东方红》公演50多年后，我们来讲述这部“二十世纪华人经典音乐作品”背后的故事。

创作演出《东方红》的来龙去脉

1964年7月20日，中宣部副部长周扬、文化部副部长齐燕铭和文化部艺术局局长周巍峙等几个负责文化工作的领导，被周恩来叫到了中南海西花厅。

周恩来说，是不是可以用歌舞的形式来表现中国人民进行的艰苦卓绝的斗争，表现一下我们从胜利走向胜利、成立新中国的历史？这是《东方红》第一次被提到议程上，此时距离国庆节还有70天左右。

周巍峙回忆说：“记得当时参加西花厅座谈会的有四五个人，除了我之外，还有当时的中宣部副部长周扬、文化部副部长齐燕铭、对外文委副主任张致祥等人，周总理交办的任务时间紧迫，难度很大。”

周恩来看出了大家的为难情绪，定任务的时候，他怕大家压力大，就说搞成了就很好，搞不成等于是一次党史学习，也不要紧。

周恩来提出搞大型音乐舞蹈史诗《东方红》是有缘由的。

1964年，上海筹备第五届“上海之春”。中共上海市委指示：“创作一台更大的歌舞，一直唱到‘大跃进’。”“上海之春”源自1959年“上海市音乐舞蹈展演月”，1960年5月定名“上海之春”，以后一年一届地延续下来。

上海市文艺界借鉴空军政治部文工团在1961年“八一”建军节创作演出《革命历史歌曲表演唱》的思路，集中30多首革命历史歌曲，创作了8场16景的歌舞《在毛泽东的旗帜下高歌猛进》。5月23日，在第五届“上海之春”开幕式上首演。郭兰英、刘秉义、朱逢博、施鸿鄂、任桂珍、才旦卓玛等著名歌唱家，以及上海和华东数省部分专业文艺团体、院校和业余合唱团、童声合唱团共2000余人参加演出。人们如潮水般涌来，把观看演出当作盛大的节日，反响极好。

1964年6月18日晚，陈毅陪同来上海访问的坦桑尼亚总统观看了《在毛泽东的旗帜下高歌猛进》。看到外宾对大歌舞很有兴趣，他便指示上海市委：“班子不要散，不要拆舞台，请总理来看一次。”

在北京的周恩来听陈毅兴致勃勃一番讲述，决定亲自去一趟上海。7月13日晚，访问缅甸刚刚回到上海的周恩来与陈毅一起，在上海市委书记、市文化局局长陪同下观看了大型歌舞《在毛泽东的旗帜下高歌猛进》。面对亲身经历过的一幕幕激动人心的场面，周恩来心潮澎湃，思绪万千，心中开始酝酿一个鸿篇巨制的大创作。王秉钺回忆说：“演出结束后，周总理和陈毅连夜

大型音乐舞蹈史诗《东方红》演出剧照

召集上海市文化局的领导开会，酝酿国庆之际在北京上演类似的大歌舞，艺术地反映中国共产党的光辉历程。”

1964年7月14日，周恩来回到北京，请主管文艺的中宣部副部长周扬召集文化部、总政文化部、北京市委宣传部、中国音乐协会等研究国庆节的演出节目。

7月18日，周恩来在国务院各部党组书记会议上说：我们这回国庆要大庆祝一下。前几天我在上海，陈老总把我拉去看了一个2000人的歌舞，很动心。我看还不错。有这么一个想法，就是最好在15周年国庆，把我们革命的发展，从党的诞生起，十月革命一声炮响，后来的五四运动，到大革命，然后又到井冈山，举起了红旗，都贯穿着毛泽东思想，通过这个表演逐步地体现出来。请周扬、徐冰同志及有关方面的同志帮助搞一下，现在离国庆只有两个月了。总之，要有人写，要写几首壮烈的史诗。请周扬同志主持一下，北京可以和上海合作。

此时，文化部和中国音乐协会正在筹办北京音乐节。7月20日，周恩来批示：“从这些文件上可以看出，我们有许多同志只习惯于坐在办公室内兜圈子，批公事，而不喜欢接触新鲜事物到群众中去解决问题。”当天下午，周恩来与有关人员谈话，认为办音乐节条件还不够成熟，不如创作一部表现党的斗争历史、展现毛泽东思想发展过程的大型歌舞，向中华人民共和国成立15周年献礼。

7月24日，周扬在致中宣部部长陆定一转周恩来和彭真的报告中，对周恩来提议的大歌舞总体设想、规模、艺术表现和组织领导等提出具体意见。在第五届“上海之春”前，空政文工团、中央歌舞团等文艺团体先后演过歌曲《革命历史歌曲表演唱》，舞蹈《大刀进行曲》《飞夺泸定桥》等。历史上还有大量的革命歌曲和新民歌，完全可以创作一部表现革命历史进程的高质量的大型歌舞。

7月30日，周恩来在中南海西花厅听取周扬等人的汇报，决定立即上马大型歌舞。确定《东方红》领导小组组长由周巍峙担任，副组长由总政文化部副部长陈亚丁担任。领导小组成员还有时乐蒙、胡国光、李伟等同志。下分文学组、音乐组、舞蹈组、舞美设计组，组长分别由魏风、乔羽、徐怀中、张士燮、任红举等同志担任。经过讨论和最后拍板，导演组、文学创作组、

周恩来和演员在一起

音乐和舞蹈编导组等正式成立。

7月31日，国庆大歌舞指挥部成立，并在全国各地调兵遣将。周恩来亲自过问，要人给人，要物给物，一路绿灯。

8月1日，周恩来在周扬等《关于国庆期间演出大型歌舞“东方红”问题的请示》上批示：与有关同志当面谈定下列原则：一、全力争取搞好，并在国庆节上演；如届时还搞不好，或新排时有大缺点来不及改正，就推迟上演，以现代京剧代替。二、演出队伍以解放军各文工团为主，政府所属文艺单位为辅，并与上海一部分编、导、演人员合作。三、领导小组13人和组织指挥人员6人，名单（略）。四、这一工作另行成立组织，不要影响文化部和各协会领导人员的整风。五、朗诵词和歌词在确定后，需送彭真、陈毅、（陆）定一等四人最后审定。

音乐舞蹈史诗《东方红》的领导小组由中宣部、文化部、解放军总政治部抽调13人组成，中宣部副部长周扬任组长，总政治部副主任梁必业、文化部副部长林默涵任副组长，李一氓、齐燕铭、张致祥、陈亚丁、周巍峙等为小组成员。

此时，离国庆节已不到60天。

35首革命历史歌曲串联起《东方红》

周恩来作为《东方红》的“总导演”，以一名创作者和观众的感受对编创人员说：“中国革命本身就是一首壮丽的史诗，史诗要用史诗的写法，一定要注意艺术风格、艺术手法的多样化，要很深刻，又能打动人，平板、单调、贫乏的东西不仅不能使人受到教育，也不能使人得到艺术享受。”这等于为《东方红》大型音乐舞蹈史诗指明了创作演出的方向。

大型音乐舞蹈史诗《东方红》是由35首经典革命历史歌曲串联起来的，但在创作中遇到的第一个问题是叫什么名称。

大型音乐舞蹈史诗边排练、边修改，名字却一直没有定下来。一度曾经有过《在毛泽东的旗帜下高歌猛进》《灯塔颂》等多个名字，但领导都不满意。

1964年的大型歌舞排练到第9版的时候，周巍峙建议使用总政文化部副部长李伟提过的《东方红》。1961年，空军司令员刘亚楼指示空政文工团用历史革命歌曲创作了《革命历史歌曲表演唱》，李伟当时建议使用《东方红》的名字，没有被采纳。周巍峙说，“东方红”这三个字，不只是为了表达对毛泽东的敬仰，“共产党，像太阳，照到哪里哪里亮”，“东方红”也含有这个意思。

周恩来听到以“东方红”为名的建议，眉头一挑，露出了赞赏的笑容，说：“《东方红》这个题目好，既精练又切题。”大家鼓掌一致通过。

《东方红》在创作时，导演组在第一场表演创作中又遇到难题了。《东方红》开场后的第一场表演叫“东方曙光”，是反映中国共产党诞生的大歌舞。然而，几经周折，导演组却没能选出一首合适的曲目。后来，周巍峙从中国音乐研究所找来了歌曲《北方吹来十月的风》。歌词这样写道：“北方吹来十月的风，惊醒我们苦弟兄。无产阶级快起来，联合农民去进攻。红旗一举千里明，铁锤一举山河动。中国诞生共产党，燎原星火满天红。”

当时，周恩来看了这首歌的歌词后非常高兴，认为它很好地表现了中国革命的启蒙思想，还亲自设计了这首曲目的舞美布景，天幕左侧是光芒四射的马克思、列宁像，在画像前同时升起两面旗帜，一面是党旗，一面是绘有毛泽东青年时代头像的红旗，在两面旗帜的引导下，行进着中国革命队伍。

《东方红》中有一个场景表现的是20世纪二三十年代的上海滩，码头工人正在搬运货物，舞台背景的一侧是公园，大门口立着一块“华人与狗不得入内”的牌子。很少有人知道，最初舞台上并没有这块牌子。

1964年10月2日，毛泽东观看《东方红》首场演出，看到这一场景时，他对周恩来说，那时候的上海滩，公园门口都有“华人与狗不得入内”的牌子，再演出时也应该加上一块，这才能更逼真地表现当时的旧中国深受帝国主义列强的欺侮。那时舞台背景都是幻灯片打出来的，当天演出完毕，工作人员要连夜赶工重画幻灯片。第二天演出时，这块牌子就出现在了背景上。

《东方红》最初是有八场戏的，第七、第八场描写的是中华人民共和国成立后包括抗美援朝的戏，但毛泽东在观看了演出后提出了意见，《东方红》只演到中华人民共和国成立就可以了，以后的事情交给后人。

得知这个消息，第七、第八场的演职人员都潸然泪下。乔羽作词的《毛主席，我们心中的太阳》随着第七场被删去了，歌词是这样写的：敬爱的毛主席，我们心中的太阳，无论我们站在什么岗位上，身上都闪耀着你的光芒。无论我们走到什么地方，总是觉得近在你的身旁。跟着你，我们踏破了多少惊涛骇浪。跟着你，我们推倒了多少铜壁铁墙。跟着你，我们开辟了新中国的历史。跟着你，我们去实现共产主义理想……

《东方红》选用35首历史革命歌曲时，曾拿空政的34首《革命历史歌曲表演唱》做比较。《东方红》吸收了《革命历史歌曲表演唱》中的《国际歌》《八月桂花遍地开》《松花江上》《南泥湾》《三大纪律八项注意》《游击队歌》《到敌人后方去》《东方红》等歌曲。《革命历史歌曲表演唱》中的《秋收暴动歌》，在《东方红》中改成《秋收起义歌》，歌词也有所改动。

值得指出的是，《革命历史歌曲表演唱》的结尾是《东方红》，开头是《国际歌》，“上海之春”也是以《国际歌》开场。周恩来说：“上海那个歌舞，它是一个《国际歌》一唱，下一幕马上就到了《井冈山》，这个也太突然了。”所以，《东方红》用改编成交响合唱曲的《东方红》开场，《国际歌》结尾。

《革命历史歌曲表演唱》用了6首歌曲表现长征前的送别，而事实上红军长征是连夜秘密走的，并不知道不再回来，所以《东方红》没有采用《十送红军》等送别歌曲，而采用的多是历史歌曲，也有改编或创作的。

当时，作曲家就同一题目分头创作，不记名上交，编上号码，由组长时乐蒙组织演员演唱，再进行评估。有人说2号作品头两句节奏好，5号作品中间旋律动听……最后，时乐蒙把普遍叫好的乐句串联起来，组成了一首歌曲。例如，第2场的《井冈山》、第3场的《长征》和第5场的《人民解放军占领南京》就是这样创作出来的。

最终，《东方红》形成了35首历史革命歌曲、六场戏格局的大型音乐舞蹈史诗。

一、序曲；二、歌舞：《葵花向太阳》；三、歌曲：《东方红》。

第一场东方的曙光：一、舞蹈：《苦难的年代》（配乐：《江河水》）；二、歌曲：《北方吹来十月的风》；三、歌曲：《工友歌》；四、歌曲：《农友歌》（领唱：王昆）；五、歌曲：《工农兵联合起来》。

第二场星火燎原：六、表演唱：《就义歌》；七、舞蹈：《秋收起义》；八、表演唱：《拿起武器闹革命》；九、舞蹈：《井冈山会师》；十、歌曲：《双双草鞋送红军》；十一、歌曲：《井冈山》（领唱：寇家伦）；十二、歌曲：《三大纪律八项注意》；十三、歌舞：《打土豪分田地》；十四、歌曲：《八月桂花遍地开》。

第三场万水千山：十五、表演唱：《红军战士想念毛泽东》；十六、舞蹈：《飞夺天险》；十七、歌曲：《飞跃大渡河》；十八、歌舞：《情深意长》（独唱：邓玉华）；十九、舞蹈：《雪山草地》；二十、歌曲：《过雪山草地》；二十一、歌舞：《陕北会师》；二十二、歌曲：《会师歌》；二十三、歌曲：《七律·长征》（领唱：贾世俊）。

第四场抗日的烽火：二十四、表演唱：《松花江上》（领唱：张越男、李光曦）；二十五、歌曲：《义勇军进行曲》；二十六、表演唱《抗日军政大学校歌》；二十七、表演唱：《到敌人后方去》；二十八、歌曲：《游击战》；二十九、歌舞：《游击队之歌》；三十、表演唱：《大生产》；三十一、歌曲：《南泥湾》（独唱：郭兰英）；三十二、歌舞：《保卫黄河》。

第五场埋葬蒋家王朝：三十三、表演唱：《团结就是力量》；三十四、歌曲：《坐牢算什么》；三十五、舞蹈：《进军舞》；三十六、歌曲：《中国人民解放军进行曲》；三十七、舞蹈：《百万雄师过大江》；三十八、歌舞：《欢庆解放》；三十九、歌曲：《解放军的天》；四十、歌曲《人民解放军占领南京》。

第六场中国人民站起来：四十一、乐曲：《国歌》；四十二、歌舞：《伟大的节日》；四十三、歌曲：《没有共产党就没有新中国》；四十四、歌曲：《赞歌》（独唱：胡松华）；四十五、新疆舞；四十六、歌曲：《毛主席祝您万寿无疆》（独唱：才旦卓玛）；四十七、民族舞蹈；四十八、歌曲：《歌唱祖国》；四十九、全场合唱：《国际歌》。

《东方红》是富有革命化、民族化和群众化特点的作品，是音乐、舞蹈、戏剧、诗歌、美术的大综合，共包括24个舞蹈、歌舞和表演唱，35首革命歌曲，14段朗诵词，28个场景。

在35首革命歌曲中，有为毛泽东的《井冈山》《长征》《人民解放军占领南京》三首诗词谱曲的歌曲，其他歌曲大部分是选自各个民族和各个历史时期最富有代表性的歌曲。这些歌曲具有强烈的时代特色，唱出了人民的心声，唱出了时代的最强音。史诗中整个舞蹈部分，呈现出一片百花齐放、色彩缤纷的绚丽景象。

3700多人的创演阵容令人震撼

周恩来强调说:《东方红》要挑选最优秀的演员，用最好的演员来唱。于是，全国顶级的文艺创作专家、知名演员纷纷云集北京。

演员队伍来自除驻京的各个中直文艺团体及总政、空政、海政、北京军区、铁道兵、工程兵歌舞团参加之外，中央军委又将沈阳、南京、广州、济南军区等歌舞团的演员迅速调集北京，还有数百名工人和学生业余合唱团的成员。整台大歌舞动用了强大的演出阵容，包括乐队、合唱队和舞蹈队等，来自70多个文艺团体。

此外，中央还从北京、上海等地精心挑选了一批文艺精英，著名的诗人阮章兢、贺敬之、乔羽等，著名的作曲家安波、马可、吕骥、时乐蒙、彦克等，还有不少戏剧学院和中央歌剧院的精英。魏风、乔羽、徐怀中、张士燮、任红举等分别担任文学组、音乐组、舞蹈组、舞美设计组组长。《东方红》荟萃了当时国内一流的编导、作曲家、歌唱家、舞蹈家等各类艺术家。编导组以陈亚丁、周巍峙为首，音乐创作组组长是著名作曲家时乐蒙；指挥组组长是著名指挥家严良堃，舞蹈编导组包括了以查烈为首的29人。参加《东方红》创作和演出的人员共计3700多人。

《东方红》整场演出当中，用到的大大小小、中外样式的服装，共有4000多套，有的演员在一场演出中就需要换装五六次。要管理好这么庞大的演出阵容，管理好数以千计的服装、道具，确保演出秩序不容有失，十分不易。为此，剧组采取完全军事化管理，3700多人的演出队伍，无论何时都井然有序，表演时，道具、动作不会有一丝差错。候场时，全体演员一队队整齐地排着，像一支正规的军队。

1964年8月12日，为了参加《东方红》演出，来自全国各大军区各大文

《东方红》少数民族舞蹈演出剧照

艺团体和学校的精英们全部到北京西苑宾馆报到。周巍峙作了动员之后正式开始排练，全面铺开分场次、分段落，随即大家投入紧张的排练之中。由于时间紧迫，这台大歌舞没法预先把剧本创作规划好，只能一边修改，一边排练。大家发挥积极性，奋发创作，常常工作到半夜也不睡。此时距离十一国庆演出只有50天。

整个排练的过程十分艰苦，演员们连班倒，昼夜不停地在舞台上来回训练，正值盛夏，很多舞蹈演员穿着厚厚的服装来回奔跑。据胡松华回忆，当时经常有舞蹈演员的汗珠随着动作飞到他脸上，汗如雨下一点儿都不夸张。上千人的合唱队每次排练都要站很久，人和人之间紧紧排列、密不透风，再加上高强度的排练，其辛苦程度可想而知。

在剧组进入人民大会堂合练之前，3700多人的排练分散在20多个场馆进行，北京地区所有文体团体的训练场馆，以及戏院、体育馆、博物馆，甚至旅馆大厅都用来做训练场地，供演员们分场次同时训练，夜以继日，加班运作。

在排练和演出过程中，全体演员在后台分一、二、三梯队上下场，从头到尾井然有序，都保持安静，在后台听不到一点多余的声音。

为了鼓舞大家的意志，每次排练完，负责人还组织演出队互相学习观摩，对表现突出的团队和个人，以快板等形式在全队面前予以表扬。就这样，在那个物质条件艰苦的年代，全体演职人员在无报酬的情况下，齐心协力，用真情实感奉献出了一台融现实主义与浪漫主义为一体的大型音乐舞蹈史诗。

1964年9月中旬到27日排练，周恩来几乎每晚必到。《东方红》舞蹈编导孟兆祥回忆说："周总理总是在深夜一两点钟来，和编导讨论，确定史诗的主题和重要情节，审改朗诵词、词曲等，并征求彭真、陆定一、周扬、郭沫若、姚溱等人的意见。"周巍峙回忆说："周总理每次都非常认真仔细地修改，并很快退回来，从不耽搁。"乔羽回忆说："我们每拟好一段稿子都要送给总理看，他看得十分认真，并仔细修改。他经常拿着修改好的稿子问：这个问题查到没有？毛主席著作中是怎么谈的？有时我说没查到，他说他已经查到了，你看这样改行不行？望着他那疲倦但依然炯炯有神的眼睛，我真是感动极了。"

舞蹈家刀美兰回忆："在《东方红》里担任花环舞的领舞时，我才19岁，是东方歌舞团里年纪最小的演员，舞蹈家赵青、崔美善等都是我的姐姐。作为傣族人民的代表，登上首都人民大会堂的舞台，为毛主席等党和国家领导人、为全国人民跳舞，真是无比的荣耀和幸福，所以每一场排练我都很激动。

"那时演出条件很艰苦，没有现在这么多种类的高级化妆品，演员所需的化妆品就是三大罐——粉色（粉底）、红色（胭脂）、黑色（眉及眼影）。化妆时，所有人用手抠出一块来涂抹。所以，还不擅长化妆的我经常化得红一块、黑一块的，被大伙儿笑。抹头发的头油也不是很好用，由于自己的头发太顺滑，很难盘起来。为了固定发型，我就想出用粘信封的胶水抹到头发上的点子。大伙儿又都笑我。为了演出，我们什么困难都能克服。"

周巍峙回忆，定于9月15日进行彩排，演员们实行了连班倒。排练的问题经过周恩来批示后，一有什么要求马上进行修改，属于"流水作业"。整个剧组，成了"不夜组"，有时候连小便都要憋着。

音乐组的团结一心，至今回想起来，令人感动。孟兆祥说，当时，音乐组的成员皆为远近闻名的作曲家，如时乐蒙、李焕之、李劫夫等，这些老将都不计名利地抱作一团共同创作。例如，第二场的《井冈山》、第三场的《长征》和第五场的《人民解放军占领南京》，可谓贯穿《东方红》的三大主干歌曲。演出问世后，这三首合唱歌曲迅速风行全国，而这些歌曲的创作过程是现在的作曲家们难以做到的。对于一个主题，作曲家们先分头创作，然后把各自的作品上交组织，组织把这些作品集中编号，不记名，然后开会讨论。会议一般由组长时乐蒙主持，由声乐演员逐一试唱作品，但不公布作者。唱毕，组里的所有成员对这些作品评估。由于是不记名，所以大家的评审是公平、公正的……

李光曦是在1964年9月中旬接到通知去人民大会堂参与《东方红》演员选拔的。他要参演的是《东方红》第四场“抗日烽火”的《松花江上》，是一首抗战时期的代表性歌曲。李光曦回忆说：“在演出中，我与另一位女演员扮演成兄妹，因家乡遭日寇侵犯，流亡他乡。演唱时我感情很投入，唱起来声情并茂，演唱很快就通过了。总理夸奖唱得好，并又提出建议：原歌词中的‘爹娘啊’更多表现的是个人情感，能不能改为‘同胞啊’，这样情感表达就更宽广厚重？大家一致认为总理的提议非常好，歌词由此作了修改。”

李光曦说：“能够参与演出《东方红》是我一生的荣幸，几十年过去了，当年的种种细节我记忆犹新。”

1964年，刘秉义刚刚结束了去欧洲的随团演出，就接到周巍峙的电话，让他休整两天后，到《东方红》排演组报到。

《东方红》中，有一段为毛泽东诗词《西江月·井冈山》谱写的曲子，由寇家伦演唱。但作为一部大型音乐舞蹈史诗，从排练到演出，一个人去演唱这首歌承担不下来，一旦出现特殊情况，就会影响正常演出。刘秉义就是来参加这首歌的演唱的。

令刘秉义印象最为深刻的是，《东方红》排演时严谨的组织纪律性。“就跟作战一样，管理也是军事化作风。台下观众上万，台上演员有3000多，换场时经常是几十人上上下下，不但不能出现混乱，连一秒钟都不能耽误。”刘秉义很是惊讶，“我就像是一名新战士步入军队一样，感觉这里真是一个大熔炉”。

有一次，来自日本的一个团体在演出结束后，提出想去参观后台，周恩来通知后台等待。结果，外宾到后台发现3000多位演员没有一位离开，参观之后20分钟，3000多位演员又都全部撤离，衣服、道具放得整整齐齐，桌椅一尘不染，刚才热热闹闹的演出现场，立马安静得连一丝声音也没有，外宾看到后非常震惊。

刘秉义说：“我非常怀念那种精神，每个人都不计较，让演什么就演什么，毫无怨言。在参演过程中，我们同时接受了一次革命历史教育。我们从中汲取了做人的道理，也汲取了艺术成长需要的营养。”

在《东方红》的创作与排演中，周恩来是名副其实的总导演，从作品主题的确立到艺术表现手法，从细节的处理到道具的使用、服装颜色的选择，他无不亲自过问。

艺术不是对历史进行简单、机械的复写，《东方红》也不可能把党史上每次重大事件都搬上舞台，艺术需要集中，需要典型化。对此，周恩来对创编人员说：毛主席在总结我党的历史经验时曾指出，党的建设、武装斗争、统一战线是我党战胜敌人的三个主要法宝。《东方红》所要表现内容的选择和情节的安排都应围绕正确表现这三个法宝及其相互关系。

主题确定了，但在艺术上如何表现，却是一个不小的难题。在当时，用艺术形式，特别是用歌舞来概括地表现中国共产党领导下的中国革命的历史还处于探索阶段。正如周恩来所说：“史诗要用史诗的写法，它不是写故事性的剧本，是粗线条的，又要很深刻，能打动人。”

在谈到如何表现我党经历的北伐战争、土地革命战争、抗日战争、解放战争、抗美援朝战争等武装斗争时，周恩来说：这五个阶段各有不同特点，标志着中国革命发展的不同阶段。只有把握了这五个阶段的不同特点，艺术表现上才会有特色。《东方红》的基调是刚的，这是统一，但也应该有优美抒情的歌和舞。革命是广阔的，革命感情是丰富的。

在把握历史本质的前提下，周恩来十分注重细节的真实。在表现红军长征一场中，如何正确表现红军一、二、四3个方面军，当时有些争议。有人主张统称为红军就行，有人则认为只提中央红军就可以。周恩来不同意这样处理。他说：“张国焘虽然很坏，但四方面军广大指战员是好的，不应歧视。”毛泽东也同意周恩来的看法。后来，3个方面军都表现了，欢庆3个方面军会师的歌也是周恩来亲自改定的。

中国革命有大革命时期、土地革命时期、抗日战争时期、解放战争时期和抗美援朝时期5次大仗，周恩来要求大家，5次大仗要有5种不同的表现方式。

可以这样说，《东方红》从歌词、歌曲、乐曲、朗诵词以及服装道具、舞美等表演艺术手段的设计，都浸透着周恩来的心血。甚至每一次分场排演，他都亲自审看。1964年9月24日晚，周恩来在西花厅里进行了十几个小时的审查工作，在灯下，他逐字逐句地修订了《东方红》的朗诵词。等他完成了最后审订工作，天空已经发白。正式公演前预演过8遍，周恩来竟然看了5遍。从开始排练到电影《东方红》摄制完成，周恩来总共去过剧组26次。

周恩来一向强调艺术民主，谈自己的看法时总是先声明：“我生活在这个社会上，对很多问题不可能没有感触，包括文艺问题。我说错了，大家议论改正；说得不充分，大家补充；说得对的，供大家参考。”参加《东方红》演出的一名年轻演员当时感叹道：“在总理面前，我觉得比在我们团长面前还受尊重得多。”

周恩来说，许多问题不是由他一个人能定的，于是《东方红》实行了五级审查制度：周恩来一级，文艺界一级，彭真、陆定一一级，刘少奇一级，还有毛泽东一级。

在排练过程中，周恩来曾经请陈毅、贺龙等老帅来观看，罗瑞卿到剧组的次数也很多。他们也提出了一些具体的意见，比如井冈山会师、秋收起义等几场戏中，旗帜上的字，演员的服装等细节问题。

在周巍峙的记忆中，时任国家主席的刘少奇也来过一次排练场，周巍峙还曾就安源大罢工的一个历史细节向他求证。

瓜熟蒂落，水到渠成。9月25日，《东方红》在人民大会堂进行了最后一次彩排。经过50多天的紧张创作、排练，大型舞蹈史诗《东方红》在国庆15周年期间正式公演。

10月2日晚8点整，来自各国参加国庆观礼的贵宾、工农业劳动模范、陆海空三军战斗英雄、少数民族代表以及各界群众代表共一万多人，观看了演出。毛泽东、周恩来、刘少奇、朱德、邓小平、董必武、陈毅等党和国家领导人出席观看，前来参加中国国庆活动的各国外宾也应邀观看。大幕落下的那刻，观众的掌声、欢呼声，盖过了一切。《东方红》首演大获成功，毛泽东等党和国家领导人对这台戏给予了高度评价，外宾也纷纷向中国表示祝贺。

《东方红》首演成功后，又接连在人民大会堂连演十余场，盛况空前。

1965年国庆节后，大型音乐舞蹈史诗《东方红》虽然告别了舞台，但是周恩来的心却没有告别《东方红》。也就在这天晚上，周恩来把有关负责人召集到西花厅，综合中外朋友的建议，提议把《东方红》拍成电影。

根据周恩来的建议，大歌舞指挥部扩大和调整了领导小组成员，增加了文化部电影司的司徒慧敏和八一、北影、新影三个电影制片厂的负责人，确定王苹、李恩杰为导演，薛伯青、钱江等为摄影。为了加强艺术领导，指挥部还专门成立了《东方红》电影导演团。

著名摄影家徐肖冰回忆，周恩来指示在拍摄电影时：“你们一定要拍好毛主席的光辉形象，尤其要突出反映毛主席是人民的大救星，人民的领袖这一点。”

1965 年，大型音乐舞蹈史诗《东方红》被拍摄成电影，《东方红》三个字的电影片头是从鲁迅先生的字体中挑选出来的，当年 10 月 1 日在全国上映。

第一颗原子弹“引爆”演出现场

大型音乐舞蹈史诗《东方红》在创作、排练、演出过程中，还有许多鲜为人知的花絮。

1964 年 10 月 2 日，大型音乐舞蹈史诗《东方红》第一次在人民大会堂演出，到 16 日结束，共演出了 14 场，场面之大、演员之多、气势之宏伟，轰动了整个北京城。为了庆贺演出的成功，党和国家领导人决定接见全体演职人员。

1964 年 10 月 16 日下午 2 点，所有《东方红》演职人员接到通知到人民大会堂集合，等待国家领导人的接见。

下午 3 点，原定的接见时间到了，领导人却没有来。一小时、两小时、三小时……一直等到傍晚时分，毛泽东、周恩来、刘少奇、朱德等领导人才姗姗来迟。

在接见和合影结束后，毛泽东在退场时小声问周恩来：“要不要将那个好消息告诉大家？”周恩来笑着说：“我向大家宣布之后，全场的人都会高兴得蹦起来的。”

原来党和国家领导人们迟迟不来的原因是在等待一个重大的消息：我国第一颗原子弹爆炸试验成功！

傍晚时分，核试验前方传来消息，证实原子弹爆炸成功了，毛泽东想让周恩来给《东方红》3700多名演职人员一个惊喜。

送走毛泽东，周恩来返回到会场给大家讲话："主席让我告诉大家一个好消息，但是我要提三个要求：第一，大家不要跳，大会堂的楼板会承受不住的；第二，大家不要高呼口号，我的耳朵会受不了的；第三，注意维护会场秩序。今天，我国西部爆炸了第一颗原子弹……"

周恩来话音刚落，接见现场像放了颗原子弹，全场爆发出巨大的欢呼声，有人开始蹦跳起来，接着更多的人也跳动了起来，欢呼叫喊声的浪潮在大厅里发出轰鸣，人民大会堂地动山摇。

于是，《东方红》的演职人员成了全国最早知道原子弹爆炸成功消息的群众，甚至要早于新华社通稿几个小时。这个惊喜是他们为《东方红》付出汗水的最大奖励。

《东方红》在排练过程中，像"第一颗原子弹'引爆'演出现场"这样的故事还有许许多多。

《游击队歌》入选的故事：《东方红》歌曲入选的标准是充满激情、高亢嘹亮的歌曲，相比之下，《游击队歌》缺乏高亢，轻快有余。开始时，有人不同意选用这首歌，说它过于轻松，与抗战的激情不协调。但周恩来却认为，这首歌洋溢着革命乐观主义情绪，好听，群众爱唱，当时对动员学生参加抗日起了很好的作用，是人民批准的作品。革命有的时候需要雄壮的东西，有的时候也需要轻松的东西，有统一也要有变化。

周恩来的话使主创人员受到很大启发，大家豁然开朗，从艺术风格的角度理解了革命文艺特点。在这种思想指导下，剧组大胆运用各种艺术手法和表现手段，西洋独唱、民歌独唱，荟萃一堂，西洋乐队和民族乐队同奏一个调，舞蹈不仅表现了多民族特点，而且也表现人民生活、战斗场面等，从而使这部史诗式的大型歌舞更加丰富多彩、生动活泼。

邓玉华扮彝族姑娘演唱《情深谊长》的故事："五彩云霞空中飘，天上飞来金丝鸟。啊，红军是咱们的好兄弟，长征不怕路途遥……"这首名为《情深谊长》的歌曲，表现的是红军经过云南彝族地区时的情景。在《东方红》排演中，这首歌最初采用美声唱法，但效果不理想。于是，周恩来指定邓玉华将这首歌由美声唱法改为民歌唱法，并由她装扮成一个彝族姑娘来唱。

《东方红》首演的时候，邓玉华并不在北京，而是跟随东方歌舞团在非洲、西亚的5个国家进行演出。回到北京后，邓玉华就接到了《东方红》导演组的通知，要演唱其中表现红军过彝族聚居区的歌曲《情深谊长》。

接到演出任务，邓玉华又高兴又紧张："《东方红》作为向新中国成立15周年献礼的大型音乐舞蹈史诗，集中了艺术界3000多位演员，其中包括很多有造诣的艺术家，我感觉这个任务既光荣又艰巨。"

《情深谊长》并不是为《东方红》专门创作的，它原来是济南军区歌舞团排演的舞剧《红流》的插曲，由臧东升作曲，王印泉作词。选入《东方红》之后，它的词曲又做过修改。

为了唱好这首歌，邓玉华极力去体会这首歌所蕴含的感情。她把自己设定为彝族的一位小姑娘，爸妈都是最底下的农奴。红军过彝族聚居区，给他们讲道理，指引他们翻身做主人，彝族同胞对红军怀有深切的情谊。邓玉华就是怀着这样的情感演唱这首歌的。

这首歌本来是用美声唱法演唱的。在排演这首歌的过程中，周恩来对邓玉华说："小邓，你的声音很好听，要好好向王昆、郭兰英学习，唱好咱们的民歌，也希望你学一些西洋唱法。"

"周总理对我说的话指导着我的演唱，结果我就按照周总理的指导，以民族唱法为主，结合西洋唱法完成了对这首歌的演绎，很多人听过之后说令人耳目一新。"邓玉华说。

邓玉华起初唱这首歌时老是跑调，但她没有退缩，仔细研磨，反复尝试，不断演练，经过十多场演出后，终于将这首歌唱到了炉火纯青的程度，成为《东方红》中的一个亮点。

后来有人问邓玉华："《情深谊长》是你首唱的吗？"她说："不是。"又有人问："为什么现在播放的都是你演唱的版本呢？"邓玉华就说："《情深谊长》的民族唱法的首唱是我。"《情深谊长》成为邓玉华的成名曲，她那甜美的歌声和俏丽的彝族少女形象，深深留在了观众的心中。

胡松华从写《赞歌》到唱《赞歌》的故事：胡松华原定在《东方红》第四场中担任《松花江上》的演唱。周恩来提出，为增强祝贺新中国诞生的欢庆气氛，在第六场前段加入一个男高音独唱，最好采用蒙古族的音乐风格。当时胡松华刚在内蒙古进行了为期三个月的采风活动回京，并且他的成名曲《森吉德玛》和《丰收之歌》是他自己编创的，加之当时专职的词曲作家大部已经完成任务回原单位了，所以创作和演唱这首新歌的任务就落到了胡松华的身上。

正在北京参加《东方红》排演的胡松华在半夜12点接到了新的紧急任务：连夜拿出一首蒙古族独唱歌曲。胡松华是既激动又紧张。他赶紧跑回住地写歌词，美丽草原上那翻腾的草浪、热情好客的牧民，以及草原人民对党的深情很快在他笔下汇成了一曲优美的《赞歌》：“从草原来到天安门广场，高举金杯把赞歌唱……”

第二天一早，当编导们看到胡松华交上来的歌词时，脸上都露出了满意的笑容。周恩来对歌词欣赏地说：“不要请作曲家另写曲子了，就采用民间流传的曲子改编。”于是，胡松华又以蒙古族牧歌《小黄马》的曲调为这首歌谱了曲。编曲的新歌上交领导。经过紧张的乐队配器、编舞及合乐排练等，两三天后，周恩来和陈毅观看了《赞歌》的演出，高兴地一遍通过。随着《东方红》的演出，《赞歌》在亿万观众中引起了强烈的感情共鸣，成为传唱至今的一首经典之作。

王昆和丈夫周巍峙共同助力《东方红》的故事：周巍峙与王昆相识于1939年，当时周巍峙率领西北战地服务团来到河北唐县，有人对他说：“唐县妇救会有个女干部歌唱得好。”当他听罢这位14岁少女的歌声，情不自禁地发出了“真行”的感叹。这个女孩就是王昆。经过4年的相处，彼此生情相爱，两人于1943年结为夫妻。

在音乐舞蹈史诗《东方红》中，周巍峙担任总指挥部的领导工作，王昆则是《农友歌》的演唱者。早在中华人民共和国成立前，王昆就以扮演《白毛女》中的喜儿广为人知。在《东方红》中，王昆在“秋收起义”一场中领唱《农友歌》，当时39岁的王昆嗓音洪亮、气势十足，给观众留下了深刻印象。

王昆回忆说：“我参加《东方红》演出时，导演让我唱《农友歌》，我想一定要唱出特点来。”为此，一向积极探索中国民族唱法规律的王昆，在作曲家原作的基础上进行了二度创作。“当时我找了湖南的同志跟他们学说话，后来就成为现在的版本了。”王昆在作曲家原有的曲调上，融进了湖南民歌的韵味，非常有特色地唱出了“往日穷人矮三寸（哪），如今是顶天立地的人（哪）……粗黑的手哇掌大印（哪），过去咱农民，如今咱当家做主人（哪），共产旗帜照人心（哪）……”这歌声让翻身当家做主的劳苦大众心怀激荡，让广大劳动人民扬眉吐气！演完后，原作者相当满意，《农友歌》也成为传世之作。

当年，毛泽东在看到王昆演唱的《农友歌》时，兴奋地作出了一个威武姿势，并称赞道：“很有当年湖南妇女的革命气概哩！”周恩来则多次称赞王昆道：“王昆，你是20年前《白毛女》，20年后《农友歌》啊！”

毛泽东和才旦卓玛握手的故事：大型音乐舞蹈史诗《东方红》是各民族演员的一次盛会，西藏第一代歌手才旦卓玛也有幸入选。她在《东方红》中以一首《毛主席祝您万寿无疆》，亮出了自己浑然天成的嗓音，她的名字很快随着这首歌响遍了大江南北。

才旦卓玛回忆：“周总理指示，少数民族自己的人能做这个节目，你们想办法和少数民族演员联系，让他们来参加。”后来，才旦卓玛在上海音乐学院的老师告诉她：“文化部来了通知，北京搞音乐舞蹈史诗《东方红》，让你参加演出。”

当年《东方红》的演出取得空前成功，毛泽东等党和国家领导人接见《东方红》全体演员。当时毛泽东要和大家合影留念，才旦卓玛的位置正好在毛泽东和朱德座位后面，她多么盼望能和毛泽东握握手，表达一声问候啊！但她不敢这样做，因为怕违反纪律。

周恩来看出了她的心思，拉着她的手对毛泽东介绍说：“主席，她就是才旦卓玛，藏族歌手，领唱《毛主席祝您万寿无疆》的就是她。”毛泽东亲切地看着才旦卓玛，连声说：“好、好！”边说边把手伸过去。才旦卓玛顿时激动得热泪盈眶，紧紧地握住毛泽东的手。她也成为这次会见中唯一与毛泽东握过手的演员，令在场的人羡慕不已。

多年后，才旦卓玛回忆起当时的情景仍激动不已：“当年我是唯一一个跟毛主席握手的演员！毛主席握着我的手教导我要好好唱歌，要为西藏人民多作贡献。后来，所有的演员都争相和我握手，他们认定我的手上还有主席传递的温度。”

谈到参加《东方红》演出的经历，才旦卓玛说：“《东方红》演出的过程也让我深刻感受到了党对少数民族的关心。我觉得，这是最大的幸福。”

《东方红》第三场戏“万水千山”这场歌舞反映红军两万五千里长征，是

《东方红》中的重头戏。大歌舞领导小组决定用毛泽东那首《七律·长征》作为主题合唱曲，用歌舞形式生动地再现这段革命英雄主义的壮丽史诗。

大歌舞音乐组收到30多份《七律·长征》作品，他们将这些作品不署名地编号印发，由合唱队试唱、录音，然后讨论。经过反复试听，音乐组最后选定了由作曲家彦克为毛泽东《七律·长征》谱写的曲子，并组织人员修改。彦克随后又为这首主题曲突击创作了管弦乐伴奏总谱，使之与主题合唱曲相得益彰。

后来，彦克谱曲的《七律·长征》以雄壮激越、充满革命乐观主义的旋律在《东方红》中一唱成名，在全国文艺界闻名遐迩，传唱至今。

《东方红》能够取得良好的演出效果，舞台灯光功不可没。但在当时简陋的条件下，没有现代科技手段，采用了当时的“顶尖技术”——幻灯片，舞台背景全靠幻灯片打出来。因为人民大会堂舞台太大，宽28米，高18米，又太深，幻灯离天幕距离又远，场景变化又要求迅速，最后周恩来批示从上海请来制灯专家蒋祖泉。当时的灯光师绞尽脑汁，下尽苦功。巨大背景图案黄河、长江达800平方米，是由200多个小幻灯同时投影到天幕上，拼接组合成的。在这个背景上还能看到流水、飞云、光芒等动态情景。

由于人民大会堂的舞台又高又宽，工作人员就在舞台前面摆了好多台幻灯机，然后在幕布上划分好区域，每一台幻灯机照一个区域，拼成一整幅背景。当时的幻灯机很落后，没有自动换片的功能。灯光组的工作人员只能趴在舞台的台阶下面，用手一张一张地来回换。负责红蓝面光的工作人员也一样，在顶棚的灯架上手动换灯光片。两组人员都得在观众入场之前到位，演出结束后才能离开，每天都要工作好几个小时。

《东方红》中还有红旗飘飘、黄河水波粼粼从天而降、火山爆发等壮观的背景，在当时没有数码、动画之类高科技手段的情况下，这些舞台效果也是用土办法营造出来的。“红旗飘飘”和“水波粼粼”都是在灯光前面放一个类似竹帘子的东西，来回地晃，灯光透过竹帘子的缝隙透射出去，形成效果，使人耳目一新。

1964年10月6日，《人民日报》刊登了一位大学生写的《东方红》观后感，文中写道：“看了音乐舞蹈史诗《东方红》以后，我的心久久不能平静……这不仅是一场很好的歌舞，而且是一部中国革命的伟大史诗，是党领导下 40 多年革命斗争的缩影，是对我们进行阶级教育和革命传统教育的教材，它赋予了我们巨大的精神力量，给我们上了生动的一课……”这篇文章的作者，是当时清华大学水利河川枢纽专业的学生胡锦涛。

大型舞蹈史诗《东方红》经久不衰，其中的许多歌曲数十年来一直在人民群众中广为传唱，成为名副其实的“二十世纪华人经典音乐作品”。

永恒的颂歌
——抒发爱国主义情怀的典范之作《歌唱祖国》

王锦慧

有一首歌，在共和国的年轮中是传唱最广、传播最远的歌曲之一。
它是“嫦娥一号”探月卫星从太空传回的中国之声；
它是拨动着全世界炎黄子孙心弦的乡情乡音；
它是深深烙印在几代中华儿女心中的家国记忆——

五星红旗迎风飘扬，胜利歌声多么响亮，歌唱我们亲爱的祖国，从今走向繁荣富强……

您听，这首歌就是《歌唱祖国》。

《歌唱祖国》词曲作者王莘

诞生于新中国成立 1 周年之际

王莘，原名王莘耕，1918 年出生在江苏省无锡县（今无锡市）荡口镇的一个农民家庭。他自幼受民间音乐的熏陶，每每听到那世间流传的《孔子纪念歌》《苏武牧羊》等悠扬悦耳的歌声，便按捺不住地跟随哼唱，幻想着有朝一日能有机会专门学习音乐。但他家里穷得连中学都供不起。1932 年，14 岁的王莘来到上海，在先施百货公司做见习店员，替顾客送货，曾被日本人狠狠地扇过两记耳光。

从此，年少的王莘在心底埋下了对日本侵略者的仇恨。要想不让人欺负，就得自己强大。他白天干活儿，晚上去夜校学习国文和英语，并自发地参加一些群众性的抗日救亡歌咏活动。在那段时间里，他结识了左翼进步音乐家冼星海、吕骥、孙慎等人，后被派到宁波等地宣传抗日，成为一名进步青年。

1938 年，王莘终于实现了到延安鲁迅艺术学院学习音乐的愿望，跟随冼星海、吕骥等老师学习作曲。当冼星海创作的《黄河大合唱》在延安演出时，他担任《河边对口曲》中王老七的领唱。

候场时，王莘全身抖得厉害。扮演张老汉的关鹤同悄悄地问他："你怎么在发抖？生病了吗？"

王莘摇了摇头，激动地说："我的心，像黄河之水急浪翻腾。你想过没有，这哪里是歌声？这是一个民族誓死抗击外辱的怒吼，是正义不屈的怒吼！"

演出结束，王莘兴奋地跑到冼星海面前，诉说自己的感受："一首好歌，可以唱得让人热血沸腾，也可以听得令人激情澎湃哟！"

王莘在鲁迅艺术学院就要毕业了，冼星海赠给他一支活动铅笔。这支笔是冼星海在法国巴黎留学期间的获奖纪念品，颇具激励意义。冼星海对王莘谆谆教诲说："我用这支笔写出了《黄河大合唱》，希望你也能用这支笔写出鼓舞士气、催人奋进的音乐作品来。"

1939 年 6 月，王莘在鲁迅艺术学院毕业后，即前往晋察冀抗日根据地，同时执教于华北联合大学音乐系，并开始创作革命歌曲。这一时期，他陆续创作的歌曲有《晋察冀》《日头上山岗》《选村长》《边区儿童团》《永远跟着共产党》等，这些歌曲极大地鼓舞了根据地军民的抗日斗争。

1942 年，王莘担任延安群众剧社的领导工作，其间创作了小歌剧《宝山参军》及大量革命歌曲。

1949 年 1 月，亲历了抗战和解放战争的王莘，率领群众剧社的同人们，进入刚刚解放的天津市。随后，他进入中央音乐学院作曲系进修。伴随中华人民共和国的成立，他的创作激情像黄河之水一样汹涌着，澎湃着，先后有《愉快的劳动》《只因为立功喜报到了家》《饲养员之歌》《祖国颂歌》《煤店新工人》《团结反帝》等歌曲问世，表达了他融入社会主义新生活后无比喜悦和兴奋的心情。

从此屹立于世界的东方

1949年，是中国震撼全球的一天。中华人民共和国及其新的中央人民政府宣告成立！从此，中国结束了一百多年来被侵略、被奴役的屈辱历史，以一个真正独立民族的姿态，进入了开天辟地的新纪元。

那令人心潮澎湃的时刻永垂青史：

在开国大典上，毛泽东在天安门城楼上向全世界庄严宣告："中华人民共和国中央人民政府今天成立了！"

而后，在雄壮的国歌声中，毛泽东按动电钮，升起了中华人民共和国的第一面五星红旗！

仰望五星红旗在湛蓝的天空中冉冉升起，现场所有人都脱帽庄严肃立，偌大的天安门广场静得只听见五星红旗飘拂的声响……

五星红旗的升起，表明中国人民从此站起来了！表明中华人民共和国从此屹立于世界的东方！

这一天，时任天津音乐工作团团长的王莘有幸参加了开国大典。他万分荣幸、无比激动地坐在观礼台上，只见28响礼炮在天际间回响过后，阅兵式开始。顿时，《中国人民解放军进行曲》激越奏响，受检阅的部队由东往西，缓缓进场。海军、炮兵、战车师、骑兵师、红马连、白马连……全部以相等的距离和相同的速度经过主席台前，人民空军的飞机也一队队排成人字形，飞过天安门上空。

阅兵式完毕，已是傍晚时分。天安门广场上所有的灯笼火把瞬间点亮，一万支礼花纷纷射向天空，五颜六色的火花汇成了缤纷的彩虹。群众游行就在这时开始了，人们擎着灯笼，舞着火把，高呼："中国共产党万岁！""中华人民共和国万岁！""中央人民政府万岁！"

王莘目睹此情此景，一个念头禁不住涌上心头：如果游行队伍能唱着一首能表达对祖国炽热情感的颂歌，通过天安门广场该有多好啊！他当即下定决心，不管多么难以企及也要创作出这样一首歌来。

从那时开始，王莘如醉如痴，每隔两三天就写一首，其中好多歌正式发表出来，但却没有人唱。他想，当年在晋察冀边区那么艰苦，没有报纸也没有电台，那时写的歌群众都能传唱，现在这么好的条件都唱不响，肯定是自己没写好。他反复探索着：是写一首颂歌好，还是写一首抒情歌曲好？可是，一年过去了，也没有写出满意的作品来。虽然十分懊恼，他却始终没有放弃。

1950年国庆节前夕，天津音乐工作团为庆祝中华人民共和国的第二个生日，计划组织一场大型音乐会，但乐器缺乏急需添置，而资金短缺一时难以筹措。王莘听说北京西四牌楼附近有家当铺，就赶到那儿挑了几件旧乐器。他向掌柜的要了一根麻绳，把乐器一件一件地拴起来，两肩各背一支长号，两手提着圆号，剩下的小号、长笛、黑管、双簧管都拴在一起挂在脖子上。

就这样，王莘从西四牌楼往火车站赶，经过天安门广场时，看到这里已充满节日气氛。天空上，五星红旗高高飘扬；城楼上，工人们正在悬挂大红宫灯；广场上，一队队少年儿童敲着鼓、吹着号、唱着歌，迈着整齐的步伐正在练习队列，准备接受国庆检阅……

眼前的情景像一把钥匙，突然打开了王莘灵感的大门，歌曲的主旋律仿佛从天而降又从心底喷涌而出——

五星红旗迎风飘扬，
胜利歌声多么响亮。
歌唱我们亲爱的祖国，
从今走向繁荣富强……
……

这雄壮奔放的主旋律，一路伴随着王莘走向返津的列车。因为急着赶时间，他来不及停下脚步记下这难得的灵感，为避免遗忘就一遍一遍地哼唱。唱着唱着，他竟然把自己感动得泪流满面。

上车后，王莘赶紧掏出冼星海送给他的那支活动铅笔，一时找不到纸就在烟盒的反面记下了词曲，并由轻而重，不断地打着拍子哼唱着，全然不顾其他旅客投来惊诧不已的目光。

列车启动了，车轮发出有节奏的律动。望着车窗外的景物，王莘感觉每一缕风、每一片叶、每一条路、每一座山、每一条河，都展示着中国风采和民族图腾……主歌部分便在他脑海中逐渐地清晰起来。

王莘在车上一鼓作气地写完了《歌唱祖国》的全部乐曲和第一段歌词。回到家里，他的兴奋之情溢于言表，总是忍不住地自言自语道：“写成了！写成了！”

但静下心来仔细斟酌，王莘觉得仅有这几句还没有把内心积聚已久的情感完全表达出来。想到家乡那秀丽的鱼米之乡，想到北方的高山大川，想到自己在参加抗日战争、解放战争时期曾经战斗过的地方，以及曾渡过的黄河、长江……他思绪万千，心潮翻涌，很快将整首歌曲的三段词曲全部脱稿。

1950 年，在收到冼星海赠予的那支写过《黄河大合唱》活动铅笔的第 11 个年头，王莘终于写出了一首“鼓舞士气、催人奋进”的音乐作品——《歌唱祖国》。

王莘说：“《歌唱祖国》这首歌，是从我的心底里呼喊出来的！”因而，他觉得这首歌应该能成为人民群众喜爱的歌曲。

在全国乃至世界广泛流行起来

初秋静夜。在皎洁的月光下，王莘把歌词和歌谱完整地誊写下来。第二天清晨，便兴冲冲地送到了天津日报社，他期望能赶在中华人民共和国成立 1 周年时发表。没想到，一星期后歌谱竟被报社退了回来。

王莘心有不甘，他自己动手刻印歌片，分别送给一些朋友征求意见，并亲自到码头、车间、车站、学校教唱。

1950 年秋，《歌唱祖国》首演地是天津耀华中学礼堂；乐曲的首次弹奏者为天津音乐工作团当年 14 岁的钢琴手靳凯华；首唱者是天津音乐工作团当年 19 岁的男高音演员王巍。

《歌唱祖国》文字版首发是刊登在由天津大众书店编辑出版的《大众歌选》（第三集头条）。

1951 年 5 月的一天晚上，当中央人民广播电台播出了中央人民政府和西藏地方政府达成和平解放西藏的协议，庄严宣告中国农奴制度从此废除的消息时，天津广大群众高唱着《歌唱祖国》上街欢庆胜利，激昂的歌声久久在夜空中回荡。

与此同时，王莘刻印的《歌唱祖国》歌片传到了北京工人合唱团。夏天，北京电台播放了该团的演唱录音。很快，《歌唱祖国》便在北京的一些工厂、学校、社区传唱开来。

1951年国庆节前夕，王莘接到时任中国音乐家协会秘书长孙慎从北京打来的电话，问他："有首叫《歌唱祖国》的歌曲，在群众中广为流传，据说是从天津传出来的。你是天津音协主席，请你帮忙查一查这首歌是谁写的，请把词曲赶快寄来，中央文化部急要！"

王莘一听笑了起来，说："踏破铁鞋无觅处，得来全不费工夫。你算是找对人了，这首歌的词曲作者正是我！"

于是，在这首歌诞生一年之后，《人民文学》《人民日报》先后发表了《歌唱祖国》歌词，继而中央音乐工作团录制并在中央人民广播电台播放了《歌唱祖国》大合唱。

1951年9月12日，周恩来亲自签发了中央人民政府令。9月15日，《人民日报》以显著位置刊发了《中央人民政府文化部关于国庆节唱歌的通知》，规定在这年的国庆节，除了要唱国歌《义勇军进行曲》外，《歌唱祖国》也为全国普遍学唱的基本歌曲。

从此，这首歌便在全国乃至世界流行起来，成为一首最能表达亿万人民心声的祖国颂歌。

1951年10月29日，在中南海怀仁堂召开的全国政协一届三次会议上，毛泽东见到王莘时，高兴地夸赞《歌唱祖国》写得好，还特意送给他一套刚出版的《毛泽东选集》，并为其签字留念。

1951年的全国政协会议上，毛泽东为王莘签名

这让王莘受到巨大的鼓舞和激励，终生难以忘怀。

抒发爱国主义情怀的典范之作

“凡音之起，由人心生也。”

当社会主义中国巍然屹立在世界东方的时候，没有什么比颂歌更能表达各民族儿女浓厚而真挚、豪迈而热烈的情感。

《歌唱祖国》准确地把握了这一时代脉搏，表达了人心所向、众望所归，是抒发爱国主义情怀的典范之作，无愧于“第二国歌”的美誉。

它有深远的立意。祖国是祖先开辟的生存之地。一个没有祖国的人，就像一个没家的孩子，永远都是孤独的。因而，每一个热爱自己祖国的人，都可以从这首歌中找到共鸣，找到归宿，找到自豪感。

它有鲜明的音乐形象。“五星红旗”是中华人民共和国的象征和标志，歌曲以“五星红旗”为意象，并运用“迎风飘扬”这样鲜活的描述，把新中国的新形象展现得如诗如画，充分体现了时代性、民族性特征。

它有宽广的音乐空间。歌曲采用和吸收了欧洲凯旋式进行曲的模式，并将其和中国民族音乐风格中的颂歌模式相互结合起来，集中体现了当家做主的中国各族人民热爱社会主义祖国，由衷赞美和歌颂祖国这一浓烈的时代气息。它既有深度的艺术开凿又简洁明快，烘托出一种扣人心弦、动人心魄的艺术效果。

当年，文化部在“通知”中特别说明，《歌唱祖国》歌词有几处修改。其中，歌词中的二、三段改动较大。

例如，第二段原词“五千年历史光辉灿烂”改为“独立自主是我们的理想”，“我们战胜了一切苦难，我们把侵略者赶出家乡”改为“我们战胜了多少苦难，才得到今天的翻身解放”；第三段原词“太阳升起，光芒万丈，人民共和国壮大成长”改为“东方太阳，正在升起，共和国正在成长”，“建设的高潮正在增涨，我们把祖国变成乐园”改为“我们的生活天天向上，我们的前途万丈光芒”；等等。

修改后的歌词更加准确生动，凝练集中，具有深刻的思想性和高度的艺术性。

据王莘回忆，关于歌词前两处的修改，是诗人艾青的意见，他曾当面向艾青表示过谢意。而后三处修改的情况，他自己也记不清楚了。

之后，《歌唱祖国》在其诞生、传播的过程中又几经修改，衍生了多个演唱版本，它们分别是：

1950 年，最早在群众中传唱的原始版；

1951 年，文化部通知公布的“歌词有几处修改”的标准版；

1964 年，大型音乐舞蹈史诗《东方红》重新编排的合唱版；

1966 年，歌名改为《歌唱社会主义祖国》，歌词有较大改动的“文化大革命”版；

1977 年，歌词改回 1951 年标准版；

2008 年，又诞生了奥运版……

随着时代的发展，《歌唱祖国》的版本虽然有过多次改动，但是它抒发爱国主义情怀的主题一直没有变。

与共和国共同走过半个多世纪

70 多年来，《歌唱祖国》以巨大的感召力，激发着各族儿女澎湃的爱国热情。

如今，它不仅成为中华人民共和国所有重大国务活动、检阅活动的礼仪曲、开场曲和结束曲，也是久唱不衰的经典乐曲，在新时代的新征程中依然显示着恒久的生命力。

它曾将众多殊荣集于一身：

1954 年，荣获全国群众歌曲评选一等奖；

1989 年，荣获联合国教科文组织首届“金唱片奖”；

1993 年，入选“20 世纪华人音乐经典”；

2001 年，荣获中国音乐界最高荣誉奖“金钟奖”；

2019 年，入选中宣部“庆祝中华人民共和国成立 70 周年优秀歌曲 100 首”；

…………

它曾在我国最重要、最辉煌的时刻唱响——

1964 年 10 月 2 日，为庆祝中华人民共和国成立 15 周年，周恩来亲自导演，3000多名专业和业余文艺工作者参演，大型音乐舞蹈史诗《东方红》在人民大会堂首演。这部恢宏作品完整地、艺术地再现了中国共产党走过的光辉历程，而《歌唱祖国》就是它余音不绝、激情飞扬的尾声。

1980年5月19日起，中央人民广播电台将《歌唱祖国》作为每天晨播曲和《全国新闻联播》、《新闻和报纸摘要》（现《新闻联播》）的开始曲。

1990年5月1日起，每天清晨天安门广场升旗仪式以《歌唱祖国》为出旗曲。

1997年，香港回归祖国。在交接仪式上，《歌唱祖国》由中国人民解放军军乐团和英国皇家乐队共同演奏。

1999年，在澳门回归祖国的仪式上，《歌唱祖国》又再次被奏响。

2003年，中国首次载人航天飞船发射成功，宇航员杨利伟将《歌唱祖国》首度带上太空。

2007年，“嫦娥一号”宇宙飞船顺利进入月球卫星轨道，从遥远的“广寒宫”传回《歌唱祖国》的音符。

2008年，举世瞩目的北京第二十九届奥林匹克运动会开幕式在国家体育场隆重举行，全场九万人齐声高唱《歌唱祖国》。

2009年，在天安门广场举行的庆祝中华人民共和国成立60周年华诞联欢晚会上，胡锦涛等党和国家领导人与各族群众同唱《歌唱祖国》。

2019年，庆祝中华人民共和国成立70周年大会在北京天安门广场隆重举行，20余万军民以盛大的阅兵仪式和群众游行欢庆共和国70华诞。随着七万羽和平鸽展翅高飞，七万只气球腾空而起，《歌唱祖国》的高昂旋律在整个广场回荡……

回望来路，征程壮阔。《歌唱祖国》就是这样与共和国血脉相依，共同走过了半个多世纪！

满怀深情歌唱祖国

一个伟大的国家，尤其需要用一种庄重的仪式来表达自己的尊严与神圣。

多少个黎明，英姿威武的国旗护卫队阔步走出天安门城楼，在《歌唱祖国》的豪迈乐曲声中，将五星红旗和太阳一同升起，映红共和国的每一寸土地，让全世界的中国人扬眉吐气。

2007 年 10 月 1 日凌晨 2 时 30 分，在祖国诞辰这一天，王莘坐在轮椅上，由老伴王惠芬推着，早早地来到了天安门广场，最后一次看升旗仪式，向五星红旗致敬、道别。

半个月后的 10 月 15 日凌晨，89 岁的王莘辞世。

“时代的步伐是节奏，祖国的脉搏是音符，人民的心声是旋律，这就是我的歌。”

王莘生命的最后 25 年是在和疾病作斗争中度过的。1994 年，他拿出全部存款设立了王莘歌曲创作奖励基金会。他一生创作了 3000 多首歌曲，一生都满怀深情地在歌唱祖国。

王莘虽然离去了，可他创作的《歌唱祖国》是永生的。

军歌一曲壮国威
——《我是一个兵》传唱始末

王锦慧

我是一个兵，来自老百姓，打败了日本狗强盗，消灭了蒋匪军。
我是一个兵，爱国爱人民，革命战争考验了我，立场更坚定！
嘿！嘿！嘿！
枪杆握得紧，眼睛看得清，
谁敢发动战争，坚决打它不留情……

这首气势雄壮、旋律激昂的军歌，是中华民族不畏强暴、反抗强权的心声。在抗美援朝战争中被西方媒体称为“中国在朝鲜的两颗重磅炸弹”之一，它曾以排山倒海之势，激励着志愿军将士们舍生忘死、向死而生，其敢打必胜的血性铁骨，令敌人胆寒，让天地动容！

这首气势雄壮、旋律激昂的军歌，一直从烽烟滚滚的朝鲜战场唱到白鸽翱翔的和平年代。在70多年后的今天依然像铮铮号角，它召唤着为党和人民建立了伟大历史功勋的人民子弟兵，奋进新时代，阔步新征程！

伴随着朝鲜战争的隆隆炮火应运而生

1950年6月25日，朝鲜战争爆发，一场本来发生在朝鲜半岛的内战，由于美国的强势介入和直接出兵，演变成国际性大规模的局部战争。

此时，中华人民共和国成立不到一年，百废待兴。如果出兵朝鲜，就要同拥有世界上最优良装备的美军交锋，要冒极大的风险。“打得一拳开，免得百拳来”，全面考虑战略形势和敌我力量对比后，党中央和毛泽东最终作出了中国人民志愿军出国作战的重大决策。

由中华优秀儿女组成的中国人民志愿军，肩负着人民的重托、民族的期望，高举着保卫和平、反抗侵略的正义旗帜，雄赳赳、气昂昂，跨过鸭绿江，同朝鲜人民和军队一道首战两水洞、激战云山城、会战清川江、鏖战长津湖……此后，又构筑起铜墙铁壁般的纵深防御阵地，实施多次进攻战役，粉碎“绞杀战”、抵御“细菌战”、血战上甘岭，创造了威武雄壮的战场奇迹。

伴随着朝鲜战争的隆隆炮火，《我是一个兵》应运而生并在朝鲜战场唱响。

这首军歌由陆原、岳仑作词，岳仑作曲，词曲作者都是“河北老乡”。陆原（原名陆占春），1922 年生，系河北省唐山市丰南县（今丰南区）人，1942 年 20 岁时参加八路军，先后在冀东军区、中南军区、沈阳军区等艺术院团任创作员和创作组长。他写歌词兼作曲，许多作品获过奖。他是一个兵，写了几十年“兵之歌”。

岳仑，1930 年生，系河北省唐山市玉田县人，1945 年 15 岁生日那天参加八路军，进入冀东十八军分区宣传队，成了一名文艺兵，同年加入中国共产党。1946 年就写出了第一首歌曲，并取了个笔名叫“岳仑”（原名蒋耀昆）。1950 年任四野第一三七师音乐分队长，后来担任过第四十六军文工团团长、吉林省歌舞剧院院长等职。曾出席第三、第四次全国文代会，并三次赴朝鲜演出。他也是一个兵，和陆原一样，写了几十年“兵之歌”。

陆原（左）、岳仑 1992 年在北戴河合影

天时、地利、人和，时代召唤陆原和岳仑共同创作出《我是一个兵》，并成为 70 多年传唱不衰的经典之作。

诞生地是中南军区第四野战军

追溯《我是一个兵》的创作过程，陆原说："这首歌创作于 1950 年夏天，诞生地是中南军区第四野战军。"

那时，解放战争中的最后一个战役海南岛战役刚刚结束，部队驻扎在湖南祁阳县休整。陆原和岳仑同在第四十六军第一三七师文工队工作。岳仑任音乐分队长兼指挥与作曲，陆原任文学与舞美创作分队长。

正值中华人民共和国成立的喜庆日子，他们下连队时却听到战士们还在唱《向江南进军》《打到南京去，活捉蒋介石》，有的连队还在唱《大叔大婶救救我》。连队指导员找到他们："你们听听，这群大老爷们敞开嗓门一起哭，像话吗？哪像打了胜仗的兵？快点儿给咱写首新歌提提精神吧！"

于是，两人依据从松花江打到海南岛的战斗历程，共同完成了一首歌——《人民战斗员》。

歌词是这样的："我们是人民战斗员，从来就战斗在第一线，生活在枪林弹雨里，成长在战斗中间……保卫中国和人民，不许敌人来侵犯，战斗员永远战斗在最前线。"

但是，这首歌拿到部队试唱，战士们因歌词没有新意而反应冷淡，只好从头再来。

恰在此刻，朝鲜战争爆发。指战员们个个义愤填膺，摩拳擦掌，随时准备歼灭入侵之敌！部队高昂的战斗情绪激发了他们强烈的创作欲望。

休整期间，师里正在开展"写自己，忆过去"的业余创作活动。快板、诗歌、顺口溜，如雨后春笋般出现在连队的黑板报上。

陆原从中发现了一首较完整的《枪杆诗》，其中几句是：俺本来是一个老百姓，放下锄头来当兵……大意是说，自己爹娘死得早，扛活做工，挨饿受冻。后来家乡解放，光荣入伍，打日寇灭蒋匪，出生入死，经受考验从而立功受奖。这首反映了我军多数战士身世与经历的《枪杆诗》，让陆原获得了寻找多时的灵感，他不禁想起了一首抗日歌曲中的"老百姓，老百姓，扛起枪杆就是兵"的歌词。两下一掺和，就有了《我是一个兵》的雏形："我是中华一个兵，来自苦难老百姓，打败万恶的日本鬼，消灭反动蒋匪军。"

那是一个久雨暂晴的上午，陆原在江边洗完衣服往回走时遇到了岳仑。岳仑问他歌词考虑得怎么样了，他把草稿大致说了一遍。岳仑听罢喜形于色："那好，中午咱俩一块搞，可不能再拖了。"

饭后，他俩来到司务处宿舍的木板阁楼上。墙脚只有一张白条板案，仅能容纳一人写字，另一人只好趴在铺板上。他俩全神贯注地、你一句我一句地反复推敲着，天气又闷又热，弄得满身大汗，也全然顾不上了。最后，他俩将原来的七字一句的歌词修改成长短句："我是一个兵，来自老百姓，打垮了日本狗强盗，消灭了蒋匪军。"

而后，岳仑吸取民歌乐汇和鼓点节奏，才思奔涌，一鼓作气谱出了《我是一个兵》的曲调。接着第二段"我是一个兵，爱国爱人民，革命战争考验了我，立场更坚定"，也是一气呵成。尤其是后几句"嘿！嘿！嘿！枪杆握得紧，眼睛看得清，帝国主义敢来侵犯，坚决打他不留情"，几乎是脱口而出。不到一个小时，这首传世之作就在木板阁楼上问世了。

当天下午，演员们便开始试唱，简单、质朴、有力量的词曲特别易懂、易记、易唱。到了晚上，他俩在师部警卫连教战士们演唱，只一袋烟的工夫，合唱、轮唱全背会了，就连在一旁观看的老乡和儿童也都能唱下来。战士们非常高兴地说："这歌唱着痛快，带劲儿，又感到光荣自豪！"

后来，在指战员们的建议下，他们将原词中"帝国主义敢来侵犯，坚决打他不留情"改成"谁敢发动战争，坚决打他不留情"。这样不但概括性强，而且更加凝练明快，唱起来更干脆利索，力度和气势也得到了明显提升。

以"兵"来构思和命题的初衷

《我是一个兵》的兵，是来自老百姓的人民子弟兵。以"兵"来构思和命题，背后又有哪些鲜为人知的故事呢？

陆原说：岳仑我俩和许多指战员一样，大家虽是军人，热爱自己的岗位，但对"兵"这一字眼儿却极其反感。

这是因为，在旧社会"好铁不打钉，好人不当兵""兵匪一家，兵连祸结"，人们对"兵"多是畏惧、厌恶、避而远之；甚至把个"兵"字分成上下两半，拆开使用，呼"丘八"以表鄙视。往好里说，"兵"也是粗鲁、野蛮的代名词，这旧的烙印是根深蒂固的，以致大家当了八路军或解放军，都习惯说“参军”“入伍”“干革命”，很少听谁说“当兵”来了。即使说“当兵”也多半在“兵”字前头加个修饰词，如“子弟兵”或“人民子弟兵”之类，以示和旧社会的“兵”截然不同。自称或互称也多称“战士”或“人民战士”，而称“一个兵”的，实不多见。所以，那时我军每进入一个新营地，一些老乡、小孩子冲我们喊：“大兵，大兵，大兵来啦！”一些战士就气得鼓鼓的，简直像挨了骂一样。

可如今却完全不同了，特别是在解放战争末期，解放军南下胜利的高潮中，由于他们一向具有共产主义远大目标和为人民服务的崇高宗旨；由于他们英勇战斗，抛头颅洒热血，从胜利走向胜利；由于他们官兵兄弟亲、军民鱼水情的崭新人际关系，每到一地秋毫无犯，为房东担水、扫院、治病……从而使老百姓对这些“兵”产生了一种全新的认识。

不是吗？部队走到哪里，哪里就风吹云散；城乡百姓一见军人，也无不喜笑颜开。尤其在部队进湖广地区时，语言虽很难懂，但从无数乡亲父老向我们争伸大拇指，抢说“顶呱呱”等发自肺腑的赞叹中，更使我们的内心深处升起一股热腾腾的幸福感、荣誉感。从此，战士也罢，百姓也罢，对这个“兵”字含义的理解，从根本上改变了，它从灾祸化为吉祥，从遭人鄙弃转为招人尊爱，百姓愿意看到“兵”，战士也喜欢称自己是个“兵”。

那时，我们在湘西剿匪部队深入生活，不知不觉中，发现在战士嘴里“兵”的用语明显多起来了——

“看我这‘兵’当的，没赶上打仗，却整天剿匪，不穿军装穿便衣，从早到晚钻山沟，战场不像战场，‘兵’不像‘兵’。”

“唉，当了三年‘兵’只打了两次仗，枪没扛够，老蒋就‘凉锅贴饼子’溜了，眼看我这‘兵’没几天当头咧……”

如此听了这个“兵”那个“兵”、“兵”长“兵”短的，不知为啥忽然对这“兵”字感到非常亲切，格外动情。仔细一想，在人民解放军这一“兵”字里，饱含着多少奋发有为、催人向上而无限宝贵的精神元素啊！创作的关键在于发现，我们尽管长年累月、每时每刻都跟“兵”打交道，自己也当了多年的“兵”，但是，从新的本质意义上真正认识“兵”还是第一次。

虽然部队里不少老兵没文化，但他们有生活，语言特别丰富，给《我是一个兵》创作以直接启示的那首《枪杆诗》即是如此。

综上可见，这首歌完全是在战士们所想、所言，以至于所写的基础上进行加工提炼、编制而成的，实质上是集体创作，我和岳仑只是参加者。

另外，这首歌也与我和岳仑的人生经历不无关系。如果我们未亲历日寇在家乡制造的多起血腥惨案（冀东丰、滦两县之潘家峪、潘家岱庄3000余人被鬼子烧光、杀尽而灭绝），岳仑之父蒋繁拭遭鬼子百般残害而死，我亦遭日寇重刑但死而复活，这些在我们身上埋下刻骨铭心的深仇大恨；如果我们未参加辽沈、平津两大战役，目睹千万将士前仆后继之壮烈情景而受到极大感奋，那么，也许就不会创作出这首歌了。

为新时期的中国军人树立起鲜明的形象

和其他军旅歌曲相比，《我是一个兵》除了唱出“爱国爱人民”这样的战士情怀之外，更通过“来自老百姓”这句最朴实的话语，揭示出中国人民解放军军民一体，军民一心的建军传统。这种亲切感也在很大程度上改变了旧中国“好男不当兵”的偏见，以音乐的形式，为新时期的中国军人树立起一个十分鲜明、典型的形象。

此外，《我是一个兵》在音乐上的成功，首先是它简洁质朴的旋律和铿锵有力的节奏，这种朗朗上口的特性，也决定了它特别适合在部队这种强调行动一致性、果断性的特殊环境中传唱。因此，它很快就在连队热火朝天地唱了起来，是获奖数量和演唱次数较多的军旅歌曲之一。

让我们穿过时光隧道回望它一路走来的风采——

1951年第3期《解放军画报》首发了《我是一个兵》。在解放军总政治部的积极推荐下，这首歌又由中央人民广播电台边播出边教唱，很快家喻户晓并传播到赴朝参战的中国人民志愿军部队，激励着并鼓舞着战士们浴血奋战，保家卫国。之后，歌曲不仅在全国广为传唱，而且军乐、民乐、笛子、钢琴、提琴、手风琴都争相演奏。同时，演唱歌谱在苏联、东欧和越南、朝鲜等国家和地区均有出版，传播至五洲四海之遥。

1951年夏天，中南军区第四野战军文艺会演，《我是一个兵》获优秀节目奖；翌年获全军文艺比赛一等奖。

1954年，中华人民共和国举办第一次优秀群众歌曲评奖活动，在荣获一等奖的歌曲中，《我是一个兵》赫然在列。

1959年9月28日，北京人民大会堂，庆祝中华人民共和国成立10周年全军文艺会演正在举行。台上，来自陆、海、空三军230名上将、中将、少将组成的“将军合唱团”，由李志民中将指挥、解放军军乐团管弦乐队伴奏，纵情唱响《我是一个兵》，使这首出自基层部队士兵的军歌，达到了其传唱历程中的一个巅峰，以至于现场观众激情澎湃，形成了全场的大合唱。演出结束后，将军们又赴中南海为毛泽东演出。在场的国际友人感慨地说：“这么多高级将领合唱一首士兵歌，在世界上罕见！”

1964年，在全军第二次文艺会演闭幕式上，周恩来当场提议并亲自上台指挥三军文艺代表队高唱《我是一个兵》。

从20世纪50年代至90年代，中央军委总政治部先后五次发出通知，将《中华人民共和国国歌》《中国人民解放军军歌》《我是一个兵》列为全军官兵必唱歌曲。可见《我是一个兵》作用之重要，影响之深远。

1985年，中国人民革命军事博物馆将《我是一个兵》展示于橱窗内。

1995年，《我是一个兵》被纳入世界音乐作品。

2006年，俄罗斯亚历山大歌舞团来北京访问演出，《我是一个兵》被列为中国歌曲的必唱曲目。国际友人赞叹：“从这首歌看到了当代中国军人的风貌。”

2009年“八一”期间，中央电视台制作播出了系列专题片《我是一个兵》，再次引起强烈反响。

2017年8月1日，在伟大的中国人民解放军迎来90华诞之际，《我是一个兵》音乐会在国家大剧院震撼举行……

铭刻在人们心灵深处的一首歌

金星熠熠生辉，军旗猎猎飘扬。作为一首特定历史时期的军旅歌曲，《我是一个兵》是铭刻在人们心灵深处的一首歌，无论是士兵还是将军都对它一往情深。

1953年2月8日晚，敌机在朝鲜北部铁路线上疯狂轰炸，炸弹在半空中呼啸而下，发出山崩地裂的响声。铁道兵某部副班长袁孝文在铁路沿线检查线路时，不幸被炸断了双腿，昏倒在路基旁。当他醒过来时对连长说："为了祖国和朝鲜人民，我牺牲了也是光荣的。"说罢，他用微弱的声音唱起了《我是一个兵》，然后慢慢闭上了眼睛。

事后，在袁孝文走过的铁道上，战友们看到鲜红的血迹和炸得稀碎的信号灯。血迹证明：袁孝文在排除铁道上的第一颗子母弹时，失去了左腿，留下一摊血；为保障军用列车的安全通过，他忍受着剧痛继续向前爬行执行任务。不料，第二颗子母弹又炸断了他的右腿，但他仍然坚持着继续向前爬行执行任务，就这样在雪地上留下两条深浅不一的"血线"……这就是在朝鲜战场上来自中国老百姓的一个兵！

徐海东大将出生寒苦，曾当过 11 年窑工，1925 年成为一名共产党员。就在这一年，他遭到国民党反动派通缉，66 口族人先后惨遭杀害；他身经百战，负过 9 次伤，身上有 17 个枪眼，多次死里逃生；他运筹帷幄，决胜千里，具有丰富的实战经验和高超的指挥艺术，是我军不可多得的将才。然而，1940 年，积劳成疾的徐海东病倒了。从那时起，他永远地离开了战场。

1970 年 3 月 25 日，徐海东的生命进入弥留之际。平时很少听音乐的他，忽然提出要听《我是一个兵》。"我是一个兵，来自老百姓，打败了日本狗强盗，消灭了蒋匪军……"他听着听着便安然离去，仿佛又回到当年南征北战、驰骋疆场的大部队中。

2019 年 12 月 5 日，天空飘着雪花。在中国人民解放军联勤保障部队第九六七医院 1628 病房，92 岁的"老兵"高玉宝在《我是一个兵》的歌声中悄然离去。

1947 年，20 岁的高玉宝参加了中国人民解放军。烽火硝烟中，他曾先后在辽沈、平津、衡宝等多个战役中荣立六次大功。他 27 岁才开始读书识字，却写下《半夜鸡叫》等很多家喻户晓、影响了几代人的作品，被称为"战士作家"。2019 年"八一"建军节前夕，他来到塔山阻击战纪念馆，捐出多年积攒的 10 万元稿费，帮助纪念馆建立革命文物保护区，让红色基因代代相传。

晚年，高玉宝因患有罕见的恶性血管肉瘤，导致脑子糊涂，言语不清，只有听到《我是一个兵》的歌声才会有片刻的清醒和宁静，因为他最喜欢这首战士自己的歌。但每次唱总是跑调，儿子高燕飞就背着他在医院走廊里唱给他听。

临终前，高燕飞握着父亲的手，哽咽着给他唱《我是一个兵》。他静静地听着，忽然眼眶湿润了，流下最后一行眼泪……

1995年6月4日中午，南京炮兵学院大校教官张战平，正在自行火炮专业教室加班，突然被“轰”的一声巨响震昏了，因失血过多被送至医院时已无法量到血压。在场的人都担心他能否熬过这段生死徘徊的关键时刻。突然，张战平睁开眼说了句：“给我唱首歌！”弱小而清晰的声音令大家心里一惊。“唱什么歌？”“唱《我是一个兵》！”“我是一个兵，来自老百姓，革命战争考验了我，立场更坚定……”唱着唱着，他的心脏竟然开始了正常的搏动。经过七次大手术，张战平奇迹般地活了过来。他说：“《我是一个兵》给了我坚强的意志和巨大的生命力！”

《我是一个兵》这首歌也回荡在人民的心中。

走进福建省惠安县崇武古镇，一座“解放军烈士庙”面向大海，巍然屹立在西沙湾畔。

旁边的纪念碑上镌刻着这样一篇碑文：

金风朔朔，一九四九年九月十七日，我中国人民解放军叶飞率部第十兵团二十八军八十四师二五一团，奉命解放金门，调兵自平潭集结于崇武。木船方抵西沙湾，即遇敌机空袭，时渔镇正逢集市，人流疏散未尽。劫难将临，我指战员当机立断，依船体，或卧沙坑，对空御敌，转移目标，终以牺牲二十四名，另地三名，计二十七位官兵之巨大代价，拯满城生灵于血火之中。

呜呼！激浪滔滔，如泣如诉，秋风惨烈，壮歌萦，英雄群像映现于海天之间……”

当时，一个小女孩跟随母亲到沙滩上来挖地瓜，突如其来的炮火把她炸蒙了，不知躲避，只顾拼命地奔跑。这时，五名解放军官兵不约而同地跃出掩体，把炮弹挡隔在她的躯体之外。小女孩毫发未损，五位战士却全部牺牲。

傍晚，乡亲们在附近沙滩上挖了一个大坑，将牺牲的解放军战士就地安葬，并按当地风俗在坟墓上搭建起一间12平方米的小屋，里边摆放上一块木板牌位。

这一天，离中华人民共和国成立只有14天。

被救的小女孩名叫曾阿兴，从此，她改名叫“曾恨”，意为“憎恨杀害解放军的国民党反动派”。

后来，曾恨的母亲去了新加坡，她留了下来，并和一位解放军连长结了婚，她要用一生来陪伴为掩护她而牺牲的解放军烈士。她一直有个心愿——在有生之年一定要为他们盖一间大大的房舍，让这些流落异乡的英魂住得舒心。然而，由于资金有限，这个心愿直到1996年秋才得以实现。她拿出了全部积蓄，并将自家商店出兑，把母亲留下的金银首饰变卖，把地契也押进去了。她的义举打动了乡亲们，在不到万人的小镇内，竟然募集了60万元资金。镇政府也为她无偿划出一块近千平方米的地皮，“解放军烈士庙”终于建成。

海韵千秋回壮曲，心香一瓣谒忠魂。一座寺庙委实装不下瞻谒者的崇敬之情。继而，各路人马纷纷解囊，政府的，个人的，前前后后捐建了纪念碑、纪念亭和纪念馆；二十八军泉州籍复退官兵也不甘落后，捐建了一座山门。

2002年8月，惠安县委、县政府将“解放军烈士庙”列为爱国主义教育基地。

每天清晨，当东方海平线上露出第一缕曙光的时候，曾恨准时起床，将供奉在烈士像前的二十几个茶杯清洗一遍，重新斟上茶，点上香之后，便打开录音机，一曲高亢的《我是一个兵》便响彻在辽阔的台湾海峡上空，告慰着烈士不朽的英灵，讲述着人民子弟兵的英雄故事！

…………

1996年，岳仑患大面积脑血栓导致脑神经瘫痪，缠绵病榻。2004年10月，陆原随编导到他家中拍摄反映全军文艺会演的电视专题片。进屋时，老伴儿对他说：“电视台来给你录像了。”他没有反应。老伴儿又对他说：“陆原来看你了。”他仍没有反应。见此，陆原立即掏出随身听，大声播放起《我是一个兵》。这时，表情木然的岳仑竟然扭过头来，眨巴着眼睛专注地在倾听，倾听……

2011年9月22日，陆原在沈阳逝世，享年89岁；

2012年3月31日，岳仑在长春逝世，享年82岁。

他们和所有离开这个世界的人一样，悄无声息地走了。然而，他们留下的《我是一个兵》则响遏行云，世代传唱。

一曲洪湖水　悠悠几代情
——歌剧《洪湖赤卫队》背后的故事

齐　蒙

“洪湖水呀，浪呀么浪打浪啊。洪湖岸边是呀嘛是家乡啊……”一曲《洪湖水，浪打浪》传唱至今，每当响起这段熟悉的旋律，人们总会联想起那部红色经典作品——《洪湖赤卫队》。

故事简介

《洪湖赤卫队》于1958年以歌剧的形式创作出来，并在贺龙的指示下被翻拍成电影，从此风靡华夏大地，一直深受全国人民的喜爱。直到今日，它还在影响着、感动着无数中国人，传颂着那段鼓舞人心的红色记忆。

作品讲述了20世纪30年代，洪湖赤卫队在保卫湘鄂西革命根据地红色政权的战斗中屡建奇功的故事。1927年，洪湖人民在共产党的领导下成立洪湖赤卫队，打垮了地方的反动统治，建立了红色政权。1930年，反动民团组织白极会头子彭霸天纠结国民党保安团，趁红军主力部队离开洪湖开辟新区之际杀回彭家墩，打算反攻倒算。

留在原地坚持斗争的洪湖赤卫队和革命群众，为了保卫人民政权，在赤卫队大队长刘闯的率领下奋起杀敌。而赶回来的乡党委书记韩英更及时向大家传达了县委的指示，遵循毛泽东在江西中央苏区对敌斗争的经验，运用“敌进我退，敌驻我扰，敌疲我打，敌退我追”的游击战术，不与敌人死打硬拼，而是巧妙利用洪湖复杂的地形与敌人展开周旋，有力地打击了敌人的嚣张气焰。

受挫的敌人假意撤退，实则妄图将赤卫队从洪湖里诱出，再预谋偷袭。韩英看破了敌人的计谋，和刘闯率员再次狠狠地打击了敌人。敌人恼羞成怒，威胁老百姓供出韩英和赤卫队的下落。洪湖地区的人民群众临危不惧，誓死不屈。韩英为解救乡亲们挺身而出，自己却不幸被敌人逮捕。

敌人千方百计地威胁韩英，却并没有从她口中获得任何情报。彭霸天派人抓来了韩英的母亲，试图用母女的感情去说服韩英。在狱中，韩英表达了自己宁愿献出生命也不会投降的高尚情操，与母亲相互激励，决不屈服。

彭霸天决定杀害韩英。紧急关头，潜入敌人内部的地下党张副官用巧计帮韩英脱险，自己却不幸中弹牺牲。韩英突出重围回到赤卫队继续与敌作斗争，并最终配合贺龙率领的红二军团消灭了反动的白极会与保安团。

歌剧《洪湖赤卫队》的创作过程

以洪湖为中心的湘鄂西革命根据地为中国革命胜利作出了重大贡献，并对中国革命进程产生了巨大影响。1928 年 1 月下旬，贺龙与周逸群等组成中共湘西北特委，奉中共中央指示，赴湘西领导武装斗争。他们在湘鄂西革命根据地各县乡陆续建立、整编赤卫队等革命武装，利用洪湖两岸河道纵横、芦苇丛生、易守难攻的有利地形，积极抵抗国民党军队与地主武装的“清剿”，在保卫红色政权的战斗中屡建功勋。毛泽东后来在《抗日游击战争的战略问题》一文中高度赞扬说：“红军时代的洪湖游击战争支持了数年之久，都是河湖港汊地带能够发展游击战争并建立根据地的证据。”

为了纪念这段充满传奇的革命历史，早在 20 世纪 50 年代初期，湖北省实验歌剧团的创作组成员们就赴洪湖地区采风。他们积极深入群众，发动群众，广泛收集洪湖的革命斗争歌谣、故事和洪湖渔歌、民间小曲，创作了九场歌剧《洪湖赤卫军》，为创作《洪湖赤卫队》奠定了坚实的基础。

1958 年，随着国庆 10 周年将近，湖北省实验歌剧团决定再创作一部独具特色的、讲述洪湖地区革命故事的新歌剧作品。于是，由梅少山、张敬安等一批文艺骨干组成的创作小组再下洪湖实地采风，分别召开革命老人和文艺积极分子座谈会征求意见，力求完成一篇动人的英勇故事，献礼伟大的祖国。张敬安后来回忆说，他们那时候非常艰苦，就是在一个没有写字台的家里头，用一个木板子创作。创作组成员在洪湖一干就是半年，在闷热的酷夏，大家都是打着赤膊，忍受着蚊虫的滋扰写作；而到了寒气逼人的严冬，更是仅靠有限的糠末取暖坚持创作。终于在1959年元旦前夕；他们完成了剧本的定稿本，歌剧名从《洪湖赤卫军》改为《洪湖赤卫队》。

与歌剧《洪湖赤卫队》同时诞生的，还有那首为后世广泛流传的歌曲《洪湖水，浪打浪》。大家或许想不到，这首曲调优美、歌词昂扬的革命抒情歌曲，原型竟是一首曲风哀伤、歌唱人民饱受洪水之患的悲苦民谣——《襄河谣》。

“襄河水哟，黄又黄啊，河水滚滚起波浪啊。年年洪水冲破堤，襄河人民受灾殃。”《襄河谣》的曲调透着浓浓的哀怨，描述了由于国民党腐朽统治，襄河堤岸连年不加整修，以致洪水泛滥，使老百姓受灾的景象。张敬安收集素材时被这段民谣的旋律感动，下定决心一定要将这首曲子加在歌剧之中。

可是，这首歌曲的歌词和歌曲气氛哀婉悲凉，与《洪湖赤卫队》整体激昂乐观的氛围根本不搭。张敬安凭借一位艺术创作者的天赋才华和浑厚的艺术积累，一气呵成地写下了这首歌曲的旋律和前八句歌词：“洪湖水呀浪呀嘛浪打浪啊，洪湖岸边是呀嘛是家乡啊，清早船儿去呀去撒网，晚上回来鱼满舱。四处野鸭和菱藕啊，秋收满畈稻谷香，人人都说天堂美，怎比我洪湖鱼米乡。”

随后，欧阳谦叔续写了这首歌曲后面的歌词与重唱部分的旋律。就这样，《襄河谣》里的悲苦被一扫而空，节奏宽广、曲调明快、歌词绮丽的《洪湖水，浪打浪》问世了。歌剧《洪湖赤卫队》的音乐指挥王秀峰评价说：“《襄河谣》基本唱的就是比较痛苦的东西。作者把这个歌拿来，进行了加工、整理以后，就变成了《洪湖水，浪打浪》。虽然主旋律没什么大的变动，但是它的内涵、精神实质完全变了。它不再是悲哀的，而是一个非常明朗的、非常明亮的，热爱家乡的这种感觉。”

1959年，剧本和歌曲均已完工，湖北实验歌剧团的创作者们却丝毫没有松懈，马不停蹄地开始了选角和歌剧排练工作，力求每一个环节都尽善尽美。为了发掘人才，剧团决定对《洪湖赤卫队》主要角色扮演者采取公开竞选的方式，一不看“门面”，二不看“背景”，谁演得好就让谁上。就这样，名不见经传的24岁沔阳姑娘王玉珍，凭借明亮甜美的音色和浑厚的舞台演唱功底成为主人公韩英的扮演者。

排演开始后，张敬安考虑到剧组演员们大多生长在城市，对于当年赤卫队的革命斗争生活有些陌生，便多次带领演员到洪湖革命老区体验生活。演员们织渔网，唱渔歌，与农民们同薅一田草、同驾一条船，还请老赤卫队员给演员讲当年的革命斗争故事，以便演员能充分理解自己演绎的角色。此外，时任剧团副团长的梅少山还特别规定，剧团成员一律要讲天沔地区的方言，以充分营造歌剧的现实气氛。渐渐地，剧中角色的形象在演员们的心中越来越丰满，演员们的演技也越来越精湛。

电影《洪湖赤卫队》剧照。中间举手者为王玉珍饰演的韩英

王玉珍在谈到此点时曾感慨地说："我当初接手这部戏时，压力很大。作为一个青年演员如何在舞台上塑造韩英这个巾帼英雄的形象，我心中一点儿底也没有，而且对于剧中韩英的台词总感到有些口号化。然而，当我与剧组同志们一起到洪湖体验生活，听赤卫队员讲当年的革命斗争故事后，我便不再有这种感觉了。我感到他们的每一句话都不是口号，而是凝结了烈士们的鲜血和生命。听完他们的英雄事迹，我的感觉立刻就丰满了，学会用心去体会这个角色。每一句台词都是革命英雄们发自内心的呐喊。有了这种感觉，演起来也就得心应手了。"

经过全剧人员的共同努力，1959 年夏秋之交，《洪湖赤卫队》终于在湖北省委洪山礼堂带来了首场公演。省委书记王任重、省长张体学以及 3000 多名观众观看了演出。首场演出非常成功，演出过程中，剧场里不时响起热烈掌声。演出结束后，人们还意犹未尽地在回家路上唱起了《洪湖水，浪打浪》。

接着，全体演职人员来到湘鄂西革命根据地中心——洪湖县（今洪湖市）

演出。首场演出的那天晚上，县委书记李金玉、县长韩耀辉陪同省政协常委杨光华准时到场；20 多名洪湖老革命、老同志前排就座；1000 多名观众把县大礼堂挤得水泄不通。老区人民观看得聚精会神，歌声、掌声连成一片。

这场演出使许多人深受教育，一名中学教师在日记中写道："今天观看《洪湖赤卫队》后，感到浑身都是力量。韩英同志那种坚强勇敢、不怕牺牲的精神，给了我莫大的鼓舞和鞭策。她在敌人监狱里宁死不屈的立场，'为革命，砍头只当风吹帽，为了党，洒尽鲜血心欢畅'的英雄气概深深印在我的脑海里。我要用这种精神，培养教育我的学生……"剧团在洪湖县的 7 场演出场场爆满，最后不得不在场外接上高音喇叭，让不能进场的乡亲们也能一饱耳福。

尽管数次演出获得了巨大成功，但剧组并没有轻松下来，因为还有更重要的任务在后面，那就是进京汇报演出。为了确保演出成功，剧组发扬连续作战的精神，深入工厂、农村进行演出，虚心听取观众的意见，边演边改，歌剧也因此越演越好。

1959 年 11 月的一天晚上，剧组演员正忙于演出前的准备工作，湖北省委常委、省委宣传部部长曾惇笑容可掬地来到后台跟大家问好。曾部长先拉着刘闯扮演者夏奎斌的手问："'刘闯'呀，听说你们演出很有长进，想不想到北京去呀？"夏奎斌毫不掩饰地说："想，连做梦都在想！"曾部长又笑着问大家："大家是不是都想呀？"大家齐声回答："都想！"曾部长高兴地说："同志们，告诉你们一个好消息，省委决定送你们到北京去，为全国宣传部长会议演出《洪湖赤卫队》！"他的话音未落，后台就响起了长时间的热烈掌声。

就这样，带着对祖国的热爱和湖北人民的重托，《洪湖赤卫队》剧组的成员满怀激情奔赴北京，为祖国的 10 周年献礼。

在全国走红

1959 年 11 月，《洪湖赤卫队》剧组抵达北京，并于 26 日为全国宣传部长会议和全国文联会议汇报演出。北京剧场名人集聚，来自各省的宣传部长先后入座，老舍、曹禺、梅兰芳、欧阳予倩、赵丹等一批全国知名人士和艺术大师都到了剧场。

不久，李先念、何长工、周扬、周巍峙和张执一等领导同志也来到剧场休息室。李先念满脸笑容地问曾惇："这个戏怎么样哦！能不能到北京来哟？"曾部长回答："这个戏不错，反映了革命斗争，很有地方特色。"李先念听了很高兴，笑着说："你莫吹牛呀！北京人的眼睛很尖的……"

演出正式开始，剧场一片寂静。随后，乐队奏起前奏曲，大幕拉开，舞台上出现了磨刀擦枪、如火如荼的战斗气氛，瞬间引发了现场热烈的掌声。掌声给了剧组演员们莫大的鼓励，大家的紧张情绪消除了一大半，接下来的演出都十分轻松自然。中场休息的时候，李先念十分满意地对曾惇说："你的眼力不错，这个戏编得好、音乐好、演员好！"曾惇这才松了一口气。演出结束时，在观众长时间雷鸣般的掌声中，李先念等领导同志和梅兰芳等艺术大师上台接见了全体演员。李先念说："你们这一炮打响了！"

剧组开始对外演出，把洪湖的英雄故事讲给北京的群众听。编剧梅少山回忆说，开始时，在北京演出并不顺利，因为剧团没有"名角"，北京观众对湖北本地演员"王玉珍""夏奎斌"并不熟悉，所以出现了整整三天才卖出去几十张票的情况。"有没有名演员？""你这个湖北戏，我们听得懂吗？"这样的问题让梅少山无可奈何，可他同时相信一部好剧是不会被埋没的，是金子就会发光。果然，在首演之后的两个月里，《洪湖赤卫队》引发了巨大的反响，演出的价格一升再升，由原来的四角、五角、六角一路升到八角、一元、一元二角，即使是这样，也是"一票难求"。北京城很快就掀起了"洪湖热"，街头巷尾互谈"洪湖"戏，男女老幼皆唱"洪湖水"。

不知是巧合还是有意安排，1960 年 1 月 5 日，《洪湖赤卫队》的第一百场是在中南海怀仁堂演出的。临开演时，传来了贺龙前来观看的消息，这让演员们的心情更为激动。这部歌剧歌颂的是党的领导和贺龙在洪湖斗争中的光辉业绩。因此，大家明白，这一场演出从某种意义上说已经成为一次接受贺龙检阅的活动。

演出中，演员们都十分投入。当剧中赤卫队撤退时高唱"贺龙领导闹革命"的队歌时，大家激情高唱；牢房"母女相会"那场戏中扮演韩英的王玉珍和扮演韩母的刘淑琪的表演更是成功，韩英母亲唱"贺龙、贺龙，快领同志打回家乡"时几乎是喊出来的。每每演到动情之处，演员们也是咽喉哽塞、声泪俱下，令在场的观众感动不已。刘闯的扮演者夏奎斌回忆说："在演到刘闯被迫转战湖心，在危难中找到县委，并得知贺龙当了红二军团总指挥时，按导演规定，刘闯要振臂高呼。可我当时只是举手，怎么也喊不出声来，因为眼泪模糊了视线，喉咙也像塞了一个棉团……这场演出产生了非常好的艺术效果。”

这场情感充沛的演出不仅赢得了观众们的热烈掌声，也赢得了贺龙的高度评价。演出结束后，贺龙上台与演员们一一握手，激动地说：“你们演得太好了，完全把洪湖人民当时的斗争情景演出来了。我感谢你们，感谢洪湖人民！”

剧组成员请贺龙给演出提意见，他笑眯眯地说：“洪湖人民的意见，就是我的意见。”停了一会儿，他叹了一口气，沉重地说：“唉，30多年，活着的30年，死了的30年，我一想起他们心里就难过……”演员看到贺龙难过的样子，也都低下头。陪同贺龙前来的中央统战部副部长张执一插话说：“贺老总赞扬你们演得好，还要宴请你们呢！”贺龙说：“对！对！他们有功劳！应该请客，你这个统战部长就负责操办吧！”这时，夏奎斌抢着对贺龙说：“贺老总，洪湖人民非常想念您，想请您回去看看，再尝尝洪湖的香莲、甜藕、大鲤鱼！”

贺龙听了，眼睛笑成了一条缝，高兴地说：“我一定去，有时间我一定到洪湖去！最后，我还要给你们提一条意见，就是你们在剧中宣传我太多。我没有什么，不要宣传我。这是洪湖人民的功劳，是党和毛主席的功劳！”这时他对在场的湘鄂西革命历史编委会的同志说：“帮他们修改一下剧本，凡是有我的名字都拿掉。”

演出结束后，贺龙果然在1月9日宴请了《洪湖赤卫队》的剧组全体成员去北京饭店吃饭，以表达他对洪湖人民的深情厚谊。这次宴请除贺龙外，还会聚了梅兰芳、老舍等许多知名艺术家，还有一批部长和将军，可谓盛况空前。

宴会开始后，贺龙举杯祝贺，并请梅少山、王玉珍、夏奎斌等陪同他到每一桌敬酒。他拍打着夏奎斌的肩膀说：“你这个角色演得好。我很喜欢刘闯这个人物，对革命忠诚勇敢，不怕牺牲。你要努力而不要骄傲。”夏奎斌连连点头称是。他还指着梅兰芳先生说：“你们要拜先生为师，请他帮助你们！”梅兰芳、老舍、曹禺三位大师也非常热情地跟演员们交谈。宴会进行了近三个小时，始终洋溢着热烈的气氛。

宴会快结束时，贺龙又掀起了一个高潮：“同志们，今天请大家来，是对你们的辛勤劳动及你们作出的成绩的慰问！你们演了一个很好的戏，再一次向你们表示感谢！还要告诉大家的是，这个戏将由北京电影制片厂拍摄成彩色电影！”顿时，宴会厅里响起了热烈的掌声。

《洪湖赤卫队》在怀仁堂演出时，周恩来、陈毅因有国事活动未能观看。过后，周恩来与陈毅、李先念一同前来观看了演出，并对演出给予了充分的肯定。在这次演出过程中，还发生了一桩三人“打赌”的趣事。原来，剧中第二场刘闯在带领赤卫队员到彭家墩摸庄劫枪的过程中，曾拔出短刀，插上写有“老子本姓天，家住洪湖边。今天来借枪，明朝打江山！”的纸条，不偏不倚地甩钉在彭霸天后厅的匾额上。陈毅和李先念边鼓掌边说：“刘闯真有两下子，功夫很好，刀子甩得很准！”周恩来也边鼓掌边笑着说：“刘闯的表演不错，甩刀子很有技巧，但是假的！”

于是，他们对甩刀的真假问题争论起来。陈毅、李先念说：“刀是真的，明明甩出去，钉在匾上哐啷一响，刘闯手上又没有刀子，当然是真的！”周恩来说：“刘闯有功夫，他的功夫就在于刀子藏得好。我说是假的，那是从刘闯站的舞台位置、角度得出的结论。”周恩来进一步分析说：“他的刀子是以45度甩出去的，然而刀子从匾上出来就成了90度，因此就露出了破绽，所以我断定刘闯甩刀是假的。”

他们争持不下，就让秘书去后台找夏奎斌证实。夏奎斌对周恩来明察秋毫的眼力很是佩服，告诉秘书周恩来的意见是对的，甩刀是假的，并解释说：“这个甩刀的动作是由四个方面组成的，即演员的表演、道具的设计（匾后面有一个机关，早安装上了一把同样的道具刀）、灯光的配合和乐队的烘托。我亮刀插纸条是真实的，后面的动作就是假的。我先转身把刀迅速夹在腋下，再空手做个甩刀的动作。此后，道具的操作者一拉弹簧将刀弹出，再用灯光密切配合送到扎刀处（此处原来是暗区）。三者都统一在一个音乐的节奏上。加上表演技巧上高度合作，就能以假乱真，且一般不会被观众发现。”秘书听后开玩笑地说：“你们甩刀的动作，可就被总理‘抓’住了啊！”夏奎斌说：“说实在的，今晚的演出，我太激动了，甩刀的位置没有到位，被总理‘抓’住了。我保证以后再也不留任何破绽！”

1962年，湖北省政府派张体学省长带领《洪湖赤卫队》剧组到内蒙古自治区慰问演出，途中经过北京时，再次在那里进行了专场演出。在演出结束后的联欢会上，周恩来竟惊喜地出现在会场，亲切慰问剧组的演员们，与大家握手。他握住夏奎斌的手时笑着说："你演得好，刘闯塑造得很成功，祝贺你！"接着转向大家，"同志们，《洪湖赤卫队》演得很成功！我今天是向你们祝贺的。我也受到你们省长的邀请，特来与你们共同联欢！"厅内又响起了热烈的掌声。

周恩来转过身对张体学问道："体学同志，《洪湖水，浪打浪》很好听，你会唱吗？"张体学不好意思地笑着说："我喜欢听，但还没学会唱。"周恩来开玩笑说："那怎么行哩，大家都会唱，西哈努克亲王也会唱嘛！不过，还是我教他唱会的！"张体学接过话说："我一定学会，还是你教我唱吧！"周恩来马上摇摇头说："不，不，在行家面前我不敢教，还是请韩英同志教你吧！"王玉珍笑着为张体学解围："张省长早就会唱了！"周恩来哈哈大笑起来："来！我们一起来唱，大家来跳舞！"乐队奏起了《洪湖水，浪打浪》的音乐。王玉珍和傅林伴唱，周恩来和大家一起边跳边唱，整个大厅充满了欢乐。

电影《洪湖赤卫队》的创作过程

歌剧《洪湖赤卫队》在北京的演出取得成功。为使全国人民都能看到这段可歌可泣的革命英雄故事，在贺龙的提议下，1961年夏，文化部党组决定，由北京电影制片厂和湖北电影制片厂联合拍摄电影《洪湖赤卫队》。该片由著名导演谢添执导，参与电影拍摄的演员基本上都是歌剧的原班人马。

但当影片开拍时，女主角韩英的选角问题竟然出现了意外。谢添导演本打算让王玉珍来继续饰演电影中的韩英，可有人居然提出最好将演韩英的王玉珍换掉，理由是王玉珍长得不漂亮，不够"明眸皓齿"。事情反映到了周恩来那里，他对此严词反对。他严肃地说道："真是胡闹！演韩英是演英雄，又不是演美人。"周恩来的"一锤定音"，终于让韩英角色之争由此告息。

1960年9月，电影《洪湖赤卫队》开机，导演谢添，著名摄影师钱江、著名演员曹增银等30多人参加，加上湖北省歌剧团50多人，组成一支近百人的拍摄大军，浩浩荡荡地开进洪湖，安营扎寨。当时正值三年经济困难时期，粮食紧缺。由于吃不饱饭，加上每天将近20个小时的高强度工作，演员们的身体都或多或少地出了状况。

扮演队长刘闯的夏奎斌的体重从159斤降到了118斤，瘦得身上肋骨凸出，脸颊也凹了许多。为了刘闯能精神饱满地在银幕上立起来，夏奎斌提出一个办法，把一团棉花塞进口中，以便让自己的腮帮子鼓起来。这个方法可让夏奎斌遭了不小的罪，由于棉花在口中长时间摩擦，嘴里都起了疱，甚至出了血。尽管如此，他还是一声不吭，一直坚持将戏全部拍完。

不同于夏奎斌的瘦，扮演韩英的王玉珍竟突然"胖"了。原来，由于缺乏营养，王玉珍患了"水肿"，身上一按就是一个印。为了使王玉珍符合角色在狱中吃苦受难的"瘦弱"形象，谢添导演特别照顾王玉珍每天吃一小碟黄豆，以补充营养。多年以后，王玉珍在回忆这段经历时说，第一次吃黄豆，她是数着吃完的，一共28颗。

由于赶拍摄进度，有时候在三九寒冬还要拍夏天的戏。为了让演员们嘴里的哈气不穿帮，谢添导演只能让演员们在拍摄前吃冰棍。后来，剧组的经费就不够用了，就只得搬来一盆又一盆的凉水，让演员们不断地喝，许多演员喝得直反胃。夏奎斌更是艰苦，其他人穿着军大衣都冻得流鼻涕，他却要打着赤膊，在芒丛中来回穿梭，还要将冰冷的湖水抹在脸上装作"挥汗如雨"。

尽管生活条件极为艰苦，但大家无怨无悔，心里只有一个念头，一定要把电影拍好。经过数月用生命的奋斗，彩色影片《洪湖赤卫队》终于完工，全剧组的辛苦也没有白费。1961年，《洪湖赤卫队》电影上映，轰动全国。很多影院24小时连续放映，许多老影迷不惜买深夜甚至凌晨的场次，熬夜也要看上一次。从此，《洪湖赤卫队》名扬四海，轰动中外。

今日的《洪湖赤卫队》

电影《洪湖赤卫队》的成功，对于歌剧《洪湖赤卫队》的演员来说无疑是一个巨大的鼓舞，他们根据影片拍摄得来的经验对歌剧又进行了新的改进，并受到了好评。截至"文化大革命"前，歌剧《洪湖赤卫队》创下了连演800场、场场爆满的纪录。至今，这部歌剧在舞台上的演出场次已达1000多次，

2018 年 11 月 4 日，歌剧《洪湖赤卫队》在悉尼歌剧院成功上演。图为演出现场

2019 年 10 月 5 日，为向中华人民共和国成立 70 周年献礼，《洪湖赤卫队》再次赴京，在北京天桥艺术中心激荡起首都观众长达数十年的红色情怀。图为歌剧《洪湖赤卫队》剧照

在戏剧史上也是不多见的。

一曲洪湖水，悠悠几代情。半个多世纪悄然而逝，演出 1959 年歌剧《洪湖赤卫队》的第一代老艺术家们已经渐渐淡出舞台，可《洪湖赤卫队》的故事与旋律仍然继续被传唱，感动着一代又一代的中国人。1989 年，歌曲《洪湖水，浪打浪》荣获中华人民共和国成立 40 周年“唤起我美好回忆的那些歌”优秀作品奖；1994 年入选“百歌颂中华”优秀纪念歌曲奖。1999 年，湖北省歌舞剧院复排公演《洪湖赤卫队》，耳熟能详的《洪湖水，浪打浪》被改编成壮美、辉煌的合唱。同年 5 月 29 日，时任国家主席江泽民视察湖北省工作时观看了该剧的片段，还上台祝贺并亲自合唱，场面十分感人。2010 年，《洪湖赤卫队》被改编成电视剧，在央视播出首日就开创了收视新高。

如今，歌剧《洪湖赤卫队》已经迎来第五代工作人员，他们依旧坚守着严谨考究的作风，不断修改与打磨这部红色经典作品。经典永不褪色，《洪湖赤卫队》以一种久盛不衰的姿态，已被载入中国歌剧发展的光辉史册。

林海雪原写传奇
——现代京剧《智取威虎山》与英雄杨子荣

钱庆国

1958年首演的现代京剧《智取威虎山》，是第一出展现中国人民解放军光辉形象的京剧剧目。1970年在全国公映的彩色影片《智取威虎山》，是第一部被搬上大银幕的“样板戏”。作品中“穿林海跨雪原气冲霄汉”“共产党员时刻听从党召唤”“今日痛饮庆功酒”等唱段，是激情豪迈、脍炙人口的音乐经典；浑身是胆、打虎上山的杨子荣，则是一代人心目中英雄形象的化身。

“大叔”杨子荣写传奇

“钢铁的部队，钢铁的英雄；钢铁的意志，钢铁的心……”这是中国人民解放军陆军原第三十八集团军军歌《钢铁的部队》的开头。在这支被誉为“万岁军”的英雄部队中，涌现出无数英模人物，杨子荣就是其中一位。

著名京剧表演艺术家童祥苓在京剧《智取威虎山》中塑造了一个年轻帅气、英姿飒爽的杨子荣形象，而现实中的杨子荣是否也如舞台上这般模样呢？

其实，真实的杨子荣是一位留着络腮胡子的大叔，而且他的战斗经历远比在文艺作品中更具传奇色彩。

1945年9月，八路军解放了杨子荣的家乡——山东省牟平县（1994年撤销，设立牟平区和莱山区）。当杨子荣见到这支共产党领导的人民军队时，他就认定这是一支好队伍，是为人民服务的队伍。于是，他向本村农救会会长孙承祺要求报名参军，后成为胶东军区海军支队的一名战士。那一年，杨子荣已经29岁了。此前的日子里，出身贫苦农家的他，先是在家乡嵎峡河村务农，后又闯过关东，在丝厂当童工，在码头“扛大个”，在矿山当矿工，无论做什么都是受着日本侵略者和地主老财的欺压盘剥，在饥寒交迫中苦苦地维持生计。虽然父母省吃俭用挤出一点儿钱，供他读了几年私塾，但是也没能改变他的生活窘境。

部队领导看到这位新战士比中队领导，甚至比团领导年纪都大，就把杨子荣分配到炊事班，让他当了一名炊事员。这位“火头军”手脚麻利，特别勤快，烧火、做饭样样出色。因为读过几年私塾，他还有一肚子《三国演义》《水浒传》的故事，行军休息时经常给大家讲上几段，战士们听得津津有味。

1945年10月，遵照中央军委命令，山东八路军渡海进军东北，杨子荣也随部队来到黑土地。担着炊具的他，凭借多年闯关东、熟悉东北风土人情的优势，发挥了远超炊事员的重要作用。部队过松花江时，找不到交通工具，是他把船工找来，劝说船工帮大军渡江；每到一个新地方，凭着一口地道的东北方言，他不但能替部队筹到粮，还跑前跑后地做起宣传员，动员当地青年参军参战，成为扩军模范；战斗中，他不但能把食物送上前线，还能迅速发现敌人的弱点，主动出主意、想办法……入伍五个月，杨子荣就光荣地加入了中国共产党。

1946年2月，杨子荣所在的二支队进入牡丹江地区剿匪。因为能力超强，他被提拔为战斗班班长。当上班长的第二天，杨子荣便单枪“杀”入虎穴，到大股土匪盘踞的杏树底村，凭借我军强大的军事震慑力，并利用本地与外来股匪间的矛盾，鼓动当地老百姓劝降匪军，最后不费一枪一弹说服了400余名股匪向我军投降。

解放战争初期，国民党反动派支持的“政治土匪”疯狂进攻各地新建立的人民政府。已担任侦察班班长的杨子荣在剿匪斗争中，善于总结经验、快速摸清敌人动向。他还擅长化装侦察，扮上相之后，连与他朝夕相处的战友也认不出来。

此时，在海林县（今海林市）北部有一股土匪已在此盘踞数十年，为非作歹，匪首张乐山独霸一方，人送外号“座山雕”。这“座山雕”诡计多端、枪法超群，在土匪中很有“声望”，被各路土匪尊称为“三爷”。1947年春节刚过，杨子荣便向团首长提出自己带几个侦察员化装成土匪，打入“座山雕”

股匪内部，里应外合消灭之。首长同意后，他与五名侦察员乔装一番，找到“座山雕”，自称是土匪吴三虎的残部，吴三虎“殉国”后，弟兄几个走投无路，想投靠“三爷”。狡猾的“座山雕”多般试探，杨子荣等都没有露出破绽，最终得以进入匪巢。之后，在援军来不及赶到的情况下，杨子荣借口要“座山雕”送自己一段路去找国军，便与五名侦察员挟持“座山雕”等十几个土匪一同下山，直接把他们带到我军驻地，最终这股土匪被全部擒获。牡丹江地区百姓听说“座山雕”被捉，欢天喜地。上级组织为杨子荣记了大功，《东北日报》以《战斗模范杨子荣等活捉匪首“座山雕”》为题，报道了他们的战斗事迹。这一段故事构成了京剧《智取威虎山》的主要情节。

1947 年 2 月 23 日，在追剿丁焕章、郑三炮股匪的战斗中，杨子荣不幸中弹牺牲，此时距他参军仅仅一年零五个月。

帅气杨子荣登舞台

经典作品的诞生，离不开伟大的时代和丰富的生活。

杨子荣生前所在团的副政委曲波因在解放战争中两次负重伤，1950 年转业到地方工业战线。1955 年，他开始以解放军在牡丹江地区的剿匪活动为素材进行业余创作。1957 年，曲波饱含深情，创作了广受好评的长篇小说《林海雪原》，并以“最深的敬意，献给我的战友杨子荣、高波等同志”。这部红色经典很快引起巨大的社会反响，人们争相阅读。

中华人民共和国成立 10 周年即将到来之际，文艺工作者们纷纷行动起来，力求在表演形式、表现内容上推陈出新，创作出讴歌时代的作品。1958 年春天，来自上海京剧院一团的李仲林、纪玉良等几位艺术家，在观看了连台本戏《七侠五义》后，讨论能不能排一部贴近现代斗争生活的戏，并把目光锁定在深受读者喜爱的《林海雪原》上。经过一番论证，他们决定将书中杨子荣打入威虎山、活捉“座山雕”的故事改编成现代京剧。

根据书中内容改编的现代京剧《智取威虎山》于 1958 年 8 月首演，英气逼人、高大帅气的杨子荣形象就此诞生，并很快受到观众的认可，风靡一时，迅速成为上海京剧院一团的经典剧目之一。

1964 年 6 月至 7 月，全国京剧现代戏观摩演出大会在北京举行，上海京

现代京剧《智取威虎山》剧照

剧院一团将《智取威虎山》搬上首都的舞台。6月4日，周恩来在人民大会堂小剧场观看了该剧的演出。演出过程中，一位演员不慎将怀中的“联络图”掉在舞台上，后急中生智补救才算圆了场。过后，周恩来特意向代表团领导说不要怪演员，并建议可以在演员的坎肩里缝一个口袋，这样不管他如何表演，“联络图”都不会掉出来了。7月17日，毛泽东等中央领导人也观看了演出，看后亦提出不少修改意见。

根据领导们的意见和建议，剧组回到上海后，对剧本反复斟酌修改，力求尽善尽美。

据童祥苓回忆，贺龙建议，既然杨子荣化装成许大马棒的饲马副官，为什么不骑马上威虎山呢，有许大马棒的青鬃马不是更能证明自己的身份吗？于是，剧组就在第五场戏《打虎上山》中加了马舞的片段，果然效果更好。一位将军建议，解放军不会只听土匪交代就冒险上山，而是应该通过侦察兵深入群众，掌握第一手情报后再深入匪巢，还具体提出可增加一位女性角色来丰富人物和声乐形象。剧组由此增加了第三场戏——《深山问苦》。

1967年，剧组奉命到北京演出，毛泽东、周恩来等党和国家领导人再次观看了经过精心打磨的《智取威虎山》。演出结束时，毛泽东、周恩来走上舞台，向大家致意，并与大家合影留念。看过之后，毛泽东改了两处唱词，一处是第五场《打虎上山》唱段中的“迎来春天换人间”改为“迎来春色换人间”，另一处是第九场《急速出兵》唱段中的“同志们整戎装飞速前进”改为“同志们整行装飞速前进”。剧本就此定稿，毛泽东的观戏与改词，令剧组所有人激动不已。

寻找英雄原型的曲折经历

当杨子荣的英雄形象早已高耸舞台、深入人心时，烈士生前所在部队以及牺牲地海林县对他的情况还毫无所知，因为杨子荣牺牲这么多年，他的籍贯在哪儿以及家中是否还有亲人，没有人知道。

战争年代，个人档案不详细，部队只知道他是胶东人，但至于是哪个县哪个村，一概不知。英雄牺牲后，部队一次次派人到胶东地区了解杨子荣在原籍的状况，却如海底捞针，一次次空手而返。

原来，杨子荣的谱名叫杨宗贵，子荣是他的字，而这个字只有母亲和哥哥知道。入伍时，他用了杨子荣这个名字。所以，老家村里只知道有杨宗贵这个人，并不知杨子荣是谁；而部队只识他是杨子荣，不知他还有个名字叫杨宗贵。

自从杨子荣参军后，因战事繁忙，一直没来得及写封家书。一次，村

1967 年，毛泽东观看《智取威虎山》后接见全体演员

里有人说在东北看见他穿着便衣在街上游荡，怀疑他从队伍里开了小差，甚至当了土匪。同村人据此不再为他家代耕，还派人把挂在他家大门口墙上的“光荣军属”牌子摘了下来。

1957年1月，按照相关政策，一张盖着牟平县人民委员会大印的“失踪军人通知书”送到杨子荣母亲手中。次年11月，一张“革命牺牲军人家属光荣纪念证”又送了过来。

当长篇小说《林海雪原》、京剧《智取威虎山》闻名全国，杨子荣成为英雄的代名词时，他的家乡——牟平县嵎峡河村，却没有人把这位鼎鼎大名的英雄与村里出去“当了逃兵”的杨宗贵联系起来。

1966年，杨子荣的母亲患了重病。弥留之际，她拉着大儿子杨宗福的手颤颤巍巍地说：“匣子（指收音机）里老说杨子荣、杨子荣，是不是俺家宗贵啊？”

但是，没人能回答她的疑问。

1968年，英雄生前所在部队和海林县有关人士再次组织联合调查组来到胶东，他们把杨子荣参军时间、背景和外貌特征等打印成文，发往牟平、荣成、文登、海阳四县的50多个公社，请当地民政部门协助寻找，并广泛发动群众提供线索。但是，两个多月过去，仍旧没有音讯。

后来，牟平县宁海镇一位民政干部找到调查组，提供了一条重要线索。这个干部反映，十几年前，嵎峡河村有一位老太太总来查她儿子当兵的事，只不过她的儿子叫杨宗贵，不叫杨子荣。

调查组急忙赶到嵎峡河村，组织村里的老人和当年与杨子荣同时参军、现已复员回乡的老战士反复座谈核查。根据各方线索，初步确定杨子荣就是杨宗贵。

1973年，曲波从杨子荣原所在部队获得了一张照片。那是他在1946年被评为团的战斗模范时一百多人的合影，百十号人挤在几寸大的照片上，每个人的脸只有火柴头那么大。曲波便请一位日本朋友把照片带回日本，将合影中的杨子荣单独翻拍放大。这也是杨子荣生前留下的唯一一张照片。

照片翻拍后被送到嵎峡河村，村里的老人们一下子就认出了杨子荣，用手指着说：“他就是俺村的杨宗贵！”

此时，杨宗福拿起弟弟的照片，泪如雨下……

芦荡“火种”引燃江南抗日烈火

——现代京剧《沙家浜》与第二十军首任军长刘飞

董保存

现代京剧《沙家浜》曾经风靡全国，“沙家浜”和“阿庆嫂”的名字可以说是家喻户晓。原国务委员、中央军委副主席迟浩田曾到沙家浜，写下了“沙家浜，天下传，鱼水情，好榜样”的题词。

其实，现代京剧《沙家浜》中“十八棵青松”的原型就出自中国人民解放军原第二十集团军。它更是第二十集团军传统教育的重要教材，并以其蕴含的特有精神培养出了一批有血性、能打仗、打胜仗的优秀士兵。

“阳澄湖畔，虞山之麓，五年前的寒冬，三十六个伤兵病员，背着共产党的旗帜，在暗影笼罩着的鱼米之乡，埋着头流着血啊流着汗，辛苦地耕耘着……”这首名为《你是游击兵团》的歌曲是新四军第六师第十八旅第五十二团的团歌。

革命现代京剧《沙家浜》。图为阿庆嫂的饰演者洪雪飞演唱《智斗》选段

1939 年 5 月，新四军一支队六团团长叶飞根据支队司令员陈毅的命令，带领部队冲破日、伪军的封锁和国民党顽固派军队的遏制，以江南抗日义勇军的名义，从苏南茅山根据地出发东进，经无锡、苏州、常熟、太仓等地，直抵上海近郊嘉定、青浦地区。

东进途中，六团沿途袭击日、伪军，炸毁敌占火车站和营房据点，切断铁路和电线，伏击敌运输车队等，给了日、伪军沉重的打击，扩大了党和新四军的影响，部队很快从1000余人发展到5000余人。

1939年9月，江南抗日义勇军的主力部队奉命西撤，在江阴顾山地区遭遇“忠义救国军”第五、第十支队的进攻。时任江南抗日义勇军政治部主任刘飞率领第二路一部沿山北面自东向西反击，突入“忠义救国军”前沿阵地。当冲锋到半山腰时，一颗子弹飞来，击中刘飞的胸部。顿时，他胸前血流如注，警卫员何彭福跑过来包扎，刘飞却问他：“我的背后有没有血？”

何彭福看了看，说：“没有！”

刘飞用手摸了摸，果然没有血。他把枪一挥，说：“没有血就说明没打穿！没打穿就没事，接着冲！”

刘飞站起身来就往前冲，然而没冲几步便倒在了地上。部队击退“忠义救国军”后，身负重伤的刘飞被送往阳澄湖畔的新四军后方医院救治。

这个后方医院，就是流动在阳澄湖上的一只只小木船，病床、手术台都是放在船舱里的门板上。刘飞被送到这里以后，伤势依然十分严重，弹头打进了胸腔，只要稍一咳嗽就会吐血。

首长和战友们都认为刘飞不行了，甚至准备后事了。然而，刘飞的生命力极其顽强，硬是只用少量药棉、纱布和碘酒、红汞等药品进行治疗。一周之后，刘飞的伤口不再出血，并且未发生恶性炎症——他奇迹般地在后方医院里活了下来。

革命现代京剧《沙家浜》。图为谭元寿饰演的新四军指导员郭建光，在阳澄湖养伤期间抒发思念战友之情

在芦苇荡养伤的日子里，在“沙奶奶”“阿庆嫂”等老百姓的帮助下，后方医院的伤病员以“十八棵青松”的精神，边养伤边和日、伪军周旋。由于当时刘飞在伤病员中的职务是最高的，因此他义不容辞地担起了这支伤病员队伍领导的重任，经常在病床上鼓励大家战胜伤病，同时主动与地方武装联系，坚持斗争。

不久，新江南抗日义勇军的旗帜树起来了，“身强力壮跨战马，驰骋江南把敌杀”，短短几个月就发展成了一支5000多人的队伍。这36个伤病员就是“沙家浜连”最早的骨干。

1957年“八一”前夕，迎来建军30周年，为了歌颂和纪念当年的伤病员依靠人民群众、养伤阳澄湖畔，坚持敌后抗战的历史，已经是第二十军首任军长的刘飞应《红旗飘飘》书稿编辑部之约，在莫干山疗养地抱病口述，由夫人朱一、秘书高松记录整理，写成了长篇回忆录《火种》。

后来，刘飞将《火种》中的有关章节取名为《阳澄湖畔》，相继发表在上海的《萌芽》和南京的《雨花》杂志上，引起了人们对这段历史的关注。

几乎是与此同时，曾任新华社随军记者的崔左夫，根据他在淮海战役战场采访刘飞的记录和后来采访过的数位新四军老战士资料，写出了《血染着的姓名——36个伤病员的斗争纪实》文章。作品发表以后，迅速引起反响，不少人纷纷找这篇作品来阅读。上海沪剧团根据这个稿子，改编成沪剧，定名为《碧水红旗》。

当上海沪剧团得知时任上海警备区副司令员刘飞就是36个伤病员中的一员和领导人时，便拿着剧本去征求意见。刘飞当时正身患重病，住在医院里，他认真地听夫人朱一念完剧本，提了些意见，并拿出了自己的回忆录《火种》让他们做参考。上海沪剧团找到了一些当事人，并对剧本再次进行了认真细致的修改，并将剧名改为《芦荡火种》，再送请刘飞审阅。

看过修改后的剧本，刘飞安排剧组到由江南抗日义勇军36个伤病员发展起来的部队体验生活，寻找历史的遗迹。上海沪剧团抓住这个机会，把作品修改得更加丰富和完善。

改编后的《芦荡火种》在上海公演后，受到广大观众的欢迎和追捧。在随后的三年时间里，剧本又进行了多次修改完善。《芦荡火种》成为当时上海沪剧团建团历史上连续演出时间最长、上座率最高的一个剧目。

1964年1月22日，文化部特地安排《芦荡火种》进京演出，当时的党和国家领导人刘少奇、李先念、薄一波等都对这出戏给予了高度评价。

其间，京剧界正在探讨现代京剧的发展问题，当时上下形成一种共识，可以把沪剧《芦荡火种》改编为京剧。这个任务落到了北京京剧团的身上，由文化部调集力量，将它改编成了现代京剧。

1964年7月23日晚，毛泽东、周恩来、刘少奇等党和国家领导人在人民大会堂观看了京剧《芦荡火种》，演出获得成功。演员谢幕之后，毛泽东接见了剧团的编导和演职人员，并且和大家进行了座谈。

毛泽东在肯定《芦荡火种》的同时，也对剧本提了几点意见。他说，兵的音乐形象不饱满；后面要正面打进去，现在后面是闹剧，戏是两截；改起来不困难，不改，就这样演也可以，戏是好的；剧名可叫《沙家浜》，因为故事都发生在这里。

有了毛泽东的意见，剧本又进行了新的修改，于1965年3月重新公演，这就是后来人们所看到的京剧《沙家浜》。

《沙家浜》剧本的改编及广泛演出，无形中将以36个伤病员为骨干建立起来的新江南抗日义勇军这一带着传奇色彩的故事在全国传播开来。

《沙家浜》越演越红，一些记者知道刘飞是剧中的主要原型后，提出要采访他。这时，刘飞非常低调，总是以忙为借口，不愿意再多谈此事。他认为，只谈《沙家浜》就可以了，不必要再多说个人的什么事情。

刘飞在战斗中负伤时的子弹头一直没有取出，1984年10月24日，他在南京病逝后，他的夫人只提出了唯一的要求，就是取出丈夫胸腔里的弹头，留作纪念，以激励后人。这颗埋藏在刘飞胸腔45年，已呈暗黑色的弹头，如今收藏在苏州革命博物馆里。

华夏儿女的倾情诉说

——《唱支山歌给党听》诞生记

王锦慧

唱支山歌给党听，我把党来比母亲；母亲只生了我的身，党的光辉照我心……

2021年是中国共产党成立100周年。在春晚舞台上，由老中青三代艺术家演唱的《唱支山歌给党听》，唱出了华夏儿女对党的倾情诉说，引发了观众强烈的共鸣。

这首歌诞生于20世纪60年代。历经风风雨雨50余载，它依然高遏行云，传唱不衰，成为新中国文艺舞台上不朽的民族经典。

《雷锋日记》抄录的小诗

这首歌的诞生，首先和雷锋这位平凡而伟大的战士密不可分。

1962年8月15日，一场意外让雷锋的生命永远定格在了22岁。然而，春风万古说雷锋。他青春阳光的面容，他高度凝练了中华民族传统美德的精神，赢得了国内外各界人士永远的学习和敬仰。

1963年3月5日，毛泽东发表“向雷锋同志学习”的题词；1963年4月，《雷锋日记》由解放军文艺出版社出版并在全国发行。

《雷锋日记》语言朴实、短小精悍、内容丰富，是他珍贵的心语记录。其中就有从《总路线诗传单》上抄录的、署名“焦萍”的小诗《唱支山歌给党听》。这首小诗表达了雷锋把党比作生身母亲的真挚情感。

在湖南省望城县岳麓山畔的简家塘，有一座简陋的三间茅草房，三面环山，西面为塘，路从塘边进出。

1940年12月18日，雷锋就出生在这里。雷锋的祖辈都给地主当佃户。父亲雷明亮，1945年遭日寇毒打后致死。哥哥雷正德，年仅12岁就给资本家当童工，1946年病死。同年，不到两岁的弟弟三伢子也被活活饿死。1947年中秋之夜，母亲张元满在地主家做女工，因不堪凌辱而悬梁自尽。

三年中，雷锋相继失去五位亲人，7岁时便成了孤儿，小小年纪就饱尝了旧社会的苦难。一次，雷锋上山去砍柴，狠毒的地主婆呵斥他砍了“我家的山林”，夺过柴刀就在他的左手背上连砍了三刀。还有一次，雷锋饿得两腿打战，壮起胆子敲开一扇朱红大门去乞讨。突然，主人放出一条恶狗咬住了雷锋的大腿，顿时鲜血涌出。

在雷锋生活过16年的故居里，陪伴他的是爸爸要饭的破碗，妈妈上吊的麻绳，还有那些没有光亮的晚上，那些没有明月的中秋，那些没有人影的空寂茅棚。

《唱支山歌给党听 》原诗如下：“唱支山歌给党听，我把党来比母亲；母亲只能生我身，党的光辉照我心。旧社会鞭子抽我身，母亲只会泪淋淋；党号召我们闹革命，夺过鞭子揍敌人！母亲给我一颗心，暴风雨中一孤萍；亿万红心跟着党，乘风破浪齐跃进。”

“旧社会鞭子抽我身，母亲只会泪淋淋；共产党号召我闹革命，夺过鞭子揍敌人……”这首小诗正是雷锋亲身经历的写照！

党的好战士：雷锋

雷锋把这首小诗工工整整地抄录在日记本里，并对原诗中的三处作了改动：将“母亲只能生我身”一句，改为“母亲只生了我的身”；“党号召我们闹革命”，改为“共产党号召我闹革命”；并删除了有关“大跃进 ”内容的后四句。最终，变成流传至今的经典歌词：“唱支山歌给党听，我把党来比母亲；母亲只生了我的身，党的光辉照我心。旧社会鞭子抽我身，母亲只会泪淋淋；共产党号召我闹革命，夺过鞭子揍敌人！”

这样一改，就更具有了音乐的节奏感，更适宜谱曲了，后被称作“点石成金”的修改。

曲作者朱践耳

《雷锋日记》是20世纪60年代的畅销书，到1978年前就印刷了160多万册。之后，又不断再版了几十次，甚至漂洋过海到了世界各地。据1973年有关部门的统计，当时就有28个国家用外文翻译出版了《雷锋日记》，有英文版、法文版、日文版、朝鲜文版、泰文版等32种。而在国内，《雷锋日记》更是家喻户晓，深入人心。

1963年，远在上海实验歌剧院的作曲家朱践耳，在《雷锋日记》中读到《唱支山歌给党听》后，心潮难已，爱不释手。

朱践耳原名朱荣实，祖籍安徽泾县，1922年10月18日出生在天津，自幼喜欢并自学音乐。抗日战争全面爆发后，为了像聂耳一样献身于大众的音乐事业，他把自己的名字改为“践耳”。他说：“聂耳若未走得那么早，他一定是中国的贝多芬。我改名就是一心想继续走他没走完的路。”

1945年，朱践耳赴苏北解放区，曾任华东军区文工团军乐队队长兼指挥。1949年后，在上海、北京从事电影音乐创作。1955年入莫斯科国立音乐学院学习作曲。1960年回国，先后在中央新闻电影制片厂、上海歌舞剧院、上海交响乐团专事音乐创作。曾兼任中国音协创作委员会副主任、上海音协主席。

朱践耳以一个作曲家敏锐的眼光，捕捉到《唱支山歌给党听》这首小诗具有不同凡响的价值。虽然仅有八句，但有很丰富的思想和情感，是雷锋真情的自然流露。他有一种感动加冲动，要用歌曲传唱的形式表现雷锋这样一个“崭新的人，纯粹的人，心地透亮的人”。顷刻间，一支清新而深情的旋律脱口而出，一气呵成。歌词（原诗）仅有八句，结束不了，就将前四句反复唱一遍；既然是来自雷锋的形象，就定歌名为《雷锋的歌》吧，并注明歌词摘自《雷锋日记》，附上300字的“唱法说明 ”后，他便寄给了《文汇报》。

1963年2月21日，《文汇报》将这首歌发表出来。

全曲由深情、悲怆、激昂的三段体曲式组成，音乐主题准确、凝练、鲜明，同时运用机动灵活的手法，创造性地从头至尾贯穿其中。起音高亢嘹亮，有先声夺人、高屋建瓴的气势；旋律跌宕起伏，时而仰冲云霄，时而俯探谷底，既有直抒胸臆的豪情，又不失深沉婉转的柔意；音域辽阔宽广，囊括了全曲的最高音至最低音，有尽情驰骋的广阔空间；节奏丰富多彩，偶数小节的长音使句读分明，富于叙述性，奇数小节的节奏互不相同，灵活多变，形象而传神。从而，这首歌塑造出一个生动感人的音乐形象：翻身解放的普通士兵以战士的赤诚、儿女的深情，激越而细腻地唱出了发自肺腑的心声——党啊，亲爱的母亲！

词作者姚筱舟

大约是在1963年秋天，朱践耳听说《雷锋日记》里《唱支山歌给党听》的原作者“蕉萍”，是陕西省铜川矿务局焦坪煤矿职工。他立即写信向矿党委了解此事。

矿党委书记赵炳儒也不知道“蕉萍”是谁，便召开大会问大家：“谁叫‘蕉萍’？”在场的人却没有一个吭声。

第二天，赵炳儒得知矿上的技术员姚筱舟曾用“蕉萍”的笔名写过稿子，就立即派人把他找来问究竟。“你就是‘蕉萍 ’吧？”姚筱舟那时因被“撤职下放，管制劳动，绝不允许乱说乱动”，不晓得承认了是好事还是坏事，所以在大会上没敢吭声。可眼下已经瞒不住了，他只好诚惶诚恐地点了点头。赵炳儒笑道：“好事嘛，这有啥不敢承认的？”说罢，把朱践耳的信转给了他。

姚筱舟思绪万千地给朱践耳写了回信，详细介绍了自己的经历和写作《唱支山歌给党听》的过程。简述如下：

1933年3月，姚筱舟出生于江西省铅山县石塘镇。1949年铅山解放后，他响应党的号召，年仅16岁就毅然投笔从戎，报考了中国人民解放军第二野战军军政大学第五分校，毕业后被分配到二野第十七军第五十一师政治部；1951年冬，又随部队跨过鸭绿江奔赴抗美援朝战场，经受了炮火洗礼与生死考验；1953 年，凯旋归国。由于叔父是国民党将领，他不得不结束了军旅生涯，转业到陕西省，后调到铜川矿务局焦坪煤矿当了一名采矿技术员。

1957 年是姚筱舟人生的一个转折点。1 月 8 日，井下发生了火灾事故，14 名工友遇难，尽管当时他在家养病不在现场，但仍被“撤职下放，管制劳动”。从那年开始，姚筱舟就和矿工们一起在井下采煤。

姚筱舟本是一个文化人，矿上读报、写信这些活儿便自然而然地落到了他身上。他也很乐意为矿工们服务，与矿工们相处得很快乐。

那时的矿工们都是从旧社会经历过来的，受尽了折磨和欺压，是共产党让他们翻身做了主人，有了尊严。他们对共产党有着发自内心的热爱，充满了感激之情。一位矿工每次请姚筱舟写家信时总要在结尾写上：“记住共产党的恩，好好听党的话，报共产党的恩，交好公粮给国家。”

由于没有文化，山歌便成了矿工们表达对共产党感恩之情的最好方式。“最亮的是天上的太阳，最亲的是自己的爹娘；太阳亮照不到咱井下，爹娘亲免不了挨打骂。旧社会我受尽苦和难，党来了我才笑哈哈。”“旧社会咱是冬天里的葱，新社会咱是国家主人翁。冬天里的葱成了国家的主人翁，全靠那毛泽东。”“共产党是妈，矿是咱的家，咱听妈的话，建设好咱的家。”

每当姚筱舟听到这些朴素的山歌，心里总有一种创作的冲动。这种冲动终于在 1959 年腊月的一个风雪之夜，化成了笔下饱蘸激情的诗句。他在昏黄的煤油灯下一口气写了三首小诗，其中一首就是后来为人们广为传唱的《唱支山歌给党听》。

这首诗实际上是姚筱舟对矿工的山歌进行的加工提炼。诗中“我把党来比母亲”是山歌中“党是妈”的借用；“党的光辉照我心”也是由山歌中“冬天里的葱成了国家的主人翁”一句改写而来。只有“旧社会鞭子抽我身”和“夺过鞭子揍敌人！”这两句费了他不少的心思。起初，他写的这两句是“旧社会三座大山压我身”和“推倒大山做主人”，但读后总觉得味道不足。正当他为找不到可替换的词句而烦心时，从一本小人书里看到了一个地主拿着鞭子抽打长工的画面，“紧三鞭慢三鞭，不紧不慢又三鞭……”这让他想起了中华人民共和国成立前矿工们遭窑主鞭打的情景。对！就用“鞭子”来代替“三座大山”，形容旧社会的残暴和苦难，这比“三座大山”更生动、更形象。果然，这两句一经改动，全诗的韵律更加浓厚，读起来也朗朗上口了。

诗写好后，姚筱舟署上了笔名“蕉萍”。之所以取这个笔名，一是“蕉萍”是焦坪煤矿的谐音；二是他当时的心情既自怜又自怨，觉得自己就像矿上的一棵小草，煤海里的一片浮萍，无力与命运抗争。

姚筱舟将这首小诗连同另外两首，一起寄给了陕西省民歌整理小组编印的《总路线诗传单》，在 1959 年 6 月 26 日出版的第八期上刊发。

随后，这首诗又被刊载在《陕西文艺》上，并被诗刊社收入《新民歌三百首》。看着自己的“处女作”被印成了铅字，他兴奋不已。

更令他兴奋不已的是：一天，他在《雷锋日记》里看到了这首经过修改后抄录的诗；不久，又在中央人民广播电台的节目中听到了由这首抄录的诗谱成的歌曲！

然而，考虑到自己的身份和处境，他没有对任何人说起……

最终，矿党委认定姚筱舟所述情况属实。中国音协出版的刊物《歌曲》在转载《雷锋的歌》时，正式将歌名改成了《唱支山歌给党听》，词作者遵照姚筱舟的意见仍为笔名“蕉萍”。

留下一个时代难以忘怀的音乐之声

《唱支山歌给党听》的首唱，是上海歌剧院著名歌剧表演艺术家任桂珍。

1933 年，任桂珍出生于山东临沂。1948 年，她加入中国人民解放军文工团随部队南下。她毕生从事歌剧艺术，音色纯净圆润，吐字清晰真切，行腔自如流畅，感情淳朴细腻；她是歌剧《白毛女》中顽强不屈的喜儿，是歌剧《小二黑结婚》中向往自由恋爱的小芹；她为电影《红日》自豪高歌《谁不说俺家乡好》，她向党倾情诉说、最先演绎《唱支山歌给党听》。

一天早晨，正在上海音乐学院学习声乐的才旦卓玛，在校园的广播中听到任桂珍演唱的《唱支山歌给党听》，立刻停下脚步屏息静听，听着听着竟泪流满面。没有共产党就没有我这个走进大学校园的农奴女儿，这首歌就像是专门为我写的啊！

于是，才旦卓玛立即找到王品素老师，表达了想唱这首歌的强烈愿望。王品素老师担心她丢掉自己的风格，便说：“你是唱藏族歌曲的，唱这首歌能行吗？”才旦卓玛十分自信：“歌里唱的就是我想要对党说的话，我一定能唱好！”

尽管当时很多人都不理解，连汉语都说不利落的才旦卓玛，为什么要唱一首汉族歌曲？但是，王品素老师懂得她的心思。

1937 年，才旦卓玛出生在西藏日喀则的一户农奴家庭。“山上有没主的野兽，山下没有没主的人。”农奴的孩子生下来就是农奴，像物品一样可以出售、可以买卖、可以交换。在农奴主眼里，农奴就是个会说话的牲口，没有人身自由，没有人格尊严，更没有读书识字的权利。才旦卓玛自幼跟随阿爸去农奴主的农场放牧，跟随阿妈去农奴主的庄园种地，受尽了剥削奴役和欺辱。十几岁时，她还目不识丁。

1951 年，中国人民解放军进驻西藏，日喀则实现了和平解放。从此，才旦卓玛跟着阿爸、阿妈和小伙伴们，在蓝天白云下的辽阔草原，无拘无束地放声歌唱，唱得格桑花开了，唱得牛羊欢快地奔跑，唱得洁白的哈达和五彩的经幡翩翩起舞……

西藏富有灵气的山水赋予才旦卓玛一副高亢、淳朴、天然的嗓音。1956 年 11 月，她走进了日喀则文工团，成为一名歌唱演员。

1958 年，才旦卓玛又被选派到西藏公学学习。就在这一年，文化部委托上海音乐学院办了一个民族班。才旦卓玛报考时，刚唱完《牧歌》和《献给毛主席》两首歌，招生的老师就说：“你被录取了。”

就这样，不会说汉语，连自己的名字都写不好的藏族姑娘，走进了只能在梦中向往的音乐殿堂。

才旦卓玛

“我一定要唱这首歌，把对党的感激之情唱出来！”

王品素老师被才旦卓玛的真诚打动了，费了不少周折才找到《唱支山歌给党听》的曲谱，又一字一句地教她汉语歌词，纠正她的发音和咬字，还请到了朱践耳来现场指导她演唱。

不久，在“上海之春”音乐会上，才旦卓玛动情演唱了《唱支山歌给党听》，她从心灵里流淌出的歌声，把具有浓厚藏歌韵味的好音质发挥到了极致，赢得了台下观众雷鸣般的掌声。

1965 年 3 月 5 日，八一电影制片厂摄制的故事片《雷锋》在全国各地隆重上映。《唱支山歌给党听》作为影片插曲更加撼人心魄，余音不绝。

之后，又经中央人民广播电台的反复播放，这首歌像插上了翅膀，飞向北国南疆，飞向海角天涯，飞向千家万户，成为一个时代难忘的音乐之声。

再唱山歌给党听

《唱支山歌给党听》还承载着许多难忘的历史记忆。

1965 年，《唱支山歌给党听》被文化部评为“全国优秀群众歌曲”之一。不过，由于姚筱舟的特殊身份，他未能参加在北京举行的颁奖大会，奖品和奖状也是由矿上转交的。

对此，姚筱舟并不在意。他说：“当初我写诗时，没有想要它成为歌词。曲谱是翅膀，有了好的曲谱，歌词才能成为美丽的天鹅，飞向远方。是雷锋、朱践耳、才旦卓玛三个大月亮照亮了我。我是无功受禄，无意得福。因为，我只是写了一首小诗。由诗至《雷锋日记》、至歌，能把矿工们的心声化为全国人民的心声，我心足矣。”

1997 年 5 月 7 日，上海东方电视台邀请姚筱舟参加第 17 届“上海之春”音乐会。在女儿的陪伴下，他百感交集地登上了飞往上海的航班。

5 月 9 日晚 8 时，《唱支山歌给党听》的三位创作者，在穿越了人生的风雨，跨越了 34 年的漫长时空后，第一次在辉煌绚丽的舞台上相会了。此时，姚筱舟 64 岁，朱践耳 73 岁，才旦卓玛 60 岁。

三双手紧紧地握在了一起，三个人紧紧地拥抱在了一起。这是多么激动人心的场面啊！观众无不为这迟到的相逢而动容，而热泪盈眶。

在这个难忘的时刻，才旦卓玛再次动情地唱起《唱支山歌给党听》……

2001 年“七一”前夕，在迎接建党 80 周年的日子里，姚筱舟终于实现了他半个多世纪的夙愿——成为一名光荣的共产党员。

2019 年 9 月 1 日，姚筱舟因病逝世，享年 86 岁。他走得很平静，却把一首经典歌曲留在了人间。

“至诚至真，乐之灵魂。至精至美，乐之形神。若得万一，三生存幸。孰是孰非，悉听后人。”这是朱践耳的座右铭。

他创作生涯近 70 年，在中国迄今为止仍是难以被打破的时长纪录。

他各个年代的作品，无论是 20 世纪 40 年代民国范的艺术歌曲，60 年代气势恢宏的红色巨作，还是临近 21 世纪气象万千的新曲，都处处显示出非他莫属的印迹。

他所涉猎的除歌剧外，音乐创作领域内的大多数体裁，包括交响曲、管弦乐、室内乐、民族器乐、交响大合唱、舞剧音乐、钢琴音乐、器乐独奏、重奏、歌曲等，均有佳作或经典留世。

他的音乐人生可以说是中国现当代音乐史的一个缩影。从《唱支山歌给党听》到交响合唱《英雄的诗篇》；从《节日序曲》到晚年创作的多部意蕴深刻的交响杰作，不仅真切地表达了一个作曲家的心声，而且形象地展现出半个多世纪中国的历史景象与社会脉动。

他曾荣获中国音乐金钟奖“终身荣誉勋章”，荣获瑞士“玛丽·何赛皇后”国际作曲比赛大奖，名列业界权威的《新格罗夫音乐大辞典》，被音乐界奉为中国交响乐“巨匠”和“丰碑”。

然而，2017 年 8 月 15 日，当 95 岁的朱践耳辞世后，在多数大众媒体的讣闻上，其名字前的定语仍是“《唱支山歌给党听》的曲作者”。

再唱山歌给党听，
我们永远跟您走。
再唱山歌给党听，
我把党来比母亲……

2009 年，是中华人民共和国成立 60 周年、西藏民主改革 50 周年的喜庆之年。由吴兴远和巴次作词，美朗多吉为才旦卓玛量身谱曲的《再唱山歌给党听》，在藏历新年联欢晚会推出。

这首歌通过不同时代创作的几首歌曲的并列与交叉，将《唱支山歌给党听》所呈现的时代画面，与半个世纪后的《再唱山歌给党听》的画面进行切换，热情赞美家乡的发展变化，赞美高原春光无限好的幸福生活，再次表达了藏族同胞对共产党感恩不尽的心声。

2011年，在庆祝中国共产党成立90周年和西藏和平解放60周年之际，藏族青年歌唱家索朗旺姆又为才旦卓玛专门创作了用藏、汉两种语言演唱的《再唱山歌给党听》，进一步表达了“再回首，感恩依旧”的永恒主题。

再唱山歌给党听，
我把歌儿献给你。
五十六个民族同唱一首歌，
我们一起再唱山歌 哟……

这是对红色经典的薪火传承，这是对中国共产党由衷的感谢和爱戴！

精彩的“奇袭”造就不朽传奇
——京剧《奇袭白虎团》背后的故事

慈爱民

2020年10月，是中国人民志愿军抗美援朝出国作战70周年的日子。当年“雄赳赳，气昂昂，跨过鸭绿江”的嘹亮歌声，再一次回响在神州大地，勾起了人们对这场伟大战争的难忘回忆，也让人们回想起表现抗美援朝战争的那些红色经典作品。京剧“样板戏”《奇袭白虎团》，就是这些红色经典中很有影响力、很有代表性的一部。

《奇袭白虎团》是当年风靡一时的“八大样板戏”之一，最有名的唱段是《打败美帝野心狼》。英姿飒爽的志愿军侦察英雄严伟才一段痛斥美帝野心和阴谋的唱腔，至今仍然激动人心：

同志们一番辩论心明亮，
识破敌人鬼心肠，
美帝野心实狂妄，
梦想世界逞霸强。
失败时它笑里藏刀把“和平”讲，
一旦缓过劲来张牙舞爪又发疯狂。
任凭它假谈真打施伎俩，
狼披羊皮总是狼。
对敌从不抱幻想，
我们还要更警惕，紧握枪，
打败美帝野心狼！

《奇袭白虎团》的剧情是：朝鲜停战谈判开始后，美军和南朝鲜李承晚集团一直玩弄假谈真打、企图扭转败局的阴谋。在抗美援朝战争最后一次战役金城战役中，李承晚集团的王牌军首都师第一团“白虎团”越过三八线猖狂挑衅，妄图实现“北进计划”。为配合志愿军主力的战役行动，我军侦察排副排长严伟才率领侦察班，化装成敌军，在朝鲜人民的支援下，直插敌人心脏，策应主力部队捣毁“白虎团”团部，生擒“白虎团”团长和美国顾问，为夺取战役的全胜建立了奇功。

《奇袭白虎团》以其精彩曲折的剧情、英雄人物俊美的扮相、高亢激越的唱腔和充满阳刚之气的战争剧风格，而深受广大观众的喜爱。笔者当年曾经多次采访过饰演严伟才的著名京剧表演艺术家宋玉庆，从而了解到这部京剧名作从史实到舞台的来龙去脉，也听到了那些令人唏嘘的悲情故事。

那么，这部战争题材的京剧是怎样诞生的？它背后有哪些鲜为人知的故事呢？

传奇故事来源于真实战例

只有触摸历史经纬里的铮铮铁骨，穿越时空感受那段充满炮火硝烟的岁月，才能更真实地感怀英雄、崇敬英雄。每当谈起抗美援朝战争中奇袭白虎团这一经典战斗时，人们大多能想起京剧《奇袭白虎团》中严伟才的原型——一级战斗英雄杨育才，而许多人并不了解这场惊心动魄战斗背后的细节。

1951 年 6 月 30 日，经过中国人民志愿军五次大规模战役的沉重打击和迫于国内的反战压力，美国总统杜鲁门指使“联合国军”总司令李奇微通过新闻界向中朝军队作出了要求停战和谈的姿态。中朝方面对美军的停战建议作出了响应，从此，朝鲜战争结束了大规模的运动战时期，双方在三八线上边打边谈，延续了两年之久。1953 年 6 月 8 日，中美双方终于达成了“关于战俘遣返问题的协定”，向和平迈进了重要的一步。但 6 月 18 日，南朝鲜的李承晚集团却不甘心失败，肆意破坏停战和谈，违反释放战俘协定，无理扣压了朝鲜人民军 2.7 万名战俘，并狂妄叫嚣要“单独干”和“北进”。

在此形势下，为狠狠打击李承晚集团的嚣张气焰，促进和平早日实现，并为达到停战后我方能控制有利阵地，便于今后进行长期斗争的长远目的，志愿军总部下达了在1953年7月13日发动金城反击战的作战命令。

当时，志愿军正面守敌是李承晚的王牌军——一支全副美国装备的首都师第一团。该团配有机甲团的一个营、四个炮兵营和大量的纵深炮兵和航空兵支援。为了炫耀武力，该团的武器装备和旗帜上都印着面目狰狞的白色虎头，所以又名白虎团。

为了全歼当面之敌，不使其溃逃，第二十兵团西集团右翼第六十八军第二〇三师命令，由第六〇九团第二营和第六〇七团侦察班组成穿插支队，在师主力打开突破口后迅速插入敌后，首先歼灭敌人炮兵群和白虎团团部；然后直插北亭岭、下榛岘、梨实洞和上枫洞地区，截断敌人的后路，并坚守阵地阻击增援之敌，以利于大部队发起总攻。

1953年7月13日，天空飘着蒙蒙细雨，雨雾笼罩着苍翠的青山，河水在山谷里缓缓流淌，数声鸟啼在幽静的山林中久久回荡。就在这片美丽的白杨里沟壑里，潜伏着600多名穿插支队的战士。

天，渐渐地黑了。在泥水中浸泡了一天一夜的战士，手脚都肿胀了起来，但600多双眼睛仍紧紧盯着漆黑的夜空，急切地等待着发起进攻的信号。

13日20时55分，志愿军阵地上突然万炮齐鸣，金城战役打响了！

在师主力于13日23时52分占领了522.1高地及其以北诸高地后，穿插支队迅速通过3000米的炮火封锁区，向南朝鲜军队后方纵深疾进。途中遇南朝鲜军约一个连的兵力向北增援，穿插支队先头第五连当即以猛烈火力将其大部歼灭。14日0时50分，穿插支队进至三南里后，第五连向上枫洞方向前进；第四、第六连在侦察班引导下，向二青洞猛插。1时40分，在二青洞沟口与乘坐40余辆汽车的南朝鲜军机甲团第二营遭遇，当即对其首尾夹击，将其大部歼灭。由副排长杨育才带领的侦察班，共有12人，在14日1时10分发现队尾有一名南朝鲜士兵跟随，原来是敌人误认为联络员是南朝鲜军的一位长官，便自称是韩军第一营第一连的传令兵，并供出了当晚韩军的口令“姑鲁木沃巴”（韩语，意“云雹”）。侦察班之中有两名朝鲜族的联络员，通过得到的口令，恰到好处地模仿南朝鲜军团部督察队护送美军顾问，巧妙地通过多道敌军岗哨，风驰电掣般迅速插至位于二青洞的南朝鲜军“白虎团”

团部。侦察班趁敌人开会之际，突然开火，当场击毙敌白虎团团长，活捉了美军顾问，缴获了白虎团团旗。穿插支队第四连则趁势彻底捣毁了白虎团团部，使部署于周围的南朝鲜军失去指挥，士兵丢弃武器弹药，四散奔逃。在夜幕掩护下，穿插支队的勇士们发扬英勇顽强的战斗作风，勇猛迅速，机动灵活，独立作战，三个多小时穿插前进九千米，进行大小战斗 11 次，直插南朝鲜军防御核心，将位于该团部附近的美军第五五五榴弹炮兵营大部歼灭，于 14 日 3 时占领梨实洞、北亭岭以北诸高地，打乱了南朝鲜军防御体系，对西集团顺利完成战役的第一步任务起了关键性作用。

志愿军艺术家的原创作品

京剧《奇袭白虎团》的诞生，著名京剧艺术家方荣翔当推首功。

方荣翔 6 岁开始练功，8 岁入尚小云创办的荣春社科班学艺，12 岁登台演出，先后拜骆连翔、张鑫奎、裘盛戎为师，擅长表演花脸。1948 年，方荣翔在东北野战军邓华将军的介绍下参军，参加了解放东北的多次战役、战斗。朝鲜战争爆发后，他主动请缨到朝鲜战场，成为志愿军京剧团的一员。金城战役结束后，方荣翔于前线演出时，在一份《战地简报》上看到一篇介绍战斗英雄杨育才带领尖刀班、深入敌后智歼南朝鲜军白虎团的故事，产生了艺术灵感，决定将这一事迹搬上京剧舞台。不久，他与剧团的同事李师斌、李贵华经过日夜磋磨，编出了一台 70 分钟长度的京剧，名叫《志愿军侦察兵》。剧中李师斌扮演杨伟才、方荣翔扮演志愿军某部团长。这台戏一经演出，便受到志愿军战士的热烈欢迎。

1958 年上半年，中央决定志愿军从朝鲜全部回国，不久志愿军京剧团也回到北京。在欢迎晚会上，周恩来接见了志愿军京剧团的全体同志，他问剧团团长：“你们在朝鲜战场给志愿军战士演出是立了很大功劳的。现在你们回国了，给祖国人民带回什么礼物呢？”显然，周恩来是问剧团给祖国人民带回来什么好节目。

剧团领导汇报了在朝鲜前线创作的几个节目，其中特别提到了根据志愿军侦察英雄杨育才事迹改编的活报剧《奇袭白虎团》，很受志愿军战士的欢迎。周恩来听到这里，很感兴趣，便详细地询问了剧情及演出的情况。当他得知《奇袭白虎团》还只是局限于真人真事的纪实性活报剧时，便指示：“题材是很好的，但生活真实不等于艺术真实，过于写实就不免失之于简单。对这个戏要作艺术上的深加工，当作大戏来搞，突出传奇性，以表现我志愿军战士的大智大勇。不仅是写杨育才一个人，要在他的身上体现我志愿军全体将士的英雄本色。”

原志愿军京剧团一班人马回国转业后，与山东省人民京剧团合并，组建了山东省京剧团。该团成立后的第一件大事就是组织人员对原先首演的《奇袭白虎团》进行全面的再创作。由于有周恩来具体详尽的修改意见，具有丰富经验的专业编剧孙秋潮负责对原剧本进行加工修改，改编非常成功，使该剧从一个战地活报剧成为比较成熟的剧目。1961 年，剧团又改出了第二个演出本，这基本上就是后来公演的《奇袭白虎团》演出本的雏形了。至于这之后又进行了多少次修改，已经无法统计了，但均以此次创作为蓝本。由此可见，周恩来是最早提出创作修改《奇袭白虎团》的“总编导”。

重新创作、排练的《奇袭白虎团》，仍由方荣翔扮演志愿军某部团长。对于主角严伟才，大家在研究时觉得原来的扮演者李师斌尽管表演得不错，但年龄偏大了些，经过慎重考虑，团里决定由青年演员宋玉庆来扮演。

从舞台到银幕

1964 年，为了繁荣现代京剧的创作，文化部决定在北京举行全国京剧现代戏观摩大会，山东省京剧团的《奇袭白虎团》应邀来京。正当这部戏在某些方面还存在争议之时，江青将剧组请进中南海进行座谈，参加座谈会的还有周扬、林默涵、周巍峙等人。

从北京演出回来后，《奇袭白虎团》剧组上上下下都使出浑身解数进行修改。经过数月的艰苦努力，全剧在运用京剧传统表演程式和身段来表现现代战争方面有了很大突破，特别是武打的运用达到了出神入化的程度。在“敌后侦察”一场戏中，严伟才将“串翻身”“蹦子”“卧鱼”等身段连贯起来，轻如矫燕。他翻越铁丝网时运用了“蹦跳蹿越”“折腰”“小翻前扑”等一系列武戏程式，将侦察兵战士身手矫健、龙腾虎跃的英勇机智形象展现得淋漓尽致。

1964年6月，《奇袭白虎团》赴京正式演出。首场演出时，周恩来、朱德、贺龙、陈毅等党和国家领导人都前来观看，给予了高度评价，并与全体演员合影留念。1964年8月10日，毛泽东在北戴河观看了《奇袭白虎团》并亲切接见全体演职人员。

1969年初，经党中央、国务院批准，将修改定型的“样板戏”拍成电影，在全国公映。第一部“样板戏”电影是上海京剧团的《智取威虎山》，公映时间是1970年夏天。其次是中国京剧团的《红灯记》。1970年8月，《奇袭白虎团》和北京京剧团的《沙家浜》几乎同时在长春电影制片厂开拍。前者的导演是曾经执导《刘三姐》《冰山上的来客》的著名导演苏里；后者的导演是执导过《英雄儿女》《沙家店粮站》的长春电影制片厂另一导演武兆堤，以及后来加盟的、刚刚执导了“样板戏”电影《红灯记》的北京电影制片厂著名导演成荫。这些著名电影艺术家和“样板团”的演员们苦心经营，进行着极其艰难、谨慎的拍摄工作。

长春电影制片厂接受拍摄《奇袭白虎团》的任务后，立即组成拍摄班底，由苏里、王炎联合执导，李光惠、王雷担任摄影。

许多人以为“样板戏”的拍摄是舞台版的纪录片，其实并非完全如此。艺术电影必须融入舞台之外的元素，尤其是景物的安排不能完全照搬舞台。苏里在拍摄前的准备工作十分充分，首先是剧本成熟；其次是人物造型、场景乃至每件道具都精心推敲，力求逼真。周恩来还亲自请朝鲜驻华使馆的同志帮助鉴定服装、枪支。比如，枪支开始是用苏式转盘枪，接着又用加拿大盒式卡宾枪，最后还是朝鲜同志认为用美式卡宾枪比较合适，因为当时的美、南朝鲜军大多使用这种枪，而且侦察兵又是化装成南朝鲜军去“奇袭”的。后来拍摄时就使用美式卡宾枪。为保持真实，剧中的指南针、美军服装，甚至纽扣、帽徽都是当年缴获的战利品。作为一名经验丰富的导演，苏里还善于利用场景来抒发人物的情感。比如第一场戏“战斗友谊”，苏里为严伟才出场时的设计就很有新意：严伟才从远处走来，战士们进入画面迎接，镜头推前形成严伟才的半身特写，再向右横移一下，将严伟才深情查看安平里村景和战士们的神情表现得很到位，很好地突出了严伟才经过一夜侦察，风尘仆仆，以及对这块曾在此疗伤的土地的深厚感情。

由于导演苏里等主创人员精益求精，反复修改，加之许多唱段因故不能同期录音，还是从主演宋玉庆过去的唱段中一段一段剪接和对口型，耽误了不少时间，所以直到1972年9月28日才制作完成。1972年国庆节一过，苏里、宋玉庆等人便携《奇袭白虎团》电影拷贝进京送审。

经过当时国务院文化组主要领导和当时直接主管“样板戏”拍摄的江青的审看，这部拍摄了两年半之久的影片很快在全国上映，受到广大观众的热烈欢迎。

“英俊小生”挑大梁

提起京剧《奇袭白虎团》，就不得不提及该剧的主演、著名京剧表演艺术家宋玉庆。

没有想到，若干年前的一个夏天，笔者去改革开放的前沿深圳出差时，竟在一家公司意外地遇见了他——笔者儿时最崇敬的英雄人物之一“严伟才”。当然，今天的“严排长”已没有了昔日的风采，沧桑岁月在他脸上刻下了无情的印记，一种无奈而忧郁的情绪更使他显出几分老态。但是，他的体型却保持得很好，没有丝毫的臃肿；他的眉宇间依然英气逼人，目光中没有一丝老年人的迟滞和迷茫，而是闪现着一种特有的睿智。尤其令笔者意外的是，他的嗓子保护得特别好，说话声音很清亮，很年轻，底气十足。显然，这些都是他长年练功不辍的结果。这使笔者无形中领悟了他重返舞台的理想和痴情。

京剧《奇袭白虎团》剧照：著名京剧表演艺术家宋玉庆在其中饰演器宇轩昂的志愿军侦察英雄严伟才

大概是多少年没有人和他这样倾心长谈了，我们一见如故，谈了很多很多……

宋玉庆祖籍天津，父亲

是一个靠拉京胡为生的民间艺人。在那战乱连绵、国破家碎的20世纪30年代，全家人过着颠沛流离的生活。他的父辈曾经像先人一样闯关东，几年后，又从关东流落到胶东。1941年秋，宋玉庆出生在滨海名城青岛。

幼年时，宋玉庆的家境十分贫寒。仅靠当琴师的父亲的微薄收入，维持一家六口（宋玉庆上有一兄两姐）的生活，其窘迫是可想而知的。6岁，本是一个儿童开始启蒙、读书的年龄，可是迫于生计，宋玉庆却被父亲送到民间戏班“麟祥社”学艺，专学“娃娃生”。他聪明伶俐，又很用心，很快就登台跟戏了，7岁时便在《三娘教子》《赵氏孤儿》中扮演角色。戏班子里的大人们无不夸他聪明、有悟性。

1949年6月2日，青岛解放了。这年，宋玉庆刚刚8岁，他像当时所有的儿童那样手舞足蹈地唱着“解放区的天是明朗的天”，那是一种最纯真、最美好的欢呼。不久，他所在的“麟祥社”集体参军，归入胶东军区文工团，宋玉庆就随这个集体一起穿上了军装。据档案记载，宋玉庆参军的准确日期是1949年8月，根据有关规定，可享受离休待遇。所以，不少朋友都戏称他是“8岁参加革命的老干部”。

“麟祥社”并入胶东军区文工团后，经常到胶东军区所属各部队、驻沿海岛屿部队慰问演出，宋玉庆就在演出中边学习边锻炼边提高。1952年，胶东军区并入山东军区，文工团也并入山东军区文工团。1955年军队授衔时，军委决定大规模“精简整编”，全军许多文艺团体都属“精简对象”，宋玉庆所在的山东军区文工团也不例外。文工团被易名为山东省人民京剧团，众人集体脱下了军装。就这样，宋玉庆又由军人变成了老百姓。屈指算来，14岁的宋玉庆已经当了六年兵。

1958年，风华正茂的宋玉庆由于政治条件好，基本功扎实，被剧团保送到北京中国戏曲学校学习京剧表演，以及党史、哲学、文学等文化课。这对从小没有读过书的宋玉庆来说，是一次难得的“补课”机会。他抓紧一切时间，如饥似渴地学文化、攻专业。其间，学校对他们这批保送来的优秀苗子也是着力培养，选派了一批深有造诣的京剧表演艺术家担任指导老师，其中雷喜福、宋继亭亲自担任宋玉庆的老师。这两位京剧大师，前者曾是马连良先生的老师，后者是谭富英先生的小舅子，亦即谭元寿的舅舅，他们都堪称“谭派”艺术的宗师。在他们的悉心指点下，宋玉庆的表演逐渐形成了“谭派”所特有的大气磅礴，如行云流水一般的风格。为了博采众长，不久学校又安排他师从著名京剧艺术家余叔岩先生学习“余派”，让他专攻“余派”武生李少春的武戏。特别有幸的是，1959 年，他还给梅兰芳、马连良等京剧艺术泰斗配过戏。在中国戏曲学校的两年，是宋玉庆在知识上和表演艺术上突飞猛进的两年。

1962 年，改编后的京剧《奇袭白虎团》首演时，严伟才的扮演者还是李师斌。但随着剧本的进一步修改，唱腔设计的不断变化和武戏难度的加大，剧团领导乃至山东省文化厅的领导都感到李师斌有些力不从心，他们准备起用扮相英俊、文武俱佳且年仅 21 岁的宋玉庆。由于《奇袭白虎团》已是当时山东省委所抓的重点剧目，一个演员的调整甚至要惊动省委领导。当时的山东省委第一书记谭启龙看到宋玉庆又瘦又小，便以不无担心的口吻问剧团领导:“小宋这么瘦，能演好志愿军的侦察英雄吗？”但是，团领导有他们的考虑:“根据剧情需要，我们给这个排长设计的体型应该精干灵巧，不能高大魁梧。另外，小宋扮相好，能打能唱，又很年轻，是理想的人选。”谭启龙首肯了。于是，宋玉庆便在《奇袭白虎团》中挑起了大梁。

宋玉庆没有让信任他的领导失望。他坚实的舞台功夫、清亮的唱腔以及高超准确的武打招式，栩栩如生地塑造了侦察英雄严伟才的形象。1963 年，山东省举办首次全省现代戏会演，想从中选拔一出代表山东参加次年全国现代戏观摩演出的戏。经过省委领导、有关专家认真研究，认为京剧《奇袭白虎团》具有较强的竞争力。最后，山东省报到国家文化部，作为正式参演剧目。

其间，23 岁的宋玉庆第一次获得了一项重要的政治荣誉：他作为山东省文艺界的劳动模范，被选为全国人大代表，出席了 1964 年 3 月在北京召开的第三届全国人民代表大会。

1964 年 6 月，全国京剧现代戏观摩演出活动在北京拉开帷幕。《奇袭白虎团》的首场演出在护国寺人民剧场举行，演出相当成功。谢幕后，马连良、谭富英、裘盛戎等老艺术家都到后台看望宋玉庆，对这位年轻的京剧新秀大加赞赏。在当时《智取威虎山》《沙家浜》等直接表现革命战争的现代戏尚未登台的情况下，《奇袭白虎团》作为最早的“革命战争戏”，很快轰动京城，一时观众云集，可谓盛况空前。

周恩来最先观看了《奇袭白虎团》，非常满意，尤其对宋玉庆的表演给予好评。接着，周恩来亲自把《奇袭白虎团》介绍给刘少奇、朱德等同志。1964年7月的一天，剧组在人民大会堂小礼堂为刘少奇、朱德、董必武、贺龙、陈毅等中央领导同志作专场演出，周恩来又一次陪同观看。诸位领导聚精会神，连连称赞。

1964年8月8日，剧组突然接到通知，要全体演职员立即乘坐火车前往外地，说是有重要的演出任务。那天，宋玉庆突患重感冒，正发着高烧。但听说有重要演出，他不敢怠慢，就带病上了火车。列车走了大半天，下午到了北戴河。到这时，大家才知道是给毛主席演出。离演出还有两天，所有人员都非常兴奋，工作人员忙着装台，演员们投入紧张的排练。8月的北方海滨，天气又潮又热，那年代莫说空调，连电风扇都很少见。可是，大家的热情比这炎热的天气还要“热”，谁也不觉得有一丝的疲劳。有时因出汗太多，演员无法化妆，油彩一抹上去，就被汗水印得一塌糊涂。即使这样，排练也没有中断，大家都表示要给毛主席献上一台高水平的戏。

8月10日晚，在北戴河中央疗养院剧场，毛泽东观看了《奇袭白虎团》。尽管剧场内因无降温设施而异常闷热，毛泽东仍兴致勃勃，谈笑风生。演出结束后，毛泽东健步登上舞台，接见全体演职员。那天晚上，宋玉庆高烧39℃，是打了针才上场的。演出中，他跳跃腾挪，唱得格外投入，不一会儿，他的衣服就被汗水湿透了。毛泽东来到宋玉庆的身边，微微倾斜着高大魁梧的身躯，紧握着他的手，用浓重的湖南口音连连夸奖他唱得好。毛泽东发现宋玉庆的衣上都是汗水，关切地用手捏了捏，连声说：“辛苦了，谢谢你，谢谢你！”50多年过去了，毛泽东那亲切慈祥的音容笑貌，至今仍清晰地印在宋玉庆的脑海里。

第二天，心情高兴的毛泽东亲自请《奇袭白虎团》的主演、导演和剧团领导吃饭，宋玉庆当然也在被邀请之列。可惜由于他正患感冒，剧团领导和医生怕把毛泽东传染了，就没有同意他去。这使宋玉庆感到终生遗憾。

后来听剧团领导传达，毛泽东在餐桌上和大家边吃边谈，他肯定了《奇袭白虎团》的成功之处，但也提出了一些重要的修改意见，归纳起来主要有两点：一是剧情发展要以我方为主，志愿军战士的戏，分量要加重；二是增加唱腔，减少武戏，做到声情并茂，以增加京剧唱腔艺术的欣赏性。来自领袖的指示，无疑是《奇袭白虎团》继续修改时的“指针”。在以后的历次修改中，剧团都围绕着毛泽东的这两条指示，精雕细刻，千锤百炼。后来，《奇袭白虎团》的唱段有了明显的增加，唱腔难度也越来越大，更加专业化了。一方面，这对增加唱腔的京剧韵味和欣赏性固然是有益的；但另一方面也造成了“曲高和寡”，这也是后来《奇袭白虎团》中的唱段不如《智取威虎山》《红灯记》中的唱段更“流行”的原因之一吧。

琼花开遍泱泱中华　红色气韵壮美无瑕

——革命现代芭蕾舞剧《红色娘子军》诞生记

朱冬生

“向前进，向前进，战士的责任重，妇女的怨仇深。古有花木兰，替父去从军，今有娘子军，扛枪为人民……”20世纪60年代初，在学校，在营区，在工厂，在打谷场，在《红色娘子军》电影放映之前，优美动听的《红色娘子军连连歌》往往已经在广播里响起。这部优秀的电影，这首红色的歌曲激励着万千民众，永远不要忘记血与火的青春年华。

“万泉河水清又清，我编斗笠送红军。军爱民来民拥军，军民团结一家亲……”芭蕾舞剧《红色娘子军》也随后诞生。随着“万泉河水”的音乐响起，中国工农红军团长宣布一个特殊的红军连队成立，万泉河畔一群姑娘和红军女战士一起跳起优美的斗笠舞，美妙的艺术和昂扬的激情交相辉映。

从报告文学、电影、舞剧到京剧、连环画、电视剧……红色娘子军，是一个用红色基因传承了半个多世纪的故事。

一段可歌可泣的红色传奇

红色娘子军的故事，诞生于海南岛。

1931年，万泉河畔一个椰林环抱的小山村里，一百多位穷苦的海南农村女孩子，在中共琼崖特委领导下，为反抗封建压迫和争取男女平等，成为勇敢的战士。她们出色地完成保卫领导机关、宣传发动群众等任务，并配合主力部队作战，不怕牺牲，英勇杀敌，为琼崖革命发展立下了不朽的功勋。

20多年后，在纪念中国人民解放军建军30周年之际，这段红色传奇被人们重新发掘。1956年7月，中央军委决定出版一部反映我军30年革命斗争史的回忆录文集。随即，解放军总政治部成立了“30年征文编辑部”，不到一年的时间，全军应征稿件就达3万余篇。其中，就有以女兵连连长、老红军冯增敏为第一人称的回忆文章《红色娘子军》。在这篇回忆录里，当年女兵连英勇战斗的情节，惊心动魄：

那日，“娘子军连”和3团的一个连、几百名苏区群众担着木柴、稻草、火油和辣椒，直奔文市，连夜将敌人团团包围起来。那时，“娘子军连”没有炮，没有炸药，打炮楼只能靠火烧，战士们管这种战法叫“烧猪窝”。

炮楼四周都是开阔地，敌人火力封锁得很紧，必须想办法把烧炮楼的材料运上去。通过勘察地形，大家决定挖地道。进攻时，战士们把木柴、稻草通过地道运到炮楼周围，撒上辣椒，倒上火油，扔上点燃的火把。顿时，火光冲天，浓烟和着辣味直冲炮楼。不一会儿，火舌便吞卷了整个炮楼。

敌人受不了了，吱哇乱叫。有的哭喊着“我们投降，别烧了！”有的乒乒乓乓往外扔枪，抱着脑袋钻出来求饶。

1957年8月号的《解放军文艺》，刊登了在海南军区政治部工作的年轻干事刘文韶的长篇报告文学《红色娘子军》。这篇二万五千字的纪实文学作品，用文学的生动笔触、自叙的形式，叙述了娘子军连战士的诞生和战斗历程，作品分七个章节，分别为：走进红军的行列；初战的声威；火烧“团猪”窝；一支活跃的宣传队；保卫特委、保卫苏维埃；森林长征七昼夜；永不熄灭的火花。1959年，上海文艺出版社出版的单行本再版后记中，作者写道：“这本小册子是根据当年的娘子军连长冯增敏同志、排长庞学莲同志及当年的妇女干部陈恒如、张玉香和娘子军活动地区的革命老人口述的材料，加以整理写成的。”“为了结构的集中和叙述的方便，为了读起来感到亲切，便以连长这个有代表性的人物为中心，将娘子军的活动串联起来，并且采用了自叙的形式。”多年后，刘文韶曾撰文回忆自己的采访、创作始末，并解释这个题目的用意：“红色寓意着革命，文章主题表现的是在中国共产党的领导下，中国妇女的觉醒和中国工农红军中女兵的飒爽英姿。”

一部深沉、抒情的优秀电影

1961 年，《上海文学》第一、二、三期上连载了广州军区作家梁信的电影文学剧本《红色娘子军》。同年 7 月 1 日，影片《红色娘子军》在全国首映。影片由谢晋导演，主要演员有祝希娟、王心刚、陈强、向梅、杨梦昶。电影讲述了这样一个故事：土地革命战争时期，海南岛万泉河畔，吴琼花不堪忍受地主南霸天的剥削与迫害，奋起反抗，在假扮侨商的共产党员洪常青指引下参加革命，在革命队伍里不断成长进步。

“这是一个革命历史题材的影片，但不能拍成一部革命历史传记片。”以这样的艺术追求，谢晋在电影中调集各种富有感染力的镜头语言，尤其是使用大量特写镜头来表达人物内在的激情，体现了人物的命运和成长。坚毅泼辣的琼花、恶毒凶残的南霸天，都成为栩栩如生的银幕人物形象。在谢晋的导演阐述中，设想影片应该具有“鲜明的时代特征”“浓厚的地方色彩”“浪漫主义的激情”“抒情的意境”“民族的形式”“基本节奏是：强烈、深沉、昂

芭蕾舞剧《红色娘子军》剧照

扬、抒情”。

曾为谢晋此前执导电影《女篮五号》创作插曲的作曲家黄准，应邀为影片创作插曲。有人建议以现成的革命历史歌曲来表现历史感、厚重感，而黄准则认为，革命历史歌曲虽好，却没有本剧的特点，也不能体现海南的特色。她主张娘子军一定要有一首自己的连歌，并决心写出一首能够流传下来的，为群众喜爱的“新的革命歌曲”。黄准数次下海南，收集海南民歌，最终，一首短促有力、浓郁深沉，且富有海南特点的旋律《红色娘子军连连歌》在她的笔下诞生，并成为经典之作。

影片《红色娘子军》取得了巨大成功，南国的椰岛风光、洪常青的英俊风采、吴琼花的飒爽英姿给观众留下了深刻印象，《红色娘子军连连歌》“向前进，向前进”的旋律不胫而走，响彻大江南北，导演谢晋、演员祝希娟也成为家喻户晓的明星。1962 年 5 月 22 日，在有周恩来、陈毅等出席的首届电影“百花奖”授奖仪式上，《红色娘子军》捷报频传，获得最佳故事片奖、最佳导演奖、最佳电影女演员奖和最佳男配角奖。郭沫若为琼花饰演者祝希娟颁奖，并亲笔为《红色娘子军》题词：“海南岛上碧血潮声的琼花，在东风中开遍了泱泱中华。红色的气韵真正壮美无瑕，众口同声说：最佳、最佳、最佳。”

一台融合民族特色的芭蕾舞剧

1963 年下半年，周恩来看了中央芭蕾舞团演出的《巴黎圣母院》以后，对团里的领导和演员们说：“你们已经演了 10 年西方、苏联的芭蕾舞剧了，是不是可以搞一个革命题材的剧目？”周恩来当时提议的题材，是巴黎公社或十月革命。

1964 年 1 月，由文化部组织、林默涵副部长主持，一批有首都文艺界的前辈、专家、编导、音乐、舞美、演员参加的创作座谈会召开，专门讨论中央芭蕾舞团如何创作出新作品。会议讨论最热烈的是红色娘子军这个题材。会议认为芭蕾主要是发挥女子舞蹈特点，而红色娘子军就是以女性为主要角色的，可以发挥芭蕾的长处。同时，这个题材有浓郁的地方特色。经过反复讨论，这个选题作为会议的唯一选项被确定下来。

1964年2月初，中央芭蕾舞团《红色娘子军》创作团队成立，包括作曲家吴祖强，编导李承祥、蒋祖慧、王希贤，舞美马运洪、梁晔，演员白淑湘、钟润良、王国华、李新盈等。艺术家们深入生活，探索工农红军曾经历的那个年代，在大山深处，在原始森林，在黎族村寨，苦苦追寻只有在革命队伍里才有的崇高的理想、伟大的信念、光荣的牺牲。他们到了海南岛，实地采访了“红色娘子军”连长冯增敏、指导员王时香、红二连指导员庞学莲、三排长黄敦英，以及卢业香、琼花等娘子军连的老战士。芭蕾舞剧《红色娘子军》中战士们举枪、瞄准、射击、投弹等操练的舞段，都是通过这些老红军们的经历启发创作出来的。演军人，必须要像军人。演员们还先后在海南岛、张家口、大同和北京的部队参加军事训练，与部队的干部战士同吃同住，养成了军人的习惯。

红色娘子军的战斗生活最终被搬到了芭蕾舞台上。中国那一代芭蕾舞艺术家们，用本为西方艺术世界独有的芭蕾舞艺术演绎了中国伟大的革命历程畅想。

1964年9月26日，芭蕾舞剧《红色娘子军》在北京天桥剧场正式公演。周恩来观看演出后走上台，高兴地说：“我的思想比你们保守了，我原来想，芭蕾舞要马上表现中国的现代生活恐怕有困难，需要过渡一下，先演外国革命题材的剧目，没想到你们演出得这样成功。”10月8日，在人民大会堂小礼堂，毛泽东、刘少奇、朱德等中央领导人观看了演出。毛泽东上台与演员合影，肯定该剧：“方向是对头的，革命是成功的，艺术上也是好的。”

芭蕾舞剧《红色娘子军》剧照

有文章曾评价《红色娘子

军》为世界芭蕾舞台带来的革命：在芭蕾舞台上，第一次由英姿飒爽的战士成为主角；芭蕾舞演员第一次在舞蹈中举起钢刀钢枪，显示出鲜明的时代气息；而绵延的椰林、盛开着木棉花的英雄树，充满南国风情的黎族少女舞和斗笠舞，也具有鲜明的中国民族特色。

舞剧之外，《红色娘子军》还以戏曲等其他艺术形式被搬上了舞台，其中，仅京剧就至少有两个版本。1964 年，在全国京剧现代戏观摩演出大会上，中国京剧院四团首演由田汉改编的京剧版《红色娘子军》；1972 年，由杜近芳、冯志孝等人主演的京剧“样板戏”版电影《红色娘子军》公映。

问世半个多世纪以来，芭蕾舞剧《红色娘子军》久演不衰，成为中国芭蕾舞史上的传奇。1993 年底，重排的《红色娘子军》在上海进行首场演出，反响热烈。据当时的新闻报道：“在优美的旋律中，这出按 1964 年版本复排的芭蕾舞剧，使在场的几代人回首他们往昔的激情，也给昨晚观众席中为数不少的少年儿童带来一份新奇……大幕合上，全场起立，久久不散，楼上楼下，形成一幅热烈而壮观的剧场景象。”

近 60 年来，芭蕾舞剧《红色娘子军》演遍大江南北，北京、广州、佛山、中山、珠海、深圳、海口、上海、杭州、南京、长沙、武汉、郑州、重庆、成都、厦门、泉州、福州都留下了它的印记。2014 年，中央电视台和北京电视台的“春晚”选用了《红色娘子军》的片段演出，更加唤起了观众的热情与记忆。

《红色娘子军》也走出中国，“舞”到了世界。2003 年 10 月 6 日，中央芭蕾舞团受邀参加法国的中国文化年演出。享誉世界的“里昂舞蹈之家”主动指定芭蕾舞《红色娘子军》作为演出剧目，上演 19 场，场场观众爆满，连过道都挤满了人。还有很多观众是专门从巴黎赶过来看的。时任中央芭蕾舞团团长赵汝蘅女士曾说：“每个国外大团都有自己的看家戏，《红色娘子军》就是中芭的看家戏，这部戏记录着中国芭蕾舞的历史，也代表着中国芭蕾舞剧的最高艺术水平。”

一种勇往直前的精神

艺术无国界，艺术恒久远。一个红色的故事，演绎传承了半个多世纪，经久不衰，得益于革命的现实主义经革命浪漫主义的艺术升华。红色经典作品好似有着推动乾坤的力量，并把刻画出的英雄形象永远留给观众。“红色娘子军”的故事，来源于现实，又在艺术作品中得到升华，最终，激励万千人民，勇往直前、敢为人先、艰苦奋斗、不怕牺牲、信念坚定、矢志不渝、忠诚为民、无私奉献。这就是红色基因传承的魅力与力量。

作为“女性能顶半边天”的最形象的诠释，“红色娘子军”几个字一度成为铿锵有力地表达巾帼英雄豪情的最佳代名词。在全国的田间地头，曾经有过上万个红色娘子军打井队、红色娘子军机耕队、红色娘子军收割队，红色娘子军的革命精神，教育鼓舞着全国亿万农民。红色娘子军号、红色娘子军班组、红色娘子军突击队，也曾出现在许多新建的铁路和港口，出现在首都钢铁公司，出现在开滦煤矿，出现在刘家峡水库工地，红色娘子军的旗帜插遍了全国的矿区、工区、水库大坝。在人民解放军通信兵的机房里，部队院校的课堂上，凡是有女兵所在的战斗岗位，年轻的女战士都以红色娘子军为榜样。无论是在高寒山区的雪地里，还是在阳光强烈照射的南方部队的训练场上，女战士军事训练的一个最响亮的口号就是“我们是红色娘子军”！

《红色娘子军》重温革命者的初心，引导民众抬起头，挺起胸，主宰自己的命运，以无与伦比的美唤醒了观众的感性、理性和灵性，并把凝聚着思考、感性和智慧源泉的艺术形式展示给观众，使他们在观看演出的同时，置身于艺术的享受之中。

改革开放以来，伴随着“红色经典”改编热潮，由袁军导演，殷桃、王伟、刘佩琦等主演的电视剧《红色娘子军》大胆起用年轻演员，强调年轻人的朝气和青春之美，又重新点燃了年轻观众的热情。

2014 年 4 月，100 岁的红色娘子军老战士卢业香在海南省琼海市中原镇家中去世，媒体纷纷以“最后一位红色娘子军老战士去世”的标题进行报道。这又一次使人们将目光投注到那个英雄的群体。其家乡的报纸，在报道中称：“昔日的‘琼花’们渐行渐远，但‘琼花’的精神依然在这片红色土地上光芒闪耀。”“革命时期，她们撑起了琼崖革命斗争的半边天，用自己的双手与鲜血换来自由解放。她们激励人们乐观向上、奋起反抗、艰苦奋斗。”“在新的时代背景下，尽管我们在物质生活上已富足，但是红色娘子军精神同样能够激励我们去奋斗，增强为社会进步服务的信念。”

响彻寰宇的领袖之歌

——《东方红》的诞生及传唱始末

王锦慧

在中国现当代民歌史上，有一首歌伴着一轮磅礴而出的红日唱响：

东方红，太阳升，中国出了个毛泽东。他为人民谋幸福，呼儿嗨哟，他是人民大救星……

作为一首抒发对人民领袖和共产党由衷爱戴之情的颂歌，它一经连根带泥地在黄土高崖上吼出，便穿透邈远无极的高天厚土，成为跨越悠悠岁月的民族最强音。

《东方红》的故乡是一座红色石头城

陕北，静谧的黄土高原远远近近、高高低低都是亘古不变的苍黄。

远远望去，佳县（原葭县）县城独耸于黄河西岸的石山顶上，成为中国唯一一座完全建造在石头之上的城池。它四面凌空、孤立无援，却历经千百年的狂风暴雨而岿然不动。

在阴霾笼罩的旧社会，石头城里的百姓饱受压迫和奴役，世代繁衍的都是苍凉和贫瘠，他们翘首东方，盼太阳，盼翻身，盼解放！

1935 年 10 月，毛泽东率领的中央红军到达陕北。从此，更大规模的土地革命相继展开，打土豪，分田地，减租减息，穷苦人终于当家做了主人。

佳县是革命老区。1926 年建党，1940 年解放。人民感恩共产党、毛主席，先后有2万多人参军，800多人战死沙场。

1947年3月18日，面对20多万敌人的疯狂进攻，党中央主动撤离延安，开始转战陕北。8月16日，毛泽东率领中共中央机关和中国人民解放军总部来到佳县，在14个村镇度过了一百个不平凡的日日夜夜。

在佳县简陋的窑洞中，毛泽东和中央其他领导同志一起指挥全国的解放战争，其中就包括具有决定性战略意义的沙家店战役。

1947年10月18日，毛泽东为佳县人民题词

在此期间，毛泽东还审定了《中国人民解放军宣言》《中国人民解放军总部关于重新颁布三大纪律八项注意的训令》《中国土地法大纲》等一系列重要革命文献，并在这里发出了“打倒蒋介石，解放全中国”的伟大号召，为解放战争由战略防御转入战略进攻奠定了基础。

著名的沙家店战役之后，中国人民解放军乘胜前进。为了支援前线，佳县人民一年7次上交公粮，杀耕畜、献籽种，作出了巨大牺牲。毛泽东曾三次约见县委书记张俊贤，问：“再打一仗，坚持一个星期到十天，粮食够不够用？”张俊贤果断地说：“先用政府的存粮，再用老百姓的口粮，万一不行，我们还有一万多只羊，这些都吃光了，还有两千多头驴和牛，说什么我们也要把战争支援下来。”

毛泽东热泪盈眶，欣然为佳县人民题词：“站在最大多数劳动人民的一面。”

风风雨雨八十多个春秋过去了，可这些陈年的往事，石头城里的石城墙记得，石街巷记得，石窑洞记得，记得啊记得，都还清晰地记得！

谁最先吼出来的

“信天游”是流传在中国西北地区的一种民歌形式，是一部用老镢头镌刻在黄土高原上的传世巨著，是绽放在黄坡、黄水之间的一朵奇葩。

多次赴陕北采访的著名作家姜安曾说过：“无论隆冬还是盛夏，无论顺着山路走进村庄或独行山洼，你都能听见忽远忽近的‘信天游’。‘信天游’能唱圆日月，能唱碎人类最后一滴眼泪。这话，谁会怀疑呢？”

难怪，一位普通农民用“信天游”吼出了《东方红》，宣告了一首庄严而伟大的颂歌诞生！

他就是李有源。1903 年农历二月二十三日，出生在佳县离县城只有五里远的张家庄村。这是一户贫苦的农民家庭。父亲给三个儿子分别起了有财、有岐、有源的名字，希望他们能从世代贫穷中解脱出来。

但李有源长到 13 岁，贫穷依然笼罩着这个家庭。母亲无奈，将他送到刘家沟外婆家。

刘家沟和张家庄不同的是，这里有个冬书房，在 13 岁的李有源耳朵里，村里迎新娘子的唢呐，邻村盲人说书的三弦，都比不过抑扬顿挫的读书声，他一路过那个地方就走不动了。母亲说：“这儿是为有钱人娃开的，不是咱们去的。”但李有源抱着母亲的腿就是不松手。母亲只好东挪西借地凑了学费，将他送进冬书房读书。

李有源

李有源很快就读会了《百家姓》《千字文》。过了年，他已 14 岁，不能再待在那个生不出庄稼的冬书房里了，于是成了一名羊倌。

父亲为了修孔窑洞安身，来来回回地去背百十斤重的石头，石头背够了，窑修成了，他却咳嗽吐血一病不起，43 岁就不幸离世。

为了还债，李有源家里的羊全卖了。

一家人成了地地道道的佃户，全靠租地过日子。地收割了，就去城里淘粪。李有源还赶着毛驴到山西贩过盐，东渡黄河为地主揽过工，受的是牛马苦，吃的是猪狗饭。

“千年铁树开了花，穷苦人翻身当了家；毛主席领导咱闹革命，昔日牛马坐天下。”

1940年，佳县解放。李有源响应毛泽东提出的“自己动手，丰衣足食”的号召，开了七八亩荒地，打下十多石谷子。他家的光景过得“绿个盈盈翠”“甜个滋滋醉”。为此，他编了不少歌颂党和毛泽东的歌，但总觉得没有把自己的情感真切地表达出来。

有一次，听到有人闹秧歌时把毛泽东比作一盏灯。他晚上回到家里便摘下帽子往灯上一罩，窑里马上黑了下来。他想，一盏灯只能照亮一孔窑洞、一户人家，还不能反映出毛泽东的伟大。他下决心要编一首更妥帖、更响亮的歌颂毛泽东的歌。这种情感是发自内心的、无比真诚的。

1942年冬天，李有源早早出门挑着担子进城卖菜。夜雾散了，正是东方霞光初露之时，他禁不住停住脚步站在断崖上眺望。刹那间，一轮红日从黄河东边的吕梁山峦一跃而出。

于是，他粗犷、沙哑、浑厚的嗓子发出一声野味十足的吼叫：

东方红，太阳升，
中国出了个毛泽东，
他为人民谋生存……

这三句歌词李有源是一口气吼出来的。化育万物的是太阳，拯救穷人的是共产党，要打起比方来，说毛主席是咱穷人的太阳，那是再对头不过了。要不是毛主席的领导，哪有我李有源的今天？哪有广大贫苦人民的今天？

可到第四句上，却卡了壳，李有源急得跺脚，抓耳，挠腮，还是卡壳。他只好拾起担子继续向县城走去，一直走到县委门口，“毛主席是中国人民的大救星”，城墙上的一条标语让他心里豁然一亮，这不是最好的结尾吗？为了整齐句式，他将句子截成：“他是人民大救星。”

这天夜里，李有源把白天想好的四句歌词虔敬地写在了麻纸上，又配上了当地流行的《骑白马》曲调，按照陕北民歌取词中几个字作歌名的习惯，把这首歌叫作《东方红》。

一首歌，一首后来唱遍全中国的歌，其最初版本就这样在张家庄村的土窑洞里完成了！

集体智慧的结晶

1943年春节，张家庄村秧歌队赴佳县县城演出。

李有源的侄子李增正有一副天生的好嗓子，是秧歌队的“伞头”（打伞领唱的人），他在这次演出中首唱了《东方红》。

这年，佳县大旱，粮食颗粒无收。为了生产自救，人民政府组织了70余人的移民队到延安开荒种地，途经米脂县、绥德县、清涧县、子长县。李增正作为移民队副队长，一路高唱着这支歌，一直唱到延安。

后来，李有源在《东方红》的基础上又编写了《移民歌》。开头一段就是“东方红，太阳升……”接下来的几段是写移民开荒深远意义及美好前景的。

边区的音乐工作者根据李增正的演唱，通过不同途径对《移民歌》进行了采录。采录时，他们也把《东方红》一段放在了前面，并在《解放日报》公开发表。

作曲家马可是采录这首歌的亲历者。1944年5月24日，他在《解放日报》发表的《群众是怎样创作的》文章中说：“李有源是葭县（佳县）城关区的一个农民……李增正就是李有源的侄儿，他们叔侄两个都擅长编秧歌，有名的移民秧歌‘东方红，太阳升，中国出了个毛泽东……’就是他们叔侄编的。”文章还记叙了他采访李有源叔侄的情景，并呈现了一些细节。

《东方红》的曲调来自古老的陕北小调《骑白马》。早在抗日战争期间，陕北人民就以这个小调为蓝本重填新词表达抗日的内容：

骑白马，挎洋枪，三哥哥吃了八路军的粮，有心回家看姑娘，呼儿嘿哟，打日本就顾不上……

由于曲调广为民众熟知，《东方红》在口头传唱中数易其词，有各种不同的版本形成。经过文艺工作者的搜集、改编、补充、完善，最终形成广为传唱的“三段式”《东方红》。

其中重要的改编有两次：

1945 年 9 月，为响应党中央“向北发展，向南防御”的战略方针，鲁艺师生 60 余人组成“东北文艺工作团”，从延安启程前往东北。

抵达沈阳后，团里决定组织一场文艺晚会。在筹备过程中，公木、刘炽、高阳、田方等人着手改编《移民歌》，拟作为晚会的重头曲目推出。

在改编中，公木将第一段歌词中的“谋生存”改成了“谋幸福”，在第三段将其在行军途中创作的诗歌《出发》中的首段诗句“共产党，像太阳，照到哪里哪里亮”和尾段诗句“哪里有了共产党，哪里人民得解放”加了进去。

歌词改好后，刘炽在《骑白马》小调基础上对速度、节奏、唱腔等都作了相应的加工，以《东方红》命名在晚会上唱响。

1951 年，世界青年联欢节前夕，著名作曲家李焕之再次改编了《东方红》的曲调，即放慢了音乐节奏，运用转调手法，使乐曲变得更加丰满、宏大、抒情、优美，使黄土高原的山间小调成为气势磅礴的殿堂颂歌，成为最终定型的《东方红》版本。

正如李有源所说：“《东方红》不能说完全是我一个人创作的。那是许许多多热爱毛主席，热爱共产党的干部和群众集体创作的。”

1951 年，李有源以农民身份参加了绥德专区文艺工作者代表大会。会上，他获得奖旗、奖章、奖金，首长们亲切鼓励他，记者们争先访问他，他被称为“人民歌手”。

会上，代表们让李有源唱歌，他稍加思索便唱道：“人民高，人民贵，人民参加文代会，人民的意见最宝贵，人民的江山万万岁！”其即兴创作的能力博得了大家的喝彩。

1954 年，李有源再次出席陕西省文艺创作者代表大会。回乡后，佳县人民政府安排他当了干部。他先后担任过佳县当川寺乡、马家沟乡、郭家圪崂乡的文书。

然而，随着《东方红》知名度的一路攀升，作者是谁这个原本无人在意的事情引起了越来越多的关注，并成为一个争论不休的问题。

1961 年 4 月，陕西省委专门派人赴米脂等地进行实地调查，证实李有源为《东方红》词作者，并形成《关于李有源的生平及其〈东方红〉的创作等情况的报告》，上报中央和西北局领导。

据此报告确认：李有源是《东方红》歌曲第一段歌词的创作者，李增正是《东方红》歌曲最早的演唱者。

而李有源早在1955年5月就已病故，时年52岁，安葬于村东的一个山头上。

李有源生前留下的影像资料很少，人们只能从仅存的一张合影中依稀看到他当年的形象：头戴小帽，身穿粗布大襟袄，胸前挂着奖章……据当地人回忆，李有源平时总喜欢带一根长杆子椿木旱烟袋，身为干部仍提粪筐一路拾粪，随处编歌吟唱，一副完完全全的农民模样。

后来，佳县人民政府整修和保护了李有源故居，修建了李有源陵园，墓碑上书"《东方红》作者李有源之墓"。如今，《东方红》已成为佳县的一张"红色名片"。

强大深远的社会影响力

延安大学教授孙鸿亮撰文指出：《东方红》是中国现当代民歌史上的一个奇迹，有人把它誉为"史上最红歌曲"。

1944年，延安大学鲁迅文艺学院编了一本《群众歌曲》的油印册子，收录了用五线谱记的《东方红》和八段歌词，署名为"陕北民歌""葭县农民李有源、李增正作词"。

这是迄今发现的最早记录《东方红》的出版物，也是"东方红"三个字最早以歌曲名字的形式展现在人们面前。不仅如此，在歌名的下面，还首次出现了它的英文名字。

这注定是一个不同寻常、耐人寻味的开端。1945年5月，为了庆祝中国共产党第七次全国代表大会召开，著名作曲家贺绿汀改编的混声合唱《东方红》，在延安中央党校礼堂演出，引起热烈反响。

1945年9月，随着"东北文艺工作团"的脚步，《东方红》的歌声在陕西、山西、河北、热河、辽宁5省久久回荡。

1949年10月1日，《东方红》成为开国大典上奏响的第一首曲目，见证了中国人民“从此站起来了”的神圣时刻。

1953年7月，《人民画报》破例整版刊登《东方红》曲谱及其词作者的大幅照片。

1953年10月，日本西官市“虹之会”合唱团给李有源寄来一张演唱《东方红》的照片，并联名写了一封信，信中说：“东方红，太阳升，这不仅是中国人民的歌曲，我们想，这也是全世界劳动人民的歌曲。”

1964年10月2日，由周恩来亲自策划和指挥的大型音乐史诗《东方红》在人民大会堂首演。其场面之壮观，气势之恢宏，成为文艺界空前的盛举。

1970年4月25日，中国第一颗人造地球卫星“东方红一号”成功升空。那一天，几乎所有中国人都仰望星空，从广播里倾听从卫星传回的《东方红》。从此，在浩瀚的宇宙中，响起了中国旋律。

2008年11月18日，胡锦涛在古巴哈瓦那大学塔拉拉分校发表完热情洋溢的讲话之后，古巴领导人劳尔·卡斯特罗上台用中文高歌了一曲《东方红》。

2010年1月31日，在维也纳金色大厅，陕北民歌新春音乐会在一首高亢、嘹亮、大气的《东方红》中拉开序幕……

在灿若星河的红色经典中，没有哪一首歌能像《东方红》这样享有如此殊荣，也没有哪一首歌能像《东方红》这样具有如此强大深远的社会影响力。

《东方红》已不再是一首普通的民歌，它远远超出了李有源的创作初衷，超出了娱乐和文化功能，而升华为一个国家、一个民族的共同心声。

东方红，太阳升。中国出了个毛泽东……

毛泽东是伟大的马克思主义者，伟大的无产阶级革命家、战略家、理论家，是马克思主义中国化的伟大开拓者，是近代以来中国伟大的爱国者和民族英雄，是中国共产党的第一代中央领导集体的核心，是领导中国人民彻底改变自己命运和国家面貌的一代伟人。

红军不怕远征难
——《长征组歌》背后的故事

陈　辉

1965年8月1日，北京军区政治部战友歌舞团在北京人民剧场首场成功地演出了《长征组歌》。

这组歌曲是为纪念中国工农红军长征胜利30周年，由原总政治部主任萧华作词，战友歌舞团晨耕、生茂、唐诃、遇秋作曲，唐江指挥。《长征组歌》50余年在国内外演出1500多场，经久不衰，被誉为中国合唱史上具有里程碑意义的重要作品，并入选为“二十世纪华人经典音乐作品”。

作为新华社北京军区支社社长，笔者曾跟随战友文工团演唱的《长征组歌》32年，跟随战友文工团《长征组歌》演唱队重走长征路，跟随《长征组歌》演唱队赴香港演出，跟随《长征组歌》在内地巡回演出，了解了《长征组歌》的来龙去脉，得知了《长征组歌》许许多多背后的故事，耐人寻味，使人难忘。

萧华为什么能写出《长征组歌》

《长征组歌》的歌词没有出于专业歌词作家，为何会出自萧华之手？萧华写歌词有什么优势？萧华写歌词受到什么启发？这背后的故事又是什么？

萧华，1916年1月出生于江西兴国一个贫苦的泥瓦匠家庭。萧华父母都是早期共产党员，后来都在革命斗争中献出了生命。

萧华自幼聪颖好学，每年都以第一名的成绩获得祠堂学租奖励，誉为“神童”。当时县商会捐给学校一批乐器，让学校组织乐队。萧华看中了一把

萧华上将

锃亮的铜号，不料一吹竟发出“哧”的一声，引起同学一阵哄笑。商会会长的儿子嘲讽说：“饭都吃不饱的人，还想吹号。”萧华气得涨红了脸，请求老师让他练吹号。老师鼓励他说：“有志者，事竟成。”天道酬勤，萧华苦练半年，小号已吹得娴熟。

1927 年春，萧华秘密加入中国共产党外围组织“青年干社”。1928 年 12 月，正在兴国县立文兰阁中学读初中的萧华，加入中国共产主义青年团，同年 12 月 20 日参加兴国暴动。

1929 年 2 月，年仅 13 岁的萧华进入兴国土地革命干部训练班学习。4 月，毛泽东率红四军第三纵队来到兴国城，萧华第一次见到了毛泽东。在潋江书院，毛泽东举办了“土地革命干部训练班”，萧华是年龄最小的学员。当年 12 月，年仅 13 岁的萧华便被推选为少共共青团兴国县委书记。他很快跑遍了全县，区区建立了团委，乡乡成立了团支部，还组织了少年先锋队。他的组织才能深得毛泽东称赞。

1930 年 7 月，萧华转为中共正式党员。10 月，又被任命为特务营三连政委。后来又任营政委、团政委。1933 年 9 月，红军在江西宁都成立“少共国际师”，建制为中国工农红军第十五师，萧华被任命为政委。

1934 年 10 月，长征开始，萧华先后担任红一军团政治部组织部部长、红一军团二师政委、一师政委。

革命战争的洗礼，尤其是长征中的耳闻目睹和切身感受敌人的疯狂与残忍、军民的鱼水情谊、烈士的勇敢与鲜血、雪山草地的艰辛与无奈、革命挫折的教训与痛苦，为萧华日后创作《长征组歌》打下了坚实的基础。周恩来曾经对萧华说：“只有经历过了长征的人才会写出《长征组歌》；只有有激情的人才会写出《长征组歌》。你为党和人民做了件好事，为子孙后代做了件好事，我感谢你！”

黄镇长征画稿激起萧华创作冲动

1938年10月，上海的阿英（钱杏邨）收到萧华从陕北辗转寄来的用照相机拍下的24幅长征画稿，内心充满了激动之情。

阿英在1926年参加中国共产党，抗战期间，他在上海创办了风雨书屋，决定用风雨书屋的名义尽快出版这些画稿。作者署名萧华。至于书名，不能直接用“长征”，而是借用斯诺的《西行漫记》，定名《西行漫画》；用铜版纸、道林纸精印了2000册，绝大部分流向了八路军、新四军抗日根据地，收到了鼓舞士气和民心的效果。

不久，风雨书屋遭到查抄，人员被捕，《西行漫画》遂成绝版。1958年，《西行漫画》被一位读者发现，推荐给人民美术出版社。于是，人民美术出版社决定再版《西行漫画》，并请萧华作序。萧华这才知道经他手送出的长征画稿竟然署了自己的名字，但时间太过久远，他也想不起来作者是谁。萧华在序言中说：“漫画的作者已经查不清楚是什么人。我想，很可能是红五军团中做宣传工作的同志。”

1962年4月，人民美术出版社再版《西行漫画》。几经周折，责任编辑邵宇和画家黄胄找到了长征中曾在红五军团做宣传工作的黄镇，才搞清楚原来《西行漫画》的作者是黄镇。于是，人民美术出版社遂将书名改为《长征画集》，署名黄镇。

黄镇，安徽桐城人，曾是刘海粟创办的上海美术专科学校的学生，后转到张恨水及其弟张牧野创办的北华美术专科学校，他的老师中有著名画家齐白石、徐悲鸿、刘海粟、李苦禅等。黄镇参加了1931年的宁都起义，后来起义部队被改编为中国工农红军第一方面军第五军团。1932年，他加入中国共产党，曾任红五军团政治部宣传科科长。中华人民共和国成立后，黄镇历任驻外大使、中国驻美国联络处主任、文化部部长等职。

萧华在1962年版的《长征画集》序言中写道：“当翻阅这本画集的时候，我难以抑制内心的激动。这些画面，一下把我引入20多年前的回忆中，使一些永生难忘的情景展现在我的面前……多少同志永眠在长年不化的冰雪中，多少同志用自己的鲜血染红了长征的道路。”

萧华参加长征时年仅 18 岁。黄镇的《长征画集》激起了他的创作冲动，无奈工作繁忙，始终没有动笔。

1964 年 2 月，萧华得了严重的肝炎，他不得不放下工作，由夫人王新兰陪同到杭州疗养，于是有了创作的时间。当时一些文艺界的同志在纪念红军长征 30 周年活动前夕，约他写些有关长征的作品，这成了萧华创作《长征组歌》的直接动因，最终促成了他完成《长征组歌》的多年夙愿。

用什么形式来反映长征这一人间壮举？萧华擅长诗词，是颇负盛名的“将军诗人”，他认真征询了许多同志的意见，最后确定用诗歌的形式。他利用疗养时间认真学习了毛泽东有关长征的一些诗词及有关著作，阅读了刘伯承元帅的《回顾长征》和其他一些老同志的回忆录，反复阅读长征史料，并研读唐诗宋词。经过再三思考，决定选取长征中 12 个有代表性的场景作诗，他确定在借鉴古诗词的基础上，用组诗的形式表现作品的内容，采取“三七句、四八开”的格式，即每段诗词用四个三字句，八个七字句，共 12 行 68 个字组成，一诗一韵。这样既有统一的格律，便于记忆、朗诵、谱曲、歌唱，又不受平仄、对仗的限制。

萧华经常半夜起身写作，导致劳累过度，病情三次反复。妻子王新兰心痛地对他说：“来疗养院之前，总理专门对我说，到了杭州就是要你好好休息，你再不好好疗养，我去向总理说。”

萧华见她真生气了，动情地说：“新兰，你应该能理解我，只要一想起长征时的经历，我的心就放不下呀！我和你说过，我们少共国际师的师长吴高群同志，那天敌人的飞机来轰炸，一颗炸弹下来，大树被炸飞了。我抱起他来，他浑身是血，对我说：‘老弟，我是不行了，你要把咱们的师带好，你可要为我报仇呀……’他就这么死在了我的怀里，多么好的同志啊！”

说着说着，萧华泪流满面。9 岁参加红军、11 岁参加长征的王新兰也被感动得掉下了眼泪。于是，萧华又继续进入紧张的创作过程中。

在创作中，萧华回想起长征的峥嵘岁月，回想起那些倒下去的战友、回想起由于王明“左”倾教条主义在党内的错误领导，中央革命根据地第五次反“围剿”失败，中央红军不得不离开中央苏区进行长征。成千上万的苏区人民流泪从四面八方赶来送别，送茶、送水，送草鞋、布鞋、斗笠、雨伞等，随着群众“你们千万要回来啊！”的声声高喊，与红军“我们一定会回来！”

坚定的回答，组成了一幅依依惜别的生离死别的画卷！

就这样，第一段歌词《告别》便跃然纸上："红旗飘，军号响。子弟兵，别故乡。红军主力上征途，战略转移去远方。男女老少来相送，热泪沾衣叙情长。乌云遮天难持久，红日永远放光芒。革命一定要胜利，敌人终将被埋葬。"

萧华伴着痛苦的回忆、感动的泪水、深情的笔墨、激情的创作，按照长征的进程，选取了12个典型事件，构思了组诗的整体布局：《告别》《突破封锁线》《进遵义》《入云南》《飞越大渡河》《过雪山草地》《到吴起镇》《祝捷》《报喜》《大会师》《会师献礼》《誓师抗日》，使长征全景以诗歌艺术的形式一一展现。

一个个不眠之夜，一次次病情复发，在创作《长征组诗》的过程中，萧华的转氨酶升高了4次，字字是长征情，句句是战友泪。伴随着激情和泪水，萧华最终完成了12首诗稿。

对当时的写作情形，萧华曾描述说："我写《长征组歌》，不知道自己掉了多少眼泪。有些段落，如告别、进遵义、过雪山草地、报喜等，就是一面流泪一面写的。想起长征中的艰难困苦，牺牲了那么多的好同志，怎么能不难过呢？遵义会议确立了毛主席在红军和党中央的领导地位，在生死攸关的危急关头，挽救了红军，挽救了党，终于历尽艰险，战胜敌人，三大红军在陕北大会师，胜利结束了长征。想起这些，又怎么能不高兴呢？难过、高兴，都会使人流泪的。"

《长征组歌》初稿完成后，萧华广泛征求了各方面的意见。经过10次修改，当年11月中旬，《长征组歌》成稿，萧华借用毛泽东的一句名长征诗，为组歌取名"红军不怕远征难"。

萧华将长征诗稿送周恩来和在京的元帅传阅。周恩来非常喜欢，当即拿走其中的两首，交给时乐蒙谱曲，放在音乐舞蹈史诗《东方红》中。

1965年7月，《解放军报》全文发表了《长征组歌》，《解放军文艺》7月同时登载。《长征组歌》的出现，立即引起强烈的反响。舆论一致认为，《长征组歌》是萧华将军的一个创造，它以革命现实主义和革命浪漫主义相结合的艺术手法，形象生动地再现了长征这一伟大的历史奇迹，歌颂了中国共产党的伟大和老一辈无产阶级革命家的丰功伟绩，赞扬了中国工农红军英勇顽强、百折不挠、敢于胜利的英雄气概。

1985 年 8 月，萧华将军病重和弥留之际，还和子女、夫人一起哼唱了《长征组歌》。

四位作曲家与《长征组歌》

萧华是总政治部主任，《长征组歌》歌曲的创作和演出首选应该是总政歌舞团，为何是北京军区战友文工团拿下了《长征组歌》？这是观众多年的迷惑。其实，当年萧华有着两个选择：总政歌舞团和战友文工团分头创作。

《长征组歌——红军不怕远征难》作曲是战友歌舞团创作演出的；《红军不怕远征难——表演大合唱》是总政歌舞团创作的。这两个版本都是萧华作词，内容基本相同，但音乐风格和表演形式却截然不同。

1964 年，萧华在病中创作了 12 首的《长征组诗》。同年 11 月中旬，萧华找来总政歌舞团团长时乐蒙和战友歌舞团团长晨耕，将这部长诗交给他们，要求两个团各搞一台节目，在 1965 年纪念长征胜利 30 周年时演出。

萧华明确说："我不是让你们合作写一台《长征组诗》的歌曲，总政歌舞团要搞一台带舞蹈的大合唱，战友歌舞团可以搞一台便于推广传唱的音乐晚会，不一定写成 12 首曲子，也可写成像《三大纪律八项注意》那样的歌曲，把这 12 首诗的意思融进去。"

萧华还从总的指导思想上，对谱曲提出了几点意见：

一、要站在以毛泽东同志为首的正确路线的高度去理解长征。要以毛泽东思想为指导去谱写长征，要生动地反映长征生活，热情地歌颂红军英雄。

二、《长征组歌》要为人民创作，为人民服务。为了歌颂为中国革命事业抛头颅、洒热血的革命先烈，为了给后人提供一部进行革命传统教育的形象化教材，我们要努力写好《长征组歌》。

三、《长征组歌》应该写成一部革命化、民族化、群众性的大合唱。具体要求是好听、易唱、亲切、动人。

为了让作曲家更好地发挥艺术创造力，有创作的空间，萧华还说："你们可以根据作曲的需要，改动部分词句。"因此，后来两个版本的歌词也略有不同。例如，第一曲《告别》中，战友歌舞团的是"紧紧握住红军的手 / 亲人何时返故乡”，总政歌舞团的是“紧紧握住红军的手 / 捷报早日传故乡”。

《长征组歌》的两个创作班子分别开始谱曲。后来，萧华到青岛去疗养，还要把总政文工团的创作班子召到青岛去，一同研究《长征组歌》的谱曲问题。可见萧华对总政文工团的创作是高度重视的。

这两套班子创作的两种版本即“总政版”的《长征组歌》和“战友版”的《长征组歌》，“总政版”的《长征组歌》由总政文工团进行曲创作和排演；“战友版”的《长征组歌》，作为普及作品，由战友文工团创作、排演、推广。

当时，战友歌舞团团长晨耕和总政文化部部长刘佳向北京军区司令员杨勇、政委廖汉生汇报了萧华赋予的《长征组诗》作曲和演出任务，他俩当即表示支持。

战友文工团的前身是1937年12月11日成立的晋察冀军区政治部抗敌剧社，1948年8月改为华北军区政治部文工团。1955年4月，华北军区改称北京军区，5月华北军区政治部文工团被命名为北京军区政治部战友文工团。

晨耕、生茂、唐诃、遇秋是北京军区战友文工团四位著名的作曲家。经过讨论，四位作曲家认为12首《长征组诗》的最后2首《会师献礼》《誓师抗日》反映的是红军长征后北上抗日的故事，所以决定为前10首谱曲。

四位作曲家集体构思，统一布局，各取所长，分头执笔，最后再共同推敲，反复修改。他们在借鉴红军传统歌曲的基础上，分别糅进江西采茶、苗家山歌、湖南花鼓、云南花灯、川江号子、陕北秧歌等民族曲调。同时运用多种音乐手段，在混声乐队中，有西洋管弦乐器，也有民族乐器，如打击乐器大中小钹，云南傣族锣，陕西秦腔低音板鼓，五音鼓、中音鼓、竹板等。

四位作曲家作曲的十个曲目各有特色：第一曲《告别》过门采用二胡和琵琶，表达依依惜别的深情；第六曲《过雪山草地》开头用西藏风味音调，第二句用华北蔚县秧歌，第四句用云南风味音调；第四曲的三弦，第六、第七曲的竹笛独奏，第七、八曲的板胡、唢呐独奏等民族风味很浓；第七曲《到吴起镇》由唐诃和生茂分头写，后来唐诃觉得生茂写得比他的好，就主动放弃了自己写的。

第七曲的前奏曲是生茂1950年在中央音乐学院学习时写的小提琴练习曲，包含陕西戏曲眉户调、山西南路梆子、蒲剧，以及加工的秦腔等；第八曲《祝捷》要区别第七曲的陕北风格，唐诃根据湖南花鼓戏改编，以湖南籍女战士的身份讲述。

第九曲《报喜》生茂写成女声二重唱，用苗族和声写了前四句，很满意，但如何发展写不下去了。睡一觉起来，他的灵感又来了，用节奏性的苗族舞蹈，不厌其烦地重复48小节，然后用同一音型拉长两拍，作为轮唱变化，接着还用原音型加快速度，再唱32小节，最后改成44拍，以整齐节奏象征红军前进的步伐，将情绪推向高潮。

遇秋在伴奏、配器方面有特长，负责《长征组歌》全曲的统领。

为了修改乐谱，四位作曲家不仅在排练现场听取演员的意见和建议，还走访了在北京的60多位老红军。那时，北京军区机关以及各军首长几乎都是参加长征的老战士，杨勇、张南生、王紫峰是红一方面军的，廖汉生是红二方面军的，郑维山、傅崇碧是红四方面军的。晨耕回忆：一个星期天，他来到军区司令员杨勇家。正在菜地干活儿的杨司令员把他请到屋里说："关于《长征组歌》，具体廖政委管，我从长征老战士的角度提两条：第一，我支持，红军应该写，红军长征更应该写。第二，我的意见是，这是一群革命人，要把他们写好，不写好对不起他们。"

就这样，四位作曲家通力合作，反复修改，仅两个月就拿出了《长征组歌》第一稿。最后成曲后的布局是：第一曲混声合唱《告别》；第二曲二部合唱与轮唱《突破封锁线》；第三曲女声二重唱、女声伴唱与混声合唱《进遵义》；第四曲领唱与合唱《入云南》；第五曲混声合唱《飞越大渡河》；第六曲男高音领唱与合唱《过雪山草地》；第七曲齐唱与二部合唱《到吴起镇》；第八曲领唱与合唱《祝捷》；第九曲领唱与合唱《报喜》；第十曲混声合唱《大会师》。四位作曲家分别描绘了10个环环相扣的战斗生活场面，并巧妙地把各地区的民间曲调与红军传统歌曲的曲调融合在一起，最终汇成了一部主题鲜明、内容丰富、形式新颖、风格独特的大型声乐套曲《长征组歌》。

1965年4月下旬，四位作曲家专门到杭州为萧华试唱。唐诃唱女高音，遇秋唱女低音，晨耕唱男高音，生茂唱男低音，萧华边听边流泪。遇秋回忆说："萧华留我们住了10天，他每天讲解一曲。我们开始认为红军北上抗日，自然应该敲锣打鼓，浩浩荡荡。萧华说：'那时候长征是不得已啊，我姐姐哭成了泪人，不断地问我去哪儿，什么时候回来，连我这个少共国际师的政委都不知道。'"

遇秋回忆说："第二曲为什么'路迢迢，秋风凉'？萧华含着泪说：'长征中两个地方牺牲最多，一个是封锁线，一个是雪山草地。敌人有准备，机关枪扫过来，我们的战士倒下一大片，后面又冲……连朱老总都亲自甩手榴弹。有关部门在20世纪50年代初组织重走长征路，草地上仍然有烈士的尸骨和刀枪……'"

"萧华主任时而眉飞色舞，时而慷慨激昂，时而潸然泪下。说到四渡赤水战斗时，萧华绘声绘色地勾勒出了'毛主席用兵真如神'的大场面。萧华将军对长征精神的解读，为我完成《长征组歌》的后期创作及几次大的修改，打下了深厚的基础。"遇秋深有感触。

从杭州回京后，写总谱的任务就落在上海音乐学院作曲系深造过的遇秋肩上。老人回忆："那是1965年盛夏，我的创作是在战友文工团的一间只有三平方米的陋室里进行的，当时没有电扇，更没有空调，那时我年轻，体力充沛，几乎没白天没黑夜地写，有时热得受不了，就索性'赤膊上阵'，只穿个裤衩，双脚泡在凉水盆里，身上只披着一块湿毛巾，开始创作。"

其间，遇秋经常是边创作边落泪，泪水和着汗水浸透了一页页稿纸。也是小八路出身的遇秋想起当年的情景说："有几天躺在床上根本无法入睡。经常会产生出一种幻觉，一闭眼仿佛就看见很多红军战士围在我床前，大声地呼喊着：'遇秋啊遇秋，我们都牺牲了，没有来得及看到新中国诞生。如今你还活着，一定要把这一切写好，我们眼巴巴地等着你呢……'"就这样，两个月后，《长征组歌》修改完成。

整个组歌最后还是共分为10个部分，分别是《告别》《突破封锁线》《遵义会议放光辉》《四渡赤水出奇兵》《飞越大渡河》《过雪山草地》《到吴起镇》《祝捷》《报喜》和《大会师》。《长征组歌》以深刻凝练的语言，优美动人的曲调，浓郁的民族风格和群众喜闻乐见的艺术表演形式，讴歌了中国工农红军在党中央和毛泽东的领导下，不屈不挠、无私无畏的革命精神，歌颂了红军指战员艰苦卓绝、英勇奋战的英雄气概，颂扬了中国革命史中具有传奇色彩的二万五千里长征。

历经半年时间的创作和排练，1965年7月19日在天津人民礼堂，萧华第一次审看了《长征组歌》。他看完演出后说："你们的演出让我很感动，你们把歌唱活了，因为长征本身是伟大的，是感人的，你们的歌展现了伟大长征的面貌，你们的演出是成功的。”同年 8 月 1 日，《长征组歌》在北京民族宫礼堂正式公演，立即轰动全国。

在北京军区战友文工团《长征组歌——红军不怕远征难》创作演出的同时，总政歌舞团创作演出的《红军不怕远征难——表演大合唱》也相继作曲和排练成功，于 1966 年 2 月在北京京西宾馆礼堂演出了两场，当时周恩来和萧华观看了演出。演出后，周恩来问萧华，这两个版本哪个更好？萧华说，各有千秋。

战友文工团《长征组歌》第一代合唱演员马子跃回忆说：“当时我们战友歌舞团的演员是陪同周总理一起观看的这场演出，印象很深刻。总政歌舞团的节目很壮观、很有气势，既有合唱，也有舞蹈和表演，音乐的交响性比较强，运用的美声唱法和西洋音乐元素更加丰富。”后因种种原因，这部作品没有再公演过，其中的歌曲和音乐也没有流传开，因此鲜为人知。

战友文工团与《长征组歌》

萧华的《长征组诗》由晨耕、生茂、唐诃、遇秋作曲后，交由战友歌舞团进行了紧锣密鼓的排练，当时《长征组歌》的创作和演出阵容由“公演节目单”留下了历史记录：

《长征组歌——红军不怕远征难》(1965)

作词：萧华

作曲：中国人民解放军战友文工团集体曲

指挥：唐江

独唱：马玉涛、马国光、王克正、王伯华

二重唱：耿莲凤、杨亦然

朗诵：吴洪源、季魁云

10 年后，《长征组歌》重新公演，又有了新的版本：

《长征组歌——红军不怕远征难》（1975）

作词：萧华

作曲：晨耕、生茂、唐诃、遇秋

指挥：唐江

独唱：马玉涛、贾世骏、马国光、王克正

领唱：耿莲凤、杨亦然、王伯华

朗诵：王信民、梁红

1965年5月初，《长征组歌》的排练拉开序幕。时任北京军区司令员杨勇、政委廖汉生亲自来到文工团作动员。那次动员大会，第一代《长征组歌》合唱演员马子跃回忆：“当时杨司令员和廖政委都分别讲了话，指示我们要完成好这项光荣的任务，多向老红军和萧华同志请教，学好长征，唱好长征。大家情绪高涨，纷纷表示要‘学红军、唱红军、誓作红色接班人’。作为合唱队最小的演员，年仅20岁的我更是为能受领这么重大的任务而激动得一整晚睡不着觉。”

《长征组歌》的排练每天都在加班加点状态中紧张地进行。杨勇司令员、廖汉生政委亲自挂帅督促，政治部主任和参谋长坐镇排练现场。长征亲历者罗瑞卿、杨成武专程给演员们讲长征的故事，要求他们抓紧排练，做到严密组织、严格要求、严肃态度。排练现场有一幅很大的红军长征路线图，红箭头标出了每首歌曲在长征中所对应的具体位置。排练每一首歌，演职员都要学习选读红军回忆录来激发感情。

《长征组歌》的创作演出，会聚了各个时期众多卓有成就的音乐艺术家，在中国音乐史上实为罕见。著名指挥家唐江执棒指挥，马玉涛、马国光、贾世俊、耿莲凤等著名歌唱家担任主唱。

马玉涛领唱的《长征组歌》得益于一首短诗《马儿啊，你慢些走》。

1961年，词作家李鉴尧到西双版纳采风，创作了一组《西双版纳诗抄》，其中有一首短诗《马儿啊，你慢些走》。这首短诗发表在1962年2月的《边疆文艺》，并在中央人民广播电台由潘捷配乐朗诵。战友文工团作曲家生茂看到这首诗，以河北地区音乐为主，糅合以合乎诗歌情调的江浙一带地方音乐，为《马儿啊，你慢些走》谱了曲。战友歌舞团女高音马玉涛演唱，引起轰动。

后来，此歌经过修订后发表在1964年1月号《歌曲》月刊上，很快在祖国大江南北传唱开。1965年，周恩来指示《长征组歌》的创作人员，要借鉴此歌的创作经验，指出《马儿啊，你慢些走》的调子是“集南北之大成”。为此，《长征组歌》的领唱非马玉涛莫属。

主唱马国光1932年1月出生，祖籍辽宁锦州。自幼失去双亲，沦为孤儿。6岁流浪于石家庄、北平一带。1948年参加中国人民解放军，在第六十五军第一九三师当兵，参加过抗美援朝，后入华北军区文工团。马国光是男中音声乐演员，20世纪50年代因歌曲《真是乐死人》一举成名。他演唱的歌曲主要有《两个小伙一般高》《一路行军一路歌》《一壶水》等。他演唱的《我和班长》《战斗的岗位就是家》，分别获1964年第三届中国人民解放军文艺会演演员奖。《长征组歌》中，他担任《四渡赤水出奇兵》的独唱。

贾世骏，1930年出生于南京，历任北京军区战友文工团独唱演员、合唱队队长、声乐艺术指导。他曾演唱的歌曲有《骑着马儿过草原》《七律·长征》《康定情歌》，在音乐舞蹈史诗《东方红》中担任领唱，在《长征组歌》担任《过雪山草地》的领唱。

耿莲凤出身革命军人家庭，15岁就进入了战友文工团，她出众的嗓音和表演天赋得到了磨炼和展现。《长征组歌》风格各异，民族和地域特色浓郁，好多作品都是为本团歌唱家量身定做的。贾世骏的《过雪山草地》，马国光的《四渡赤水出奇兵》，马玉涛的《报喜》等。在遴选组歌第三曲《遵义会议放光辉》的演员时，作曲生茂、导演韩荣石、指挥唐江都不约而同地选择了年仅19岁的耿莲凤。因为第三曲是女声二重唱，所以根据耿莲凤的嗓音特点，又选定了比她大一岁的歌唱演员杨亦然加盟。

耿莲凤第一次担当这样的重任，有些紧张，于是专门请三曲作曲生茂帮助她一字一句地处理作品，直至得到所有主创人员的认可。耿莲凤领唱的三曲，虽莺啼初试，却令全场好评如潮。亲临音乐会现场的周恩来对耿莲凤说：“小耿，你的三曲唱得不错，遵义会议很重要，你的眼睛要发亮、发光，要笑起来，因为中国革命看到了希望。”周恩来的教诲深深地触动了耿莲凤的心灵。打那以后，耿莲凤对长征精神有了更深的理解，对自己的演唱也更自信了。耿莲凤和杨亦然是《遵义会议放光辉》这首歌的领唱。

王克正，1937年3月出生，天津市人。北京军区战友歌舞团男高音歌唱家，担任《长征组歌》第八首《祝捷》的领唱。

王伯华，战友文工团女歌唱家，担任《四渡赤水出奇兵》的领唱。

战友歌舞团词作家吴洪源和战友歌舞团演员季魁云担任《长征组歌》朗诵。

排练中，几位作曲家还深入排练场，现场听取演员们的意见和建议，对乐谱进行修改。马子跃回忆说："那段时间，对我们演员来说真是个不小的考验，因为乐谱在不停地修改当中，常常是今天刚把这份谱子唱熟，到明天再排练时又换上了新的，负责发放乐谱的剧务常常忙到深夜。"

经过近两个月的紧张排练，6 月 28 日，杨勇、廖汉生审看《长征组歌》。廖汉生回忆说："节目基本是成功的，它展现了红军长征这个革命历史题材，突出表现了红军指战员的革命乐观主义精神。但因为演员没有经过长征，对红军为什么要长征以及长征中经历的各种困难和挫折认识不足，对长征的艰难困苦方面表现不足。我们亲自给演员讲历史，讲长征中的雪山草地。"战友文工团还请来徐向前、聂荣臻、杨成武、杨得志、孙毅等几十位老红军为演员们讲长征，让大家熟悉长征的历史。与此同时，演员们每天阅读毛泽东关于长征的论著，以及《红旗飘飘》《星火燎原》等刊物，加深对长征的理解。

为了更好地营造长征氛围，合唱演员没有穿传统的演出服，而是身着红军服。表演方式上也有创新，《进遵义》采取女声二重唱，《入云南》为男声领唱，《到吴起镇》为女声合唱，边打竹板边唱，像当年行军鼓动一般。在队列组合上，有女合唱队员坐在草地上引入男声领唱，有《祝捷》中男主唱站在中间，合唱队分站两边，《过雪山草地》前奏时交接军旗，模拟雕塑等，这些都是合唱史上的首创。

7 月 7 日晚，廖汉生再次审看《长征组歌》，基本通过。19 日，战友文工团在天津人民礼堂演出《长征组歌》，廖汉生和北京军区副政委张南生陪同正在天津休养的萧华审看，这是萧华第一次观看《长征组歌》。第一首歌《告别》刚结束，萧华就泣不成声，台下也哭成一片，演出只好暂停。萧华说："你们的演出让我很感动，你们把歌唱活了。因为长征本身是伟大的，是感人的，你们的歌展现了伟大长征的面貌。你们的演出是成功的。"

7 月 23 日，廖汉生陪同国务院副总理谭震林、总参谋长罗瑞卿在北京展览馆剧场审看《长征组歌》。杨勇也看了多遍，竟然能把《长征组歌》从头到

北京军区战友文工团《长征组歌》重走长征路演出（陈辉摄）

北京军区战友文工团纪念红军长征胜利七十周年重演《长征组歌》

尾地唱出来。有一次，晨耕在京西宾馆陪杨勇观看，第一曲刚唱到“男女老少来相送”，杨勇就流下了眼泪。到第六曲《过雪山草地》时，杨勇再一次流泪。他说：“每看一遍，我都要流泪，不是别的，我想起一块出来的战友，还是小娃娃，就牺牲了，没享受到好生活。我们活到今天不容易，是他们抛头颅铺垫来的，怎么也不能忘了他们。”

《长征组歌》在天津试演、北京正式演出，成为战友文工团的保留节目，一演就是半个多世纪。每逢重大长征纪念日都进行全国乃至世界巡演，久演不衰，金声玉振，穿云裂石，长久地萦绕在人们心间。

周恩来与《长征组歌》

《长征组歌》是周恩来最爱看的演出、最爱听的歌、最爱唱的歌。据统计，他生前共17次观看《长征组歌》的排练和演出。

战友歌舞团对《长征组歌》的创作和排练过程，周恩来十分关心，他曾让萧华把曲作者和歌唱演员都带到中南海的办公室，听萧华讲述歌词中涉及的长征史实，并对每段唱腔都提出自己的品评意见。

1965年7月，《长征组歌》进入紧张的排练阶段，当时战友文工团在北京平安里1号的排练场，非常简陋。周恩来看彩排时，人们把唯一的一台风扇放在他身旁。周恩来看见指挥唐江累得汗如雨下，就亲自把电扇搬到唐江身后，说：“你比我更需要电扇。”

周恩来当年在指导战友文工团排练《长征组歌》时，为了弥补演员经历的不足，他反复给大家讲述红军长征中的斗争生活，并强调：文艺工作者唱红军首先要学红军，要以红军长征的伟大精神排演好《长征组歌》。战友歌舞团在创作过程中，曾修改了萧华的部分词句，其中第四段《四渡赤水出奇兵》的原诗是“主席用兵妙如神”，因为“妙”字不好发音演唱，所以就改为“毛主席用兵真如神”。周恩来看后说：“这是《长征组歌》中的神来之笔。”

1984年7月10日，中央人民广播电台的记者采访萧华，请他谈了《长征组歌》创作及演出情况。萧华特别提到了周恩来对《长征组歌》的关怀。他对记者说：“周总理对《长征组歌》的关怀真是无微不至，他对唱法、表演以及服装等都亲自指导。他一共看了17次演出，能把组歌全部唱下来。”

周恩来生前，只要北京有《长征组歌》演出，他都会在百忙之中去观看。《长征组歌》于1965年5月开始排练。周恩来常抽时间到现场观看。《长征组歌》汇报演出时，周恩来接连三个晚上看了演出，每次看完后，他都同大家交换意见。有一次周恩来对他们说："萧华同志的词写得好，你们谱的曲子也好，演唱得更好，尤其是'二马一贾'（指歌唱家马玉涛、马国光、贾世骏）唱得好，我看可以公演了，再多听听各方面的意见。比如，你们虽然冲破了合唱的城墙形式，但如何解决乐墙啊？否则，演奏压合唱，影响了听唱。"

遵照周恩来的指示，李遇秋等人又重点调整了中西混合乐队的平衡协调及与合唱队的宾主关系。从1965年7月起，《长征组歌》先后在北京、上海、南京等地公演了20多场，受到热烈欢迎。1965年国庆节之夜，《长征组歌》在天安门城楼西侧为党和国家领导人与英模代表演出，老帅们边看边鼓掌。周恩来走过来说："你们能在这里演《长征组歌》我很高兴，我祝贺大家！"

1965年8月24日晚，周恩来事先没有打招呼，在秘书的陪同下到北京人民剧场观看《长征组歌》。那天，周恩来入场时已经开演了，为了不打扰观众，他就坐在最后一排工作人员的座位上。直到中场休息大灯亮起，观众才发现了他。当时全场观众都站起来鼓掌，并请他前排入座。他说："这是公演卖票，我就坐在后面吧！"战友文工团的团长晨耕告诉他，前面留有艺术指导看节目的位子，他才同意。他还特意转身提醒秘书："这是公演，不要忘记去补一张票。"

演出结束后，周恩来高兴地走上舞台与演员亲切握手，祝贺他们演出成功。看着指挥唐江被汗水浸透的上衣，周恩来风趣地说："都大会湿（师）了！"大伙儿会心地笑起来，现场气氛更显融洽。周恩来兴奋地说："很成功，祝贺你们！你们的路子走对了，一是革命的，二是民族的，三是大众的。当然还要不断改进，不断提高，既要好听，又要好唱，还要适合每个独唱演员的特点。"

然后，周恩来说："我听了两次，比上次有了进步，很亲切，很感人，很容易学，很容易传播。我都可以学嘛！"停了片刻，他对团长晨耕说："明天请你们去大会堂教我唱《长征组歌》。"周恩来接着又对大家说："这个合唱加表演别开生面，合唱从来都是死板的，这是个创造。"他说，整部作品每个地区的音调只用一次，而第八曲《祝捷》巧妙地借一个湖南籍老战士之口来表现，很有特点，不显重复。“你们还缺一个竖琴哪”，周恩来看着乐队说。站在周恩来身边的团长连忙解释：“这个乐器我们没有，是用古筝代替的。”

周恩来听后说：“你们是管弦乐，就要显示出它的特点来。”这时大家让周恩来提意见，他谦虚地说：“刚听了两次还听不出什么意见，回去想想，想好了我会主动找你们的。”

周恩来的讲话让在场的演员鼓起掌来。“来，合个影吧！”周恩来说着就随便地坐在了领唱贾世骏的旁边，而没有坐在正中间。珍贵的瞬间就这样定格在胶片上。

拍完照片，周恩来特意叮嘱摄影师：“不要登报。”于是，这张照片当时没有多少人见过。直到30多年后的一天，马子跃在清理文工团的仓库时，才意外地发现了它。当时，他打开一个落满尘土的纸箱，里面全是散落的底片，有的已经粘连成一团，还散发着一股霉味。他把这个纸箱搬到办公室，闲暇时就翻弄里面的底片，白天对着太阳看，晚上对着灯光看。功夫不负苦心人，马子跃竟然奇迹般地从一堆烂底片中将周恩来在北京人民剧场看演出的底片全都找出来了，珍贵的照片终于公开发表，重见天日！

1966年春天，战友歌舞团接到随周恩来出国访问的通知。周恩来对《报喜》那一曲还不太满意，他说没有发挥出马玉涛的演唱特点，也没有完全表达出即将会师时的激情。他用商量的口气对遇秋说：“你们回去再改一改好吧！”出国前，周恩来再次看了演出，这次非常满意。

周恩来不仅对《长征组歌》百看不厌，还如痴如醉地学唱《长征组歌》。他曾请战友文工团著名的男高音独唱演员贾世骏，一句一句地教他唱《长征组歌》，从第一曲《告别》到第十曲《大会师》，一首首地学唱。后来，周恩来能够准确熟练地把《长征组歌》全部唱出来。

1966年6月5日，周恩来亲自带领《长征组歌》剧组出访罗马尼亚和阿尔巴尼亚，每到一个城市，都举行盛大的演出活动。巡回演出了一个多月，《长征组歌》轰动东欧。在国外演出时，由于日程安排很紧，演出场次多，演员们都很疲劳。周恩来特意指示：“我在观看演出的时候唱全场，我不在场时可以唱选段。”

马子跃含泪回忆陪同周恩来访问东欧的日子，他说：“那是我一生经历过的最幸福也最难忘的演出。1966年6月26日晚上，我们《长征组歌》剧组的演员们在阿尔巴尼亚的地那拉市举行一场大型演出后，周总理高兴地走上台告诉大家，晚餐到中国大使馆吃贴饼子，全体同志立刻欢呼起来。在去中国大使馆的路上，周总理对大家说：‘咱们吃完晚餐后，演几段节目慰问一下大使馆的工作人员，我和你们一起唱，咱们就唱《长征组歌》的第七曲《到吴起镇》，好不好？’当时，大家兴奋极了。吃完饭后，周总理一边唱，一边打着拍子，大使馆的工作人员激动得热泪盈眶。那个夜晚，我终生难忘。”

此后，周恩来又专门安排《长征组歌》先后赴苏联、日本等国进行了访问演出，共演出了60多场次，所到之处都受到热烈欢迎。

1975年10月15日，复排的《长征组歌》终于登上北京展览馆的舞台，连演了一个月。11月的某一天，演出结束后，团长晨耕让大家先不要卸装，再演一场，因为总理办公室打来电话，说病中的周恩来希望再看一场《长征组歌》的演出。

原来，周恩来在一个月前刚做了大手术，此时身体虚弱，躺在病床上的他得知《长征组歌》公演，用微弱的声音对邓颖超说他想看。刚刚演出完《长征组歌》的演员们含着热泪，在空无一人的剧场再次演出，录下影像，让中央电视台为周恩来转播观看。周恩来在弥留之际仍念念不忘“官兵一致同甘苦，革命理想高于天”。

1976年2月，周恩来逝世一个月后，八一电影制片厂导演王苹、黄宝善完成了彩色艺术纪录片《长征组歌》的摄制，遗憾的是周恩来再也看不到了。

据战友文工团老团长王晓岭介绍，毛泽东和邓小平也非常关心《长征组歌》。刚上演的时候，毛泽东通过收音机收听后，当即称赞这是一台好节目，并热情鼓励创作人员要精益求精。后来，《长征组歌》到中南海演出时，马国光领唱《四渡赤水出奇兵》，唱到“毛泽东用兵真如神”时，毛泽东鼓掌了，说他唱得潇洒、活泼、幽默、风趣，手势很有神。唱完，毛泽东问唐江，领唱者叫什么名字？叫马国光。毛泽东幽默地说，就是国光苹果嘛！唐江还介绍说，马国光还唱过《真是乐死人》。毛泽东说，听过听过，唱得也很好。

长征胜利40周年时，《长征组歌》重新公演，邓小平当时提了一个很重要的意见。原歌《突破封锁线》中最后两句歌词是：“围追堵截奈我何，数十万敌军空惆怅。”邓小平说，不是敌人空惆怅，而是红军在惆怅。中央红军突破敌人四道封锁线，仍未能摆脱“左”倾路线的影响。湘江一战，损失过半，8 万多人只剩下 3 万多人。萧华听了邓小平的意见，遂把这两句改为我们现在听到的“全军想念毛主席，迷雾途中盼太阳”。这一改，使歌词的含义更为准确、深刻。

《长征组歌》在创作、排练、演出的过程中，还得到了贺龙、罗瑞卿、杨尚昆等老一辈无产阶级革命家的亲切关怀和指导。众多党和国家领导人共同关注一台剧目，这在新中国舞台艺术史上并不多见。

1992 年 7 月 30 日，《长征组歌》又一次复排。2009 年，为庆祝中华人民共和国成立 60 周年，战友文工团再次复排《长征组歌》，获文化部首届“全国专业舞台艺术优秀保留剧目”大奖。2016 年 9 月 9 日，深圳市委宣传部主办的第 20 届深圳大剧院艺术节开幕式，邀请战友文工团来深圳演出《长征组歌》。算下来，《长征组歌》已累计演出 1500 多场，是继《黄河大合唱》后演出最多的大型音乐套曲。它的影响之大、普及之广，是中国合唱史上所罕见的。《长征组歌》代表了 20 世纪 60 年代中国音乐创作的最高成就，与音乐舞蹈史诗《东方红》一起载入“20 世纪华人经典音乐作品”的史册。

黄土高原迸发的人民心声
——《山丹丹开花红艳艳》创作纪实

王锦慧

春日开花，花色鲜红，花瓣向外反卷；多野生于山坡灌丛、林地岩间；生命力极强，象征着红红火火的炽烈情怀。

或许，上苍眷顾黄土高原的苍凉和苦寒，便赐给陕北塬峁梁壑连绵的山丹丹。

又因为一首歌，山丹丹这种野生花卉，具有了独特的历史文化意蕴，在“信天游”高亢奔放的传唱中越发娇艳、奇美、壮观。

这首歌就是《山丹丹开花红艳艳》。

改编来的红色民歌

《山丹丹开花红艳艳》由李若冰、关鹤岩、徐锁和冯福宽作词，刘烽编曲，是一首以陕甘民歌作为表现形式，颂扬红色政权的歌曲。全曲用西北人民的语言（包括音乐语言）深情地、生动地描绘了中央红军到达陕北，自此中国革命重心从南方移到北方，延安成为革命圣地的历史画卷。

1971 年 12 月 25 日晚上，陕北五首民歌联唱《咱们的领袖毛泽东》《军民大生产》《翻身道情》《工农齐武装》和《山丹丹开花红艳艳》在中央人民广播电台播出。这些久违的旋律一经电波传送，便给禁锢多年的文艺界带来一股清新之风。

一直以来，人们都认为《山丹丹开花红艳艳》是陕北一首原汁原味的原生态民歌，是由劳动人民集体创作而成的。其实并非如此。它是一首补写的革命历史歌曲，是承载着浓郁黄土高原文化元素的集体编创歌曲。

据曲作者刘烽回忆，这首歌源于这样一个时代背景：当时，在极“左”思潮影响下，全国除了“样板戏”外，只有《国际歌》《国歌》《东方红》和“语录歌”等十余首歌曲能唱。

面对文艺作品的稀少和单一，周恩来说过一段寓意深刻的话，大概意思是：革命老根据地的歌曲很好嘛，陕北民歌也很好嘛！

于是，中央人民广播电台文艺部的编辑们提议：在庆祝建党50周年的时候，组织艺术家改编几首具有特定历史意义的陕北民歌在全国播放。

经多次呼吁，这一提议最终获得中央广播局军管会的批准。

1971年3月中旬，中央人民广播电台派人到陕西，委托陕西省委宣传部、文化局组织整理、改编出几首红色民歌。然而，此时陕西文艺界的专家、学者大都被打成了“走资派”和“反动学术权威”，或在牛棚里关押，或在农场中劳改。因此，来人没有获得预期的结果，只得空手而归。

是年5月22日，中央人民广播电台文艺部采录组组长王敬之和音乐编辑王惊涛重赴陕西，在陕西省广播局和陕西省歌舞剧院有关领导的帮助下，同作曲家关鹤岩、刘烽、梁文达，词作家徐锁、作家李若冰、记者冯富宽，组成征集和改编陕甘宁边区革命歌曲的创作小组，之后到延安采风。

到达延安的第一天，他们先去访问了为毛泽东代耕的劳动英雄杨步浩，又参观了延安博物馆，并得到延安文化馆的全力帮助，为他们提供了各种曾经流行于陕甘宁边区的民歌资料。

在延安第一招待所，创作小组全身心投入，很快整理出《咱们的领袖毛泽东》《军民大生产》《翻身道情》和《工农齐武装》四首歌曲。关鹤岩提出，增加一首反映中央红军到达陕北、带来革命大转折的歌曲就更好了。刘烽也谈道：“搞完这四首之后，我总觉得有些不满足。从音乐形式上看，陕北民歌中最有代表性的‘信天游’没有；内容也不够完美，应当有一首迎接中央红军的歌。”

大家也认为，这段历史太重要了！

1935年9月17日，中国工农红军陕甘支队先头部队一举突破川甘边界天险腊子口，次日占领哈达铺。在这里，毛泽东从一张报纸上得知陕北有相当大的一块根据地和红军活动的情况。此前，1934年秋，陕甘边区苏维埃政府正式成立，习仲勋担任主席；同时成立了陕甘边区革命军事委员会，刘志丹任主席。

1935 年 9 月，由鄂豫皖根据地出发长征的红二十五军到达陕甘根据地，同当地的红二十六、红二十七军会师，合编为红十五军团，为迎接中共中央和红军陕甘支队的到来创造了条件。然而，由于“左”倾机会主义路线的严重干扰，中共陕甘晋省委实行错误的肃反政策，刘志丹、习仲勋等人都被作为“敌人”关押起来，并险些被活埋。

1935 年 10 月 19 日，毛泽东率领的中央红军到达陕北后，游击队队长张明科当面向毛泽东作了汇报，毛泽东立即下达了“刀下留人”的命令。

毛泽东率领的中央红军的到来解除了陕北根据地的严重危机，一大批陕北红军主要领导人，如刘志丹、习仲勋等被释放。红军又经过直罗镇战役，彻底粉碎国民党第三次“围剿”，巩固和扩大了陕北根据地。

当年，党中央到达陕北时正是雪后初晴。陕甘边区政府组织了隆重的欢迎仪式，几千人敲锣打鼓、挥舞着红旗夹道欢迎，并为中央红军送上过冬棉衣、棉被，用陕北最好的饭菜以及油糕、羊肉、红枣、米酒来招待他们，历尽千辛万苦的中央红军终于有了安身之地。

1937 年 1 月 13 日，毛泽东等中央领导人进驻延安。从此，延安成为中共中央所在地，陕甘宁边区首府，抗日战争和解放战争的指挥中心和战略总后

当年延安鲁艺的乐队演奏《山丹丹开花红艳艳》

方，既是红军长征胜利的落脚点，也是赢得抗日战争胜利、夺取解放战争胜利的出发点。

基于这段历史创作一首歌，要既能反映中央红军的及时到达，挽救了陕北根据地，又能反映出陕北人民为中国革命作出的重要贡献。

经过一番讨论，创作组达成共识，很快投入创作。

在集体智慧中诞生

开始编词时，大家你说一句，我说一句，但哪句都觉得不满意，徐锁就转到院子里找灵感。突然，他兴奋地跑回来说："这样开始！一道道山来一道道水，咱们中央红军到陕北。"

大家异口同声地说："好！"

这个头确实开得好。它非常符合陕北"信天游"的特征，用了常见的比兴手法。这个比兴由"一道道水来一道道山，翻山越岭走三边"的句子演化而来，恰到好处地表现了中央红军经过万水千山到达陕北根据地的艰难历程。

此时，刘烽眼前浮现出画家朋友的一幅油画，有山、有水、有党旗、有枪支，随即脱口而出，很自然地接上了徐锁的第一句，"一杆杆红旗一杆杆枪，咱们革命队伍势力壮"。这句也出自陕北民歌中常见的语言，"万杆红旗呼啦啦飘，一人一马一杆枪"。

接下来的"千家万户把门开，快把咱亲人迎进来"是受上一句启发写出的欢迎场面。想到与劳动英雄杨步浩座谈时说的，老百姓拿出最好吃的油糕和油馍馍迎接红军，刘烽便又接了一句："热腾腾的油糕油馍馍，滚滚的米酒捧给亲人喝。"

关鹤岩提出上一句少个动态词。刘烽还真舍不得去掉油馍馍，最后忍痛割爱改成"热腾腾的油糕端上桌，滚滚的米酒捧给亲人喝"。紧接着是"手把亲人热炕上坐"，大家觉得"手把"不好懂，就改用了贺敬之的《回延安》里"围定亲人热炕上坐"的诗句。再往下就卡住了，好半天没人想出词来。突然，冯富宽蹦出一句："知心话飞出心窝窝嘛！"大家鼓起掌来。这句词让人感觉很亲切，也很动情，自然得到了大家的高度认可。

接着，更要费一番思考了。要说的知心话太多，从何说起呢？所以大家就委托徐锁继续琢磨。下午，徐锁拿出五段词，最后一段是："满天乌云风吹散，毛主席来了亮了天。"大家觉得边区早已解放，只是遇到危机，遂改成"晴了天"。

至此，迎接中央红军的内容告一段落，歌词的篇幅也已经不短了，该考虑如何结束了。刘烽想到陕北民歌中很好的句子"千里雷声万里闪"，于是引出"革命力量大发展"。大家都觉得好，便确定了下来。

结束段只准备用四句，已经有了两句，还剩两句。怎样用这两句表达出不一般的情感，增强感染力呢？大家都主张虚一点，也就是浪漫一点。刘烽说民歌中有"山丹丹开花背洼里红"，我们要用就要让它开得更红火，更张扬。大家一致赞同，那就"红似火""火样红""满山红""红满山"……可都觉得一般化，没新意。这时，关鹤岩开了口："就用'红艳艳'！"他是沿着前两句的韵脚想出这个词的，比前面所有的词都生动，都鲜亮。这句词一出，刘烽的最后一句"毛主席领导咱打江山"便顺理成章地冒了出来。

就这样，《山丹丹开花红艳艳》的歌词就在创作组的集体智慧中诞生了。

编曲由"小八路作曲家"刘烽完成

歌词创作完成后，编曲任务就交给了刘烽。

1937 年 11 月，年仅 9 岁的刘烽追随兄长刘炽来到延安，参加了抗战剧团（原中国工农红军人民抗日剧社），是延安培养出来的"小八路作曲家"。

这首歌用了两首民歌素材，是大家共同选定的。一首是陕北的《信天游》，一首是陇东（甘肃东部陕甘宁边区的陇东分区）的《十八姐担水》。

刘烽把《信天游》的节拍改编成二分之二，使它的气息更悠长，更舒展，并运用调式转调手法，把上下句的单乐段变为一个比较完整的段落。

《十八姐担水》在结构上基本没变，只作了音的调整和在中间加了间奏。这首歌的结束句"52457"，原来用的是本位"7"，正在为其他几首歌写伴奏的作曲家油达民，建议他改为降"7"。这个音改得非常好，使这首歌的结束句出现了一个临时转调，使之更饱满，更完整。

歌曲的第一部分，整体旋律张弛有度、疏密有致，风格悠长而抒情；中段是非常欢快的音乐，是用一段欢快的锣鼓把"千家万户把门开"的热烈气氛烘托起来的；全曲高潮句是“毛主席领导咱打江山”，突出运用了陕西民间音乐特有的“苦音”调式，将九字句分成三截：“毛主席”“领导咱”“打江山”，形成富有传统戏曲唱腔特点的尾声，酣畅淋漓，气贯长虹。

刘烽在创作过程中还克服了一个较大的困难，便是“知心话飞出心窝窝”之后的知心话，最初的歌词中有四五段，如“百灵子过河沉不了底，白天黑夜都想你……”因为整个中段的音乐比较欢快，而要说的知心话却比较沉重，这就影响了形式的完整，音乐显得凌乱；更重要的是内容，这儿说得越具体，就越说不明白。当时陕北人民企盼中央红军的心情怎么可能在一首歌里说清楚呢？所以，他采用了此处无声胜有声的办法，用了一个间奏转渐慢，替掉原来说知心话的四段词，直接过渡到“满天乌云风吹散，毛主席来了晴了天”。这样，千言万语就都在不言中了。

离开延安回到西安之后，刘烽又为这首歌谱写了合唱。他没有按一般合唱的模式，而是运用了国画大写意手法，描绘了一个模糊的背景：“噢……噢……”好像万千军民的欢呼声在群山中回荡。

这首歌的引子和间奏是写伴奏谱时才写的。本来引子只要把歌声引出来也就完成了任务，但是，考虑到这首歌是一幅革命的历史画卷，应当把它的特定环境勾画出来，展现在听众面前，所以刘烽用了较大的篇幅。这个引子没有采用任何一首具体的民歌素材，而是根据自己对西北高原民间音乐的理

刘烽

解和掌握，运用其调式和旋法创作而成，颇具古老陕北民歌的浪漫风韵。尤其是笛子的那段领奏，一下子就把人们带到了群山起伏、天高云淡的西北黄土高原。所以，录音时，虽然引子演奏了一分多钟，但是谁也不忍心把它拿掉。

顺天而游的最真挚、最醇厚的岁月留声

1971 年底，《山丹丹开花红艳艳》创作完成后，陕西省歌舞剧院演员杨巧担任首次领唱。同年 12 月 25 日在中央人民广播电台播出，先后有朱逢博、郭兰英、贠恩凤、王向荣等著名歌唱家演唱过这首歌曲。

1972 年 2 月 6 日，《人民日报》发表了包括《山丹丹开花红艳艳》在内的“陕甘宁边区革命民歌五首”；

1992 年 5 月，为纪念毛泽东同志《在延安文艺座谈会上的讲话》发表 30 周年，五首民歌又被《战地新歌》第一集收录。后来，中国唱片社灌录了同名密纹唱片，西安电影制片厂还专门为此拍摄了纪录片；

1999 年 10 月 1 日，中华人民共和国成立 50 年大庆，中央电视台把《山丹丹开花红艳艳》列入“百年经典”音乐作品播出；

2003 年，《山丹丹开花红艳艳》被选为中央电视台拍摄的大型电视连续剧《延安颂》的片尾曲；

2015 年 9 月 3 日，《山丹丹开花红艳艳》在纪念中国人民抗日战争暨世界反法西斯战争胜利 70 周年文艺晚会上唱响；

2015 年 12 月 30 日，《山丹丹开花红艳艳》被收录为全国声乐教材；

朱逢博

《山丹丹开花红艳艳》现已成为演出的经典曲目，不光有独

唱、合唱，还有古筝、二胡、钢琴等多种器乐形式的演奏。

一道道的那个山来呦
一道道水
咱们中央红军到陕北
咱们中央红军到陕北
一杆杆的那个红旗呦
一杆杆枪
咱们的队伍势力壮
千家万户哎咳哎咳哟
把门儿开哎咳哎咳哟
快把咱亲人迎进来
咿儿呀儿来吧哟
热腾腾的油糕
哎咳哎咳哟
摆上个桌
哎咳哎咳哟
滚滚的米酒捧给亲人喝
咿儿呀儿来吧哟
满天的乌云
哎咳哎咳哟
风吹散
哎咳哎咳哟
毛主席来了晴了天
晴呀嘛晴了天
毛主席来了晴了天
晴呀嘛晴了天
……
山丹丹的那个开花哟
红艳艳

毛主席领导咱打江山
毛主席领导咱打江山

这是顺天而游的最真挚、最醇厚的岁月留声；
这是镌刻在黄土高原上最富有生命力的红色经典……

领袖与士兵的画面

——经典历史照片背后的故事

陈　辉

这是一幅广为流传的经典历史照片：毛泽东与两个小八路在一起进行交流。毛泽东高大的身躯与少年小八路形成很大的反差，毛泽东的表情和蔼可亲，两个小八路的表情既紧张，又随意、自然。

《毛泽东和两个小八路》，石少华摄影

这幅照片把领袖与士兵的关系表现得栩栩如生，也是深受毛泽东喜爱的一张照片。后来，这幅《毛泽东和两个小八路》的照片在很多党刊画报及党史资料上都可以查得到，甚至还被收入了小学语文课本。

当初人们只能欣赏这幅照片，而对照片背后的故事却一无所知，直到47年后，照片背后的动人故事才完全被披露出来。

一张合影留下的历史

1939 年春，延安抗大前的一段黄土路边，毛泽东路过这里，与两个小八路相遇，进行了亲切的交谈，被摄影记者捕捉到镜头中。

照片里的三个人物构成了一幅领袖与士兵的画面：两个十四五岁模样的小八路稚气未脱，他俩站在高大的毛泽东面前，有些紧张，有些羞涩，有些腼腆。毛泽东的表情十分亲切、自然，嘴里在说着什么，左掌摊开，右手食指在摊开的左掌上比画，他为了让两个小八路看得更清楚、听得更清楚，还略微弯下了腰。两个小八路努力地挺直了腰，目光集中在毛泽东摊开的左掌上，一个小八路洗耳恭听，另一个小八路嘴角扬起了幸福的微笑。

两个小八路穿的都是正规的八路军服装，他们的衣领上还一左一右缝了两片红领章，这说明他们是真正的八路军小战士。

1939 年 4 月 24 日上午，毛泽东乘车来到位于延安东关黑龙沟的抗大校务部，参加抗大成立 3 周年纪念大会。当时，15 岁的安定保和 14 岁的小伙伴刘长贵刚给中央送文件回来。上午 8 时左右，一辆吉普车从两人身旁经过，两个小八路兴奋地追了过来。毛泽东看到追赶的小八路，叫车停了下来，含笑走下车子，毛泽东亲切地与这两位身体还没有真正发育起来的孩子打招呼："小同志，你们多大了？"刘长贵答："我 14，他 15。""你们这么小，为什么参加革命啊？""消灭日本侵略者，保卫全中国！"

毛泽东听到两个小八路异口同声的响亮回答，"嗯"了一声，满意地点了点头，接着便指着自己的鼻子问道："你们来看我，知道我是谁吗？"

"知道！"刘长贵抢答，"您叫毛主席！"

毛泽东笑了："不对，我不叫毛主席，我叫毛泽东！"他又问两个小八路："你们念过书吗？"当得知他们没有念过书时，毛泽东说着弯下腰，耐心地在自己手心上一笔一画地教他们写"毛泽东"三个字，边写边教两个小八路毛字怎么写，泽字怎么写，东字怎么写。

这时，跟在毛泽东身旁的摄影记者拍下了这一珍贵感人的场面。

抓拍和寻找小八路的背后内幕

摄影家石少华

抓拍毛泽东与两个小八路照片的摄影记者叫石少华，是笔者的老领导、新华社副社长、当时的八路军著名摄影家。

石少华，1918 年出生，广东番禺人，1932 年起在广州岭南大学附属初中和高中读书。1938 年春赴延安，先后进入陕北公学、抗日军政大学学习，同年 10 月加入中国共产党。历任抗大记者团摄影记者、冀中军区政治部宣传部摄影组组长、摄影科科长；晋察冀画报社副主任、华北画报社副主任。中华人民共和国成立后，任中央新闻摄影局副秘书长兼新闻摄影处处长、新华社新闻摄影部主任、中国摄影学会主席、新华社副社长兼任新华出版社社长。

拍摄这幅照片时，石少华在抗日军政大学学习并担负摄影工作。1939 年 4 月 24 日一大早，石少华挎着心爱的照相机，和几名参加庆祝活动的苏联记者一起到校门口迎接毛泽东。过了一会儿，一辆汽车开了过来，停在了抗大校门口。车刚停好，石少华就看到毛泽东走上前与小八路交谈的情景，于是就抓拍了这张照片。

据石少华的长子石志民介绍，在相当长的一段时间里，这张照片都没有署上石少华的名字。直到 1962 年 7 月 24 日，毛泽东请石少华到家中吃饭，毛泽东问他：“这张照片为什么没署名？”

石少华回答说，1939 年 9 月他离开延安到晋察冀以前，把 500 张在延安拍摄的底片全部留给了延安抗大，但这些照片的底片在日本鬼子一次轰炸中丢失了。为了避免发生误认，他没有去认领那 500 张照片。毛泽东说：“我记得很清楚，这张照片是你拍的。”

从此以后，这张照片才署上了石少华的名字，但照片却不是底片冲洗出来的，而是照片翻拍的。

石少华生前回忆了毛泽东请他吃饭的往事：1962年，他在北京举办了个人作品展览。毛泽东知悉后，以老朋友的名义邀请他到中南海丰泽园家中吃饭、叙旧。饭后，两人海阔天空地闲聊，话题自然转到了摄影上。石少华问："主席，当年我曾给您拍了一张您和两个小八路聊天的照片，您还记得吗？"

毛泽东爽快地告诉他说："怎么可能不记得？那张照片我很喜欢，一直珍藏着！"毛泽东还说那是他最喜欢的两张照片之一，另一张《毛泽东在杨家岭与农民亲切谈话》的照片，也是石少华拍摄的。两张照片都是抓拍，亲切、自然，领袖与士兵、人民群众之间水乳交融的感情，从照片里一下子就显露出来了。

石少华又问："主席，您还记得照片里面的两个小战士是什么名字吗？您当时都跟他们说了些什么啊？"毛泽东缓缓地摇了摇头，诚恳地对石少华说："你问的这个问题，我每次看这张照片的时候也经常在想：这两个小战士叫什么名字？当时我和他们在说了些什么呢？但我真想不起来了。""现在，我也很想找到他们，看看他们现在都过得怎么样了，问一问他们是否还记得当年照相时的事……"

石少华对着毛泽东虽然没有说什么，但内心却已暗暗下定决心：一定要找到两个小八路，把他们带到毛泽东面前，满足毛泽东想要再见见他们的心愿。

两年之后，也就是1964年，毛泽东接见文艺界同志，见到了时任国家新

1962年7月24日，毛泽东接见石少华

闻总署新闻摄影局副秘书长兼摄影处处长及新华社副社长的石少华。他还惦记着两个小八路的事，悄悄地问他："知道那两个小八路是谁了吗？找到了他们没有？"

石少华遗憾地说，经过多方打听，搞清楚了两个小八路的名字，高个儿的叫安定保，矮个儿的叫刘长贵。虽然名字打听到了，但是人的近况却如大海捞针，很长时间都没有打听到。

毛泽东满意地点了点头，说："知道了名字，就是很大的突破了，不急，慢慢找。"

来自小八路的回忆

石少华逢人就问，一有机会就打听，既从部队里去找，也从当年的摄影记者那里去捕获可能有价值的信息，还注意从曾在抗大学习的学员那里收集疑似与安定保和刘长贵有关的东西。

功夫不负有心人。寻找照片中的两个小八路终于有了转机，石少华了解到安定保是张学思的通信员。张学思是张学良的弟弟，开国少将，中华人民共和国成立后任海军参谋长。

1966年，石少华找到了张学思，但得到的回答让他既悲伤，又失望。张学思说，安定保的确是他的通信员。但是，1945年，他带着包括安定保在内的抗大东北干部队全体成员前往东北敌占区，在经过热河省会承德附近时，与日军发生了一场遭遇战，损失了60多人，安定保就在其中。

张学思的夫人谢雪萍回忆说："1945年8月11日，苏军进入东北后，朱老总发布第二号命令，让吕正操、张学思、万毅挺进东北。当时命令是要带部队到东北的，最后研究决定，带一个警卫连走。我们从大台出发到古北口，一路都是步行。这时日本尽管投降了，但并没有放下武器，过铁路和封锁线照样还是危险的。原来在古北口就可以坐火车到东北了，但我们到古北口时却没有车。只有苏联红军的军车，也不搭我们。张学思就到车站和苏军商量，最后只答应带两个人上车，他就带着吕正操的弟弟吕东走了。"

从谢雪萍的口述中可以看出，张学思去东北的时候，并没有带部队。他的通信员安定保是和警卫连一起，在后来坐装马的罐子车去的东北。抗大东北干部队一行60多人到承德后，遭遇日军，壮烈牺牲。

听到安定保牺牲的消息，石少华十分悲痛。按照片中的年纪推算，到1945年，安定保才21岁。照片中，他笑得那么灿烂，没过几年却壮烈牺牲了，怎能不让人悲痛？如果他还活着那该多好，石少华可以带着他去见毛泽东。

安定保有了下落，但刘长贵的线索却无从找起，20年后才柳暗花明。1986年4月中旬，一个在辽宁丹东市武装部工作的战友写信告诉石少华，说他们那里有一个刚刚退休的老头，说他就是《毛泽东和两个小八路》照片中的刘长贵。石少华大喜过望，兴冲冲地赶往辽宁省丹东市，见到了刘长贵，印证了当年毛泽东与两个小八路交谈的具体情节。

在刘长贵家里，在最显眼的地方，就悬挂着一幅复制的《毛泽东和两个小八路》的照片。

刘长贵见到石少华，仔细端详说："47年了，我们都变老了，但你的五官特征还和当年一样，谢谢你照下了这张照片。"

的确，拍照片时，石少华21岁，现在已经68岁了，但五官特征还可以辨认。当年的刘长贵只是十几岁的人，现在61岁，很难和照片上的人对得上了。

那么，这个刘长贵是不是照片上的"刘长贵"呢？刘长贵接下来的一句话，很快就打消了石少华的疑虑。

刘长贵说："你那天帮我们照相时，身旁还站了好几个扛摄影机的苏联人呢。"

石少华没有疑问了，眼前的刘长贵就是照片上的"刘长贵"！

因为当年自己和几个苏联记者同往延安抗大的这一细节，他从没有对人说过，如果不是当年的当事人，根本不可能得知。

石少华紧紧地握着刘长贵的手，激动万分地说："找你找得我好苦啊！"

接下来，石少华请刘长贵详细说一说他的经历。刘长贵说，他是山西寿阳南沟村刘南沟人，出生于1925年，在1937年4月参加八路军，编入第一二〇师给第七一四团第三营营长尤好阳当通信员。第一二〇师在百团大战前夕整编，他因为年龄太小，被安排到延安抗大校务部管理科担任通信员。

刘长贵还向石少华讲起了毛泽东和他们照相后自己的革命经历：1945年，随抗大政治部开赴东北，先在杨靖宇支队独立第二师第四团工作，不久编入辽东军区独立第四师，后来成为四野的战士，参加了解放本溪、抚顺、沈阳等战斗。1951 年，还跨过鸭绿江参加过抗美援朝战争，多次负过伤。于 1955 年转业到海城市交通局当科长，后又调到海城丝绸厂当设备动力科科长，1985 年刚刚退休。

对于复制《毛泽东和两个小八路》的照片，刘长贵说，他在 20 世纪 60 年代到辽阳工农干部速成中学学习，发现照片登在《人民画报》上，于是通过战友孙友志，由他托新华社社长吴冷西弄来了一张，自己制作了相框，精心珍藏。

石少华一边听，一边点头，并关切地说："你还记得当年毛主席和你们聊的内容吗？"

刘长贵的回答非常干脆："一辈子都忘不了！"接下来，刘长贵兴奋地把当天偶遇毛泽东的经过娓娓道来。他说："那天，我和战友安定保给中央机关传送完文件回来，正行走间，有一辆小轿车从身边过。我们之前都没见过汽车，就有些好奇，在车后追着跑。车开得不快，我们越跑越快，潜意识里是想跟车比赛。

"小车里面的人发现有人在后面追赶，大概是担心我们的安全，停下来了。车门打开，一个身材魁梧的中年人走了出来，我俩大吃一惊：是毛主席！我们在抗大到处都张贴有毛主席的画像，我们第一眼就认出了他。又兴奋，又紧张，一时不知说什么好，呆呆地看着毛主席。

"毛主席看了我们的模样，笑了，问我们：'小同志，你们今年多大了？'毛主席是那样的和蔼，我们的紧张瞬间消除了。我激动地回答：'我 14，他 15。'毛主席又问：'你们年纪这么小就参加革命了，你们知道革命的目的是什么吗？'我俩异口同声地回答：'消灭日本侵略者，保卫全中国！'

"毛主席赞许地笑了，说：'你们都叫什么名字呢？'我说：'我叫刘长贵！'安定保跟着说：'我叫安定保！'毛主席于是说：'那么，你们知道我的名字吗？'我们抢着回答：'知道，您叫毛主席！'

"毛主席笑着摇摇头，说：'不对，毛主席不是我的名字，我的名字是毛泽东。'他摊开了左手的手掌，用右手食指在摊开的手掌上一笔一画地写他的姓名，说：'我的名字这样写，一撇两横一个弯钩的毛，三点水四字头上土下羊一个泽……'写到这里，他突然抬起头问我们：'你们上过学没有？'

“我们都是穷人家的孩子，哪有钱上学呢？都摇了摇头，回答说：‘没有。’毛主席听了，轻轻地叹了口气，说：‘你们是革命战士了，以后要刻苦克服困难，多学文化知识，革命胜利了，还要参加生产建设，没有文化可不行。’不过，他又高兴地说：‘这样吧，今天我教你们学会写自己的名字。’他的右手食指又在摊开的左手手掌上写起字来。”

毛泽东和两个小八路的聊天内容经过刘长贵的回忆和石少华的披露，后来被编写成课文《小八路见到了毛主席》，与《毛泽东和两个小八路》这张照片一起被收入了小学语文课本里。

毛泽东委托寻找的两个小八路终于有了下落，但遗憾的是，毛泽东已经逝世 10 年了。值得庆幸的是著名摄影家石少华生前总算完成了毛泽东的嘱托，使人民领袖与小八路照片的完整故事永远留在了中国革命的红色摄影史中。

新中国的“和平天使”

——著名宣传画《我们热爱和平》引出的故事

李国瑛

岁月如梭，往事如烟，每个人一生中都会有许多难忘的故事。而令笔者终生难忘的是“抱和平鸽的小女孩”与父亲和我们全家结下的不解之缘，这还要从70多年前抗美援朝战争期间轰动全国的一张照片说起。

“我们热爱和平，但也不怕战争”

1950年6月25日，朝鲜战争爆发。彼时新中国正处于千疮百孔、百废待兴的局面。然而，美帝国主义公然介入了朝鲜战争，将战火烧到了中朝边境鸭绿江畔，新中国面临着一场严重的战争威胁。在这种危难时刻，中国政府于10月25日派出了自己的优秀儿女——中国人民志愿军，雄赳赳，气昂昂，跨过鸭绿江，开始了一场震惊中外的抗美援朝、保家卫国的正义之战。

转眼到了1952年，朝鲜战争敌我双方进入了胶着状态。战场上严酷的局势时时牵动着毛泽东和周恩来等党和国家领导人的心。5月31日，根据周恩来“我们热爱和平，但也不怕战争”的指示，人民日报社胡乔木、邓拓召集在北京的各大报记者到办公室开会，要他们去拍摄一些以“我们希望和平”为主题内容的照片。领受了任务的记者们在人民日报社记者阙文的一声吆喝下都去寻找各自的目标了。阙文则来到了北海幼儿园，他知道在这里有很多可爱的孩子，还养着很多鸽子，他一眼就选中了头上扎着蝴蝶结的四岁的女孩孟运和活泼可爱的六岁男孩马越。受到毕加索画鸽子启发的阙文，抱来两只鸽子，给孟运、马越各抱了一只说：“你们的鸽子谁的好呀？”马越抢先回答：“我的好！”孟运也说道：“我的也好！”阙文把握住这两个孩子的最佳时机，拍摄了一张具有历史意义的经典照片。第二天，恰逢“六一”儿童节，这张照片刊登在《人民日报》左上角报眼上，一夜之间，这两个孩子成为家喻户晓的童星。

和平天使宣传画

那时，前线战事还在激烈地进行，志愿军总部便将这张照片洗印了20万张送到了朝鲜前线。面对着祖国慰问团送来的无数慰问品，最受志愿军战士喜爱的就是这张《我们热爱和平》的照片，每个志愿军战士都怀揣着一张《我们热爱和平》的照片，与敌人浴血战斗。这张照片也传进了美军俘虏营，照片中两个稚嫩的孩子就如同“和平天使”，震撼着这群被俘的美军官兵。有的战俘在遣返回国时，他们还带着这张心爱的照片，发誓永不再战。

1952年10月，在人民美术出版社工作的安静和邹雅二人，将这张照片着色制作成宣传画，第一版就印刷了两次计500万张。国家副主席宋庆龄去维也纳参加世界和平会议时，和戏剧大师梅兰芳手捧一摞宣传画沿街散发。欧洲一家杂志社还用这幅宣传画作为一期杂志的封面，据报载这份杂志的发行量达20万份。从1952年至1961年，这幅宣传画共印刷了11次达4000万张。除此之外，还有数以千万计的以此画为背景制作的纪念品，如明信片、搪瓷缸、茶叶盒、火柴盒等，这幅经典之作传遍了全世界。在全世界各种宣传画中，除英国的《愤怒的丘吉尔》发行量占第一位外，中国的《我们热爱和平》发行量占第二位。在那个年代，这幅宣传画家喻户晓，部队、工厂、农村、学校、家庭，到处都张贴着这幅画，它影响了中国几代人，产生了巨大的影响力。

父亲和“抱和平鸽的小女孩”孟运

在后来的岁月里，怎么也没有想到的是，这幅著名的经典之作中那位只有四岁的“抱和平鸽的小女孩”孟运，在12年之后竟来到了父亲率领的学员队。

1961年，父亲当时正在烟台海军高级专科学校学员队任队长。母亲和我们兄弟姊妹生活在著名作家冰心笔下曾描述的金沟寨，更巧的是，我们全家就居住在冰心儿童时代曾居住过的旧宅。这些点点滴滴的往事，对笔者日后也产生了重要的影响。在金沟寨的家里，母亲曾买来一幅《我们热爱和平》的宣传画贴在墙上。这幅宣传画伴随着笔者成长。那一年，笔者7岁，也到了上学的年龄，便到金沟寨小学去读书，教室里的墙上也贴着一幅《我们热爱和平》宣传画。两年以后的1963年秋，我们全家搬到了海军高级专科学校北大院一座新建的二层小楼，这是个美丽的地方，北距海边只有几十米。搬进新家的母亲，在家里又贴了一幅《我们热爱和平》宣传画。

1964年8月，海军接收青年学生委员会录取了一批北京籍、上海籍十五六岁的女兵学员，其中北京籍学员当时就去了青岛海军潜艇学校集训，而上海籍学员则就地在东海舰队集训。而此时，父亲还在烟台海军高级专科学校工作。在海军司令员萧劲光的指示下，已经在全海军为这支学员队的组建挑选物色队长的人选。据当年的学员回忆：当初海军司令部为选择这个队长规定的条件是非常严格的，经过千挑万选，最后挑到了父亲，经报海军院校部、干部部批准，说走马上就走。那时的军人及家属的行李简单，加上孩子也小没有多少东西，两个包装箱就是全部家当。此时，正在上海东海舰队集训的上海籍学员也起程前往青岛。

父亲是1946年9月同家乡的许多穷苦青年一起参加了西北民主联军第三十八军。父亲完整地参加了三年解放战争。在那个艰苦的岁月里，父亲和他的战友们冒着敌人的炮火参加了安阳战役，晋南反攻作战、强渡黄河、转战豫西、二战洛阳，激战麻城、横渡长江、解放南昌、血战仙姑岭、千里大追击、进军云南。那时，一路征战的父亲心中盼着的是早日打完老蒋好回家去。可是他怎么也没想到，1952年9月，他又离开了战斗了7年的已进军到云南勐垅的二野第十三军第三十九师第一一七团第二营五连，调往青岛干起了海军高射炮兵；1959 年 9 月又去了烟台海军高级专科学校；1964 年 12 月 1 日，全家离开烟台又回到了阔别六年的青岛，父亲这次调动的目的地是青岛海军政治学校。

在刚刚安顿好的佛涛路家中，母亲又贴了一幅《我们热爱和平》的宣传画。历经了战火的父亲，深知和平来之不易，那是千千万万的先烈抛头颅洒热血换来的。基于这个原因，父亲也很喜欢这幅画。记得有一天吃过午饭，父亲把家里的事交给母亲，就步行去海军潜艇学校接回了正在那里训练的新兵学员。笔者望着父亲率领的这支队伍，看着走在这支队伍中那些比笔者大不了几岁，甚至还有些孩子气而身着海军军装、背着背包的大姐姐们，禁不住发自内心地羡慕和感叹，恨不得自己快快长大，也能成为这支光荣队伍中的一员。在这批十五六岁的北京籍、上海籍女兵学员中，就有画中那个 4 岁的“抱和平鸽的小女孩”——现已 16 岁的孟运。回到家的父亲指着墙上《我们热爱和平》的宣传画说：“这位‘抱和平鸽的小女孩’现在就在我的学员队里！”

从此以后，她们进入海军第四情报系进行了为期三个月的传统教育、政治和军事技术学习。面对着这群年轻丽质、充满活力的学员，父亲是又当“爹”又当“娘”，不仅对她们的军事技能和体能训练极为严格，而且在生活上特别是饮食起居等要求上严格按《内务条例》执行。据北京籍学员刘俊英在 48 年后回忆说：“想起 48 年前的往事，我们的李队长对我们像对自家女儿似的呵护着我们，像老母鸡看小鸡似的看着我们这些学员，生怕谁侵犯了他的这帮学生……记得那时李队长向系主任、教员宣布了一条纪律，无论军衔、职务多高，只要是去我们学员队必须经过学员队队部同意。每当我想起当年的军校生活，我从内心深处对李队长充满了感激和敬佩，同时也庆幸我们刚走入社会时就遇到这样的领导和长辈。”

在学员们正常地学习抄收报军事技术外，父亲每天早晨还率领学员队出操，绕着中山公园跑上 3000 米，这既锻炼了学员们一副好身体，又培养了学员们坚韧的毅力和不服输的性格。父亲还多次以突然袭击的方式下达指令，在学员们毫无防备的情况下紧急集合，将学员队拉出去，冬练“三九”，夏练“三伏”，练就了部队能拉得出、战得胜的作风，使之时刻保持着“召之即来，来之能战”的常备不懈的状态。由于父亲的严厉训练，以至于有的学员背地里称父亲是“军阀”！而父亲听到后却微微一笑，从不放在心上。父亲常说：“一个革命军人，只有平时多流汗，才能在战时少流血，才能在战时无往不胜。”只有到了星期日，学员们才能得到休息。有一次星期日，父亲带着几个学员回到家里，大家一起动手包饺子。父亲和士兵如同兄长和姊妹一样，一家人其乐融融。天长日久，在笔者的内心深处真正地体会到了人民军队这个大家庭的温暖，深深地感受到了什么是人民军队官兵平等，也从更深的角度懂得了什么是“五湖四海”精神的深刻内涵，同时也深深地体验到了那个年代人民军队官兵之间纯洁的友谊。由于父亲和这批学员朝夕相处，夏练一身汗、冬练一身泥，练就了革命军人对党和祖国的赤胆忠心。随着时间的流逝，这些大姐姐女兵们都将父亲“军阀”和“队长”的称呼改为“大叔”了。就连海军政治学校校长康庄，站在高高地阅兵台上，也称父亲是个“合格的孩子王”。

1965年，男学员都去战斗部队锻炼去了，父亲奉命率领女学员打起背包步行40里，来到了崂山脚下的李家下庄劳动锻炼。在这里，孟运学会了种地、挑水，比农村小伙儿也不差。劳动之余，孟运和战友们听着敬德刚副队长说着李家下庄的传闻，侃着他四川老家农村的山山水水、广柑蜜橘。她们来到大海边，望着蔚蓝色的大海，孟运产生了无尽的联想，她爱海，爱海天相接处的点点渔帆，爱海边迎面吹来的阵阵海风，更爱海军金色的海锚和那一身蓝蓝的军装；在崂山脚下的小河边，她们涮洗着自己的军衣，将洗净的海魂衫晾晒在茅草丛上；她们坐在草地上，望着远处的大海，对即将走上保卫祖国海防的光荣之旅充满了遐想。那时，她们的生活很苦，每天吃的是地瓜干，以至于后来一见到地瓜干就不想吃饭。父亲说：“锻炼不能锻炼病了！”于是，父亲决定给学员们改善改善伙食，包顿肉包子。令人没想到的是，平日里不怎么能吃饭的这五十几个女孩子，竟然一下吃了五十多斤白面，现在想起来都觉得不可思议。四个月的农村锻炼让孟运和学员们学会了不少胶东农村的农活儿，干起活儿来比个社员也不差。

那年6月1日，全军取消了军衔制，人民海军换发了新式的灰色军装，红色的帽徽，红色的领章，就如同当年的红军一样。特别是父亲率领的这支学员队，那简直就是一支“红色娘子军”。那时，有一首歌的歌词中唱道：“红色的帽徽，红领章，红色的战士，红色的枪，全军实现一片红，颗颗红心永向党。”这首歌唱的就是那个时代的真实写照，时至今日，笔者还能准确无误地唱出那首激情高昂的歌。那如火如荼的一幕幕军号嘹亮的军营生活，深深地烙印在笔者的记忆里。

1965年，全军盛行大比武。北海舰队组织万米游泳比赛，谁报名都行。孟运是学员队里仅有的两名会游泳的学员之一，得到消息后便缠着父亲要报名。一开始，父亲说什么也不同意，那毕竟是一万米呀！可在孟运的软磨硬泡下，父亲终于批准孟运参加比赛：“去试试吧！”万米游泳比赛那天，笔者也来到了青岛第一海水浴场。海水浴场是人山人海，只见在海水浴场的深水处的赛道上一溜排开10艘小船，船上摆放着供给选手们的蛋糕和水。选手们从北海舰队招待所东海饭店下水，游到水族馆一圈是1000米，这就需要游10圈。然而，真正水性好的并不多，许多选手由于体力不支大都中途退出了比赛，而16岁的孟运凭着超常的耐力和毅力一连游了8圈，成为万人瞩目的焦点。

在岸边，手持军用望远镜正在观察比赛的父亲怎么也没有想到，小小的孟运竟然如此坚韧。父亲眼看着孟运胜利在望，高兴地跑到海边划着一条小舢板冲到了深水赛道边上，站在舢板上向她挥手，给她鼓劲。在父亲的鼓励下，孟运六个多小时后终于到达了终点，在所有的参赛女兵中，她是唯一一位游完全程的。比赛结束后，校长康庄给孟运戴上一枚“万米游泳”奖章。

那一年，父亲37岁，孟运16岁，笔者11岁，真是很怀念那个岁月。

40多年后，终于和孟运大姐相见

一年以后，孟运转学去了张家口某军校学外语。临分别时，父亲语重心长地对孟运说：“要好好学习，海军的未来就靠你们啦！”然而，谁也没有料到，“文化大革命”开始了。孟运的三姨父、国家领导人陈云在“二月逆流”中受到了冲击，远在张家口军校学习的孟运也受到了株连，17岁的她遭到了造反派的批斗，住进了“牛棚”，在这样险恶的环境中，孟运忍辱负重，超出了正常年龄所能承受的残酷现实。1969年，“四人帮”还不放过她，说：“这样的人不能留在军队。”于是，孟运被一纸“受二月逆流黑思潮的影响犯了错误”，按退伍处理，离开了她热爱着的海军。

回到北京后的孟运，进了工厂当了工人，她和工人师傅的关系处得非常融洽。每天晚上，她跟着广播自学英语，经过不懈的努力，终于考上了清华大学。毕业前，在老师的鼓励下，她准备报考研究生，父亲孟少农的挚友钱伟长先生还给她找来了辅导老师。她用了两年时间，终于考上了美国亚特兰大大学。两年以后，她取得了硕士学位。孟运在美国生活了八年，她把这些都视为一种历练。她在美国给餐馆洗过盘子，跑过外卖，到美国的普通家庭看护过病人，给服装厂加工过服装。几年间，她曾独自一人驾车三次横穿了美洲大陆，就是为了和各种人接触，了解美国最底层各界人士的生活，了解美国的社会结构以及人们所关心的社会问题等，这些阅历极大地丰富了孟运的社会知识。有一次，她独自一人驾车横穿美洲，中途车坏了，不得不停下等待救援。这时，一位老人驾车从后面赶上来停在了路边帮她修车，问她：“你是朝鲜人吗？”孟运说：“我是中国人！”那位老人一听说是中国人立刻兴奋起来说：“中国人好！”他说着话从车里拿出一个搪瓷缸子，上面有一幅《我们热爱和平》的宣传画。可那位老人并不知道眼前的这个中国女青年就是画中的小女孩，他扬了扬手中的搪瓷缸说：“我喜爱中国！”

1970 年 10 月，父亲调国防部海军第七研究院工作，但海军政治学校这支学员队的故事却深深地刻在了笔者的记忆里。父亲闲下来时，他经常拿出这

本文作者和孟运合影

些照片默默地看着，可以看出在父亲的内心世界里充满了对海军政治学校的怀念……1970 年 12 月，笔者离开青岛参军去了新疆乌鲁木齐，把《我们热爱和平》这个美丽的故事也带到了西域边陲、天山脚下、帕米尔高原。

1993 年底，在美国漂荡了八年的孟运回到了北京，被安排在某大学担任副教授。如今已退休的孟运，向无数的来访者诉说着往事。

2006 年 11 月 17 日下午 4 时 30 分，笔者正在家看中央电视台 10 套《探索·发现》栏目节目《寻梦潘家园》，主持人正在采访已 40 多年未见的孟运，笔者坐下来含着眼泪看完了节目。不久，笔者又看了中央电视台《鲁豫有约》采访 54 年前那幅著名的《我们热爱和平》宣传画中的两个小主人公，那年已 58 岁的孟运和已 60 岁的马越。笔者认真仔细地看完了节目。2012 年正月初一的晚上 7 时 40 分，中央电视台《焦点访谈》栏目组又播放了采访孟运的节目。笔者把母亲保存了 40 多年的老照片翻了出来，父亲和孟运的合影还有四张。这些珍贵而罕见的照片，无疑见证了使人难以忘怀的那个时代。在照片的背面，父亲用不同颜色的笔写着学员们的名字，孟运也在其中。

2010 年 4 月 5 日，那天是清明节，天空中夹杂着时隐时现的细雨，春风中透着一丝丝的凉意。笔者在北京找到了 40 多年未见的孟运，姐弟相见，真是感慨万千……

定格伟大历史瞬间的恢宏巨作

——著名油画作品《开国大典》创作记

慈爱民

在中华五千年的历史长河中，总有一些极其重要的瞬间和事件会被永远镌刻在历史的画廊之中。1949 年 10 月 1 日，中华人民共和国的成立，无疑属于永远被历史所记载、所铭刻的重大事件。而记载开国大典空前盛况的，除了人们熟知的新闻报道、纪录片、电影，乃至故事影片、电视剧外，还有一个不为多数人熟知的体裁——美术作品。

虽然表现开国盛典的美术作品不止一件，但是由于受其传播方式、途径和受众面的局限，美术作品的影响力远远不如电影等其他体裁。然而，由著名画家董希文创作的油画《开国大典》，却因其超常的构思、宏大的气势、精湛的技艺和强烈的民族风格而产生了巨大的社会影响，流传甚广，成为记载中华人民共和国开国盛典的红色经典美术作品，也是以美术形式反映重大题材的发轫之作。

那么，油画《开国大典》是在什么背景下创作的呢？它的问世又有哪些精彩的幕后故事和令人唏嘘的经历呢？

这是一幅什么样的美术作品

油画《开国大典》是现代著名画家董希文于 1952 年至 1953 年创作的。画作长 405 厘米，宽 230 厘米。

画面展现的是 1949 年 10 月 1 日下午，在北京天安门广场举行的中华人民共和国成立盛大庆典的场面。

画面中心位置是中央人民政府主席毛泽东站在天安门城楼的中央，正在麦克风前庄严地宣读《中华人民共和国中央人民政府公告》。在他的身后，时任中央人民政府的其他领导人悉数入画，他们是朱德、刘少奇、宋庆龄、李济深、张澜、高岗，还有政务院总理周恩来，副总理董必武、郭沫若，中央人民政府秘书长林伯渠等。画面上，身着深黄色笔挺制服的毛泽东的身躯格外魁梧伟岸，他背后站着的各位中央人民政府领导人也庄重肃穆，他们胸前佩戴着代表的红签，脸上呈现出聆听《公告》的激动表情。广场上红旗如林、绚丽多姿，整齐的队伍和严肃的标兵显得庄严、隆重、热烈。城楼上左面的一排大红柱子及大红宫灯，崭新的紫红地毯、盛开的菊花、朵朵白云和天空中翱翔的白鸽，无不象征着祖国的独立、自由与和平。远处迎风飘扬的五星红旗，标志着中华民族数千年封建制度的终结，也昭示着古老华夏民族的新生。整个画面气势恢宏，以红、黄两色为主基调，以蔚蓝辽远的天空和红旗招展的天安门广场为远景，浓重地烘托出了开国大典喜庆热烈的气氛。油画将毛泽东宣告中华人民共和国成立的庄严时刻永远地定格在历史的瞬间。

从史实和艺术的角度来审视这幅作品，油画《开国大典》源于生活，又

1953 年，著名画家董希文创作的油画《开国大典》（第一版）

高于生活，是真实历史事件的艺术呈现，因而具有特殊的政治影响力和艺术感染力。《开国大典》不仅超越了书写语言，恢复了对历史的红色记忆，更是以视觉想象实现了画家的初心和理想：在红色记忆下，去重塑新中国、表现新中国。

《开国大典》的创作过程

1951年初，中共中央宣传部、国家文化部着手筹备庆祝中国共产党成立30周年系列活动，其中有一项就是举办大型纪念画展。具体由中国美术家协会、中央美术学院领导蔡若虹、江丰、王朝闻等组织落实。参展的作者为北京、华东的几十位知名画家。几个月的时间，这些实力派画家为展览拿出了近百件作品。这是新中国美术史上的第一次群英会，美术界各路人马的精品不仅在画展中引起人们的共鸣，而且很多作品都被中国革命博物馆收藏，有些还在中国美术史上赢得了一席之地，如《地道战》《毛主席延安整风》《强夺泸定桥》等。后来，主办方在审稿时发现，虽然作品数量不少，但重量级的作品却不多，尤其是反映中华人民共和国成立的经典时刻——开国大典的作品一幅没有。这给当年庆祝建党30周年系列活动美术作品展览这一单元留下了遗憾。

1952年，中国革命博物馆研究决定，委托中央美术学院完成一幅命题油画的创作，题目就叫《开国大典》。中央美院把这项光荣而艰巨的任务交给了年仅38岁的青年画家、教授董希文。

董希文接到任务后，立即投入作品的创作构思。他通过对开国大典的电影、摄影、图片等各类资料的研究，发现资料里的领导人和广场上的群众不在一个画面中，这可能是局限于当时城楼上狭小、拥挤的拍摄条件。但他认为，作为表现这个历史时刻的美术作品，则可以不受空间条件的限制，有充分的艺术创作和审美想象的自由。他决定打破写实的限制，采用表现派和现实派相结合的大胆艺术创作手法，把开国领导集体与广场群众构思到同在一个画面里。

于是，董希文先画了一张草图。草图上，有两个创造性的突破：一个是除毛泽东侧身站在靠近中间位置外，其他领导人都站在左边三分之一的画面里，而右边是广场群众，这样左实右虚、相差悬殊的布局，按一般构图规律来看有失平衡，却能更好地突出了中央政府文告宣读人毛泽东的形象；另一个是按实际场景，在毛泽东的右前侧有一根高大的红柱子，但草图中被抽掉了。这样一来，城楼中间两根廊柱之间的跨度就被大大放宽了，虽然与实际建筑构架相差悬殊，但使得天安门广场显得更为开阔、壮观，天空更为辽远、澄碧，画面也更为宏大、敞亮，以此凸显出一个泱泱大国的非凡气象。毛泽东等国家领导人就置身于这样一个恢宏壮观的场景氛围中，以此表现出“中国人民从此站立起来了”的庄严、宏大的主题。

草图完成后，董希文将其送给院领导和其他画家同行征求意见，得到了一致赞同和好评。由于前期准备工作充分，草图设计十分成功，董希文信心满满。在北京西总布胡同一间由普通房间改造的画室里，他以极大的创作热情投入画作的创作之中。为了节省时间，董希文吃住都在画室，经常只睡几个小时，有时就在画室的椅子上眯一会儿。由于房间太小，画幅上接房顶，下连地板。作画时，他一会儿爬上房顶，一会儿躺在地上。当《开国大典》已完成七八成时，董希文的老友、油画家艾中信等人去他的画室参观。讨论中，他们发现，原本身材高大的毛泽东，由于站立的位置居中靠前，在画面上显得不够高大。大家认为，毛泽东的形象不应受画家视点和角度造成的视距缩小的限制，有必要加高几分。虽然加高不多，但工程不小。为了使画面不留任何痕迹，董希文小心翼翼地用稀料把原画部分洗净，又重新画了一遍。

虽然对时间抓得很紧，但是董希文对艺术细节却极为重视，毫不马虎，达到了苛刻的程度。为了增强地毯的质感，他在颜料中掺上锯木的木屑和沙子。画中张澜长袍上的褶皱都是一笔笔勾描的，使人看上去感觉好像是特意熨平折好，专等到庆典才穿上去的那样。还有汉白玉的栏杆故意没有画得很白，而是偏黄，也是为了体现这一古老建筑的历史沧桑感。作为油画大师，董希文不仅娴熟地采用西方油画表现物体时的用色技艺，而且糅进了中国画工笔重彩绘画技法和敦煌壁画用色。

《开国大典》在色彩的运用上也极为考究，突出色彩的单纯和对比，尤其是天空画得干净利落，明朗美丽之极。红地毯、红灯笼、红柱子及远处红旗的海洋与蓝天、白云、绿树和鲜花形成强烈对比，使画面热烈而明快。金黄色的菊花与蓝天、白云的渲染，既点明了秋高气爽的季节，又与黄色的灯穗相呼应，增强了华贵灿烂、富丽堂皇的喜庆气氛。从画面布局看，国家领导人虽只站在左侧三分之一画面的部分，但在暖色调的红灯笼、红柱子、红地毯的衬托下，非常醒目。毛泽东健朗魁伟的身姿处于画面中心，也突出了他作为全党和全国人民领导核心的地位，与广场上千千万万的群众遥相呼应，形成了领袖与人民心心相印的生动场景。画家通过对构图、设色、人物等每个细节的精心处理，使《开国大典》充分展示出泱泱大国的气魄和风度。

从1952年底开始动手绘制到初步完成，再到局部修改完毕，董希文连整个春节都是在画室里度过的。前后用了不到三个月时间，一幅承载着厚重历史的巨型油画《开国大典》便创作完成了。

命运多舛的《开国大典》

《开国大典》是中华人民共和国成立不久就创作问世并获得广泛称誉的革命历史美术作品。它既是董希文的成名之作，也是他生平最重要的代表作。自从《开国大典》问世，这幅洋溢着神州风采和亿万人民爱国激情的油画，就备受人们的关注和赞美。它充满了中华人民共和国成立时中国人民意气风发的豪情，彰显着中国画家在油画民族化探索中的自觉践行。今天，我们回望《开国大典》，会毫无疑问地意识到，这幅载入中国美术史册的油画作品，是歌颂新中国成立的世纪杰作，是新中国画家以高昂创作激情投入新生活的标志性作品，更是新中国美术史册美好的开篇之作。

1953年4月，中南海怀仁堂里布置了一场特殊的展览，毛泽东等党和国家领导人第一次参观了包括《开国大典》等作品在内的新中国画家作品展示，并亲切接见了董希文等画家。毛泽东还利用接见的间隔，两次返回展示厅，仔细观看油画《开国大典》。在画前，毛泽东反复端详，赞不绝口："有大国气象，中国气派。我们的画拿到国际上去，别人是比不过我们的，因为我们有独特的民族形式。"

受到毛泽东等党和国家领导人赞誉的《开国大典》，是董希文1953年初完成的第一版。然而，令画家没有想到的是，仅仅过了两年，他就奉命要对这幅倾注了他极大心血的画作进行修改。1954年2月，党召开七届四中全会，针对高岗、饶漱石问题，通过《关于增强党的团结的决议》。1955年3月，党的全国代表会议通过决议，开除高岗、饶漱石的党籍，撤销他们担任的一切职务。此时《开国大典》第一版已在中国革命博物馆展示，根据中央对“高饶反党联盟事件”的定性，革博要求董希文立即修改，将位于画面第一排右侧边上的高岗抹掉。为了不使画面损坏，董希文在其他油画上作了多次实验后才动笔，删掉了高岗的画像，又将原来只画出了一半的半盆鲜花，画成了整盆盛开的鲜花。这次改动对于整个画面来说没有太大损害。这一版的《开国大典》，在1959年国庆10周年之际被陈列在新建成的中国革命博物馆里。

1966年“文化大革命”开始后不久，刘少奇被诬陷为党内最大的“走资派”而被打倒。1970年，中国革命博物馆通知董希文，请他把《开国大典》画面上的刘少奇去掉。这个修改就非常困难了，因为画中的刘少奇处在领导人前排的醒目位置，如果要抹掉他，就要另外补上一个人，还要牵动旁边的人。更为难的是，董希文此时已身患癌症，手术后虽然情况尚好，但是体力衰弱，实在难以负担这样繁重的精神和体力劳动，然而他仍然不得不抱病到博物馆亲自修改。他在儿子的陪伴下来到博物馆，让儿子当“拐杖”撑着他改画。他先将一块与刘少奇形象大小一样的布覆盖在画布上，再涂上稀料，这样可以控制稀料外渗，尽量不去溶解破坏周边的画面，然后将刘少奇的形象从画布上刮去。重新做好底子后，他在刘少奇的位置补全了董必武的形象。

1972年，国务院文化组借纪念毛泽东《在延安文艺座谈会上的讲话》发表30周年筹办纪念美展之机，命令中央美院的几个教师回北京，让他们把创作的几幅革命历史名画“刷新备用”，其中就有《开国大典》。而《开国大典》早在两年前就抹去了刘少奇，这次“上面”又让抹掉林伯渠，也就是画中最左边那位。虽然林伯渠早在1960年就逝世了，与“刘邓”也完全扯不上关系，但据说林伯渠是当年在延安反对毛泽东与江青结婚的领导人之一。但这时的董希文已是癌症晚期，力不从心，于是他找到了学生靳尚谊，请其帮忙改画。靳尚谊一度陷入为难，师命难违，但他又不忍心修改原作。为了尊重历史与自己的恩师，他灵活地提出了一个折中方案，即由他和画家赵域按原画复制一幅《开国大典》，再作修改。他们边复制边向病中的董希文请教，但在复制的作品中，还是保留了林伯渠的形象。

粉碎“四人帮”后，随着刘少奇冤案的平反昭雪，本着实事求是、还历史本来面目的原则，中国革命博物馆征得上级同意，决定将《开国大典》恢复原貌。但董希文的原作由于作了多次很大改动，难以恢复原貌，董希文家属也不同意再在原作上改动。博物馆只好委托画家靳尚谊修改，当时由于靳尚谊忙于其他事情，便推荐了北京青年画家阎振铎、叶武林。他们在《开国大典》的复制件上画上了刘少奇和高岗的形象。至此，《开国大典》终于恢复原貌。这件复制品目前陈列在国家博物馆展览厅里供人们参观，而原作则存放在国家博物馆的画库中。

历史将记住这位杰出的画家

精英荟萃的浙江绍兴，曾经孕育了鲁迅、夏丏尊、朱自清等一大批文化名人。杰出的油画大师董希文也出生在这山清水秀、人杰地灵的绍兴。

1914 年 6 月，董希文出生在绍兴县柯桥镇的一户小康之家。从杭州惠兰高中毕业后，开始痴迷于美术创作，他先后就读于杭州之江大学、苏州美专、上海美专、杭州国立艺专以及越南河内巴黎美专分校等艺术院校，师从艺术大师林风眠、颜文良、刘海粟、常书鸿等前辈，学习中西方绘画艺术。1939 年，董希文到苗族地区写生，搜集素材。1942 年，他来到遥远、偏僻的大西北，任敦煌艺术研究所研究员，专门临摹、研究古代壁画，并结合现实生活进行创作，在油画民族化的道路上迈出重要一步。1946 年，经吴作人、李宗津推荐，董希文到国立北平艺专任教，并参加了迎接北平和平解放的斗争。1949 年，中华人民共和国成立前夕，董希文加入了中国共产党，随后担任了中央美术学院教授等职。1949 年至 1951 年，他三赴西藏，深入生活，写生创作。1952 年初，董希文承担了创作油画《开国大典》的重任。他的主要作品有《北平入城式》《新解放区的生产自救》《抗美援朝》《打击侵略者》《春到西藏》《红军不怕远征难》《百万雄师过大江》《千年土地翻了身》《哈萨克牧羊女》《苗女赶场》等。

董希文生性率真、正直无私，从不人云亦云，趋炎附势。1973 年 1 月 8 日，才华横溢、正值盛年的董希文不幸去世，年仅 58 岁。

在中国现当代画家中，董希文的作品不是最多的，但一幅《开国大典》就足以奠定他在中国现代美术史上的地位。1953 年 9 月 27 日，《人民日报》在头版头条位置刊登了油画《开国大典》，人民美术出版社立即把它印成年画和各种美术图片大量发行，印数达100多万张，并收入当时的中小学课本。第二版《开国大典》油画，在1959年中华人民共和国成立10周年之际，被雕刻成纪念邮票，在全国广为发行。

《开国大典》一直被誉为“共和国成立的艺术见证”，它深入人心，也凝聚着一代又一代新中国知识分子的爱国情感。众多的同行和文化名人曾对《开国大典》给予高度评价。著名画家徐悲鸿看了《开国大典》后评价:“缺少一点儿油画特色。”这里所说的“缺少一点儿油画特色”，是指这幅画在很大程度上运用了中国传统画的手法和风格，然而这正是《开国大典》的成功之处。徐悲鸿赞叹道:“董希文圆满地完成了任务，应得100分。”中国建筑历史学家、建筑教育家和建筑大师梁思成这样说:“画面右方有一根柱子没有画上去，这在建筑学上是一个大错误，但在绘画艺术上却是一个大成功。”画家艾中信曾作过如下分析:“从构图到设色，从人物到场面，它的气派都足以反映泱泱大国的风度……《开国大典》的大块色彩，通俗易懂，看起来似乎简单，但这大红、碧蓝和金黄是有意安排的。它把一个风和日丽日子里一个庄严热烈的场面描绘了出来……”

斯人已去，而《开国大典》将魅力永存。